普通高等学校应用型本科财经管理规划教材

经济学：
基本原理与应用
（第二版）

张亚丽 陈端计 编著

·广州·

版权所有　翻印必究

图书在版编目（CIP）数据

经济学：基本原理与应用/张亚丽，陈端计编著．—2版．—广州：中山大学出版社，2020.12

ISBN 978-7-306-06887-3

Ⅰ.①经… Ⅱ.①张… ②陈… Ⅲ.①经济学—高等学校—教材 Ⅳ.①F0

中国版本图书馆CIP数据核字（2020）第096398号

出 版 人：王天琪
策划编辑：蔡浩然
责任编辑：蔡浩然
封面设计：林绵华
责任校对：杨文泉
责任技编：何雅涛
出版发行：中山大学出版社
电　　话：编辑部 020-84111996，84113349，84111997，84110779
　　　　　发行部 020-84111998，84111981，84111160
地　　址：广州市新港西路135号
邮　　编：510275　　　　传　真：020-84036565
网　　址：http://www.zsup.com.cn　　E-mail:zdcbs@mail.sysu.edu.cn
印 刷 者：广州市友盛彩印有限公司
规　　格：787mm×1092mm　1/16　23.625印张　560千字
版次印次：2013年12月第1版　2020年12月第2版　2020年12月第6次印刷
印　　数：13001—15000册
定　　价：49.00元

如发现本书因印装质量影响阅读，请与出版社发行部联系调换

内 容 提 要

本书共12章，分别从经济学的内容与学习方法、需求与供给、消费者行为、生产者行为、完全竞争市场、不完全竞争市场、生产要素价格的决定、市场失灵与政府行为、宏观经济学问题、短期经济波动、宏观经济政策分析、经济增长等方面，对经济学原理与应用进行系统阐述，并对经济学近年的发展趋势进行了介绍。

本书内容全面、资料新颖、通俗易懂，最显著的特色是把抽象的经济学理论与现实案例结合起来，使学生学会运用经济学理论思维分析现实经济问题。

本书适合普通高等学校应用型本科财经管理专业学生做教材，也可供经济管理部门人员使用。

第二版前言

本书是入门级的经济学教科书。在有众多版本的经济学教科书市场，之所以再撰写本书，是因为我们长期在教学第一线了解到，很多同学在学完经济学课程之后，回答简单经济学问题的能力并不比未学过这些课程的人强，可以感受到大多数学生在课程结束的时候并没有掌握经济学的基本原理和方法。在我看来，这个问题的根源在于课堂讲授内容过多，但对重要的内容却没有充分阐释，学生"消化不良"。基于这个考虑，我们在参考国内外流行的多部经济学教科书后编写了本书，试图反映最重要的经济学原理和方法，并且重视对经济学理论的应用和政策分析。

本书的目的是使学生学会运用经济学的理论和思维分析现实经济和社会问题。因此，本书尽量把抽象的理论与现实案例相结合，较多使用本土案例向学生讲授经济学的理念。这也是本书的一个特色。

本书第一版的使用效果肯定了上述理念的正确性。随着时间的流逝、经济学内容的变化、案例和经济数据以及各章节叙述次序的调整，对本书第一版的修订就十分必要。

本书第二版保留了第一版的强调基本原理、重视经济学理论的实践和政策，以及简单易懂的解释方面的改进。第二版主要的修改和增删之处是：

第一，微观经济学各章的主要修改。

（1）对第一版第三、四、五章的内容进行了调整。第三章"消费者选择"突出了需求曲线的推导，简化了价格变动的收入效应与替代效应的论述。第四章更改了节的标题，第一节的长期生产函数部分保留了等产量曲线和规模报酬分析，等成本线、成本最小化和产量最大化的内容放到第二节。删减第五章的第六节"完全竞争的要素市场"，第四节"生产者剩余"并入第三节。

（2）将第一版中的"垄断"和"垄断竞争与寡头"这两章合并，整合成"不完全竞争市场"，保留了原来两章的主要内容。"对垄断的公共政策"进入第二版教材的第八章，删减"产品差异的位置选择"，改进了博弈论的论述。

（3）第二版增加了"生产要素价格的决定"一章，介绍要素市场和收入分配问题，包括生产要素的需求曲线、劳动市场与工资、资本和土地市场的均衡以及洛伦兹曲线与基尼系数。

（4）调整了第一版第八章的内容。增加了有关垄断的低效率以及对垄断的公共政策，修改了外部性的私人解决办法、公共物品供给以及非对称信息的解释。删减"政府行为的经济学分析"，在"非对称信息"部分增加了"政府管制"，说明政府管制的方式以及政府作用的局限性。

第二，宏观经济学各章的主要修改。

（1）对宏观经济学的章节进行了大刀阔斧的修改。删去第一版的第十章、第十一章和第十四章，其中的少量内容调整到第二版的某些章节。

（2）把第一版第十四章中"什么是通货膨胀"和"通货膨胀的影响"放到"宏观经济学导论"的"通货膨胀"部分，并简化了论述；在"宏观经济学导论"的"失业率"部分增加了"失业率与GDP关系"的内容。

（3）在第一版第十三章的基础上增设新的一章，标题为"短期经济波动"，用总需求－总供给模型（*AD-AS* 模型）作为分析实际GDP和价格水平变动的基本框架。这里汇集了各种不同的思想流派，内容包括关于经济波动的两个事实、分析经济波动的基本框架：总需求－总供给模型、总需求曲线、总供给曲线以及总需求－总供给框架下经济波动的解释。

（4）全面修改第一版第十二章的内容。更改标题为"宏观经济政策分析"，继续用总需求－总供给模型分析宏观经济政策的作用效果，基本上对原来的章节进行了全新的论述，增加了"关于宏观经济政策的争论"的内容。

（5）将第一版第十五章"经济周期和经济增长"调整为第二版的第十二章"经济增长"，突出宏观经济的长期分析，使主题更加明确。

（6）更新了宏观经济学的一些数据。

第三，各章学习工具的修改。

（1）除第一章之外，对第一版中所有保留章节的案例都有不同程度的更新。

（2）各章后面的要点总结部分，无论是要点归纳还是文字表述，都有较大的修改。

（3）在各章内容修改的基础上，对关键概念和部分习题进行了一些调整。各章的"思考练习"大部分是问题分析性的，以培养学生将所学的内容运用于分析现实问题的能力；少部分是技术性的，目的是让学生了解经济学模型化的方法，对于打算报考经济类专业研究生的学生来说，做一些技术性的习题是必要的。

此外，对部分章节的名称也做了修改。考虑第二版教材的"章"有所减少，本书的总体框架不再分"编"。

本书的内容涵盖微观经济学（第二至八章）和宏观经济学（第九至十

二章）两部分，既可以作为应用型本科院校财经管理类专业学生的经济学原理教材，也可作为本科生通识教育的经济学原理教材，长度适合一学期讲授。

参加本书第二版写作的作者有（按姓氏笔画为序）：王艳、张子昱、张亚丽、吴英杰、陈端计、林欣、洪冬青、谢林林，全书由我修改定稿。

限于我们的知识水平和教学经验，本书难免存在一些缺点和不足，恳请大家批评指正。

张亚丽
2020 年 10 月

目 录

第一章 经济学概述 ……………………………………………………………… (1)
  第一节 稀缺性与经济学 …………………………………………………… (1)
    一、稀缺性 ………………………………………………………………… (1)
    二、选择与经济学 ………………………………………………………… (2)
    三、经济学的基本问题 …………………………………………………… (3)
    四、选择机制：市场竞争、政府干预，还是某种结合 ………………… (4)
  第二节 经济学的内容与方法 ……………………………………………… (6)
    一、微观经济学与宏观经济学 …………………………………………… (6)
      知识拓展 价格理论与货币理论 …………………………………… (9)
    二、经济学的研究方法 …………………………………………………… (9)
      知识拓展 为什么经济学家意见分歧 ……………………………… (11)
      知识拓展 经济模型的例子：生产可能性曲线 …………………… (13)
      参考资料 犯罪也是经济选择："三振出局" ……………………… (16)
  第三节 为什么学习经济学 ………………………………………………… (19)
    一、学习经济学有助于我们理解现实经济世界是如何运行的 ………… (19)
    二、学习经济学有助于增进我们的人生智慧 …………………………… (19)
    三、学习经济学有助于我们做出正确的决策 …………………………… (20)
    四、学习经济学有助于我们理解政府政策的作用与局限性 …………… (21)
  本章要点 ……………………………………………………………………… (22)
  重要概念 ……………………………………………………………………… (23)
  思考与练习 …………………………………………………………………… (23)

第二章 需求与供给 ……………………………………………………………… (24)
  第一节 需求 ………………………………………………………………… (24)
    一、需求的含义 …………………………………………………………… (24)
    二、影响需求的因素和需求函数 ………………………………………… (24)
    三、需求表、需求曲线和需求定理 ……………………………………… (26)
      参考资料 需求定理有例外吗 ……………………………………… (29)
    四、需求量的变动和需求的变动 ………………………………………… (30)
  第二节 供给 ………………………………………………………………… (31)
    一、供给的含义 …………………………………………………………… (31)
    二、影响供给的因素和供给函数 ………………………………………… (31)

三、供给表、供给曲线和供给定理 ……………………………………… (32)
　　四、供给量的变动和供给的变动 …………………………………………… (35)
第三节　需求与供给的结合 …………………………………………………………… (36)
　　一、均衡的实现过程 ………………………………………………………… (36)
　　二、均衡的变动 ……………………………………………………………… (39)
　　　案例分析　苹果与阿尔钦-艾伦定理 ………………………………… (42)
第四节　价格管制及其后果 …………………………………………………………… (42)
　　一、最低限价 ………………………………………………………………… (42)
　　　参考资料　最低工资法减少了就业吗 ………………………………… (44)
　　　案例分析　印度的中小企业为什么不愿意扩大规模 ………………… (46)
　　二、最高限价 ………………………………………………………………… (46)
　　　案例分析　20世纪70年代美国的油价管制 ………………………… (47)
　　　案例分析　中国药品限价的后果 ……………………………………… (48)
第五节　弹性及其应用 ………………………………………………………………… (49)
　　一、需求价格弹性 …………………………………………………………… (49)
　　　知识拓展　点弹性 ……………………………………………………… (51)
　　　知识拓展　弹性与斜率 ………………………………………………… (51)
　　　知识拓展　其他需求弹性 ……………………………………………… (57)
　　二、供给价格弹性 …………………………………………………………… (58)
　　三、弹性理论的应用 ………………………………………………………… (61)
　　　案例分析　谁为奢侈品税收付出代价 ………………………………… (65)
本章要点 ………………………………………………………………………………… (65)
重要概念 ………………………………………………………………………………… (66)
思考与练习 ……………………………………………………………………………… (66)

第三章　消费者行为 …………………………………………………………………… (69)
第一节　效用与偏好 …………………………………………………………………… (69)
　　一、效用的概念 ……………………………………………………………… (69)
　　　案例分析　先吃哪个煎饼 ……………………………………………… (72)
　　　知识拓展　边际效用价值论 …………………………………………… (72)
　　　知识拓展　水和钻石的悖论 …………………………………………… (73)
　　二、偏好与无差异曲线 ……………………………………………………… (73)
第二节　预算约束 ……………………………………………………………………… (79)
　　一、预算线 …………………………………………………………………… (79)
　　二、预算线的变动 …………………………………………………………… (80)
第三节　消费者选择 …………………………………………………………………… (82)
　　一、消费者的最优选择 ……………………………………………………… (82)
　　二、收入变动与消费者选择 ………………………………………………… (84)

　　　　知识拓展　恩格尔曲线与恩格尔系数 …………………………………… (87)
　　三、价格变动与消费者选择 …………………………………………………… (87)
　　　　知识拓展　吉芬商品 …………………………………………………… (88)
　　四、推导需求曲线 ……………………………………………………………… (90)
　第四节　消费者剩余 ……………………………………………………………… (91)
　　一、边际效用、支付意愿和需求曲线 ………………………………………… (91)
　　二、消费者剩余与需求曲线 …………………………………………………… (93)
　　三、价格变动对消费者剩余的影响 …………………………………………… (93)
　本章要点 …………………………………………………………………………… (94)
　重要概念 …………………………………………………………………………… (95)
　思考与练习 ………………………………………………………………………… (95)

第四章　生产者行为 ………………………………………………………………… (98)
　第一节　生产技术 ………………………………………………………………… (98)
　　一、生产函数 …………………………………………………………………… (98)
　　二、短期生产函数 ……………………………………………………………… (99)
　　　　知识拓展　马尔萨斯与边际报酬递减规律 ………………………… (103)
　　三、长期生产函数 ……………………………………………………………… (104)
　第二节　生产成本 ………………………………………………………………… (110)
　　一、成本 ………………………………………………………………………… (110)
　　　　案例分析　为什么年轻的歌星、电影明星和时装模特很少上大学 … (112)
　　　　知识拓展　沉没成本的一个例子 …………………………………… (114)
　　二、成本最小化问题 …………………………………………………………… (115)
　　　　知识拓展　对偶问题：产量最大化 ………………………………… (118)
　　　　案例分析　中国永远"用衬衫换飞机"吗 ………………………… (120)
　　三、成本函数和成本曲线 ……………………………………………………… (121)
　本章要点 …………………………………………………………………………… (127)
　重要概念 …………………………………………………………………………… (128)
　思考与练习 ………………………………………………………………………… (128)

第五章　完全竞争市场 ……………………………………………………………… (130)
　第一节　利润最大化 ……………………………………………………………… (130)
　　一、完全竞争市场的特征 ……………………………………………………… (130)
　　二、完全竞争企业的需求曲线和收益曲线 …………………………………… (131)
　　三、利润最大化条件 …………………………………………………………… (134)
　　　　知识拓展　利润最大化实现条件的数学证明 ……………………… (136)
　第二节　完全竞争企业的短期均衡 ……………………………………………… (136)
　　一、短期均衡 …………………………………………………………………… (137)

　　　　　案例分析　为什么航空公司会向顾客提供超低票价 …………………（139）
　　　二、短期供给曲线 ……………………………………………………（139）
　第三节　完全竞争企业的长期均衡 ………………………………………（141）
　　　一、长期均衡的形成 …………………………………………………（141）
　　　二、行业的长期供给曲线 ……………………………………………（145）
　　　三、生产者剩余 ………………………………………………………（149）
　第四节　完全竞争市场的效率 ……………………………………………（151）
　　　一、资源有效配置与帕累托效率 ……………………………………（151）
　　　　　案例分析　小学停办多年，教育经费照领 ……………………（152）
　　　二、竞争市场的效率 …………………………………………………（153）
　　　三、经济政策和福利损失 ……………………………………………（154）
　本章要点 ……………………………………………………………………（157）
　重要概念 ……………………………………………………………………（157）
　思考与练习 …………………………………………………………………（158）

第六章　不完全竞争市场 ……………………………………………………（160）
　第一节　垄断 ………………………………………………………………（160）
　　　一、垄断及其形成的原因 ……………………………………………（160）
　　　　　参考资料　垄断的政治概念 ……………………………………（162）
　　　二、垄断企业的产量与定价决策 ……………………………………（163）
　　　　　知识拓展　为什么垄断企业没有供给曲线 ……………………（166）
　　　三、垄断的福利损失 …………………………………………………（167）
　　　四、价格歧视 …………………………………………………………（168）
　　　　　案例分析　西班牙的"不准笑"剧院 …………………………（171）
　　　　　案例分析　为什么三等车厢没有顶盖 …………………………（172）
　　　　　案例分析　高铁实行价格歧视是市场化的必由之路 …………（174）
　第二节　垄断竞争 …………………………………………………………（175）
　　　一、垄断竞争的含义及其特征 ………………………………………（175）
　　　　　案例分析　经济学教科书的特色化经营 ………………………（176）
　　　二、垄断竞争企业的需求曲线 ………………………………………（176）
　　　三、短期均衡 …………………………………………………………（177）
　　　四、长期均衡 …………………………………………………………（177）
　　　五、比较垄断竞争与完全竞争 ………………………………………（178）
　第三节　寡头 ………………………………………………………………（179）
　　　一、寡头垄断的含义及其特征 ………………………………………（180）
　　　　　参考资料　识别竞争或垄断程度的标准：集中度 ……………（181）
　　　二、博弈论概述 ………………………………………………………（181）
　　　三、博弈论的应用 ……………………………………………………（183）

    案例分析　欧佩克和世界石油市场 …………………………………（187）
  四、对寡头垄断市场的评价 ………………………………………………（189）
 本章要点 ………………………………………………………………………（190）
 重要概念 ………………………………………………………………………（190）
 思考与练习 ……………………………………………………………………（190）

第七章　生产要素价格的决定 ……………………………………………（193）
 第一节　生产要素的需求曲线 ………………………………………………（193）
  一、生产要素需求的性质 …………………………………………………（193）
  二、企业使用生产要素的原则 ……………………………………………（194）
  三、竞争企业对生产要素的需求曲线 ……………………………………（198）
 第二节　劳动市场与工资 ……………………………………………………（200）
  一、个人劳动供给曲线 ……………………………………………………（200）
   案例分析　"变懒"的新生代农民工——基于劳动工资率的解释……（201）
  二、劳动市场的均衡 ………………………………………………………（202）
   知识拓展　生产率与工资 ……………………………………………（203）
   案例分析　大学扩招与大学毕业生的困惑 …………………………（205）
   知识拓展　漂亮的收益 ………………………………………………（208）
 第三节　资本和土地市场的均衡 ……………………………………………（209）
  一、资本市场与利率 ………………………………………………………（209）
  二、土地市场与地租 ………………………………………………………（212）
   知识拓展　姚明收入中的经济租金 …………………………………（215）
   知识拓展　经营牌照的租金 …………………………………………（216）
  三、生产要素之间的联系 …………………………………………………（216）
 第四节　洛伦兹曲线与基尼系数 ……………………………………………（217）
  一、洛伦兹曲线 ……………………………………………………………（217）
   参考资料　世界各国收入的不平等 …………………………………（219）
   参考资料　中国居民收入的分布 ……………………………………（219）
  二、基尼系数 ………………………………………………………………（220）
   参考资料　我国居民收入不平等的基本情况 ………………………（221）
 本章要点 ………………………………………………………………………（222）
 重要概念 ………………………………………………………………………（222）
 思考与练习 ……………………………………………………………………（222）

第八章　市场失灵与政府行为 ……………………………………………（224）
 第一节　垄断 …………………………………………………………………（224）
  一、垄断的低效率 …………………………………………………………（224）
  二、对垄断的公共政策 ……………………………………………………（225）

　　　　案例分析　福州 IP 电话案 ································(227)
　第二节　外部性 ······································(230)
　　一、外部性的含义及分类 ································(230)
　　二、外部性如何影响资源配置 ······························(230)
　　三、外部性的解决方法 ··································(232)
　第三节　公共物品 ····································(238)
　　一、不同类型的物品 ····································(238)
　　　　知识拓展　灯塔是公共物品吗 ······················(240)
　　二、公共物品的搭便车问题 ······························(241)
　　三、公共物品的供给 ····································(242)
　　　　参考资料　私人承包的美国监狱 ····················(244)
　第四节　非对称信息 ··································(244)
　　一、非对称信息的概念 ··································(244)
　　二、非对称信息导致的市场失灵 ··························(246)
　　三、解决非对称信息问题的市场机制 ······················(248)
　　　　参考资料　阿里巴巴的支付宝 ······················(251)
　　四、政府管制 ··(252)
　　　　案例分析　医药和食品管制导致严重的官员腐败 ········(254)
本章要点 ··(254)
重要概念 ··(255)
思考与练习 ··(255)

第九章　宏观经济学导论 ································(257)
　第一节　宏观经济学问题及其长期和短期的划分 ············(257)
　　一、主要的宏观经济问题 ································(257)
　　二、宏观经济学中的短期与长期 ··························(258)
　　三、短期波动与长期增长 ································(259)
　第二节　国内生产总值及其衡量 ··························(259)
　　一、国内生产总值的概念 ································(260)
　　二、国内生产总值的核算 ································(262)
　　三、与 GDP 相关的总量指标 ····························(267)
　　四、名义 GDP 与实际 GDP ······························(269)
　　　　知识拓展　计算经济增长率 ······················(270)
　　　　知识拓展　两种国民收入核算体系 ················(271)
　　　　知识拓展　人均 GDP ····························(272)
　　五、GDP 指标的局限性 ································(272)
　　　　知识拓展　幸福指数挑战 GDP ····················(273)
　第三节　通货膨胀 ····································(273)

一、什么是通货膨胀 ………………………………………………………（274）
　　二、通货膨胀的衡量 …………………………………………………（274）
　　　　知识拓展　房价应该计入 CPI 吗 …………………………（276）
　　三、基于通货膨胀的调整 ………………………………………………（278）
　　　　参考资料　不同时期本科毕业生的收入 …………………………（279）
　　四、通货膨胀的影响 …………………………………………………（280）
　　　　案例分析　津巴布韦的恶性通货膨胀 ……………………（282）
　第四节　失业率 ………………………………………………………（283）
　　一、如何衡量失业 ………………………………………………………（283）
　　　　知识拓展　我国反映劳动力市场供求状况的主要指标 ……（284）
　　二、失业率与 GDP 的关系 ……………………………………………（286）
　本章要点 …………………………………………………………………（287）
　重要概念 …………………………………………………………………（287）
　思考与练习 ………………………………………………………………（287）

第十章　短期经济波动 …………………………………………………（291）

　第一节　关于经济波动的两个事实 ……………………………………（291）
　　一、经济波动是难以预测的 …………………………………………（291）
　　二、大多数宏观经济变量同时波动 …………………………………（291）
　第二节　分析经济波动的基本框架：总需求–总供给模型 …………（292）
　　　　知识拓展　总需求–总供给模型与需求–供给模型 …………（292）
　第三节　总需求曲线 ……………………………………………………（293）
　　一、为什么总需求曲线向右下方倾斜 ………………………………（293）
　　二、总需求曲线的移动 ………………………………………………（294）
　第四节　总供给曲线 ……………………………………………………（296）
　　一、长期总供给曲线 …………………………………………………（296）
　　　　参考资料　老龄化的挑战 ………………………………………（297）
　　二、短期总供给曲线 …………………………………………………（299）
　第五节　总需求–总供给框架下经济波动的解释 ……………………（302）
　　一、宏观经济均衡的决定 ……………………………………………（302）
　　二、短期经济波动分析 ………………………………………………（303）
　　　　参考资料　总需求的重大变动：2008 年下半年中国的通货紧缩 …（305）
　　　　参考资料　美国 2008—2009 年的经济衰退 ……………………（306）
　　　　案例分析　石油危机对经济的影响 ………………………（308）
　本章要点 …………………………………………………………………（309）
　重要概念 …………………………………………………………………（310）
　思考与练习 ………………………………………………………………（310）

第十一章 宏观经济政策分析 ··· (311)

第一节 宏观经济政策的目标 ··· (311)
一、充分就业 ·· (311)
二、物价稳定 ·· (311)
三、经济增长 ·· (312)

第二节 货币政策 ··· (312)
一、货币的种类 ·· (312)
  知识拓展　余额宝类产品属于哪类货币 ························· (313)
二、银行体系与货币创造 ·· (314)
三、货币政策工具 ·· (317)
  知识拓展　其他的货币供给量的调节手段 ······················· (320)
四、货币供给、货币需求与货币均衡 ································ (321)
五、重新解释总需求曲线向右下方倾斜 ······························ (322)
六、货币政策对总需求的影响 ······································ (323)
七、相机抉择的货币政策 ·· (325)

第三节 财政政策 ··· (325)
一、政府购买 ·· (325)
  知识拓展　财政政策的净效应 ································· (329)
  知识拓展　挤出效应：政府支出代替私人支出不值 ··············· (329)
二、税收政策 ·· (330)
  参考资料　从结构性减税到实质性减税 ························· (330)
三、相机抉择的财政政策 ·· (331)

第四节 关于宏观经济政策的争论 ··································· (332)
一、政府要不要通过宏观经济政策干预经济 ·························· (332)
二、政府在不同政策目标之间的权衡 ································ (334)
  知识拓展　牺牲率 ··· (338)

本章要点 ·· (339)
重要概念 ·· (340)
思考与练习 ·· (340)

第十二章 经济增长 ··· (342)

第一节 经济增长概述 ··· (342)
一、经济增长的基本概念 ·· (342)
二、经济增长的特征事实 ·· (343)
  知识拓展　"失之毫厘，差之千里"——长期增长的"70规则" ······ (344)

第二节 经济增长的来源 ··· (346)
一、劳动生产率的作用 ·· (346)
二、决定劳动生产率的因素 ·· (346)

          案例分析　联邦德国和日本为何能从"二战"的废墟中成功复苏 …………（347）
          知识拓展　自然资源会限制经济的增长吗 ………………………………（349）
          参考资料　克鲁格曼的预言 …………………………………………………（351）
          知识拓展　生产函数 …………………………………………………………（351）
    第三节　促进经济增长的政策 ……………………………………………………（352）
      一、增加储蓄与投资 …………………………………………………………（352）
          知识拓展　收益递减和追赶效应 …………………………………………（353）
          参考资料　投资与经济增长比较 …………………………………………（354）
      二、增加来自国外的投资 ……………………………………………………（354）
      三、投资教育和培训 …………………………………………………………（355）
          案例分析　为何几乎所有国家都提供免费的公共教育 …………………（356）
      四、保护产权和法治 …………………………………………………………（357）
      五、促进研究与开发 …………………………………………………………（357）
      六、促进自由贸易 ……………………………………………………………（358）
    本章要点 ……………………………………………………………………………（358）
    重要概念 ……………………………………………………………………………（359）
    思考与练习 …………………………………………………………………………（359）

参考文献 ………………………………………………………………………………（360）

第一章 经济学概述

在现实生活中，我们每个人都面临各种选择。报考大学时，你要考虑去哪所大学，你将学习什么专业？新学期开始，你要选择学习哪些课程？晚上的时间，你去听经济学讲座，还是参加朋友聚会？大学毕业后，你是继续读书还是参加工作？当你做出自己的选择时，其他人包括企业和政府也在做出他们的选择。你所在的系决定修改教学计划。超市决定以"买二送一"的方式促销。为拉动经济增长，政府实施扩张性经济政策。诸如此类的选择在生活中比比皆是，我们生活在一个充满选择的世界。

所有的选择都产生于资源的稀缺性。本章从稀缺性入手，介绍经济学的定义、经济学研究的基本问题、经济学的基本内容，以及经济学家使用的研究方法。对本章的学习将使你理解经济学是一种思考世界的独特方式，学习经济学将有助于我们从一种新的视角更有见解地分析和认识现实社会面临的各种问题。

第一节 稀缺性与经济学

一、稀缺性

所有的经济问题都产生于**稀缺性**（scarcity）。稀缺性是指社会资源的有限性。也就是说，相对于人的欲望而言，人们想要的东西总是不够的。这里所说的稀缺性，不是指物品绝对数量的多少，而是相对于人的无限欲望来说，再多的物品也是不足的。欲望（wants）又称为需要（needs），是指人们想要得到某种东西的愿望。欲望的特点是具有无限性，旧的欲望满足或部分满足之后，又会产生新的欲望，人的欲望是无穷无尽的。

相对于人的无限欲望而言，用于满足人们欲望的资源却是有限的。满足人们欲望的资源可分为"**自由物品**"（free goods）和"**经济物品**"（economic goods）。前者是指人们可自由使用的物品，如空气、阳光等，其数量是无限的；后者是指人们须花费一定代价才能得到的物品，比如衣食住行、水果蔬菜、旅游憩息、黄金白银等。这些物品的数量有限，对人们来说都是多胜于少。自由物品不是越多越好，在空气清新的地区，空气用之不竭，没有人会争取多一点空气。空气虽然是非常重要，但也只能说是有胜于无，不是多胜于少。于是空气就成为一种自由物品而非经济物品。但在人烟稠密地区，空气污浊，要多一点新鲜空气就变得很现实了。在这种情况下，新鲜空气需付出一定代价才能得到，因而成为经济物品。

资源和生产要素具有相同的内涵。资源若不用于生产物品或劳务，为资源；资源若用于生产物品或劳务，则称为**生产要素**（factors of production）。有四种最基本的生产要素：土地、劳动、资本和企业家才能。"**土地**"（land）是指包括土地在内的所有自然资源，比如矿藏、原油、森林、水、空气等。"**劳动**"（labor）不仅仅是指有多少人，更重要的是指生产物品和劳务的技能,因此,劳动要素包括人的体力和智力资源。"**资本**"(capital)是指生产出来的厂房、设备、原材料等,这些物品会被用于再生产中。例如,发电机被生产出来的唯一目的是发更多的电。发电机成为人们要获得产品(电)的一种生产要素,因而被称为资本。同样,用于生产汽车的生产线和用于监控生产系统运行的电脑都是资本投入。"**企业家才能**"(entrepreneurship)是指某些人所具有的组织土地、劳动和资本用于生产物品、寻找商业机会的特殊才能。仅有土地、劳动和资本不能生产更多的产品,企业家的作用是通过其创新活动,有效地利用资源,使既定资源所能实现的产量最大。上述生产要素是我们生产想要的物品和劳务所必需的投入品。没有这些生产要素,我们将不能生产任何东西。

  一个经济社会在既定时期能够生产出来的物品和劳务数量有一个极限,这个极限就是生产物品和劳务所能够使用的资源数量。而资源的数量也有极限,这意味着我们不能够生产出想要的一切,我们面临着稀缺性的现实。比如,各高校每年招生都有名额限制,为什么不能录取所有的报考者?原因之一是因为高校的教学资源有限,各高校现有的教室、宿舍、饭堂和运动场无法容纳所有的报考者,因此,必须确定一个分数线"择优录取"。在大学上课,经常可以看到教室里有很多空着的座位,这表明上课的人数少于教室所能容纳的人数,因为一个学生在同一时间内只能坐一个位子,所以教室的座位相对于学生人数来说表现为无限多,这是否意味着教室的座位不具有稀缺性?当然不是。我们经常看到教室前排的座位坐得比较满,空座多数情况下在后排,这说明,即使在座位数量多于上课人数的情况下,好的座位的数量少于上课的人数,因此好的座位仍然是稀缺的!所谓的优劣,没有绝对可言,都是通过比较得出的。教室的座位再多,最好的座位也是有限的,稀缺性无处不在。即使稀缺问题可以通过增加数量来解决,只要物品的质量有优劣之差,稀缺性依然存在。

二、选择与经济学

  面对稀缺性,人们不能得到所有想要的东西,因而必须在有限资源各个可能的用途之间做出选择。想象一下,如果不稀缺,人们想要的东西应有尽有,无限供给,不付任何代价就能得到,也就不必煞费思量舍此选彼。正因为物品是稀缺的,得到它就要付出代价,也就是说,你对一种物品拥有得多一些,那么对另一种物品就会拥有得少一些,所以,人们要考虑如何以最小代价获得它的用途。这其中隐含的意义是:**选择**(choice)是人们在相互竞争的利益之间寻求妥协。首钢为什么从北京城搬迁?那是因为由搬迁带来的北京市环境的改善、水资源的节约以及土地的商业开发所产生的收益远大于搬迁的成本。再考虑大学课堂规模的确定,如果只考虑学习效果,学生们会倾向于选择20人的小班课堂,而不是100人的大班课堂,但这样的话学生支付的学费将大幅度上升,这会减少从事其他活动的资金,因此,学生们要在权衡学习效果和负担成本的相对重要性的基础之上做出选择。

  稀缺性也可表述为"天下没有免费午餐"。人的欲望无限,但可获得的资源有限,因此,对一种物品拥有得多一些,就意味着你对另一种物品拥有得少一些,有所得必然有所失。人们从事一项经济活动的所得称为"收益",可用人们最多愿意为这项活动支付的货币量表示；而从事一项经济活动所失去的称为"成本"，可用人们为该活动所放弃的货币价值表示。只有当人们从该项活动中得到的收益大于或等于付出的成本时，才会进行该项活动，这在经济学里被称为成本-收益原理。运用成本-收益原理分析课堂的最佳容量，你或你的家庭愿意为更小容量的课堂多支付 2 000 元的学费吗？如果你不愿意，并且所有学生和你的想法一样，那么，维持现在的大班教学在经济上是合算的；如果你和你的同学们都愿意支付额外的学费，那么把课堂容量缩小到 20 人在经济上是合算的。所以，从经济学的角度看，最佳的课堂容量不能仅考虑教学效果，而应当是在比较不同课堂容量的成本和收益之后得出的结论。

　　由稀缺性引出的选择问题适用于所有的资源。比如，高中毕业后，你可以选择上大学，也可以参加工作。如果你选择去电脑城卖电脑，你可以赚到足够的钱买游戏软件、上网聊天、看电影，你也有充足的时间和朋友一起玩耍，这些都是你上大学所不能享受的事情。上大学的代价就是你若参加工作就可以做的一些事情。又如，晚上 7：00—9：00 的时间你可以去做家教，也可以选择去听一场经济学讲座。时间资源有限，你必须在面临的选择中做出权衡。家庭若用当月的收入购买一台电脑，那么当月的储蓄就会减少。企业若投资 100 万元建工厂，那么，这笔资金就不能用于办农场或开饭店。政府若打算为国家的安全而扩张军备，那么社会福利支出则会相对减少。

　　如上所述，稀缺性是任何社会都具有的一个基本特征。再富裕的国家或个人，都没有无限的时间、金钱和精力随心所欲地去做事情。面对稀缺性，我们必须考虑如何就有限的资源在不同用途之间做出最优选择。**经济学**（economics）是研究人们对稀缺资源的选择以及这些选择如何变化的科学。也就是说，经济学是一门关于选择行为的科学。比如，人们必须决定用什么方式来利用他们的时间。在稀缺条件下，每个人都要面临经济学意义上的选择问题。选择意味着在给定约束条件下，可能通过不同的行动方案来达到某种目标。一方面，它意味着存在一定的自由度，人们可以通过能动的努力来更好实现自身利益；另一方面，选择又必须以放弃其他的机会为代价，这意味着人们的选择自由要受到自身限制。

　　事实上，经济学对人的选择行为的解释绝不仅仅局限于经济领域，经济学所能解释的行为远远超出了经济领域，只要是人做出的选择行为，无论是经济领域还是其他领域的，经济学都能够解释。比如犯罪、婚姻家庭、教育等"非经济学"研究领域的问题，包括政治学、法学、社会学、历史学等领域都可以涉足，只要是涉及一定约束条件下有目的的选择行为，都可以用经济学的理论和方法做出解释。也是在这个意义上，经济学家把这称为"经济学帝国主义"，即以经济学的理论为工具，"入侵"其他社会科学领域。

三、经济学的基本问题

　　无论是一个小岛国还是像中国这样的大国，每个经济体内部有关稀缺资源的最优选择是由个人、企业和政府不同决策主体做出的，纷繁复杂的经济选择涉及以下四个基本问题。

　　第一，生产什么？在资源稀缺条件下，生产一种物品必然意味着生产其他物品的机会减少,也就是说必然会付出代价。一个社会必须选择生产多少汽车、电脑、馒头、棉衣、导弹等各种物品,也要选择把多少资源用于办银行、学校、旅游、医院。面对稀缺资源,我们该如何确定制造更多的导弹还是生产更多的馒头?决定我们生产什么、生产多少的因素是什么呢?随着时间的推移我们的选择将如何改变?面对既定资源条件下不同物品的无数种产出组合,生产什么是一个国家必须做出的一个基本经济选择。

第二,如何生产?我们应该用什么方法来生产物品和劳务。比如,我们应该使用镰刀割麦子还是使用联合收割机?我们应该使用人工分拣信件还是使用自动分拣机?我们应该在城市街头开一家便利店售货,还是放置一台自动售货机?机械化和技术进步一定会使我们的状况变好吗?进一步考虑,我们应该把工业废水排放到附近河流,还是应该采取其他方式处理?我们应该用煤、核能、风能还是用太阳能发电?为了拓宽马路、为了盖大楼我们应该拆掉所有的旧房屋甚至不惜拆毁具有文物保护价值的老房子吗?生产物品和劳务有许多不同的方法,采取哪种生产方法是由企业的选择行为决定的,那么,企业选择生产方法受什么因素约束?这不仅是一个效率问题,有时也应当包含社会价值的思考。

第三,为谁生产?由于稀缺性的限制,不能保证每个社会成员都能获得他们希望得到的所有物品和劳务,那么,谁来享有生产出来的物品与劳务?也就是说,生产出来的物品与劳务应该如何在社会成员之间进行分配?物品与劳务的分配取决于人们的收入水平,飞行员的收入比公交车司机高得多,因此,飞行员得到的物品与劳务比公交车司机多。现实经济中人们的收入存在差别,一般来说,男性赚的钱比女性多,大学生赚的钱比高中生多,我国沿海地区人们赚的钱比中西部地区人们赚得多。此外,收入分配不平等的情况也不鲜见。那么,什么因素决定人们的收入水平?为什么飞行员赚的钱比公交车司机多?为什么一般来说没有受过高等教育的人赚的钱比大学生赚得少?为什么一个歌星仅一个晚上唱歌的收入相当于一个农民的年收入甚至更多?这也是经济学分析所涉及的问题。

第四,什么时候生产?现在生产还是将来生产呢?一个国家的生产迅速扩张,产出增加很快,就业增加。但是当出现衰退的时候,一个国家的产出下降,企业减产或倒闭,工作岗位减少,失业增加。20世纪30年代经济大萧条时期,美国的生产严重下降,失业率高达22%。2008年以来美国发生的金融危机波及全球,包括中国在内的很多国家的产量都出现大幅度的减少。那么,什么因素导致一个国家的产量时而快速增加,时而又迅速下降呢?政府有没有办法阻止产量的下降呢?

四、选择机制:市场竞争、政府干预,还是某种结合

生产什么、如何生产、为谁生产和什么时候生产是由稀缺性引起一个经济体面临的基本经济选择。这四大选择问题实际上是稀缺资源如何合理配置以及如何充分利用的问题。谁来给出这些问题的答案,也就是说,谁来决定生产哪些产品,运用什么生产方法,收入如何分配以及什么时候生产呢?

以**亚当·斯密**(Adam Smith)为代表的传统经济学的一个核心命题就是,自由市场经济中"看不见的手"决定生产什么、如何生产、为谁生产和什么时候生产。所谓

"看不见的手"是指价格信号引导稀缺资源合理配置的作用。在现实经济中，只要人们想要的东西是稀缺的，就会出现争夺，这就是竞争。竞争无处不在，怎么决定胜负？在自由市场上，价高者得，市场价格成为确定争夺稀缺资源胜负的准则。在生产什么的问题上，当某种物品的销售量增加，其价格也会上升，企业感觉有利可图，会设法获得更多资源用于该物品的生产，这就是价格机制的运作方式。考虑三鹿奶粉发生"三聚氰氨"事件如何向外国奶粉生产商发出信号，当毒奶粉事件被媒体曝光后，有婴幼儿的家庭对外国奶粉的购买量会增加，外国奶粉的价格就会上涨。价格上涨对于企业来说就是一个信号，说明增加奶粉的产量将会增加其利润。此外，奶牛和牛饲料的价格以及养牛工人的工资也会跟着上涨。价格上涨对于所有人都是一个信号，说明外国奶粉的产量将会增加，这就是价格信号传递信息的作用。外国奶粉生产商不必知道奶粉上涨的确切原因，他完全可以根据奶粉价格上升传递的信号增加产量，以增加收入。在如何生产的问题上，企业也是按照价格变动所传递的信息，寻求便宜的生产方法，把可得到的资源用于能带来最大收益的地方。不仅如此，为谁生产问题的解决也有赖于价格机制的作用，物品有限，谁愿意支付较高价格，企业就卖给谁，市场总是会把产品分配给出价最高者。例如，广州中山纪念堂举办某歌星的演唱会，剧场的座位虽然比大学教室的座位多得多，但是去听演唱会的人更多，稀缺性的存在显而易见。那么，哪些人能得到那些座位呢？买票！谁愿意支付演唱会的价格，谁就可以得到指定的座位。不愿意买票的，自然就得不到。这就是用价格决定竞争胜负，也就是用价格来给人们分配稀缺的物品。在什么时候生产的问题上，传统经济学相信价格机制的作用，在价格的灵活调节下，有供给就会有需求，没有卖不出去的商品。所以，他们主张政府"无为而治"，价格机制的作用完全可以实现资源的合理配置，这就是市场制度，也就是说，市场制度就是用价格来决定竞争胜负的准则。

　　市场制度虽然可以实现资源的合理配置，但是，通过市场来进行交易要支付交易费用（即人与人之间打交道的各项费用。第八章将详细解释）的。另外，价格机制得以成立，必须有严明有效地保护私人产权的法律制度作为约束规则。可是，这些法律制度的建立、完善和运作也要耗费大量的成本，实际上这也是一种交易费用。于是，以价格机制决定竞争胜负，要承担交易费用，有时这种费用会很高，甚至会妨碍市场的运行，这时政府就会插手干预市场，以交易费用相对较低的非市场方式纠正市场缺陷，或者寻找降低市场交易过程中产生交易费用的方法，以保证市场经济的有效运行。对政府干预经济的认识产生于20世纪30年代世界性经济大萧条之后，人们意识到市场不可能是完美无缺的，于是，经济学发展出一些有关市场缺陷的理论。当市场存在缺陷的时候，政府干预可在一定程度上弥补市场的不足。

　　市场存在缺陷，但政府也不是完美的，政府在弥补市场缺陷时有可能会使情况变得更糟糕。比如，为了控制企业生产带来的外部环境污染，政府可能会要求企业使用非常昂贵的技术；政府为实现公平目标而实施的收入分配政策可能会导致平均主义的结果。而且，政府干预本身也是有成本的，其资金来源主要是靠税收，税收会干扰个人和企业的选择，还会带来额外的效率损失。所以，尽管传统经济学"看不见的手"和政府干预经济的主张代表了两种不同的基本经济决策方式，但是经济学家从来没有武断地认为所有的市场缺陷都可以通过政府来加以纠正。这些对于市场缺陷和政府行为的研究构成了经济学的发展，这些知识有助于我们认识市场和政府应有的边界。

中国在改革开放之前实行的是计划经济，也就是政府全面管制经济。中国经济体制改革的实质就是在稀缺资源的竞争中不断引入价格机制，把经济运行从政府的全面管制下解放出来，这就极大地提高了资源配置的效率，从而使经济焕发出前所未有的生机与活力，使中国迅速发展为世界第二大经济体。可以说，中国经济成就的取得，市场在这当中起了重要作用。

中国的改革仍在继续，我们面临的挑战是如何寻求市场机制与政府干预的平衡，当今很多公众关注的问题都与市场和政府的关系有关。比如，在教育和医疗行业如何实现市场与政府的适当平衡？国有企业治理结构的改革能否有效地解决低效率问题？政府在职业介绍、慈善等社会事业方面的职能可否更多地通过非政府组织交给市场和社会？

第二节　经济学的内容与方法

一、微观经济学与宏观经济学

（一）经济学：微观和宏观

经济学通常被分为微观经济学和宏观经济学两个部分。

微观经济学（microeconomics）研究单个经济主体如何做出决策，以及这些决策的相互作用。微观（micro）一词源于希腊文，表示"小"的意思，这些"小"的经济主体包括个人、企业和政府机构。微观经济学侧重于研究这些"小"的单个行为人的决策行为，他们的目标是什么？为了实现这些目标，他们如何配置有限资源？面对各种激励和机会，他们会如何做出反应？例如，单个消费者如何做出购买决策，其决策如何受到价格和收入的影响。企业如何决定雇工人数，工人们如何选择工作地点，他们在什么情况下愿意增加劳动。政府的价格管制和税收对个别物品与劳务价格和数量的影响等。总之，微观经济学关注市场上的微观主体如何在价格机制引导下进行消费、生产和交换活动。

宏观经济学（macroeconomics）研究整体经济现象，包括通货膨胀、失业和经济增长。宏观（macro）表示"大"的意思。宏观经济学的研究对象是大型经济单位，通常是一国的国民经济整体。在宏观经济学中，我们关心的是居民的总消费对总产出、物价水平和就业有什么影响？一国的经济是如何增长的？通货膨胀和失业问题是如何产生的？为什么本期物价水平比上一时期高？减少失业应选择加大政府投入还是降低银行利率？总之，宏观经济学研究国民经济的运行规律，关注政府如何从国家整体的高度上，严密监视国民经济状况，一旦发现有问题则开出"药方"，调节经济，确保国民经济在健康正常的轨道上运行前进。

理论上我们可以把经济学分为微观经济学和宏观经济学，但是在现实中，微观经济学和宏观经济学存在着密切的联系。宏观经济学研究一个社会的整体经济，而整体经济是单个经济主体的总和，整体经济的结果依赖于千千万万个人和企业的决策，只有理解了所有单个经济主体的经济行为以及影响其行为的因素，才能理解整个经济是如何运行的。因此，对宏观经济运行的理解离不开对微观经济主体行为的分析，或者说，不考虑相关的微观经济主体的决策就无法理解宏观经济问题。例如，家庭支出决定总体消费和储蓄，企业投资决定总体投资。经济学家在研究政府支出或税收变动对物品与劳务生产的影响时，必须考虑该政策如何影响家庭的购买行为和企业的投资决策。

（二）经济学为什么分为微观和宏观

经济学分为微观经济学和宏观经济学，这是从物理学借鉴过来的方法。与物理学先有宏观、后有微观不同，经济学是先有微观、后有宏观的。那么，经济学为什么会分为微观经济学和宏观经济学呢？这需要简要回顾一下经济学发展的历史。

1. 从古典经济学到新古典经济学

亚当·斯密在1776年发表的《国民财富的性质和原因的研究》标志着经济学成为一门学科。从那时一直到19世纪后期，经济学处在古典经济学时期。其主要代表人物除了开山鼻祖斯密之外，还有大卫·李嘉图、约翰·穆勒、马尔萨斯、让·巴蒂斯特·萨伊等。古典经济学的最大成就之一是建立了劳动价值论，强调财富来源于物质产品的生产领域。古典经济学集中分析价格机制如何引导资源使用以进行生产，生产出来的产品销售之后又怎样分配给参与生产的各项资源。古典经济学家推崇自由放任的市场经济，认为政府的角色就是充当"守夜人"。"守夜人"的主要职责，一是"打更报时"，二是巡逻防火、防盗。也就是说，在古典经济学家看来，政府的作用非常有限，不应该干预市场，市场的自发作用就能把整个社会的各项经济活动安排得恰到好处。然而，19世纪上半期出现的新旧葡萄酒之争使古典经济学陷入危机，人们意识到应该有一种不为人知的因素在影响价格。19世纪70年代，奥地利经济学家门格尔、英国经济学家杰文斯和法国经济学家瓦尔拉斯几乎同时提出了边际效用价值论，掀起了一场"边际革命"。边际效用价值论反对劳动价值论，认为商品的价值不是取决于商品包含的客观的劳动量，而是取决于人们对商品效用的主观评价。这种主观价值论引入了一种新的分析方法，即边际效用分析法，从而使经济学进入了一个新的时期。

1890年，英国经济学家马歇尔出版了著名的《经济学原理》，书中马歇尔通过均衡价值论将边际学派主观的边际效用价值论和古典经济学派客观的劳动价值论综合为一体，从而使边际主义和古典经济学从对立、互斥变成互补，把经济理论重新团结在"看不见的手"的旗帜下。由此，经济学的发展由古典经济学时期进入了新古典经济学时期，马歇尔也凭此成为承前启后的一代宗师，在经济学史上的地位仅次于斯密。《经济学原理》被视为具有里程碑意义的经济学教科书，今天人们看到的微观经济学教材，其架构就是来自《经济学原理》。新古典经济学同样把自由放任作为最高准则。

从19世纪70年代边际革命开始到20世纪30年代，新古典经济学的中心仍然是自由放任。但他们不像古典经济学派那样只重视对生产的研究，而是转向了消费和需求。他们把资源配置作为经济学研究的中心，论述了价格如何使社会资源配置达到最优化，从而在理论上证明了以价格为中心的市场机制的完善性，坚持了"市场万能论"思想。从这种意义上说，它仍是古典经济学的延续，但它是用新的方法，从新的角度论述自由放任思想。

2. 凯恩斯革命

然而，20世纪30年代资本主义世界的经济大萧条动摇了人们对经济学的信任，也动摇了经济学家对市场的信任。依据著名的"萨伊定理"，供给自动创造需求，但为什么经济大萧条时期会出现生产过剩，物价持续下跌，失业率高企呢？新古典经济学家们在理论上不能解释，政策上无法提出解决的措施，传统经济理论与经济现实产生了尖锐的冲突。

凯恩斯于1936年出版的《就业、利息与货币通论》正是当时新古典经济学危机的产物。凯恩斯在理论、方法和政策等方面都提出了不同于传统的观点和主张。他提出有效需求不足是失业存在的原因，并在政策上提出放弃新古典经济学的"自由放任"，实行国家干预的主张。凯恩斯经济学的产生是以对新古典经济学的革命者姿态出现的，这次革命所产生的凯恩斯主义，提出了以国民收入决定为中心，以国家干预为政策基调的"政府万能论"的理论体系。

以凯恩斯的雄心壮志，他本来的目的是想以其理论体系完全取代自亚当·斯密以来发展下来的传统经济学。然而，后来出现了一批经济学家做了折中调和，说传统经济学也没错，只是适用条件与凯恩斯的理论不同。凯恩斯经济学能够消除失业和通货膨胀，因而是恢复传统经济学充分就业假定前提的手段，一旦实现充分就业，凯恩斯经济学将逐渐失去它的重要性，传统经济学就会恢复它的原有地位。所以，凯恩斯理论不是否定反而是拯救了新古典经济学，这是适用于不同条件下的两种理论，两者可以并存。把传统经济学和凯恩斯经济学折中调和在一起的经济学家由此被称为"新古典综合派"，因为他们奉行的经济学理论既有新古典经济学派的市场机制，又有凯恩斯主张的政府对市场的调节。新古典综合派的主要代表人物是美国经济学家萨缪尔森。他在1948年出版的《经济学》中，把命名为宏观经济学的凯恩斯理论和相应被称为微观经济学的新古典经济学顺次安排在一起，奠定了宏观、微观并存的格局，但以凯恩斯理论为主、新古典经济学为辅。新古典综合派全面发展了凯恩斯主义，并把这一理论运用于实践，对各国经济理论与政策都产生了重大影响。

20世纪60年代末期，西方国家出现严重的滞胀局面，新古典综合派无法解释，因为在凯恩斯理论中，通货膨胀与经济停滞是替代关系，不可能同时出现。凯恩斯主义面临危机，这使自由放任思想得以复兴。弗里德曼领军的货币学派当先，供给学派、理性预期学派接踵而来。他们认为滞胀的根源是凯恩斯主义的国家干预，因而从不同的角度提出减少国家干预，充分发挥市场机制作用的主张。货币学派甚至提出要重新构建经济学理论大厦，不再划分什么微观与宏观的区别。

知识拓展

价格理论与货币理论

在一些大学，如美国的芝加哥大学、加州大学洛杉矶分校等，微观、宏观的称谓被认为具有误导性，习惯于分别用"价格理论""货币理论"的术语取代。

我们知道，新古典综合派经济学家把关注市场上微观主体（个人与企业）在价格引导下进行的消费、生产、交换活动的传统经济学归为微观经济学，这其中没有政府存在，即使有政府，也是根据它的活动而把它的角色分解为相当于个人一样的消费者（在市场上购买各种物品），或是相当于企业一样的生产者（向市场提供公共服务）。但在宏观经济学里，政府的地位特殊而超然，它是作为市场的管理者、调控者的角色出现的，完全不同于个人和企业的作用。

把微观、宏观改用"价格理论""货币理论"来称呼的经济学家（货币学派），则关心另外一个他们认为更本质的区别：有没有货币的存在。

微观经济学研究的是市场经济中价格机制如何发挥作用，引导不同的经济主体进行选择。这价格是指物物交换的相对价格，也就是没有货币的存在。或者也可以理解为虽然有货币的存在，但货币的价值是稳定不变的，也就是物价水平是稳定的（即没有通胀或通缩），因此物品的货币价格与真实价格（以另一种物品表达的相对价格）是一样的，没有分离。于是货币对经济活动没有影响，也就是古典主义所主张的"货币中性"。

但宏观经济学的研究中心正是货币。在宏观的领域里不但存在货币，而且货币的价值完全有可能是波动的，也就是物价水平不稳定，表现为发生通胀或通缩。这时物品的货币价格与真实价格不一样，有分离，从而影响（其实是误导）了经济主体的选择行为。而由于现代各国的货币都是政府垄断发行权——绝大部分是本国政府，少数是他国政府，其中欧元最为突出，是欧洲中央银行这个超政府机构发行的——于是货币价值不稳定的根源就是政府。因此，政府的地位与作用同样非常特殊而超然，但它要做的并不是干预市场、调控经济，而是要控制好货币供给量，从而稳定货币价值、稳定物价水平，为市场的价格机制的自发调节提供稳定的平台。

资料来源：李俊慧，《经济学讲义（上）》，中信出版社2012年版。

二、经济学的研究方法

经济学家的任务是发现和解释经济世界的运行规律，但认识和解释经济世界的目的是改善这个世界。因此，经济学家通常承担着解释和改善经济世界的双重职责，相应地，他们采用实证分析和规范分析两种语言表述方法。

（一）实证分析与规范分析

实证分析（positive analysis）认为，经济学要用于解释世界、解释现象，所以它是描述性的，是回答"是什么""为什么"的问题。这种表述方法只确认事实本身，研究经济现象的内在逻辑，发现经济变量之间的关系，并用于预测经济行为的后果，而不涉及事实本身好不好，应该不应该的问题。例如，某路人随手把香蕉皮扔在人行道上，老年人不小心踩上去滑倒摔伤，经济学家可以解释该路人为什么不把香蕉皮扔进垃圾桶，而是直接扔在地上。因为相对于随手扔掉香蕉皮来说，路人拿着香蕉皮到处寻找垃圾桶既费心思又要花更高时间成本。但是，经济学不回答路人该不该把香蕉皮扔在地上。外行往往会因此指责经济学家不讲道德。其实，经济学家不讲道德，不是他作为普通人的时候不讲道德，而是他作为经济学家在运用经济学理论解释人的行为时，只需回答"是什么""为什么"的问题，不负责回答"好不好""该不该"的问题。后者是伦理道德负责回答的，这是不同学科不同的分工。假如经济学家研究轿车的销售量与收入之间的关系，论证了"随着人们收入的增加，轿车将会更多地进入家庭"，你恰好是一个环保主义者，轿车更多进入家庭会相应带来能源消耗量增加、环境污染、交通堵塞等一系列问题，这正好与你的价值观相悖，若因此而抱怨经济学家运用经济理论分析出一个你不喜欢的结论，这就相当于苹果从树上掉下来把路人砸伤，你愤而指责该苹果无良一样的荒唐可笑。

规范分析（normative analysis）是命令性的，它回答"好不好""应不应该"的问题，它可向人们提供应该怎么做的指导。经济学家在用规范分析法回答"应该是什么"的问题时，实际上还是要先基于实证分析法回答"是什么""为什么"的问题，然后再加上主观评价。比如，政府问经济学家："节日期间高速公路该不该免费？"经济学家会用经济学原理进行客观的科学分析，指出从避免浪费的标准看，免费会造成堵车，损失的堵车时间远远超过所省的高速费。况且高速公路可以免费，但是不能没有成本。修建、维护都要花钱。用路的人免费了，但成本却是所有纳税人承担。接下来政府该如何选择那要看其判断是非的标准是什么，政府想要的如果是减少浪费，那就适当收费避免太堵，因为收费太高愿意用高速的车太少，也会浪费高速公路的通过能力。政府也可以有别的标准，比如为帮助低收入者，哪怕牺牲一点效率，造成一点浪费也未尝不可，但也要考虑政府的收支。

实证分析和规范分析的主要差别在于我们是否能够判断它们的正确性。一般来说，实证分析是对客观事实的如实描述，其结论正确与否可根据事实进行检验。比如，经济学家可通过分析某一时期不同收入水平下每百户人家拥有轿车数量的统计数据，来验证"随着人们收入水平的提高，轿车将会更多地进入家庭"的实证表述。但规范分析得出的结论正确与否无法检验，因为它涉及人们的主观价值判断。价值判断是指对人们某种行为社会价值的判断，即好与坏的看法。所谓好坏也就是对社会是有积极意义，还是有消极意义。价值判断属于社会伦理范畴，具有强烈的主观性。人们的伦理观、哲学观、宗教观、政治观不同，对同一事物的好坏会做出不同的回答，谁是谁非无客观标准。比如，"鼓励轿车进入家庭是否符合中国国情？"如果没有人为指定的客观标准，那就只能靠主观的价值判断，环保主义者反对轿车更多地进入家庭，而那些看重汽车工业发展对经济拉动效应的人则认为轿车更多进入家庭有利于促进经济增长和增加就业。一般来说，当人们对规范问题的争论影响到某项决策时，只有用政治的或立法的手段来解决。但是，如果指定了一个"成本越低就是越好"的客观标准，问题就变成了"鼓励轿车进入家庭成本较高，还是限制轿车进入家庭成本较高"，接下来就可以回答"是否应该鼓励轿车进入家庭"的问题。

以上分析表明，实证分析和规范分析尽管存在上述差异，但它们也是相关联的。规范分析要以实证分析为基础，再加上价值判断，而价值判断可以是主观的，也可以是人为地制定一个客观的标准；实证分析就是分析具体的约束条件（比如是否成本较低）下不同选择的情况，在实证分析的基础上再加上确定下来的价值判断，就能做出"应不应该"的回答。在经济学中，实证分析和规范分析各有其不同的作用。当我们解释经济世界如何运行的时候，应当采用实证分析的方法，像自然科学家一样冷静、客观地分析经济现象；当我们以改善经济世界的运行为目标时，就要采用规范的分析方法，以一定的价值判断为基础评价经济现象。由于经济学的主要任务是认识世界，而且，主观评价的基础是对客观现象的认识。因此，在经济学中运用较多的是实证分析方法。

知识拓展

为什么经济学家意见分歧

无论在实证分析还是规范分析领域，经济学家都存在意见分歧。例如，经济学家对于政府实施积极的财政政策应该采用哪种政策手段——增加政府支出还是降低所得税的看法就不一致。支持采用降低所得税政策的人认为，减税增加了家庭和企业的可支配收入，这会鼓励家庭和企业增加消费和投资，消费和投资的增加会引起经济的快速增长，这不仅会进一步增加家庭和企业的收入，而且也会增加政府税收的绝对额。支持采用增加政府支出政策的人认为，家庭的消费和企业的投资对所得税的下降不一定会做出太大的反应。经济学家对应该采用哪种财政政策手段之所以产生意见分歧，是因为他们对消费和投资对减税激励反应程度的实证观点不同。

然而，经济学家的意见分歧更可能是规范的。由于经济学家和普通人一样，有着不同的价值观、感情和信念，因而很难在一些问题上达成一致意见。比如，在上例中，经济学家对应该采用哪种财政政策手段具有不同的规范观点，很可能是因为他们的价值观不同，也就是说，在现阶段应该如何划定政府和市场的边界具有不同的看法。有的经济学家认为应当主要依靠政府的力量拉动经济增长，而另一些经济学家则认为应该依靠民间的力量拉动经济增长。不同的价值观导致了不同的规范结论。

上述事例说明，为什么经济学家对同一问题所提出的政策建议不同，其原因可能是实证的，也可能是规范的，经济学家看问题不一定完全依据科学，很多情况下他们的不同建议反映了他们具有不同的价值观。

（二）经济模型

如上所述，经济学的主要任务是运用实证分析的方法发现并解释经济世界的运行规律，这一任务很大，因为经济世界庞大而复杂，在一门课中全部予以描述和解释很困难，因而经济学家通常是通过建立**经济模型**（economic model）来提出经济学的基本原理，然后依据经济学原理预测经济事件和制定经济政策。经济模型是对现实经济世界的简化表达，它忽略掉经济中一些非本质的、烦琐的细节，告诉我们最重要的经济行为的基本原理。正如一座建筑物的模型，它不是真实的建筑物，没有玻璃、没有空间，略去了许多细节，但它能够使房地产开发商用一种简单的方法向客户介绍他们最关心的大楼的楼层、位置、周边环境，每套房子的方位和朝向。经济模型类似于建筑模型，它告诉我们与经济现象有关的经济变量之间的相互关系，使我们知道一些经济变量是如何由其他经济变量决定的。

经济模型有语言文字、几何图形和数学方程式三种表达形式。它们各有自己的特点：语言文字表述可以使观点清楚，描述令人轻松愉快；几何图形则是一种最为简明而直观的表述经济变量之间相互关系的一种方法；数学方程式的表述则比较严谨。借助这些经济模型，人们可以预测经济变化的结果。下面我们以供求模型为例来说明经济模型的表达形式。

以猪肉为例，在现实生活中，人们对猪肉的购买量会受到猪肉本身的价格、消费者的收入、相关商品价格等其他多种因素的影响。如果我们认为猪肉的价格和消费者的收入是影响购买量最重要的因素，我们可以用以下公式表示需求函数：

$$Q_d = f(P, I)$$

在上式中，Q_d 为猪肉的需求量，P 为猪肉的价格，I 为消费者的收入。一般情况下，如果消费者的收入不变，猪肉的需求量与价格呈反向变动关系，即价格上升，需求量减少；价格下降，需求量增加。这就是用语言文字表述的需求函数。若用数学公式表示则为 $Q_d = a - bP$。还可以把需求函数绘成一条需求曲线，以数量为横轴，以价格为纵轴，需求曲线为一条向右下方倾斜的曲线，它表明了需求量与价格的反向变动关系。如图 1-1 所示。

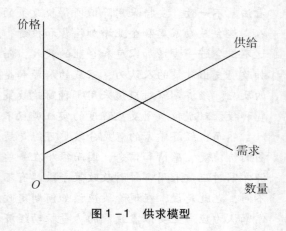

图 1-1 供求模型

同样，一般来说，猪肉的供给量会受到猪肉本身的价格、成本、技术等因素的影响，如果我们认为猪肉的价格和成本是影响供给量最重要的因素，可以写出猪肉的供给函数：

$$Q_S = f(P, C)$$

在上式中，Q_S 表示猪肉的供给量，C 表示猪肉的生产成本。如果猪肉的成本不变，猪肉的供给量与价格呈同向变动关系，即价格上升，供给量增加；价格下降，供给量减少。这是用语言文字表述的供给函数，用数学公式表示则为 $Q_S = -a + bP$。还可以把供给函数绘成一条供给曲线，如图1-1所示，供给曲线为一条向右上方倾斜的曲线，它表明了供给量与价格的同向变动关系。

假定价格的调节可以使猪肉的需求量等于供给量，我们可以得出供求模型：

$$Q_d = Q_S$$

由于供求模型假设收入 I 和成本 C 为给定的量，所以，该模型要说明的是价格 P 和数量 Q 的决定，因而 P 和 Q 被称为内生变量，I 和 C 被称为外生变量。**内生变量**（endogenous variables）是模型内部决定的变量，即可通过模型求解的变量。价格和数量就是供求模型要解释的变量。**外生变量**（exogenous variables）是由模型以外的因素决定的变量。模型把它们作为给定的变量。例如，在上述供求模型中，收入和成本就是由模型之外的其他因素决定外生变量。当然，这不是说收入和成本不会变化，也不是说收入和成本的变化不会影响猪肉的需求量和供给量，而是说，供求模型不解释收入和成本的变化，收入和成本是供求模型之外的其他因素决定的，供求模型在解释价格和数量时把它们作为给定的变量。

图1-1就是用几何图形表示供求模型。横轴表示数量，纵轴表示价格。在收入给定时，猪肉的价格越高，消费者的需求量越少，因此，猪肉需求曲线向右下方倾斜。在养猪成本既定时，猪肉价格越高，企业愿意出售的数量越多，因此，猪肉的供给曲线向右上方倾斜。供给曲线和需求曲线的交点为市场供求的均衡点，在该点，猪肉的供给量等于需求量，价格不再变动，称为均衡价格，这时的数量称为均衡数量。

供求模型是对现实经济世界的简化表达。它在忽略了消费者不同的口味、猪肉不同的质量、农民不同的养殖方法等细节的情况下，得出了合乎逻辑的结论。供求模型所表达的经济学原理体现在成千上万人每天的交易中。在以后的分析中我们将会知道，无论是微观经济学还是宏观经济学，供求模型都是一个非常有用的思维框架。

知识拓展

经济模型的例子：生产可能性曲线

假定一个国家所有的资源只生产馒头和导弹。生产可能性曲线是一个图形，它表示一个经济在既定的资源和技术条件下所能生产的产量（比如馒头和导弹）的不同组合。图1-2是生产可能性曲线的一个例子。在这个经济中，如果所有的资源都用于生产馒头，该经济可以生产10单位，导弹的产量为零；如果所有的资源都用于生产导弹，该经济可以生产5单位导弹而馒头的产量为零。生产可能性曲线的这两个端点代表两种极端的可能性。如果经济中的资源既生产馒头也生产导弹，如图1-2中 A 点所示，可以生产7单位馒头和4单位导弹。如果经济从 A 点移动到 B 点，为了增加1单位馒头就必须放弃0.5单位导弹的产量，也就是说，当经济在 B 点时，1单位馒头的代价是0.5单位导弹。

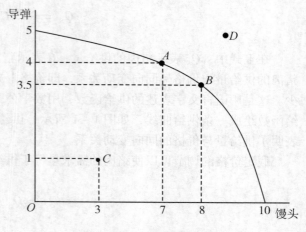

图1-2 生产可能性曲线

从图1-2中可以看出，生产可能性曲线是向外凸出的，这意味着用导弹衡量的生产馒头的代价与馒头的数量有关，当经济用它的大部分资源生产馒头时，生产可能性曲线非常陡峭，因为最适合生产导弹的资源都被用于生产馒头，现在经济每减少1单位馒头所引起的导弹数量的增加很可观。相比之下，当经济把其大部分资源用于生产导弹时，生产可能性曲线非常平坦，这表明最适合生产导弹的资源已经用于生产导弹，经济每放弃1单位馒头所引起的导弹数量的增加很少。

观察图1-2，可看到 D 点是不可能实现的产量，因为经济没有可以支撑这种产量的资源，这说明在给定时期内，一个经济现有的资源和技术所能实现的产量存在一个极限，经济只能在该曲线之上或它之内的一点上进行生产，不能在该曲线之外的任何一点上进行生产。

生产可能性曲线上的点代表既定的资源和技术条件下所能生产的两种商品的最大数量组合，如果经济可以充分利用既定的资源条件，那么它所得到的产量一定在生产可能性曲线之上，这表明经济是有效率的（效率是指既定资源所能实现的产量达到最大）。C 点是一个无效率的结果，经济只生产了3单位馒头和1单位导弹，远远小于既定资源所能生产的产量。缺乏效率意味着该经济社会的稀缺资源没有得到充分利用，其原因或许是失业率上升，资源闲置。比如2008年下半年，受世界金融危机的影响，珠江三角洲许多农民工失去工作，很少有企业愿意雇佣他们，结果使我们的产量在生产可能性曲线之内。或许是资源使用不当，经济缺乏效率，比如我国计划经济时期国有企业人浮于事的情况。如果消除了无效率的原因，经济会从 C 点移动到生产可能性曲线之上。

生产可能性曲线就是一个经济模型，它把繁杂的经济世界简化为一个只生产两种产品的经济，用一条简单的向外弯曲的曲线告诉我们资源的稀缺性、人们面临选择、选择的代价等一系列重要的经济学原理。

（三）假设的作用

所有的经济模型都建立在一些假设之上。假设就是撇开与我们研究的问题无关的某些变量，使复杂的现实变得简单，可以使我们很容易抓住问题的本质，从而得出有意义的结论。

例如，需求定理告诉我们，当商品价格上升时人们的需求量减少。然而在现实中，商品价格上升时人们可能购买更多，这可能是人们的收入增加了，有能力在高价位时购买更多，或者是人们预期价格会进一步上升，现在不买将来更贵。在描述需求定理的时候，我们通常假设影响需求量的其他因素保持不变，只有价格是唯一的变量，这样我们就可以很容易揭示出价格和需求量之间的反向变动关系。在此基础上则可以预测消费者对价格上升的反应。如果我们没有上述假设，要说明影响需求量的所有因素同时发生变化时消费者对价格上升的反应，每一种预测都会有许多例外和限制条件，从而使对问题的分析变得令人费解。

因此，为了简洁地将一些经济变量之间的关系作为规律揭示出来，经济学家常常做出一些假设，然后得到一个"模型"。假设是构建经济模型的前提，一个好的经济模型，是用最简化的方式表达最深刻的思想。

（四）理性人假设

经济学的基本假设是"人是理性的"，通俗的说法是"人是自私的，或者利己的"，又由于经济学这样假设人的本性，所以把经济学所研究的人称为"经济人"。因此，理性人、自私、利己、经济人，都是同一个意思，并没有区别。

说人是理性的，是指人是趋利避害的，会尽可能以最小的代价为自己争取到最好的结果。"最小的代价"可以是最低价格、最低成本，而"最好的结果"可等同于最高收入、最大收益等。经济学假设，每个人的任何行为，都是自私自利的。也就是说，每个人在一定约束条件下都会为自己争取最大的利益。

当然，自私不同于"损人利己"，其前提是不损害他人的利益，否则将会走向极端个人主义或利己主义，落得双输结局。事实上，在很多情况下，人们要达到利己的目标，代价最小的方法是利他。经济学的创始人亚当·斯密在《国富论》一书里说，个体生产者只想达到自己的目标，但是在看不见的手引导下，他们的行为最终共同使社会受益，虽然这并不是他们的主观目的。比如，馒头店的老板之所以每天辛辛苦苦地蒸馒头满足消费者的需要，为的是从我们手里赚钱，主观上是为自己好，但客观上为我们提供了充饥的食物。他也可以拦路抢劫从我们手里得到钱，但这会被警察抓住坐牢，不划算；他也可以上街乞讨向我们讨钱，但愿意平白无故掏钱给他的人不多，就算是乞讨来的钱比当馒头店老板的收入还多，当乞丐也是一件很丢脸的事情。收入不能只狭隘地理解为货币收入，还包括名誉、尊严等这类非货币收入。货币收入和非货币收入加起来才是完整的收入。同样，成本或代价也包括货币成本和非货币成本。馒头店老板之所以没有选择做乞丐，那一定是因为他知道做乞丐的总收入不如做馒头多，做馒头比做乞丐多了一份非货币收入，这是道德观念造成的，馒头店老板创造了新的财富，对社会有贡献，而乞丐只是把他人手里的钱转移到自己手里，没有任何财富创造。所以道德观念褒奖馒头店老板而贬低乞丐。也就是说，道德观念实际上是引导人们通过利他来自利，这就是人类社会需要道德的原因。

当然，如果当地的社会治安不好，警力不足，抢劫很容易，被抓起来的风险很小，以至于抢劫的代价比做馒头还小，做馒头的可能会改行当贼；或者，一个社会若没有以好吃懒做为恶行的道德观念，人们把做乞丐视为理所当然而毫无羞耻之心，那么，做馒头的可能会改行当乞丐。这说明，一个人选择做什么，守法、犯罪或是乞讨与一定的约束条件有关，约束条件变了，理性人在自私之心的支配下会导致某种选择行为的转变，选择做什么完全是权衡成本与收益的结果。

参考资料

犯罪也是经济选择："三振出局"

犯罪有时的确是划得来的。如果罪犯觉得偷窃的收益值得他去冒险，他就会选择偷窃而不是工作。虽然这肯定不是道德的选择，但完全是理性的选择。传统的犯罪学过去是社会学家主导的研究领域，把罪犯视为不能做出理性选择的不正常的人。根据这种传统观点，解决犯罪的方法在心理学层面。例如，改善那些有可能违法乱纪的人的精神健康，或者向他们提供更好的行为榜样。经济分析并不否认罪犯在某些方面心理失常，但也认为，即使是罪犯的行为也是对激励的反应。

监禁主要从两方面来降低犯罪率：其一是阻止罪行发生，其二是威慑那些想犯罪的人。阻止策略并不涉及理性：关在牢房里的人当然不可能犯罪。反之，威慑策略能起作用，正是那些想违法乱纪的人计算犯罪的成本和收益。所以，威慑策略至少在一定程度上认同想犯罪的人是有理性的。

这种区分在讨论"三振出局"法（第三次犯有暴力罪的人判终身监禁）时候就变得非常关键。如果阻止罪行发生更重要，"三振出局"法就是严重的错误。因为犯罪倾向是随年龄增长而递减的，这样的法律只会使牢房里满是年老的罪犯，可他们反正是不会再犯罪的。但如果威慑的考虑最重要的话，一辈子就此完蛋的威胁甚至可以抑制年轻人犯罪。

根据史蒂芬·列维特的研究，威慑策略在降低犯罪率方面比阻止策略更为重要。事实上，逮捕率较高对罪行的总体影响有75%可用威慑策略解释。因此，该研究对"三振出局"法提供了一些支持。不过，在评估这些法规的时候，当然不能仅仅考虑犯罪率的影响（还要权衡的另一个因素是建设更多的监狱和管理更多犯人的成本）。美国华盛顿州和加利福尼亚州近期的事实也证明，这些州由于实施了"三振出局"法，入狱率提高了，犯罪率下降了。

列维特还进行过一项研究，分析为什么1978—1993年间青少年犯罪率的增加比成人犯罪率的增加还要多（在那段时期，成人谋杀罪的逮捕率下降了7%，但青少年的逮捕率竟然增加了177%！）。他得到的结论是：主要的解释在于，青少年案件的平均判罚率本来就已经比成人案的判罚率要低，那段时间里更是下跌了20%，而成人案件的判罚率却增加了60%。他还注意到，当一大批同龄人从适用于青少年（因而比较宽大）

的司法系统，随年龄的增长而转入适用于成年人（因而比较严厉）的司法系统时，那一年的犯罪率就会急剧下降。

资料来源：杰克·赫舒拉发等，《价格理论与应用》，李俊慧、周燕译，机械工业出版社2009年版。

经济学涉及的个人、企业和政府都是"理性人"，也就是说，每个行为人都有明确的目标，并且会尽力最大化这些目标。对个人来说，他的理性行为就是最大化自己的"效用"（满足）目标。经济学把效用与消费者对物质财富的消费数量联系起来，这是一种抽象，现实中人们在物质利益之外还有精神层面的追求，但这一抽象符合绝大多数消费者的基本行为目标，它能够使我们的分析变得简单，在简单分析中得出的结论有助于我们理解复杂世界中人们的基本行为特征。

企业的理性行为是追求利润最大化，这也是合理的简化。现实中企业的目标也许是多元的，比如市场份额、企业声誉、员工福利，或者是为了增加就业、缓解居民贫困。但这些目标的大多数是与利润相关的，它们既建立在利润基础上，又服务于利润目标。

从理论上来说，政府是为公众提供服务的机构，其目标应该是社会福利的最大化。但是，受执政党所代表的社会群体利益和政府部门利益的影响，现实中的政府可能会更倾向于最大化某个特定利益群体或者某个政府部门的效用。然而，不管政府的行为目标是什么，只要该行为目标是确定的，政府的行为就符合理性人假设。

理解经济学的理性人假设需要注意三个问题：

第一，理性人假设是公理，与真实无关。理性人是对人们行为动机的基础假设。现实中人们的行为也可能会受到感情、信仰等非理性因素的驱使，对这些非理性行为的解释是心理学、生理学或哲学上的事。经济学假设人是理性的，这是公理，它无法用逻辑方法来证明也无需证明，任何人都不应有异议，也就不需要是真实的。重要的不是你究竟是不是自私，而是经济学要假设人是怎样的，并且这一假设能否经受住事实的验证，也就是说，在它的基础上推出来的理论能否解释现实。人们运用理论去解释已发生之事或推断未发生之事，如果不能解释或推断，就要修正甚至推翻它；但如果能够解释或推断，就要接受它。例如，为什么餐馆通常都开设在人口居住区而不是开设在荒漠？那是因为即使有人把餐馆开在荒漠之中，因客流量极少，餐馆的收入不能弥补成本最终会倒闭，最后存活下来的只能是开设在人口居住区的餐馆。所以，即使有人的决策是愚蠢的，但最终的结果是人口居住区有餐馆，而荒漠则不会有，这符合经济学关于人是趋利避害的理性人假设。

第二，理性人假设不可更改。既然经济学假设人是理性的，或者说是自私的，那就不能再同时假设人是不自私的，也就是说，在经济学里是不允许用不自私来解释人的行为的。假若看到有人骗钱就说他是自私的，看到有人捐钱就说他是不自私的，这门学科什么现象都能解释，就等于什么都没有解释，我们也无法事前判断某个人会骗钱还是会捐钱。如前所述，经济学解释经济现象的客观规律与内在逻辑，人们可在此理论基础上进行分析和推断，如果人有时自私，有时不自私，作为基础假设的起点不一致，在逻辑上我们就无法对未发生之事做出推断，因为理论本身没有解释力。

当然，我们也不能说骗钱是自私，捐钱也是自私。自私是一个假设，不能直接用于解释现象，如果我们随意解释任何行为都是自私，就等于说这个解释是直接假设出来的，那么自私的假设就会变得没有内容，什么都能解释，什么也无法解释。但是，如果我们能够指出某种约束条件（即对人的行为的客观约束），就可以逻辑地推导出理性人在约束条件下会因自私而做出某种选择，而当这约束条件改变了，则会导致理性人的某种行为的必然转变。比如在理性假设下解释骗钱行为，不是直接使用理性假设，而是指出不同的约束条件下人们会因理性而做出不同选择。若警力强大，骗钱者很难逃脱并会受到严厉惩罚，在这种约束条件下，理性人在自私本性驱使下很少会选择犯罪；若警力不足，骗钱者很容易逃脱并且不会受到严惩，在这种约束条件下理性人受自私本性支配可能会选择犯法。这些是解释，也是推断，可以调查人们是不是这样做，如果事实没有推翻这解释或推断，就是验证了理性假设。再比如，对捐钱的解释，无缘无故的捐钱帮助朋友，无法用理性解释。但假如我们说，在某些局限条件下，捐钱的费用比较低，或利益比较高，那么，捐钱的行为就比较多。这样，理性人假设会极大地影响着人们的捐钱选择。假如你所在城市有很多慈善机构，你可以很方便地把钱捐出去，那么，你就会倾向于捐钱；若是你需要自己坐车跑几百里甚至几千里把钱送到捐款对象手里，你可能会嫌麻烦而选择不捐钱；但如果你发现你原来捐给慈善机构的钱很大一部分没有用到捐款对象手里，你会倾向于不捐钱，或者宁愿选择不辞辛苦亲自把钱送到捐款对象手里。所以，捐钱表面看起来与自私不相干，实际上也受到人的自私本性的影响，因为自私就是以最小的代价取得最好的结果，人们捐钱也希望能够帮助到真正有需要的人。所以人的利他、慈善行为的事实都验证了自私假设，因为即使你想要的结果是利他，你依然还是想以最小的代价达到这个结果，也就是自私或理性依然支配着你的行为。

第三，理性不等于正确。理性人假设强调人的行为是趋利避害的，但并不假设行为人总能够做出正确选择。现实世界充满不确定性，理性选择可能是不成功的，甚至是导致自身利益受到损害的选择。例如，买股票时的"跟风"行为。这一行为很可能导致"高价买进，低价抛出"的结果，但这不能说小股民的跟风行为是非理性的，只能说他当初预计错误。在信息不充分的条件下，机构持有某公司股票，小股民以为跟着机构持有比自己在股票市场的汪洋大海去寻找会上涨的股票赚钱机会要大，结果股票价格跌下来，他早知道是这样绝对不会选择"跟风"。所以，"跟风"是小股民在信息不充分条件下为防止决策失误的理性选择，股票价格跌了不是因为当初的选择非理性，而是他不知道！如果小股民知道跟风股票会跌还买，那才是推翻了理性假设，但这是不可能的事情。

人是理性的，但人不是无所不知的，这"无知"又是一个约束条件。在股票市场，机构掌握有较多的内幕消息，受"无知"条件的约束较小，所以他们对股票的选择比小股民准确。小股民没有内幕消息，而且获得内幕消息的成本往往高于收益，他们宁愿选择在"无知"状态下"跟风"，这并不能说明小股民比机构更加非理性，只能说小股民和机构所面临的约束条件不同，使得他们各自的理性选择及其结果不同。

第三节 为什么学习经济学

国内外的很多大学都把经济学设置为本科生的基础课。提倡每个人都应该学点经济学，这并不是说每个人都要从事经济学的研究工作，也不是因为经济学能教会我们赚钱，学了经济学好找一个高收入的工作。现实生活中学习过经济学专业的人有赚到钱的，也有亏损破产的，而更多的是工薪阶层。所以，作为经济学教师，我们必须告诉本书的读者，经济学是一门致用之学。它是一扇智慧之窗，推开它，有助于我们认识和理解我们生活的真实世界。

一、学习经济学有助于我们理解现实经济世界是如何运行的

经济学是一种思考问题的独特方式。经济学家运用自己的语言和思维方式解释经济规律。了解了这些经济学语言，有助于我们理解现实经济世界是如何运行的，有助于我们理解每个人的状况不仅取决于自己的决策，而且还依赖于他人的决策。例如，当你想买一台电脑时，只要付款，就可以把它从商场搬回家；当你向一家旅行社提出要去欧洲旅游的要求时，旅行社会立即帮你把行程安排得妥妥帖帖。而事实上，你事前并没有告诉电脑生产商为你生产一台电脑，也没有通知旅行社你有去欧洲旅游的打算。那么，为什么你能得到你想要的东西呢？经济学是研究人们相互间如何通过交易活动实现资源合理配置的科学。学了经济学，你就可以明白市场这只"看不见的手"如何使每个自利的人为大家服务。同样，你还可以明白，为什么旅客停留周六一个晚上，航空公司对往返机票的收费较低；为什么有的电信企业服务那么差，而收费却那么高；为什么一个流行歌手演出一个晚上可以赚数万元，而有的刚参加工作的大学毕业生的月薪只有 3 000 元；为什么限制"三公"消费会导致高档餐馆和奢侈品的价格下跌；等等。学习经济学课程有助于你回答这些问题。

二、学习经济学有助于增进我们的人生智慧

经济学是一门社会科学，是用来帮助人们思考人类社会自身所面对问题的科学。作为科学，它要像自然科学那样客观地分析问题；作为社会科学，经济学能教会人们基于理性假设客观地分析关于人的问题，这显然对一个人在社会上安身立足很有用。经济学所揭示的人的行为的基本规律能够增加我们对人类社会的知识，从而丰富我们的人生智慧。

例如，经济学告诉我们，"有得必有失"，人们为了得到某个想要的东西，就必须放弃另一个想要的东西。选择就是在相互竞争的利益之间寻求妥协。期末考试前，时间是你最宝贵的资源，你如果增加了用于学习经济学的时间，就会减少学习会计学的时间，但是你不能为了增加学习经济学的时间而放弃会计学的学习。父母出于子女教育和退休的考虑把收入的一部分用于储蓄，这会降低家庭成员当前的消费水平，家庭不能因为储蓄降低了消费水平而不再储蓄。要求企业减少污染会增加企业的生产成本，进而降

低经济增长率，但政府不能因为环境保护降低了我们的生活水平而不再保护环境。认识"有得必有失"本身虽然没有告诉我们应该做出什么选择，但它使我们懂得了权衡——这是做出正确选择的前提。

又如，经济学告诉我们人是最大化自己的利益的，但必须面临约束。明白了这个道理，我们在做出选择时，首先要弄清楚自己的约束，而不能过于追求完美。大学毕业后，也许你想选择走学术道路，但是家庭的生活压力可能迫使你选择了职业道路。人生很难追求十全十美的最优状态，我们所能选择的实际上是在一定约束条件下的"次优"。个人是如此，企业乃至社会也是如此。从理论上说，发展资本密集型和技术密集型产业能够使我们更快地缩小与发达国家的经济差距，但是，较低的技术发展水平和丰富的劳动力资源是我们面临的现实问题，在这些条件的约束下，短期内使大多数企业都走上高新技术发展的道路是不现实的。

再如，经济学告诉我们分工可以提高生产率，因为分工可以使在兴趣、爱好、技能等方面具有差异的人充分发挥自身的潜能，从而增进每个人的利益。最适合自己做的工作就是最好的工作，懂得了这些，我们应该学会找准自己在社会中的位置，这样就可能在与他人的分工合作中谋取更大的福利。

三、学习经济学有助于我们做出正确的决策

每个人的一生都需要做出许多重要的决策。例如，当你大学毕业的时候，你需要决定的是继续深造，还是去工作。在工作以后，你要决定如何使用你的收入：多少用于现在的消费，多少用于储蓄？有一天你若成为一个企业的老板或经理，你要考虑如何制定产品的价格策略。总之，在资源既定的情况下，人们必须做出选择，而且，大多数选择常常是在不确定的情况下做出的。比如，当你毕业的时候，你并不知道工作或是继续深造，哪一种选择对你更有利。为了避免决策失误，你需要学习经济学。经济学是关于选择的科学，虽然它不能为所有的问题提供现成的答案，但是，经济学为人们的理性决策提供了一套概念和方法，它是一种独特的思维技巧，它能够帮助人们在理解人类行为基本规律的基础上做出正确的决策。

经济学研究理性人选择所使用的最重要的方法是成本-收益分析。成本-收益分析告诉我们，当收益大于成本，即净收益最大时，我们才会选择某一项行动。用这一分析工具思考现实问题，会使我们避免陷于不切实际的空想。例如，我们都希望社会上没有的犯罪现象，但是，在人的道德素质既定时，依靠政府的打击犯罪的行动彻底消除犯罪活动几乎是不可能的。这是因为，政府打击犯罪的行动是要付出成本的，比如，需要设置机构并配备人员，需要制定法律法规，搜集、整理信息，对犯罪行为给予处罚或判罪等等，政府为此而付出的人力、物力、财力和时间就构成打击犯罪行为的成本。一般来说，当政府加大打击犯罪行为的力度时，犯罪率会降低，这可以看成是打击犯罪行为的收益增加，但是，随着犯罪率越来越低，进一步降低犯罪率需要付出巨额的成本，打击犯罪行为的成本会大于收益。在这种情况下，对全社会来说，与其使犯罪率为零，不如接受一个较低的犯罪率，从而把节省的政府开支用来做净收益更大的事情。

我们还可以用成本-收益原理对我国市场化的改革措施做出评价。改革开放以来，

市场化改革在使中国经济焕发出活力的同时，也带来了收入差距过大、环境恶化等负面的问题。用成本－收益原理来思考，我们就会明白，出现这些问题不足为怪，因为任何一项改革措施都会在带来积极影响的同时，也带来一些消极影响。评价一项改革措施，重要的是看该项措施的"净收益"是否为正，只要收益大于成本，这项改革措施的实施就是值得的，其负面效果可以通过进一步的政策调整或深化改革加以限制。如果我们因为改革的一些具体措施的负面结果而否定市场化改革的方向，这是从一个极端走向另一个极端，会导致更严重的后果。

当我们用成本－收益方法做出决策时，很多情况下，并不是决定是否做某件事情，而是选择在多大规模上做这件事情，或者说选择"做多少"。这就需要用**边际分析法**考虑如何选择能够实现净收益最大。所谓边际分析，就是考虑增加一单位某项活动额外增加的成本和收益分别是多少。经济学家把每增加一单位某项活动的成本称为边际成本，每增加一单位某项活动的收益称为边际收益。在确定某项经济活动的限度时，根据成本－收益原理，只要边际收益大于边际成本，就应该扩大该项活动的规模。比如，假设某航空公司从甲到乙地的航班，每个座位的全部成本为800元，当飞机有空位时，航空公司能否以300元票价把机票卖给乘客？人们往往认为不行，理由是因为航空公司为每个乘客支出的成本是800元，如果低于这个数目，就会导致亏本。但是借助于"边际"的概念，这是可行的。根据边际分析法，决策时不必考虑公司投入的全部成本，而应该考虑每增加一位乘客而额外增加的边际成本。在这里，因增加一位乘客而增加的边际成本是很小的，它可能只包括乘客的就餐费和飞机因增加载荷而增加的燃料支出。只要乘客所支付的票价（边际收益）大于边际成本，低价售票就能够增加航空公司的利润，所以，航空公司降低票价增加乘客数量的决策是正确的。

四、学习经济学有助于我们理解政府政策的作用与局限性

学习经济学，你会明白我们为什么需要政府，什么是政府应该做的，什么是政府不应该做的。经济学告诉我们，我们需要政府，是因为单靠市场不能使所有的资源都能得到有效配置。比如，如果没有政府的干预，追求利润最大化的企业可能会使你呼吸受污染的空气；我们可能无法拥有良好的社会治安，无法保证个人财产和人身安全；或者无法享用路灯、街心公园等公共物品；市场交易也没有人们必须遵循的规则和秩序。但政府对市场干预过多也会导致产品供给不足、价格扭曲、资源浪费、垄断横行。政府的政策选择正确与否，不仅影响整个社会的资源配置效率，而且也影响包括你在内的每个公民的经济利益。所以，当你决定支持哪一种政策时，当你希望政府制定某种政策的时候，你必须谨慎考虑这种政策的不利后果，经济学常识有助于你思考这样的问题。

例如，如果你是一个打工仔，你或许对政府的"最低工资法"给予很高的评价，最低工资标准高于市场工资水平，在劳资双方力量对比不均衡时，劳动一方处于弱势的企业，政府要求企业执行最低工资标准，的确有助于维护在业工人的利益。然而经济学会告诉你，最低工资制度是有缺陷的，由于最低工资水平高于市场工资，这样做的后果可能会使你失去工作。政府政策的客观效果往往会与它想要达到的美好目的相反。

又如，作为消费者，你也许会认为当某种商品价格上升时，政府对该商品实行最高

限价能够维护消费者的利益。经济学会告诉你，这样做的后果可能会使你的利益受到损害。2007年下半年，兰州市物价部门对牛肉拉面实行了最高限价，每碗拉面的价格不能高于2.5元。该"限价令"甫一出台，相当多的市民对此表示支持，认为政府在牛肉拉面这样看似很小却关乎很多人生活习惯的事情上进行限价，体现了对民生问题的重视。然而，最高限价的后果很快显现出来，"限价"带来了成本的转移。政府把拉面的最高价格限制住了，但是，在拉面成本接近甚至高出售价的情况下，牛肉拉面馆便以减少每碗拉面的分量和降低质量的方式把限价的成本转移到了消费者身上。很明显，如果拉面馆不这样做，等待他们的将是因无法维持正常运转而倒闭，这不仅造成失业和社会不安定，消费者也很难再吃到牛肉拉面了。所以，判断一项政策的好坏，不是听它声称要达到的是多么美好的目的，而是要看它有没有达到那个美好的目的，可以执行和检验的行为标准不能是愿望、语言或口号，而是要看行为的实际效果。这也是一个人生哲理，人们从经济学里学到的不仅仅是经济学理论，还有观察世界、思考问题的能力，甚至还有人生哲理。

本章要点

（1）稀缺性是人类社会面临的一个基本事实。资源（经济物品）相对于我们对物品和劳务的欲望是稀缺的。

（2）稀缺使我们面临选择，选择是在相互竞争的利益之间寻求妥协。经济学使用成本－收益原理分析人们如何在多个候选行为中做出选择。成本－收益原理说明当一项经济活动的收益超过或等于成本时，人们才会进行该项活动。人们从事一项经济活动的收益可用人们最多愿意为这项活动支付的货币量表示，而从事一项经济活动的成本可用人们为该活动所放弃的活动的货币价值表示。

（3）经济学研究稀缺条件下人们做出选择以及这些选择如何变化。一个国家的基本经济问题包括可以生产什么、如何生产、为谁生产和什么时候生产。

（4）在市场经济中，价格机制是确定争夺稀缺资源胜负的准则。但由于存在交易费用，政府也会干预市场以弥补市场不足。中国改革所面临的挑战是如何寻求市场机制与政府干预的平衡。

（5）微观经济学研究单个经济主体的决策以及这些决策的相互作用，宏观经济学研究国民经济的运行以及政府用来改变经济状况的政策。

（6）实证分析回答世界"是什么、为什么"的问题，规范分析回答世界"好不好、应不应该"的问题。经济学的主要任务是认识世界，经济分析较大部分属于实证分析范围，较小部分属于规范分析范围。

（7）经济模型是对现实的抽象和简化，它以语言文字、几何图形和数学方程式等方式存在，这些方式都很重要，它们之间是互补的。

（8）理性人是经济学的基本假设。"理性"是指行为人在一定约束条件下都会为自己争取最大利益。经济学在此基础上通过建立模型对经济现象进行解释，并对未来的情况做出预测。

重要概念

稀缺性　经济学　微观经济学　宏观经济学　实证分析　规范分析　内生变量　外生变量　理性人　边际收益　边际成本

思考与练习

（1）经济学中的稀缺与我们平时所说的短缺有什么区别？在一个不受管制的市场经济中，稀缺是否存在？短缺是否存在？

（2）经济学是什么？它研究的主要内容是什么？

（3）请问在下列情况下所面临的权衡取舍：

A．花 8 000 元买一台崭新的联想笔记本电脑。

B．一个刚大学毕业的学生决定是否读研究生。

C．周日和同学玩一天《三国杀》游戏。

（4）经济学分为哪两个领域？解释每个领域各研究什么。

（5）下面哪几项属于微观经济学的研究对象，哪几项属于宏观经济学的研究对象？

A．国内就业的人口数量。

B．对汽油所征收的税费。

C．家庭关于把多少收入用于储蓄的决策。

D．政府管制对汽车废气的影响。

E．高储蓄对经济增长的影响。

（6）实证分析和规范分析的差别是什么？各举一个例子。

（7）判断下列命题是实证分析还是规范分析：

A．广州市要限制私人小汽车的发展。

B．所得税税率提高会引起总税收的减少。

C．在美国，收入最高的 10% 家庭占据了总收入的 25%，而最低的 20% 家庭在总收入中仅占 11%，这样的收入分配是不合理的。

D．利率下降可减少储蓄。

E．美国政府应该对微软公司进行拆分。

（8）什么是理性人假设？日常生活中哪些行为符合这个假定，有没有非理性的经济行为？自私自利和损人利己是理性还是非理性？为什么？

第二章 需求与供给

每当"十一黄金周"到来的时候,机票的价格很少打折,但在节日之后则有较多的折扣。电脑的价格不断下降,但电脑的产量却在增加。粮食是人们生活中不可缺少的,而电影并不是生活必需品,可是种粮农民的收入为什么远远低于影星的收入呢?广州市的房价依据其地理位置的不同存在着差异,天河区、越秀区的房价偏高,而荔湾区、白云区的房价则低一些,为什么同是住房因其位置不同房价也不同呢?观察生活中许多与价格相关的现象,我们会发现,左右这些现象背后的力量是需求和供给。

本章将通过需求和供给解释市场是如何运行的,这是经济学的核心理论。本章的学习将使你发现,一旦你了解了需求和供给,以及影响需求和供给背后的力量,我们就可以理解和解释许多与价格有关的现象,并且有能力对政府的价格政策做出自己的评价。

第一节 需 求

一、需求的含义

需求(demand),是指消费者在每个价格下愿意并且能够购买的某种物品或劳务的数量。这一定义表明需求有两层含义:一是购买愿望,二是购买能力。比如,你打算购买某套住房,首先是你愿意拥有该住房。但仅有购买愿望还不行,"愿意"是你的需要,要形成对住房的需求,还必须"能够",即要有购买能力。如果开发商给出该套住房每平方米 3 万元以上的价格,你会想"要是价格低一半"就好了。所以,愿意购买,并且有货币支付能力,你才能够形成对住房的需求,需求是购买愿望和购买能力的统一。如果你想买住房却付不起钱,而你的朋友买得起住房却不愿意购买,那么你们两人都没有对住房的需求。

二、影响需求的因素和需求函数

以你对猪肉的需求为例,你打算购买的猪肉数量取决于很多因素,主要有以下方面。

(一)商品的价格

如果每斤猪肉的价格上涨了,你将会少买猪肉,你可能会购买相对便宜的鸡肉、鱼肉。反之,如果每斤猪肉的价格下跌,你会多买一些。商品本身价格高,人们对该商品的购买量减少;价格低,人们的购买量增加。

（二）收入

当收入增加时，你对猪肉的需求可能会增加；而当收入减少时，你可能不得不减少对猪肉的购买支出。当收入的增加引起人们对某种物品的需求增加时，该物品被称为**正常物品**（normal good）。乘飞机旅行、汽车、出国旅游都是正常物品。但不是所有的物品都是正常物品，经济学把随着收入增加人们的需求减少的物品称为**低档物品**（inferior），比如火腿肠、乘坐公交车等。

（三）相关商品的价格

具有相关关系的商品有替代品和互补品。

替代品（substitute），是指可以代替另一种物品的物品。比如猪肉和牛肉，假定牛肉价格上涨，你会少买牛肉而增加对猪肉的购买，因为牛肉和猪肉都是肉食品，可以满足相似的欲望。当两种物品具有替代关系时，一种物品价格上升（或下降）会导致另一种物品的需求量也上升（或下降），所以替代品的特征是其中一种的价格与另一种的需求量是正相关关系。其他的例子有传统相机和数码相机、毛线衣和绒线衣等。

互补品（complement），是指与另一种物品配合使用的物品。比如汽车和汽油。假如汽油价格上升（或下降），人们将减少（或增加）对汽车的购买。当两种物品具有互补关系时，一种物品价格上升（或下降）会导致另一种物品的需求量下降（上升）。所以互补品的特征是其中一种的价格与另一种的需求量是反相关关系。其他的例子有电脑和软件、录音机和磁带等。

（四）偏好

偏好（taste）也称为喜好、嗜好、品位。它是决定你需求的最明显的因素。例如，如果你喜欢吃猪肉，你会比别人更多地购买猪肉；反之，你会较少地购买。又如，人们对健康保健的重视会引起对自行车购买量的增加，下雨的日子里对出租车的需求量增加，"非典"过后人们对板蓝根和口罩的需求量减少。

（五）消费者对价格的预期

你对某种物品未来价格的预期，也会影响你现在对该物品的需求。比如，如果你预期下周猪肉的价格将会上涨，那么你本周会多买一些猪肉存放在冰箱。因而你对猪肉的现期需求增加了。同样，如果你预期下周猪肉的价格将会下降，你不会太愿意以今天的价格购买猪肉，你对猪肉的现期需求减少了。

其他如人口、广告等因素也会影响商品的需求，但上述五个因素是最基本的。如果把影响需求的各种因素作为自变量，把需求量作为因变量，则可用函数关系来表示影响需求的因素与需求量之间的关系，这被称为需求函数。用公式表示为：

$$Q_d = f(P, I, Pi, T, E, \cdots)$$

式中，Q_d 表示需求量，P 表示商品的价格，I 表示收入，Pi 表示相关商品价格，T 表示偏好，E 表示预期。

在众多影响需求的因素中，经济学家认为价格最重要，因此，需求函数一词通常专门用来表示价格与需求量之间的关系。假定影响需求的其他因素不变，只考虑商品本身的价格对该商品需求量的影响，需求函数为：

$$Q_d = f(P)$$

如果 P 和 Q_d 之间为线性关系，线性需求函数的通常形式为：

$$Q_d = a - bP$$

上式中，a、b 为常数，且 a、$b > 0$，$-b$ 表示随着价格的上升，需求量会减少 b 的量。

三、需求表、需求曲线和需求定理

需求函数还可用需求表和需求曲线来表示。

（一）需求表

需求表（demand schedule），是表示商品价格和需求量之间关系的表格。或者说，是用表格的方式表示的需求函数。例如，小刘是一个大学生，收入有限，每周对猪肉的购买支出必须有所限制。给定收入水平，小刘每周对猪肉的需求量由猪肉的价格决定。假定猪肉的价格 20 元/斤，他愿意购买 1 斤；当猪肉的价格降为 16 元/斤时，他愿意购买 2 斤，其余依此类推。这些反映价格与需求量之间反向变动关系的数据构成了小刘对猪肉的需求函数，把它们用表格来表示，就得到小刘对猪肉的需求表，如表 2-1 所示。

表 2-1　小刘每周对猪肉的需求量

价格（元/斤）	需求量（斤/周）
20	1
16	2
12	3
8	4
4	5

（二）需求曲线

还可以用图形表示需求函数。假设某物品的线性需求函数为：$Q_d = 20 - 2P$，移项

得 $2P = 20 - Q_d$，等式两边除以 2，该物品的需求函数可写成 $P = 10 - 0.5\, Q_d$。该需求函数所对应的需求曲线为一条直线。直线形需求曲线即线性需求函数的方程式可写成：

$$P = a - bQ_d$$

在图 2-1 中，横轴 Q 表示数量，纵轴 P 表示价格。把表 2-1 中价格与需求量之间的对应关系显示为图中的 a、b、c、d、e 各点，然后把点连起来，就得到了**需求曲线**（demand curve）。所以，需求曲线是表示商品的价格和需求量之间关系的几何图形。如图 2-1 所示，小刘对猪肉的需求曲线是一条向右下方倾斜的线，表示随着猪肉的价格下降，小刘对猪肉的需求量增加。

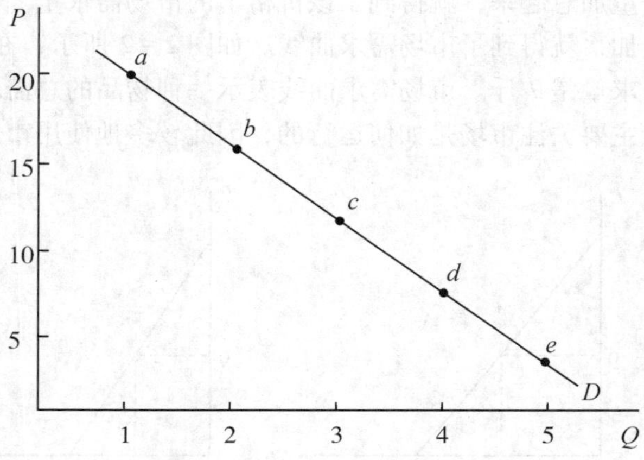

图 2-1　需求曲线

需求曲线可以是直线型的，也可以是曲线形的。当需求函数为线性函数时，相应的需求曲线是一条直线，直线上各点的斜率相等。当需求函数为非线性函数时，相应的需求曲线是一条曲线，直线上各点的斜率不相等。为了分析的简便，分析中大多使用线性需求函数。

需求曲线为什么向右下方倾斜？一个原因是面临稀缺资源的消费者在价格变化情况下必须做出选择，他们必须在猪肉和其他商品之间进行选择。当猪肉的价格逐步上升，那些原先以为猪肉很便宜的消费者会更多地购买其他肉类替代猪肉。另一个原因是消费者愿意支付的价格不同。市场上不同消费者具有不同的购买意愿，当猪肉价格比较高的时候，愿意支付高价格的购买者很少；而当猪肉价格下降的时候，较低的价格能够为较多的消费者所接受。

可以从两个角度理解需求曲线：一是在纵轴上的价格既定时，我们可以找到相对应的需求量。例如，当猪肉的价格为 8 元/斤时，小刘每周的需求量为 4 斤。从这一意义上，需求曲线表示在不同价格下，消费者愿意并且能够购买的不同需求量的总和。二是当横轴上的需求量既定时，我们可以找到相对应的价格。比如，小刘每周对猪肉的需求量为 4 斤时，他愿意支付的价格是 8 元。因此，需求曲线又可以理解为和不同需求量相对应的、消费者愿意支付的最高价格。

还有一点需要说明，在需求曲线中价格是自变量，需求量是因变量，也就是说，是价格的变动引起需求量的变动，不是需求量的变动引起价格的变动。按照数学上的惯例，自变量定在横轴上，因变量定在纵轴上，但图 2-1 正好相反。这是因为当初英国经济学家马歇尔在画需求曲线的时候把作为自变量的价格定在纵轴上，作为因变量的数量定在了横轴上，其后的经济学家跟着他这样画，没有再改过来，也就形成了习惯。

以上讨论了单个消费者对猪肉的需求。为了分析市场如何运行，我们需要确定市场需求，市场需求是所有个人对某种物品或劳务需求的总和。因此，我们可以从消费者的个人需求得出市场需求。图2-2表示，在一个只有两个消费者的市场，当猪肉的价格既定时，每个人受到收入、偏好、相关商品价格以及预期的影响，对猪肉的需求量不同。从个人需求推导出市场需求的方法是，把某一价格下所有单个消费者对猪肉的需求量加总起来，就得到了该价格下的市场需求量。也就是说，我们把个人需求曲线水平相加，就得到了市场需求曲线。如图2-2所示，在价格为9元/斤时，整个市场猪肉的需求量是7斤。市场需求曲线表示一种物品的总需求量与价格之间的反向变动关系。本章主要关注市场是如何运行的，因此较多地使用市场需求曲线。

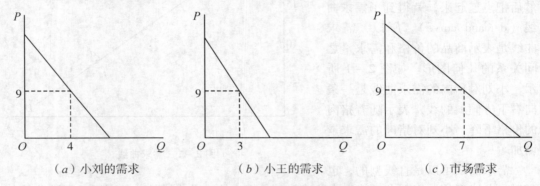

图2-2 从个人需求曲线推导市场需求曲线

（三）需求定理

需求表和需求曲线均表明，商品的需求量与价格之间存在着反向变动关系，经济学家把这一关系表述出来就是需求定理。**需求定理**的内容是：在其他因素不变时，商品的需求量与其价格呈反方向变动，即：价格上升，需求量减少；价格下降，需求量增加。

需求定理有一个限定条件：其他因素不变。也就是说，除了价格和需求量之外，其他影响需求量的所有因素如收入、偏好、预期、相关商品价格等都保持不变。需求定理专注于研究价格与需求量之间的关系，所以要假设价格以外的、会引起需求量变动的其他因素都保持不变，以便把价格对需求量的影响单独分离出来。需求定理所研究的价格和需求量为内生变量，不研究的是作为既定存在条件的其他因素它们为外生变量。用图形来表示，其他因素不变，不是说它们真的不能变，而是说在同一条需求曲线上不能变。如果在现实世界里这类其他因素变了，那么，就要画出另一条需求曲线来反映，即点从一条需求曲线跳到另一条上。

"其他因素不变"对于理解需求定理很重要。现实世界中影响需求量的其他许多因素是会同时变动的，如果忽略了"其他因素不变"的条件，在客观事实不满足这一条件的情况下硬是套用需求定理，结果发现理论的推断与事实发生的行为不一致，会误以为理论本身有错。需求定理指明了适用的前提条件，用错了理论，多是因为对这一条件视而不见。比如，杂货店平时卖的雨伞是10元一把，下雨天店老板常常坐地起价，把伞的价格涨到12元，然而我们观察到雨天买伞的人比平时还更多了，这种看似是越贵越买的情况有推翻需求定理吗？当然没有！是天气这一"其他因素"发生了变化。之前反映定价10元需求状况的需求曲线，是以一系列特定的其他因素为前提的，其中就包括了天气是晴天这个因素。如果天气变成了雨天，那么，其他因素就变了，原来以晴天为前提而画出来的需求曲线就不再起作用了，要画另一条需求曲线。可看图2-4，图中的D_1可看成是晴天时伞的需求曲线，D_2看成是雨天时的伞的需求曲线。D_2和D_1相比，只有一个其他因素不同，那就是"天气"从晴朗变成下雨，原来的需求曲线D_1向右平行移动到新的需求曲线D_2，表明在每一个价格水平上，新的需求曲线所对应的需求量都高于原来需求曲线所对应的需求量。也就是说，在每一个价格水平上，由于下雨的影响，对伞的需求量比晴天时要高。

所以，需求定理的内容本身并不难，但要运用得好，必须对现实世界有深入而细致的认识。该例中，如果不考虑需求定理的前提条件，仅从雨伞越贵人们越买的现象就会得出需求曲线有时也会往右上方倾斜的结论。这是对需求定理没有掌握好的表现。

【即问即答】　"非典"时期，口罩价格暴涨，但大众对口罩的需求量仍然大增，这有违反需求定理吗？

参考资料

需求定理有例外吗

曾经有段时间，中国的经济学界掀起了一场大讨论，就是关于需求曲线有没有可能向右上方倾斜（当时对此观点有一个戏称，说是"需求曲线翘尾巴"）。主张需求曲线有可能向右上方倾斜的人，可以说是既不懂经济学，也不懂科学方法论。需求曲线是经济学里的公理，一个学科里的公理与基本假设居于同等的地位，即它不需要证明，凡是参与这一学科的人都必须接受它，不准质疑它！如果不接受它，那就别掺和进来，去另起炉灶搞一门"需求曲线向上倾斜的经济学"好了。另外，主张需求曲线有时向右下方倾斜，有时又向右上方倾斜，也是不允许的。因为这会导致需求定理失去了被事实推翻的可能性（可证伪性），变成了一个什么都能解释，但其实什么都没解释的套套逻辑——看到事实有利于证明需求曲线向右下方倾斜，就说这时适用需求曲线向右下方倾斜的解释；看到事实有利于证明需求曲线向右上方倾斜，就说这时适用需求曲线向右上方倾斜的解释。这岂不是怎么着都是对的啦？这算什么解释呢？

资料来源：李俊慧，《经济学讲义（上）》，中信出版社2012年版。

四、需求量的变动和需求的变动

在经济分析中，需要严格区分需求量的变动和需求的变动。

（一）需求量与需求的区别

"需求量"与"需求"是两个不同的概念。**需求量**是在给定价格下，消费者愿意并且能够购买的商品量。在图形上，需求量是同一条需求曲线上的点。比如，当猪肉价格为9元/斤时，小刘愿意购买3斤，这3斤就是需求量，表现为图2-3中的 a 点。如果价格发生变化，小刘对猪肉的需求量也会相应变化。**需求**指的是价格与需求量之间的对应关系。在图形上就是整条需求曲线。比如猪肉9元/斤时，需求量为3斤，7元/斤时为4斤，……这种与不同价格水平相对应的不同需求量总称为需求。

（二）需求量的变动

需求量的变动，是指在影响需求的其他因素不变时，由商品本身价格变动所引起的购买量的变动，它表现为沿着同一条需求曲线的移动。如图2-3所示，猪肉价格由9元降到7元，小刘对猪肉的需求量由3斤增加到4斤，表现为沿着需求曲线从 a 点移动到 b 点。

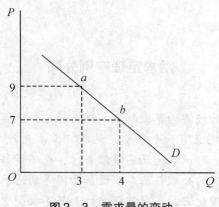

图2-3 需求量的变动

（三）需求的变动

需求的变动，是指商品本身的价格不变，影响需求的其他因素发生变动所引起的购买量的变动，它表现为整条需求曲线的移动。即需求的变动是指从一条需求曲线跳到另一条需求曲线。如图2-4所示，假定小刘找到了一份家教的工作，每月的收入增加了，这样，在猪肉的每个价位上他的购买量都比以前增加了。比如，9元/斤时，他的需求量从原来的3斤变成6斤，需求量从原来需求曲线上的点跳到了另一条需求曲线之上。7元/斤时，他的需求量也相应增加，结果需求曲线向右移动。同样道理，如果收入下降，需求曲线会向左移动。

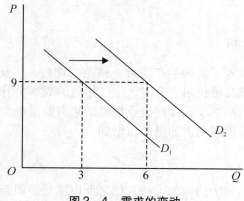

图 2-4　需求的变动

根据需求和需求量的定义，需求的变动会引起需求量的变动，比如，当需求增加时，在各个价格水平时的需求量都增加了。但是，需求量的变动不会引起需求的变动，比如，当需求量随着价格的上升而减少时，需求可以不变。

> 【即问即答】　请问下列因素会使住房的需求曲线发生怎样的变化？①汽车价格下降；②政府推出住房限购政策；③装修价格上升；④农村人口越来越多地定居城市。

第二节　供　　给

一、供给的含义

供给（supply），是指生产者（企业）在每一价格上愿意并且能够出售的某种物品或劳务的数量。供给包含两个条件：一是供给愿望，二是供给能力。但更重要的是供给能力。某种商品的供给量，既包括新生产出来的产品，也包括已经生产出来但还没有出售的产品。

二、影响供给的因素和供给函数

设想你经营一家养猪场，什么因素决定你愿意生产并销售猪肉呢？通常有以下因素。

（一）商品的价格

猪肉的价格是你考虑是否调整产量的一个决定因素。在其他条件不变时，当猪肉价格提高时，生产和销售猪肉有利可图，你会投入更多的生产资源，从而使猪肉的供给数量增加。相反，当猪肉价格降低时，对你的经营不太有利，你将减少资源投入，生产较少的猪肉。

（二）投入品的价格

为了生产猪肉，你投入了各种生产要素：猪苗、饲料、厂房以及养猪工人的劳动。当这些投入品中的一种或几种价格上升时，生产猪肉的成本上升，在猪肉本身价格不变的条件下，生产猪肉的利润减少，你的企业提供的猪肉数量也会减少；反之，投入品价格下降则会增加利润，从而使猪肉的供给量增加。

（三）技术

技术是把各种投入品变为猪肉的方法。你之所以愿意采用新技术，那是因为新技术降低了养猪的成本，因而改变了供给。比如，机械化养猪的技术减少了养猪所必须的劳动量，在猪肉价格不变的条件下，猪肉的生产成本下降，猪肉的供给量增加。

（四）对价格变化的预期

你现在供给的猪肉数量还取决于对未来猪肉价格的预期。如果你预期未来猪肉的价格会上升，从未来销售一单位猪肉中得到的收益比现在多，你将会把你现在生产的一些猪肉储存起来，这就减少了今天猪肉的市场供给量。

其他如企业的数量、相关商品的价格、税收和补贴、气候等因素也可能会影响商品的供给。如果把影响供给的各种因素作为自变量，把供给量作为因变量，则可以用函数关系来表示影响供给的因素与供给量之间的关系，这被称为供给函数。用公式表示为：

$$Q_S = f(P, C, T, E, \cdots)$$

式中，Q_S 表示供给量，P 表示商品的价格，C 表示投入品价格，T 表示技术，E 表示对价格变化的预期。在众多的影响供给的因素中，经济学家最关注价格，因而供给函数一词通常专门表示价格与供给量的关系。假定影响供给的其他因素不变，只考虑商品本身的价格对该商品供给量的影响，则供给函数为：

$$Q_S = f(P)$$

如果 P 和 Q_s 之间为线性关系，线性供给函数的通常形式为：

$$Q_S = -a + bP$$

其中，a、b 为常数，且 $a>0$，$b>0$，常数 b 表示随着价格的上升，供给量会增加 b 的量。

三、供给表、供给曲线和供给定理

供给函数还可用供给表和供给曲线来表示。

(一) 供给表

供给表（supply schedule），是表示商品价格和供给量之间关系的表格。或者说，是用表格的方式表示的供给函数。表2-2是某养猪场的供给表。例如，在猪肉每斤8元时，每日供给200斤；在猪肉每斤12元时，每日供给300斤。其余依此类推。这些反映价格与供给量之间同向变动关系的数据构成了养猪场的供给函数。

表2-2 某养猪场的供给表

价格（元/斤）	供给量（百斤/日）
20	5
16	4
12	3
8	2
4	1

(二) 供给曲线

还可以用图形表示供给函数。假设某物品的供给函数为 $Q_S = -5 + 20P$，移项得 $20P = 5 + Q_S$，等式两边除以20，该物品的供给函数可写成 $P = 0.25 + 0.05 Q_S$。该供给函数对应的供给曲线为一条直线。直线形供给曲线即线性供给函数的方程式可写成：

$$P = a + bQ_S$$

在一个坐标图中，横轴 Q 表示数量，纵轴 P 表示价格。把表2-2中价格与供给量之间的对应关系显示为图中的 a、b、c、d、e 各点，然后把点连起来，就得到了**供给曲线**（supply curve）。所以，供给曲线是表示商品的供给量和价格之间关系的几何图形。如图2-5所示，养猪场对猪肉的供给曲线是一条向右上方倾斜的线，表示随着猪肉的价格上升，养猪场对猪肉的供给量增加。

供给曲线可以是直线形的，也可以是曲线形的。当供给函数为线性函

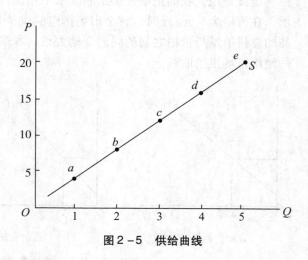

图2-5 供给曲线

数时，相应的供给曲线是一条直线，直线上各点的斜率相等。当供给函数为非线性函数时，相应的供给曲线是一条曲线，直线上各点的斜率不相等。为了分析的简便，分析中大多使用线性供给函数。

与需求曲线相似，供给曲线也可从横轴或纵轴两个角度给予解释。从纵轴表示的价格出发，在供给曲线上可以找到横轴上与价格对应的生产者愿意出售的商品数量。如图2-5所示，当猪肉的价格8元/斤时，养猪场愿意出售的数量为2单位。所以，供给曲线表示在不同价格下，生产者愿意提供的不同数量的总和。若从横轴表示的数量出发，通过供给曲线上可以找到与数量对应的生产者愿意接受的最低价格。如图2-5所示，当养猪场销售第2单位猪肉时，愿意接受的最低价格是8元。同样，当销售第3单位猪肉时，养猪场愿意接受的最低价格为12元。所以，供给曲线也表示在不同供给量下，生产者提供一单位物品愿意接受的最低价格。实际上，这也是生产者每提供一单位物品所额外付出的代价，这个代价就是第一章介绍过的边际成本。

现在可以解释供给曲线为什么向右上方倾斜：只要价格足以弥补成本，生产者就愿意提供商品。在上例中，只要出售猪肉的收入可以补偿养猪场付出的代价，养猪场就会选择出售，反之，则会放弃。不同的生产者对于出售猪肉的成本不尽相同，所以，往右上方倾斜的供给曲线表明，当猪肉价格比较低的时候，只有出售猪肉成本较低的生产者愿意进入，随着猪肉价格不断上升，猪肉的供给量不断在增加，因为此时养猪成本较高的生产者逐渐进入。

以上讨论了单个企业对猪肉的供给。为了分析市场如何运行，我们需要确定市场供给，市场供给是所有企业供给的总和。因此，我们可以从企业的个人供给得出市场供给。图2-6表示，在一个只有两个企业的市场，当猪肉的价格既定时，每个企业受到成本、技术以及预期的影响，对猪肉的供给量不同。从个人供给推导出市场供给的方法是，把某一价格下所有单个企业对猪肉的供给量加总起来，就得到该价格下的市场供给量。也就是说，我们把个人供给曲线水平相加，就得到了市场供给曲线。如图2-6所示，在价格为9元/斤时，整个市场猪肉的供给量是700斤。市场供给曲线表示一种物品的总供给量与价格之间的同向变动关系。本章主要关注市场是如何运行的，因此较多的使用市场供给曲线。

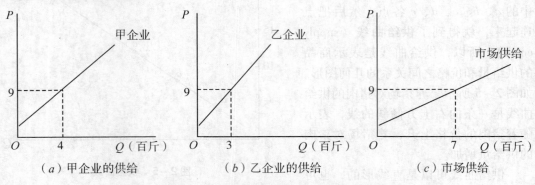

图2-6 从个人供给曲线推导市场供给曲线

（三）供给定理

从供给表和供给曲线可以看出，商品的供给量与价格之间存在着同向变动关系，经济学家把这一关系表述出来就是供给定理。**供给定理**的内容是：在其他条件不变时，某种商品的供给量与其价格呈同方向变动，即价格上升，供给量增加；价格下降，供给量减少。

四、供给量的变动和供给的变动

在分析供给问题时，仍然要注意区分供给量的变动与供给的变动。

（一）供给量与供给的区别

供给量和供给是两个不同的概念。**供给量**是指在给定价格下企业愿意并且能够提供的商品量，在图形上，表现为供给曲线上的点。比如，当猪肉价格为 8 元/斤时，企业愿意供给 200 斤，这 200 斤就是供给量。**供给**是指价格与供给量之间的对应关系，在图形上就是整条供给曲线。比如猪肉 8 元/斤时，供给量为 200 斤，12 元/斤时，供给量为 300 斤……这种与不同价格水平相对应的不同供给量统称为供给。

（二）供给量的变动

供给量的变动，是指在影响供给的其他因素不变时，由商品本身价格变动所引起的企业提供的商品量的变动，它表现为沿着同一条供给曲线的移动。如图 2-7 所示，当猪肉价格每斤由 7 元上升到 9 元，养猪场对猪肉的供给量由 200 斤增加到 300 斤，表现为沿着供给曲线从 a 点移动到 b 点。

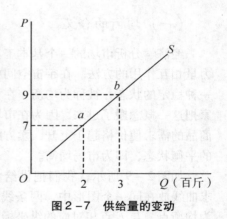

图 2-7 供给量的变动

（三）供给的变动

供给的变动，是指商品本身价格不变，影响供给的其他因素变动所引起的企业供给量的变动，它表现为整条供给曲线的移动。如图 2-8 所示，假定猪饲料的价格下降了，这种变动降低了猪肉的生产成本，这样，在猪肉的每个价位上供给量都比以前增加了。比如，猪肉 9 元/斤时，猪肉的供给量从原来的 300 斤变成 500 斤；猪肉 7 元/斤时，供给量也相应增加，结果猪肉的供给曲线向右移动。同样道理，如果饲料价格上升，养猪场利润减少，会减少猪肉的供给量，猪肉的供给曲线向左移动。

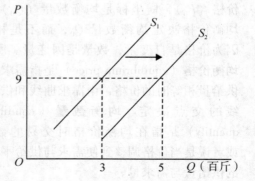

图 2-8 供给的变动

根据供给和供给量的定义，供给的变动会引起供给量的变动，比如，当供给增加时，在各个价格水平时的供给量都增加了。但是，供给量的变动不会引起供给的变动，比如，当供给量随着价格的上升而减少时，供给可以不变。

> 【即问即答】 请问下列因素会使住房的供给曲线发生怎样的变化？①土地地租价格上升；②政府将推出住房限购政策；③建材价格上升；④香港的房地产开发商进入内地。

第三节 需求与供给的结合

在分析了需求与供给之后，现在我们把它们结合在一起，说明需求与供给如何决定市场上某种物品的销售量和价格。

一、均衡的实现过程

（一）均衡的含义

经济学分析市场的一个基本工具是均衡。均衡是物理学的概念，它是一种分析不同力量相互作用的方法。在宇宙空间中存在着各种各样的力量，当各种力量相互作用达到一种稳定的状态，被称为均衡。在均衡状态下，没有任何事物会发生新的变化。经济学家把这一概念搬了过来，因为在市场上，需求和供给就是两种对立的经济力量，买方对商品的需求使价格趋于上升，卖方的供给使价格趋于下降。当需求和供给处于大小一样的平衡状态，即为市场均衡。

如图 2-9 所示，我们把供给曲线和需求曲线放在同一个图形中，两条线的交点 E 为均衡点，与 E 点相对应的纵坐标就是均衡价格（P_0），横坐标是均衡数量（Q_0）。是均衡价格决定均衡数量 Q_0，而不是相反，因为价格是自变量，数量是因变量。所以，**均衡价格**（equilibrium price）是指需求量与供给量相等时的价格，由需求曲线和供给曲线的交点决定。**均衡数量**（equilibrium quantity）是指在均衡价格时交易的数量，或者说是当价格调整到使需求与供给平衡时的供给量与需求量。

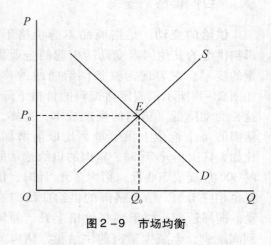

图 2-9 市场均衡

图 2-9 表明，在均衡价格时，消费者愿意买进的数量和生产者愿意提供的数量正

好相等,这时的价格处在一种相对稳定、不再变动的状态。在该价格下,市场上的每一个人都得到了满足:消费者得到了想要买的商品,生产者卖出了想卖的商品,买卖双方不再有动机改变他们的行为。因此,均衡价格也被称为市场出清价格。

(二) 非均衡状态及其调整

现在我们用供求图说明,市场是怎样由非均衡状态向均衡状态调整的。仍然以猪肉市场为例。图2-10描述了两类非均衡状态:市场价格高于均衡价格,猪肉的供给量大于需求量,出现了供大于求的情况;或市场价格低于均衡价格,猪肉的需求量大于供给量,出现了供不应求的情况。出现这些非均衡状态,最基本的原因是在现实市场中,买卖双方掌握的信息是不完全的,每一个人都不知道市场需求曲线和供给曲线的形状和交点的位置。因此,现实不可能处于均衡状态,但

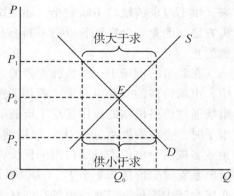

图2-10 非均衡状态

是买卖双方的竞争会使市场的非均衡状态向均衡状态的方向调整。现在我们来看这个调整的过程。

首先考虑市场价格高于均衡价格的情况。如图2-11所示,当猪肉的市场价格P_1高于均衡价格P_0时,生产者想供给Q_S的产量,而消费者仅愿意购买Q_D的数量,现在猪肉市场的供给量大于需求量,能卖出去的只有Q_D的数量,有$Q_D Q_S$数量的猪肉卖不出去。怎么办?在市场上,假设产品质量一样,卖方之间争夺市场份额靠的就是价格,一定有卖方愿意降低价格来吸引买方,从而使自己的产品"跻身"到Q_D的数量中。你想到的,别人也会想到,于是,卖方竞相降价。所以,P_1的价格是无法稳定下来的,不可能是均衡。随着市场价格的逐渐下降,卖方的供给量减少;同时,随着价格的走低,买方的需求量增加。如此这般,只要供给量大于需求量,市场价格就会向下调,供给量随之减少,需求量随之增加,这个过程一直持续到均衡为止。

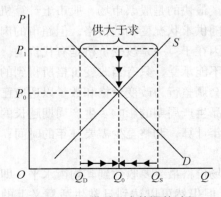

图2-11 供过于求的调整过程

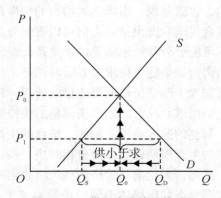

图2-12 供不应求的调整过程

再来考虑市场价格低于均衡价格的情况。如图 2-12 所示，当猪肉的市场价格 P_1 低于均衡价格 P_0 时，消费者愿意购买 Q_D 的数量，而生产者仅愿意供给 Q_S 的产量，这时的市场供不应求，有 $Q_S Q_D$ 数量的猪肉得不到满足。买方之间要竞争成为获得那 Q_S 数量的"幸运者"，最方便的竞争手段就是加价抢购，因为他们现在对猪肉的评价大于现行价格。随着价格的上升，买方的需求意愿受到打击，而卖方的供给意愿却被激发起来，供不应求的缺口不断缩小。如此这般，但只要有部分买方的需求量没有得到满足，买方之间的竞争会推动着价格不断上升，需求量随之减少，供给量随之增加，一直到均衡为止。

在竞争的市场中，买者和卖者的行为自发地把市场价格推向均衡价格。在这个过程中，市场价格的变动也向生产者和消费者传递应该生产多少与消费多少的信息。由此，市场通过价格机制的作用实现了资源的合理配置。如图 2-11 所示，当价格处于 P_1 的水平时，企业的供给量为 Q_S。根据前面我们对供给曲线的理解，P_1 衡量了 Q_S 产量下企业多提供一单位产量所付出的代价，但是，在 Q_S 产量时消费者对这增加的一单位产量愿意支付的价格却小于 P_1。这说明企业消耗 P_1 的资源生产的产量是不值得的，因而必定会减少产量，只有在市场均衡状态下，买者为购买最后一单位商品愿意支付的最高价格恰好等于卖者出售最后一单位商品愿意接受的最低价格（耗费的资源），双方都得到了满足，这时，资源的配置最为有效。

我们还可以用数学公式说明市场均衡的决定。如果给出了需求函数和供给函数，把它们联立求解，便可得出均衡价格和均衡数量。

已知需求函数为 $Q_d = 26 - 4P$，供给函数为 $Q_S = -4 + 6P$。市场均衡时，需求量等于供给量，即 $Q_d = Q_S$，则：

$$26 - 4P = -4 + 6P$$

解方程可得：均衡价格 $P = 3$，均衡数量 $Q = 14$。

根据以上分析，只要需求量和供给量不等，市场价格就会朝着均衡价格的方向调整。但在现实中人们很少见到市场价格随着分分秒秒都在变动的供求状况而分分秒秒的变动，也就是说，市场达到均衡的快慢是不同的。最快的是股票市场，股市上计算机自动撮合供求双方出价，人们可以看到分分秒秒都随供求状况变动的价格。但超市的肉价就不可能分分秒秒地随着供求关系而变动，其原因在于：一是改变价格是有代价的。超市的肉价如果随着供求关系随时调整，代价之大不能承受，只有当改变价格所得到的收入增加大于改变价格所要支付的费用，理性人才会调整行为改变价格和数量以适应已经变化的供求状况。二是市场调整的快慢会受到产品生产周期的影响。生产周期越长的产品，调整的速度越慢。例如，粮食的生产周期以年计算，调整至少需要一年的时间；而青菜的生产周期较短，调整相对快一些。

然而，无论商品价格调整快慢如何不同，市场价格最终要收敛到其均衡水平。即使绝大部分产品市场达不到经济学意义上的均衡，但仍然可以达到日常生活意义上的均衡。现实生活中商品实际价格的相对稳定性，证明了买卖双方的意愿总是可以得到满足。所以，在市场经济中，过剩与短缺是暂时的，任何一种商品价格的调整都会使该物品的供给与需求达到平衡。这种现象被称为**供求定理**（supply and demand theorem）：任何一种商品的价格都会自发调整，使该商品的供给与需求达到平衡。

二、均衡的变动

当影响需求或供给的其他因素发生变动时，需求曲线或供给曲线的位置会发生移动，均衡价格和均衡数量也会随之改变。我们先来看需求变动的影响。

（一）需求变动对均衡的影响

如上所述，需求的变动是指在商品本身的价格不变时，由其他因素发生变动所引起的购买量的变动，在图形上表现为整条需求曲线的位置移动。其他因素变动包括消费者收入的变动、相关商品的价格变动、偏好的变动和消费者对商品价格预期的变动等等。假设牛肉的价格上升了，这将如何影响猪肉市场呢？我们按以下三个步骤进行分析：

首先，猪肉和牛肉是替代品，牛肉价格上升会影响猪肉的需求曲线。也就是说，牛肉贵了，猪肉的价格变得相对便宜，人们会多买猪肉。但猪肉供给曲线不变，因为牛肉的价格上升并不直接影响销售猪肉的企业。

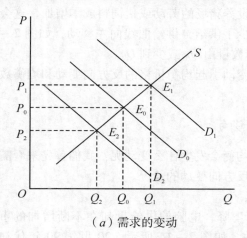
（a）需求的变动

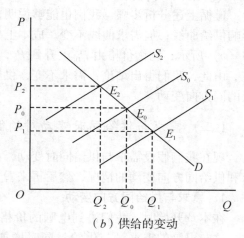
（b）供给的变动

图 2-13　市场均衡的变动

其次，由于猪肉的价格相对便宜，人们增加了猪肉的购买量，如图 2-13（a）所示，需求量从 D_0 跳到 D_1，猪肉的需求曲线向右移动，意味着在每一价格下，猪肉的需求增加了。

再次，正如图 2-13（a）所示，猪肉需求的增加使均衡价格由 P_0 上升到 P_1，均衡数量由 Q_0 增加到 Q_1，但供给没有变，因为供给曲线没有移动。

遵循上述分析步骤，我们也能够说明，如果猪肉的替代品鸡肉的价格下降，猪肉变得相对昂贵，这会影响人们对猪肉的购买量，但猪肉的供给曲线不变。由于人们开始减少对猪肉的购买，需求曲线向左移动，如图 2-13（a）所示，均衡价格下降到 P_2，均

衡数量减少到 Q_2。

由此,我们得出结论:在供给不变的情况下,需求的变动引起均衡价格和均衡数量的同方向变动。

(二) 供给变动对均衡的影响

供给的变动是指在商品本身的价格不变时,由其他因素发生变动所引起的商品供给数量的变动,在图形上表现为整条供给曲线的位置移动。其他因素变动包括成本的变动、技术的变动和生产者对未来预期的变动等。现在,我们来看供给曲线的移动会发生什么。假如,政府为鼓励养猪增加补贴,这会如何影响猪肉市场呢?我们仍然遵循三个步骤分析。

首先,政府的补贴意味着降低了养猪的成本,这会影响猪肉的供给曲线,需求曲线不变,因为补贴政策并没有直接改变消费者愿意购买的猪肉数量。

其次,供给曲线向右移动。因为在既定的价格水平上,养猪场愿意并且能够提供的猪肉数量增加了,如图 2-13 (b) 所示。

再次,正如图 2-13 (b) 所示,猪肉供给增加使均衡价格由 P_0 下降到 P_1,均衡数量由 Q_0 增加到 Q_1,但需求没有变,因为需求曲线没有移动。

遵循上述分析步骤,我们也能够说明,假设养猪场的劳动或猪饲料成本增加,这会影响供给曲线,但需求曲线不变。成本上升减少了供给,供给曲线向左移动,如图 2-13 (b) 所示,均衡价格由 P_0 上升到 P_2,均衡数量由 Q_0 减少到 Q_2。

由此,我们得出结论:需求不变,供给的变动引起均衡价格的反方向变动和均衡数量的同方向变动。

(三) 需求与供给同时变动对均衡的影响

现在我们假设需求与供给同时变动,市场均衡会发生什么变动呢?我们首先来看需求和供给同方向变动的情况,然后再来看它们反方向变动的情况。

1. 需求与供给同方向变动

在本章开始时,我们讲到电脑的价格不断下降,电脑的供给量却在不断增加的事实。这与电脑的需求量与供给量同时增加有关。如图 2-14 所示,20 世纪 90 年代初期,电脑在我国只有很少企业生产而且供给很少,供给曲线是 S_0。当时人们的收入较低,也没有很多电脑软件,电脑的需求量也很少,需求曲线为 D_0,电脑的价格为 P_0。随着生产电脑的技术进步和越来越多的企业开始生产电脑,供给大增,供给曲线向右从 S_0 移动到 S_1。同时,人们收入的增加,以及电脑软件价格的下降都增加了电脑的需求。需求曲线向右从 D_0 移动到 D_1。与新的需求曲线 D_1 和新的供给曲线 S_1 的交点相对应,电脑的均衡价格下降到 P_1,均衡数量增加到 Q_1。

从图 2-14 可以看出,电脑的供给较多增加与电脑的需求较少增加导致电脑均衡数量的增加和均衡价格的下降。如果情况相反,需求较多的增加而供给较少的增加,均衡数量一定会增加,但均衡价格将上升。

现在,我们可以得出结论:当需求和供给同时增加时,均衡数量增加,但均衡价格的变动不确定,可能上升、下降或不变。同样地,如果需求和供给同时减少,均衡数量减少,均衡价格的变动不确定。

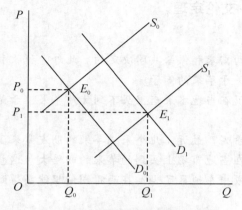

图2-14 需求与供给同时增加

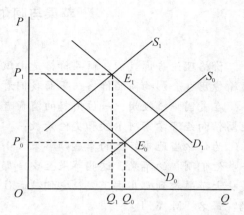

图2-15 需求增加且供给减少

2. 需求与供给反方向变动

再看需求与供给反方向变动时出现的情况。以虫草为例。自20世纪80年代以来,我国的虫草价格持续上升,其市场价格由最初的1千元/公斤上升最高达到30万元/公斤左右。虫草价格之所以如此昂贵,原因有两个:一是需求的增加。随着虫草对心血管疾病和肿瘤的预防和治疗作用逐渐为人们所知,人们出于对自身健康的重视,对虫草的需求增加了;二是供给的减少。这与对虫草的过度采挖有关,为了增加收入,虫草产区的农牧民多年来不断进行扫荡式采挖,影响了自然环境下虫草菌孢子的生长发育,加上气候变暖的影响,野生虫草的产量越来越少。如图2-15所示,虫草的需求增加使需求曲线向右从D_0移动到D_1,而供给的减少使供给曲线向左从S_0移动到S_1,与新的需求与供给曲线的交点相对应,虫草的均衡价格上升到P_1,均衡数量减少到Q_1。

从图2-15可以看出,虫草供给的减少大于需求的增加,因而导致了虫草均衡价格的上升和均衡数量的减少。如果情况相反,需求较多的增加而供给较少的减少,均衡价格一定会上升,均衡数量将增加。

由此,我们可以得出结论:当需求增加和供给减少时,均衡价格一定会上升,均衡数量的变动不确定,可能增加、减少或不变。同样地,如果需求减少和供给增加时,均衡价格一定会下降,均衡数量的变动不确定。

【即问即答】 用供求图分析,如果航空燃料的价格上升,航空市场会发生什么变动。用供求图分析,如果高铁票价格下降,航空市场会发生什么变动。

案例分析

苹果与阿尔钦-艾伦定理

价格理论告诉我们，商品价格是由该商品的需求和供给共同决定的。此外，税收和运输费用也会影响商品价格。下面我们看一个关于苹果的例子。

在美国华盛顿州，一位愤怒的消费者抱怨说在当地水果店里买不到优质苹果，于是他写信向经济学家阿尔钦和艾伦请教：

为什么当地市场上的华盛顿苹果又小又难看呢？最近，几个采摘苹果的朋友带来了一些他们刚摘的苹果，这些苹果至少是那些能在当地市场上买到的苹果的四倍大。这些美味大苹果都到哪儿去了呢？它们被运往欧洲或中东地区了吗？在西雅图这里能买得到吗？署名：M. W. P.。

阿尔钦和艾伦对这个问题的回答如下：

M. W. P. 所抱怨的"所有的优质苹果都运到中东去了"，这是华盛顿大学经济系的课堂上或考试中常碰到的一个问题。但这也是实际现象。很容易得到解释：例如，我们假定在当地买一个优质苹果要花10分钱，而次等苹果需5分钱，那么，吃一个优质苹果的花费与吃两个次等苹果的花费相等。我们可以说一个优质苹果"值"两个次等苹果，两个优质苹果就值四个次等苹果。假定将一个苹果运到中东的成本是5分钱。那么在中东，一个优质苹果就值15分，而次等苹果值10分。但现在吃两个优质苹果的花费就等于吃三个而不是吃四个次等苹果。尽管两者的价格都提高了，但相对而言，优质苹果变得便宜了。因此，中东地区对优质苹果的消费比例比这里高。这不是在耍什么花招，只不过是需求规律在起作用。

资料来源：根据文献资料整理。

第四节　价格管制及其后果

前面我们分析了供给和需求如何决定市场均衡，以及"其他因素"的变动如何使供给与需求曲线移动，从而使市场均衡发生变动。现在我们分析政府对市场的干预。因为市场均衡并不意味着每个市场参与者都处在理想的境况。比如对于低收入买者来说，买了猪肉可能就要减少对牛奶的购买量，甚至很多穷人没有能力购买一些最基本的生活必需品。因此，政府经常会出于某些社会和政治目的干预市场，政府干预的很重要的一个方法就是对价格的管制。以下的分析将要说明，政府的价格管制会扭曲市场信号，导致资源的误配置、腐败、效率低下的结果。

一、最低限价

最低限价也称为价格下限、支持价格。最低限价是指政府强制性地规定一种物品可以销售的最低价格。最低限价一定是高于均衡价格的,否则就没有意义。因为政府制定最低价格的出发点是为了保护生产者的利益。最低限价存在最多的地方一个是农产品市场,另一个是劳动力市场。政府对农产品的支持价格政策以及最低工资法就是两种典型的最低价格政策。

(一)农产品的支持价格政策

很多国家都对农产品实施最低限价或者价格补贴。在美国、欧洲、韩国、日本等发达国家,农民的人数较少,但他们在政治上的声音非常大,因此这些国家对农产品都实行价格补贴。下面以小麦生产为例,说明农产品的支持价格政策的市场结果。

图 2-16 表明,在一个没有政府干预的市场上,小麦的均衡价格为 P_0,均衡数量为 Q_0。政府为了保护农民的利益,强行把小麦价格提高到 P_1,支持价格人为抬高了小麦的价格,买方不太愿意买,需求量只在 Q_D 的数量;但卖方很愿意供给,供给量多达 Q_S。于是,小麦的供给量大于需求量,一些想以支持价格出售小麦的农民卖不出去,支持价格引起了小麦的"过剩"(surplus),最后卖出去的只有 Q_D 的数量。

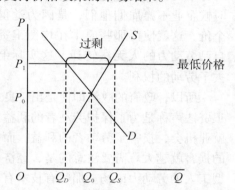

图 2-16 最低价格的市场结果

为了维持农产品的支持价格政策,政府通常采取以下措施:一是政府收购并储存大量"过剩"农产品。这实际上是由政府把支持价格的经济负担背起来,这使财政不堪重负。二是限制农民的种植面积。美国政府为了从支持价格政策的泥潭里摆脱出来,先是降低价格支持的水平,后来又实行限产,试图以此来减少农业产量。然而,在农产品价格高于均衡价格的刺激下,农民想办法增加单位面积土地的产量。不得已,美国政府只好直接限制农民按"政府收购价"出售农产品的产量。无论是限产还是限制出售量,都是以补贴的办法补偿农民的收入损失,这都会带来财政负担。

(二)最低工资法

在劳动力市场上,最低限价表现为最低工资法。**最低工资**是指政府规定的任何一个企业应支付的最低劳动力价格。许多国家都存在法定的最低工资,我国也不例外,2019年广州市的最低工资为 2100 元/月,有些城市规定了更高的最低工资。

图 2-17 表示有最低工资的劳动市场。横轴的 L 为劳动力数量,纵轴 W 表示劳动价格即工资率(单位时间的劳动价格)。如图所示,最低工资 $W_{最低}$ 高于市场自发形成的均衡工资 W_0,最低工资要起到作用,就必须高于均衡工资。但这会导致劳动供给量大于劳动需求量,后果是引起了失业($L_S - L_D$)。失业人数 $L_S - L_D$ 有两个来源:一是工资率的上升使企业解雇了 $L_D - L_0$ 数量的劳动力,劳动力的需求量减少了;二是工资率的上升使本来在均衡工资 W_0 时不工作的人也出来找工作,增加了劳动力的供给量,因而增加了失业人口 $L_0 - L_S$。所以,最低工资 $W_{最低}$ 太高了,这是导致出现失业人数 $L_S - L_D$

的唯一原因。如果容许工资下降到 W_0，一方面，$L_0 - L_S$ 数量的人会退出劳动力市场，比如一些富二代不再选择工作，或者一些妇女回家相夫教子当家庭主妇，这些人对工资的要求比较高。市场给的工资达不到他们的要求，他们就自愿退出劳动力市场。一些家庭主妇，当市场给她们的工资足够高，高于她们雇保姆做家务之后还有剩余，她们还是会出来工作的。另一方面，企业会增加对劳动力的 $L_D - L_0$ 数量的需求。在工资比较高的时候企业不愿雇佣他们，是因为觉得他们不值这个价，这就使得那些原本在均衡工资时可以转让自己劳动力的人无法转让，这实际上是使个人失去了劳动的权利。

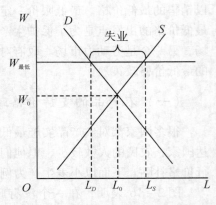

图 2-17 最低工资的市场结果

所以，政府的政策即使是出于良好的目的，也未必能够产生良好的客观效果。最低工资法声称是为了保护劳动者的利益，使那些低收入者能够增加收入，其结果却减少了就业机会，损害了劳动者的利益。而且，越是没有工作经验和技术的低收入者，所受到的损害就越大。需要注意的是，经济中不是只有一个劳动力市场，而是包括许多不同类型工人的劳动力市场。那些有技术有工作经验的人不受最低工资法的影响，因为他们的均衡工资大大高于最低工资。而那些低收入者，市场给他们的均衡工资在最低工资水平之下，他们自然深受其害。

参考资料

最低工资法减少了就业吗

下表是唐纳德·迪尔（Donald Deere）、凯文·M. 墨菲（Kevin M. Murphy）和菲尼斯·韦尔奇（Finis Welch）进行的一项研究的结果，该研究涉及 1990 年和 1991 年提高最低工资的立法。

1990—1991 年最低工资提高后就业减少的百分比

年龄群	低工资（%）	就业变化（%）
男性		
15～19 岁	44.5	-15.6
20～24 岁	14.2	-5.7
25～64 岁	3.3	-2.4
65～69 岁	14.0	-4.2

续上表

年龄群	低工资（%）	就业变化（%）
女性		
15～19岁	51.8	-13.0
20～24岁	19.0	-4.2
25～64岁	8.8	-0.3
65～69岁	21.0	+3.

资料来源：摘录自迪尔、墨菲和韦尔奇的文章。

上表显示，低工资工人在最高比例的年龄—性别群（最显著的是15～19岁的年龄群）遭受最大比例的就业减少。（可能例外的是女性和65～69岁的群体，但这一年龄群体本来就只有很小比例的人就业。）调查者还发现，其他人群中就业人数大跌的，都是低工资工人占很高比例的群体，包括黑人和墨西哥血统的人。

而且，不但美国有这样的结果，其他不同国家（如英国、新加坡和肯尼亚）实施最低工资的经验也普遍支持这一结论。

资料来源：杰克·赫舒拉发等，《价格理论与应用》，李俊慧、周燕 译，机械工业出版社2009年版。

最低工资法是一个有争议的问题。有人认为最低工资不会造成失业，即使所有劳动力都以不低于最低工资水平来雇佣，企业也不会解雇在职人员，它还得雇用原来的人数来维持经营。但实际情况是：其一，实施最低工资法或许不会使企业解雇原来的员工，但它会减少甚至停止招聘新的员工。因为减少招聘新人比解雇在职人员简单易行，也就是说交易费用较低，理性人当然会选择交易成本低的对策。所以，现实中受最低工资法影响较大的不是已有工作的人，而是正在找工作的人，是刚毕业走出校门的年轻人。其二，即使企业不解聘员工，也会通过加大劳动强度变相减薪。其三，在经济不景气的情况下，企业会因为最低工资法增加其工资成本而裁员，率先被裁掉的通常是企业认为不值这个价的人，这也说明最低工资法通常对那些素质相对较低的劳动者影响较大。

还有人认为，如果任由市场自发决定工资水平，那些劳动能力低的人所得到的均衡工资岂不是连饭都吃不上？此顾虑不必有：其一，最低工资法的实施会使那些劳动能力最差的人失去工作，而不是令他们拿到更高的工资。其二，市场自发形成的工资不可能吃不上饭。因为工人所生产的产品价格和他的工资是有因果关系的。工人的工资低，产品的价格也低，工人吃饭所需要的支付也随之降低。如果工人的工资低到吃不上饭，就没有足够的购买力支持基本消费品的价格，价格必定会降下来，直到低工资者也有饭吃为止。

案例分析

印度的中小企业为什么不愿意扩大规模

许多印度的中小企业在员工到达 99 人后，就不再愿意扩大规模。为什么？因为印度 1947 年通过的《产业争议法》规定，所有超过 100 人的企业在解雇员工时，必须获得邦政府的批准。而政治家从选票角度出发，极少批准企业的解雇计划，这就导致很多企业雇了 99 名员工后就不再雇人，因此，雇用规模在 100 人以下的企业特别多。这反映的其实是当下许多国家共同面临的问题：找到工作的人可以被政府的最低工资法保护起来，但是这样就产生了大量找不到工作的人，原来没有最低工资法时，这些人也能找到一个较低的工资来养家糊口，而现在这一切都变得不可能，这就是经济学家反对最低工资法的主要理由。其实，如果我们相信市场对资源配置的决定性作用，那么通过交易双方的讨价还价自然会形成双赢，每个参与者都皆大欢喜。但是，如果政府规定了高于均衡水平的最低工资，那么市场就没有办法实现劳动力资源的合理配置，而且政府强制企业接受法定的工资水平，既剥夺了企业对工资定价的自由权，也剥夺了个人的选择权，这显然超出了政府的职能边界。

资料来源：张维迎，《经济学原理》，西北大学出版社 2015 年版。

二、最高限价

最高限价也称为价格上限、限制价格。最高限价是指政府强制性地规定一种物品可以销售的最高价格。价格上限一定是低于均衡价格的，否则也没有意义。下面以房屋租金管制为例，说明限制价格的市场结果。如图 2-18 所示，市场自发形成的房屋租金水平为 P_0，假如政府认为市场租金水平下有很多房客无法负担 P_0 的房租而无家可归，或者居住条件很差，出于良好的愿望强行把租金规定到 P_0 以下的 P_1。房屋租金水平如此之低，以至于房东不愿意维修现在的房子，房地产商也不愿再建新房子，房屋的供给量减少到 Q_S。而低租金水平下很多人愿意租房子，一些不必租房的人也进入市场，房屋需求量多达 Q_D，于是，市场上出现房屋的供不应求，待租的房屋大量短缺，图 2-18 显示缺口为 $Q_S - Q_D$，得到满足的只有 Q_S 的数量。那些可以不租房的人可能租到房子，而那些急需租房的人却租不到房子，这是一种资源配置的低效率。

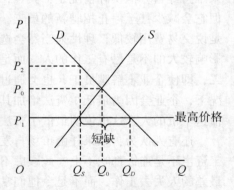

图 2-18 最高价格的市场结果

在不存在房屋租金管制的情况下，租房市场如果出现供不应求的情况，房屋租金会迅速上升到均衡价格水平，不会引起短缺。但是在房屋租金管制下，市场则会有如下反应：其一，房东不再像以前那样注意保养维修房子，任由房子在折旧中贬值到和租金管制水平相适应的程度。或者出租的房屋不再配齐家具，只出租一个空房子，从而使出租的房屋价值和管制租金水平相匹配。这使那些愿意多付点房租以改善居住条件的房客不能如愿。其二，房东名义上按照政府规定的租金出租房子，但暗地里收取"签约费"，谁不肯接受这签约费，房东就不把房子租给他，房东们都这样做，租客也只能接受这个价。这样，房东以签约费的形式把租金管制下减少的收入收回来，使得政府租金管制下房东收取的房屋租金相当于市场自发形成的价格，政府的租金管制没有达到目的。不仅如此，由于可租房屋数量减少，有租客为租到紧俏的住房，情愿把房屋租金抬到远远高于租金管制之前的市场均衡租金水平之上，如图 2-18 中的 P_2。旨在让穷人租得起房子的房租管制政策不仅没有达到目的，甚至适得其反。其三，房屋租金管制还会带来一些社会问题。比如在可租房屋数量减少的情况下，房东会根据种族、性取向、身体残疾随意挑选房客，两个性格不合的合租者各自不能租到合适的房子不得不勉强住在一起，居住大房子的人宁愿房屋闲置也不愿意租给别人住，等等。

租金管制政策的市场结果再次说明，判断一项政策的好坏，不能只听它声称要达到的良好目的，而是要看它的客观效果。所以，经济学不仅教给我们理论，还有观察世界、思考问题的能力，甚至还有人生哲理。那就是，不要只听一个人说什么，他的主观动机有多好，要看一个人做什么，即看他行为的客观效果是什么。

经济学家批评租金管制，并不意味着他们对穷人漠不关心。而是他们认为有很多比限制价格更有效的帮助穷人的办法。以租房市场为例，政府可以采取对穷人发放补贴的方式，以提高穷人的购买力，由他们自主支配这些收入。虽然补贴也存在着怎样把钱给那些真正需要帮助的人，又不会使他们失去自我谋生的动力的问题。但是总体来看，这样做的成本小于价格管制。

案例分析

20 世纪 70 年代美国的油价管制

1973 年石油输出国组织（OPEC）提高了世界石油市场的原油价格。由于原油是生产汽油的主要投入，较高的石油价格减少了汽油的供给，进而引起汽油价格上升。为了减轻汽油价格上升给低收入者带来的沉重负担，美国政府实行了油价管制政策。没曾想该政策的实施成本之高是政府实行价格管制前没有预料到的。在油价管制期间，汽油的短缺导致加油站前排起了长队，驾车人常常不得不为了买几加仑汽油而等待几个小时，不但浪费了人们宝贵的时间，而且有很多汽车由于买不到汽油而被闲置起来。此外，汽油站还出了个新招：加油兼加润滑剂的汽车可以优先加油！受到价格管制的只是汽油，润滑剂却是不受管制的，汽油站于是把汽油的价格加到润滑剂上，以较高的润滑剂价格又把管制的汽油价格收了回来。润滑剂的价格比以前高出的部分，就相当于房屋租金管制下房东向房客索取的"签约费"。有自作聪明的人可能会说,那政府把润滑剂的价格也管制起来吧!行啊,那么汽油站会改成加油兼洗车的可以优先加油!政府又把洗车的价格也管制起来?汽油站不是有小卖店嘛,加油兼在小卖店里购物的可优先加油!……如此这般,直到政府把汽油站里提供的加油之外的各项业务的价格全都管制起来——最一劳永逸的办法大概是索性把汽油站变成国有企业,否则说不准这汽油站会在现行业务之外又"创新"出一些别的业务,通过这些未受管制的业务来把汽油被管制的价格收回来。

上述现象中国人都很熟悉,因为在计划经济年代我们已经体会到太多这种价格管制所带来的各式各样、奇奇怪怪的"上有政策、下有对策"的手法。这是因为人是自私的,政府价格管制并不能改变人的自私本性。价格管制废除了市场自发运作的定价机制,但由于稀缺性这一最关键的局限条件不变,于是必须以竞争来决定物品分配给谁的问题就不会改变,改变的只是竞争方式!

改编自:李俊慧,《经济学讲义(上)》,中信出版社2012年版。

案例分析

中国药品限价的后果

在我国,政府有关部门曾对不少药品实行最高限价,希望通过压低药物的价格来保护患者,但是这种限价政策实际上反而伤害了患者。据媒体报道,像治疗甲亢的一些基本药物,由于政府限价导致企业利润非常低,最终使18家企业集体逃离了这个行业。在国家基本药品目录中,有一种药品叫作"他巴唑",是列入"基本药品目录"的药品。其价格不是由市场决定的,而是由国家发改委价格司制定最高限价,再通过省级集中招标、统一采购。他巴唑这种药品、每100片的零售价定在2~3元,生产企业觉得无利可图,所以不再进行生产,国产的药物因此就断货了。但这种药有一种进口的替代品叫赛治。因为是进口药,价格不受限制,所以最后取代了国产药。本来是用比较便宜的国产药就可以治疗甲亢,现在却要用更贵的进口药。虽然政府的初衷是要保护消费者,但是实际上却伤害了消费者。由限价导致的缺货甚至消失的"廉价药",远远不止"他巴唑",还有一批廉价有效的好药都面临消失的尴尬。比如,2011年,心脏手术用药鱼精蛋白出现全国性紧缺,由于没有替代药品,医院一度面临停做心脏外科手术的局面。造成紧缺的原因,也是该药长期维持低价,影响了企业的积极性,导致唯一的生产厂家——上海第一生化药业有限公司决定停产。

注:自2015年6月1日起,政府已取消绝大部分药品的政府定价。

资料来源:《荆楚网-楚天金报》,2013年10月9日。

第五节 弹性及其应用

需求与供给的分析说明，当一种商品的价格变动时，市场对该商品的需求量和供给量会随之变动。但是，仅仅知道当价格变动时，商品的需求量或供给量向哪个方向变动是不够的，还要知道，由价格变动引起的需求量和供给量的变动幅度有多大。例如，当猪肉的价格上升时，企业知道猪肉的销售量会下降，但它更关心的是抬高猪肉售价后销售量会下降多少，以及此举对总收益（销售收入）有什么影响。为了说明商品的需求量或供给量对其价格以及其他因素变动的反应程度，需要引入弹性的概念。弹性概念不仅能够回答上述问题，还有助于我们解释一些经济现象，有助于人们科学地决策以及正确评价某些政策的作用效果。

一、需求价格弹性

（一）需求价格弹性的含义

根据需求定理，当一种商品的价格下降时，需求量会增加。但是，不同的商品，价格下降所引起的需求量增加的幅度却大不一样。比如，如果汽车的价格下降一倍，消费者对汽车的购买量会大幅度增加。但是，如果盐的价格下降一倍，大多数消费者不会改变对盐的消费量。我们通常用**需求价格弹性**（price elasticity of demand）来衡量需求量的变动对价格变动反应的敏感程度。需求价格弹性衡量一种物品需求量对其价格变动的反应程度，用需求量变动的百分比除以价格变动的百分比来计算。即：

$$需求价格弹性(E_d) = \frac{需求量变动百分比}{价格变动百分比} = \frac{\Delta Q/Q}{\Delta P/P}$$

例如，如果汽车的价格下降10%，需求量增加20%，那么汽车的需求价格弹性为：

$$需求价格弹性(E_d) = \frac{20\%}{-10\%} = -2$$

在这个例子中，弹性是2，表明需求量变动的比例是价格变动比例的两倍。

理解需求价格弹性，要注意以下几点：

第一，需求价格弹性的经济含义为：当价格变动1%时，需求量变动的百分比是多少。在需求量与价格这两个经济变量中，价格是自变量，需求量是因变量。是价格引起需求量变动，不是需求量引起价格变动。

第二，需求价格弹性计算出来的是两个变量变动率的比值，而不是两个变量的绝对值之比。这样计算弹性的好处是，它可以消除度量单位的影响。试想一下，如果使用变动绝对量，计算中国猪肉的价格弹性，算出来的值会带着单位"斤/人民币元"，而计算美国猪肉的价格弹性，算出来的值会带着单位"公斤/美元"，这两个值单位不同，无法比较。但使用变动比例就能把单位的影响消除，以任何货币表示的任何物品所计算出来的价格弹性都一样，这就避免了因度量单位不同而使同一情况下的需求价格弹性值不一致的情况发生。

第三，需求价格弹性为负值。因为价格的变动总是与需求量的变动方向相反。为了方便起见，我们在衡量与比较需求价格弹性时，总是取其绝对值，不考虑负号的存在。这意味着需求价格弹性越大，需求量对价格变动的反应越敏感。

（二）中点法计算需求价格弹性

有时候，我们需要计算一条需求曲线上某个区间的价格弹性，这个弹性数值被称为**弧弹性**。而前文提到的需求价格弹性公式也被称为**点弹性**，也就是计算需求曲线上某个点位的弹性数值。计算弧弹性涉及的是需求曲线两点之间的弹性数值，如果直接使用点弹性的计算公式：需求价格弹性 $= \dfrac{\Delta Q/Q}{\Delta P/P}$，将无法计算出准确、可信的结果。

如图 2-19 所示。当某地区猪肉的价格从 12 元/斤降低到 8 元/斤时，我们预期该地区猪肉的需求量将会从 90 吨增加到 150 吨，此时价格下降了 33%，需求量增加了 66%，根据需求价格弹性公式，计算出的弹性值为 $\dfrac{66}{33}$，即 2；反之，当猪肉价格从 8 元/斤上涨到 12 元/斤时，其需求量将会从 150 吨降低到 90 吨，此时价格上升了 50%，需求量下降了 40%，计算出的弹性值为 $\dfrac{40}{50}$，即 0.8。这样，在需求曲线的同一区间上，从 A 点到 B 点和从 B 点到 A 点有了两个不同的弹性值。

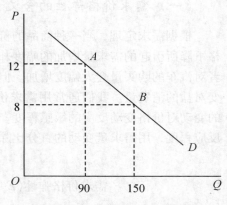

图 2-19　中点法计算需求价格弹性

产生上述差别，主要是因为在上例中的两种情况下，计算变动百分比所选取的需求量 Q 和价格 P 是不同的，取值的不同会影响到计算结果，因而得到的弹性数值也不相同。为了取得一致，经济学使用**中点法**计算弧弹性。中点法计算变动百分比的方法不是用变动量除以原来的需求量和价格水平，而是用变动量除以区间两端的需求量和价格水平的平均值。例如，从 150 吨到 90 吨的中点值是 120 吨。因此，根据中点法，从 150 吨到 90 吨是减少了 50%，因为 (150-90)/120×100% = 50%。同样，从 90 吨到 150 吨是增加了 50%。无论往哪个方向变动，中点法给出的变动百分比都是相同的。

在我们的例子中，需求量的中点值为 120 吨，价格的中点值为 10 元。计算需求曲线两点之间需求价格弹性的中点法可用以下公式表示：

$$需求价格弹性 = \frac{(Q_2 - Q_1)/[(Q_2 + Q_1)/2]}{(P_2 - P_1)/[(P_2 + P_1)/2]}$$

上式中，分子是用中点法计算的数量变动百分比，分母是用中点法计算的价格变动百分比。根据这个公式，在上述例子中，无论变动的方向如何，价格变动的百分比为40%，需求量变动的百分比为50%，猪肉的弧弹性的绝对值为1.25。

弧弹性的计算在现实中有很重要的应用价值。但是在经济学中，如果没有特别注明，价格弹性通常是指点弹性。

知识拓展

点弹性

与弧弹性相对应的是点弹性，即需求曲线上某一点的弹性。其计算公式：需求价格弹性 $= \frac{\Delta Q/Q}{\Delta P/P}$，可改写为：需求价格弹性 $= \frac{P}{Q} \cdot \frac{\Delta Q}{\Delta P}$。式中，$\frac{\Delta Q}{\Delta P}$是斜率的倒数（斜率为价格的变动量除以需求量的变动量），因此，点弹性可用如下简单的公式计算：需求价格弹性 $= \frac{P}{Q} \times \frac{1}{斜率}$。

现在我们计算图2-20中需求曲线上A点的需求价格弹性。该曲线的斜率等于纵向截距与横向截距的比率：6/12 = 1/2，因此需求曲线斜率的倒数为1/斜率 = 2。在A点，P/Q的比率等于4/4，所以，A点的需求价格弹性等于$\frac{P}{Q} \times \frac{1}{斜率} = \frac{4}{4} \times 2 = 2$。这意味着当产品价格为4时，价格下降1%将会导致需求量增加2%。

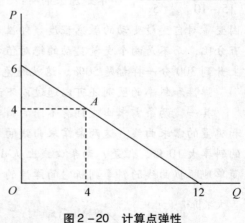

图2-20 计算点弹性

知识拓展

弹性与斜率

弹性不同于斜率。斜率被定义为纵轴的变动量除以横轴的变动量。即：斜率 $= \frac{\Delta y}{\Delta x}$。向右下方倾斜的直线斜率为负值；向右上方倾斜的直线斜率为正值；水平的直线斜率为零，因为在这种情况下，纵轴的变量不变；垂线的斜率无限大，表示无论纵轴表示的变量如何变,横轴的变量完全不变。

小李购买笔的需求曲线斜率是多少?图 2-21 表明,需求曲线向右下方倾斜,斜率为负值。在价格为 2 元时小李购买 15 支笔,在价格为 3 元时购买 10 支笔,斜率为:$\frac{2-3}{15-10}=\frac{-1}{5}$,表明笔的价格上升 1 元,需求量下降 5 支。需求曲线的斜率表明需求量对价格变动会有多大的反应。斜率小意味着需求曲线较为平坦,在这种情况下,价格变动会使需求量有较大幅度的调整;斜率大意味着需求曲线较为陡峭,在

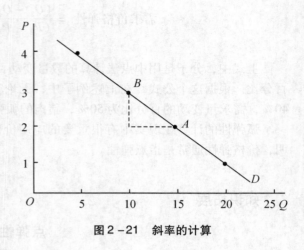

图 2-21 斜率的计算

这种情况下,价格变动使需求量只有很小幅度的调整。直线型需求曲线上任何一点的斜率都相同,曲线型需求曲线不同部分的斜率不同。

斜率不属于无单位度量,也就是说,斜率的大小取决于衡量横轴和纵轴上变量时所用的单位。如果图 2-21 中的价格用分而不是用元来衡量,需求曲线的斜率则为 $\frac{200-300}{15-10}=\frac{-100}{5}$,而不是原来的 $-1/5$。为避免引起混乱,经济学家通常用弹性来衡量因变量对自变量变动的敏感程度。弹性是某个变量变动的百分比除以另一个变量变动的百分比,而不是两个变量变动的绝对值之比,无论价格从 2 元上升到 3 元还是从 200 分上升到 300 分一样都是 50%,这就避免了因度量单位不同变动的百分比不同的情况。

弹性和斜率的区别还可以通过以下两种情况说明:

其一,两条需求曲线拥有不同的斜率,但弹性可以相同。图 2-22 分别画出了大米和鸡蛋的需求曲线。这两条需求曲线的斜率不同,鸡蛋需求曲线的斜率比大米需求曲线的斜率大 10 倍,但是,两条曲线上从 A 点到 B 点的弹性都是一样的。所以,我们不能简单地根据曲线的斜率判断它的弹性的大小。

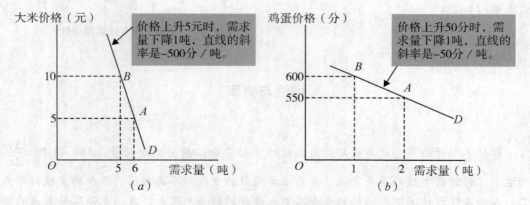

图 2-22 斜率不同和弹性相同

其二，斜率不变的需求曲线上每一点都有不同的弹性。根据点弹性的公式：需求价格弹性 = $(P/Q) \times (1/$斜率$)$，直线型需求曲线的斜率是一个常数，这意味着 $1/$斜率也是一个常数。但是，P/Q 却随着曲线上点的位置的下降而减小。考虑图 2-23 需求曲线 D 上 A 点的需求价格弹性。在该点，P/Q 等于 $6/3=2$。需求曲线的斜率等于其纵轴变动量与横轴变动量的比率，$12/6=2$，因

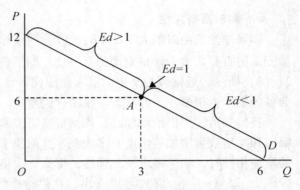

图 2-23　直线型需求曲线上各点的弹性

此，$1/$斜率 $=1/2$。把上述数据代入点弹性的计算公式，得到需求价格弹性 = $(P/Q) \times (1/$斜率$) = (2) \times (1/2) = 1$。由此可知，在任何直线型需求曲线的中点，需求价格弹性必然等于 1。在中点以上的任意一点，其需求价格弹性必定大于 1；在中点以下的任意一点，其需求价格弹性必定小于 1。

正因为需求曲线的弹性与斜率不是同一回事，所以不能直接说某条需求曲线是富有弹性还是缺乏弹性，只能说需求曲线上的某一点是富有弹性还是缺乏弹性。不过在同样的价格水平上，是可以比较不同斜率的需求曲线的弹性大小。

（三）缺乏弹性和富有弹性的需求

不同商品会有不同的需求价格弹性。缺乏弹性和富有弹性的需求是最为常见的需求价格弹性类型。

1. 需求缺乏弹性

如果弹性的绝对值在 0 和 1 之间（$0 < E_d < 1$），被称为需求缺乏弹性。缺乏弹性的商品需求量变动的百分比小于价格变动的百分比，即消费者对价格变动的反应不敏感。如图 2-24（a）所示，通常较为陡峭的需求曲线代表缺乏弹性的需求。有很多物品和劳务缺乏弹性，比如日常的食品、看病、水电等生活必需品。

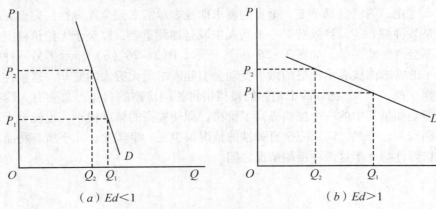

图 2-24　缺乏弹性和富有弹性的需求曲线

2. 需求富有弹性

如果弹性的绝对值大于1（$E_d>1$），则被称为需求富有弹性。富有弹性的商品需求量变动的百分比大于价格变动的百分比，即消费者对价格变动的反应很强烈。如图2-24（b）所示，通常较为平坦的需求曲线代表富有弹性的需求。富有价格弹性的物品和劳务的例子也很多，比如汽车、旅游、别墅等。

我们知道，当供给增加时，均衡价格下降和均衡数量增加。但是，均衡价格下降的幅度和均衡数量增加的幅度有多大呢？这取决于需求量对价格变动的反应程度。在供给的增加相同时，如果需求缺乏弹性，那么，价格下降幅度较大而数量增加幅度较小。比较图2-25（a）和（b）可以看出，在供给曲线右移的幅度相同时，（a）幅中，需求缺乏弹性，价格较大幅度下降，而数量只有较少的增加。而（b）幅中，需求富有弹性，价格较小幅度下降，而数量却较大幅度的增加。出现两种不同的结果是由于不同物品和劳务的需求量对价格变动的反应程度不同。现实生活中，粮食、蔬菜等需求缺乏弹性的商品在供给变动时容易出现较大幅度的价格波动。

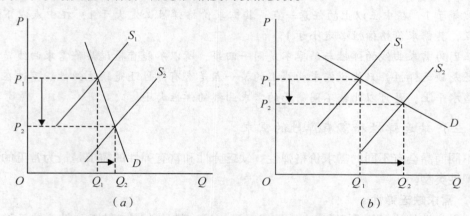

图2-25　供给变动对价格与数量的影响与需求价格弹性有关

3. 两种极端的情况

如果某种商品需求价格弹性的绝对值为0（$E_d=0$），称为需求完全无弹性。此时无论价格怎么变化，需求量都不变。垂直的需求曲线表示需求完全无弹性。完全无弹性的一个例子是某种特效药。特效药对一个病人来说是如此重要，以至于无论价格上升或下降，他们不会改变购买量，如图2-26（a）所示。图2-26（b）显示了另一种极端的情况，水平的需求曲线表示价格的微小变动会引起需求量无穷大的变动，这被称为需求完全有弹性（$E_d \to \infty$）。比如两个相邻的摊档销售相同价格的鸡蛋，总会有人购买他们的鸡蛋。但是如果其中的一个摊档提高了价格，即使提高的幅度很小，也没有人从价格较高的摊档购买。当然，需求完全有弹性的情况很少见。事实上，几乎所有物品和劳务的需求价格弹性都介于这两种极端情况之间。

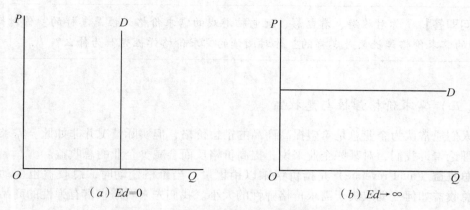

图 2-26 完全无弹性和完全有弹性的需求曲线

(四) 影响需求价格弹性的因素

人们如何能清楚地判断某种物品是富有弹性还是缺乏弹性呢？也就是说，决定一种物品是富有弹性还是缺乏弹性的因素是什么？经济学一般认为有以下决定因素。

1. 替代品的多少

价格弹性的大小取决于是否易于获得替代品。一般来说，替代品越多，商品的需求价格弹性越大。因为当该商品的价格上升时，消费者会转而选择替代品。例如，猪肉价格上升消费者会更多地购买牛肉、鸡肉或鱼肉。反之，替代品越少，需求价格弹性越小。例如，盐的价格上升消费者很难找到替代品，因此，盐涨价时消费者不会大量减少对盐的购买量，盐的需求价格弹性较小。

2. 支出占收入的比例

价格弹性的大小还取决于该商品支出在总收入中占的比例。如果盐的价格涨了一倍，很多人还是会购买像涨价前那么多的数量，因为盐的购买支出只占收入中很小的比例，盐价上涨对人们的生活几乎没有影响。但是如果出国旅游的价格涨了一倍，许多人会尽量选择出国旅游的替代品，比如在国内或省内旅游。由此可以得到一个推论：对于同样一种商品而言，富人比穷人对价格变动更不敏感。

3. 时间的长短

价格弹性还和价格变动引起的商品替代的时间长短相关。当某种商品的价格发生变动后，一般来说，持续时间越长，消费者越能够根据价格变动调整购买量，因而商品的需求在长期内更富有弹性。例如，你打算买一台冰箱，此时电费突然上涨，你会放弃原来的购买计划转而购买一台节能冰箱。但是，假如你购买冰箱之后电费上涨了，放弃现有的冰箱再买一台节能冰箱不太划算，你会一直等到冰箱用坏再考虑购买节能冰箱。所以，价格变动引起的商品替代是需要时间的，大多数商品的替代都是在价格发生变动后的几年甚至几十年后才发生的。

【即问即答】 你对旅游、看电影、玩电脑游戏的需求价格弹性是怎样的？你对娱乐活动的需求价格弹性又是怎样的？你对阅读的需求价格弹性呢？为什么？

（五）需求价格弹性与总收益

人们通常认为企业总是希望提高商品的销售价格，但实际情况并非如此。需求价格弹性理论告诉我们，对某些企业来说，提高价格反而会减少企业的总收益。

总收益（total revenue）是指价格乘以销售量。当价格变动时，总收益也变动。但是，总收益如何变动取决于需求价格弹性的大小。我们先来看需求富有弹性的商品，价格变动与总收益的关系。

1. 需求富有弹性时价格变动与总收益的关系

以乘飞机旅行为例。假设从甲地到乙地的机票价格为1 200元，某航班机票的销售量为40，总收益为每个航班4.8万元。图2-27（a）中的阴影面积表示这个总收益。现在假设机票价格下降到800元，总收益会如何变化呢？这取决于机票价格下降后乘飞机旅行的需求量增加了多少。如图2-27（b）所示，当机票价格下降后，该航班卖掉100张机票，总收益增加到8万元。显然，机票价格下降导致总收益增加。新的总收益由图2-27（b）中阴影面积表示。所以，对于富有弹性的商品来说，即使商家略微降低价格，其需求量也会大增，从而导致总收益增加；但如果商家略微提高价格，其需求量就会大跌，从而导致总收益减少。由此得出结论：需求富有弹性，价格与总收益反方向变化。也就是说，如果商品是富有弹性的，商家选择降价促销的策略能带来收入的增加，这就是"薄利多销"的经济学原理。现实中企业采取"跳楼价""出血价"等薄利多销促销手段的都是需求富有弹性的商品。

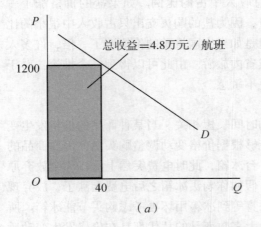 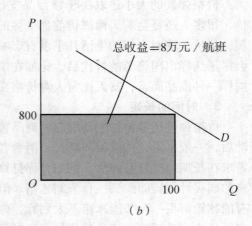

图2-27 需求富有弹性与总收益

2. 需求缺乏弹性时价格变动与总收益的关系

再来看需求缺乏弹性的商品价格变动与总收益的关系。以盐为例。在图2-28（a）中，当盐的价格为2元/斤时，每天的销售量为90斤，总收益为180元，即图2-28（a）中的阴影面积。当盐的价格下降为1元时，每天的销售量增加了10斤，而总收益却减少到100元。显然，盐的价格下降导致总收益减少。新的总收益为图2-28（b）中的阴影面积。所以，对于缺乏弹性的商品来说，如果商家大幅度降低价格，其需求量也不会增加多少，总收益会减少；但如果商家大幅提高价格，其需求量也不会跌多少，总收益会增加。由此得出结论：需求缺乏弹性，价格与总收益同方向变化。也就是说，对于这种缺乏弹性的商品，降价反而会使商家的收入减少。我们通常所说的"谷贱伤农"，就是指丰收之年产量大增粮价大跌，但人们并没有因此而增加多少对粮食的消费，于是农民的收入下降。

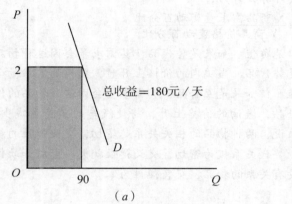
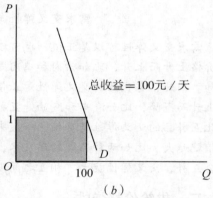

图2-28 需求缺乏弹性与总收益

知识拓展

其他需求弹性

还有其他两种与需求相关的弹性，即需求收入弹性和需求交叉弹性。

1. 需求收入弹性

随着人们收入的增加，对物品和劳务的需求也会增加。那么，增加多少呢？这取决于需求收入弹性的大小。**需求收入弹性**（income elasticity of demand）衡量一种商品的需求量对消费者收入变动的反应程度。可用需求量变动的百分比除以收入变动的百分比来计算。即

$$需求收入弹性 = \frac{需求量变动百分比}{收入变动百分比}$$

需求收入弹性可以是正值，也可以是负值。如果是**正常物品**（normal goods），需求量会随着消费者收入的增加而增加，因此正常物品的需求收入弹性是正值。在正常物品

中,"奢侈品"的需求收入弹性大于1,表示需求量的增加快于收入的增加。比如汽车、出国旅游、医疗保健以及艺术品。"必需品"的需求收入弹性在0与1之间,表示收入的增加快于需求量的增加。比如食品和衣服。**低档物品**(inferior goods)的需求收入弹性是负值,表示消费者对这类物品的需求量会随着收入的增加而减少。比如公交车是很多低收入者出行使用的交通工具,如果人们的收入增加了,他们可能转而乘出租车或自驾,对乘公交车的需求量会减少。

2. 需求交叉弹性

养猪场希望知道当鸡肉的价格下降10%时对猪肉的销售量会有多大的影响,同样,汽车销售商也很想知道当汽油价格上升10%时对汽车的销售有多大影响。回答这些问题,需要计算**需求交叉弹性**(cross elasticity of demand)。需求交叉弹性衡量一种商品需求量的变动对另一种商品价格变动的反应程度。可用一种商品需求量变动的百分比除以另一种商品价格变动的百分比计算。其计算公式为:

$$需求交叉弹性 = \frac{X 商品需求量变动百分比}{Y 商品价格变动百分比}$$

需求交叉弹性可以是正值,也可以是负值。如果是替代品,其需求量会因这种物品的价格上升而上升,比如猪肉和鸡肉是替代品,当鸡肉的价格上升时,猪肉的需求量会增加。因此,替代品的交叉弹性是正值。但如果是互补品,其需求量会因这种物品的价格上升而下降,比如汽车和汽油是互补品,汽油的价格上升,将使汽车的销售量减少。因此互补品的交叉弹性是负值。一般来说,两种物品的相关关系越密切,交叉弹性的绝对值就越大。比如两种品牌的矿泉水,替代关系极为密切,交叉弹性就大。电脑和软件完全互补,交叉弹性就大。相互之间没有关系的物品,交叉弹性为零。

二、供给价格弹性

(一)供给价格弹性及计算

对于市场的买方,我们用需求价格弹性衡量需求量对价格变动反应的敏感程度。对于市场的卖方,我们用**供给价格弹性**(price elasticity of supply)衡量企业对价格变动的反应程度。供给价格弹性衡量一种物品供给量对其价格变动的反应程度。可用供给量变动的百分比除以价格变动的百分比来计算。即:

$$供给价格弹性(E_s) = \frac{供给量变动百分比}{价格变动百分比} = \frac{\Delta Q/Q}{\Delta P/P}$$

例如,假设猪肉的价格从8元/斤上涨到12元/斤,平均价格为10元/斤。供给量从100斤增加到180斤,平均数量为140斤。我们计算的价格变动的百分比如下:

$$价格变动百分比 = \frac{12-8}{\frac{8+12}{2}} \times 100\% = 40\%$$

同样,我们计算的供给量变动的百分比如下:

$$供给量变动百分比 = \frac{180 - 100}{\frac{100 + 180}{2}} \times 100\% = 57\%$$

在这种情况下,供给价格弹性为:

$$供给价格弧弹性 = \frac{57\%}{40\%} = 1.4$$

在这个例子中,弹性为1.4,表明猪肉供给量的增长是价格上升的1.4倍。

(二)具有不同供给弹性的供给曲线

1. 缺乏弹性和富有弹性的供给

供给价格弹性反映了当价格变动时企业向市场提供商品的意愿。图2-29显示了两种常见的供给价格弹性的类型。图2-29(a)为缺乏弹性的供给($E_S<1$)。当供给缺乏弹性时,供给量变动的百分比小于价格变动的百分比,企业向市场提供的商品数量对价格变动的反应不敏感。例如粮食、住房和收藏品,短期内这些物品的供给量很难随着价格变动而迅速调整。陡峭的供给曲线表明了供给缺乏弹性的情况。图2-29(b)为富有弹性的供给($E_S>1$)。当供给富有弹性时,供给量变动的百分比大于价格变动的百分比,即供给量对价格变动的反应很强烈。一条平坦的供给曲线表明了供给富有弹性的情况。

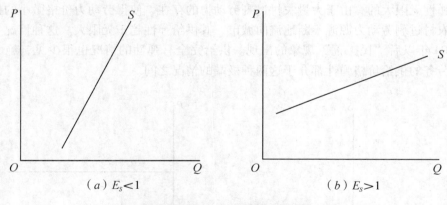

图2-29 缺乏弹性和富有弹性的供给曲线

我们知道,当需求增加时,均衡价格上升和均衡数量增加。但是,均衡价格上升和均衡数量增加的幅度有多大呢?这与供给价格弹性的大小有关。在需求增加相同时,供给越是缺乏弹性,价格上升幅度较大而产量增加幅度较小。比较图2-30(a)和图2-30(b)可以看出,在需求曲线右移的幅度相同时,图2-30(a)中,供给缺乏弹性,价格较大幅度上升,供给量只有较少地增加。而图2-30(b)中,供给富有弹性,价格较小幅度上升,供给量则较大幅度地增加。出现两种不同的结果是由于不同物品和劳务的供给量对价格变动的反应程度不同。现实中,农产品、股票、住房等供给缺乏弹性的物品容易在发生需求变动时出现较大幅度的价格波动。

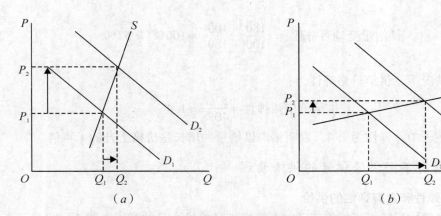

图 2-30 需求变动对价格与产量的影响与供给价格弹性有关

2. 两种极端的情况

图 2-31 显示了两种极端的情况。(a) 幅的供给曲线代表供给完全无弹性（$E_S=0$），垂直的供给曲线表明，无论价格如何变化，供给量都不发生改变。供给完全无弹性的情况比较少见，一个国家或地区的土地，以及那些无法复制的古董属于这种情况。(b) 幅的供给曲线表示供给完全有弹性（$E_S \to \infty$），水平的供给曲线表示价格的微小变动，会引起供给量无限大的变动。比如，改革开放以来，中国农村劳动力的供给被认为是供给弹性无限大的。由于大量农村过剩劳动力的存在，使得劳动力价格微小的提高就会导致农村过剩劳动力源源不断地流向城市，其供给弹性趋于无限大。这种情况一直持续到 2004 年以后"民工荒"现象的出现。供给完全有弹性的情况也很少见，绝大多数物品和劳务的供给价格弹性都介于这两种极端的情况之间。

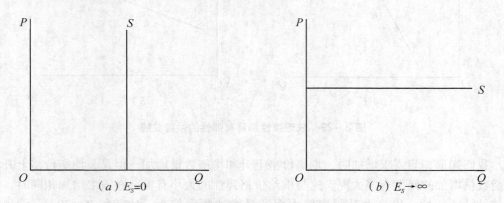

图 2-31 完全缺乏弹性和完全富有弹性的供给曲线

（三）影响供给价格弹性的因素

供给价格弹性的大小取决于以下两个因素：

1. 投入品调整的灵活性

供给价格弹性表示某种产品的产量随价格变动而调整的幅度，这取决于生产的投入品有多大的调整余地。如果生产一种产品所需要的投入品也可被用于生产其他产品，那么从其他产品生产过程中转移到别的用途相对比较容易。从而与该投入品相关的商品就是富有弹性的。在我国，只要以廉价劳动力为主要投入的商品都具有很大的供给价格弹性。比如服装、玩具和鞋帽的生产只需低技能的劳动力，这意味着当出现赢利机会时，大量的工人可以从其他生产活动中转移到这些产品的生产中来。所以这些产品的交易量虽然不断放大，但是价格却没有太大的上涨。相反，有些投入品是相对稀缺的，比如艺术家的天赋、海滩的土地、脑外科医生等，与这些投入品相关联的物品或劳务的供给就是缺乏弹性甚至是零弹性的。比如齐白石的国画供给价格弹性为零，具有垂直的供给曲线。

2. 时间的长短

这是决定供给价格弹性大小最重要的因素。对企业来说，把生产要素从一种生产活动转移到另一种生产活动是需要时间的，扩大厂房、增加设备和培训工人都要花费时间，所以对大多数物品和劳务来说，长期供给价格弹性大于短期供给价格弹性。短期内，当价格上升时，企业无法增加现有的设备和劳动数量，因而很难使产量有较大增加。因此，短期中产品的供给量对价格变动的反应不敏感，供给曲线较为陡峭，甚至为一条垂线。但是经过一段时间后，企业可以建立新厂房、购买新设备、培训新的技术工人，聘任新经理。在长期中供给量可以对价格的变动做出相当大的反应，供给曲线趋于平坦。当然，也有一些物品或劳务的生产即使在长期也很难得到所需要的投入品，由于投入品的不可复制使得它们的供给曲线始终是以陡峭的幅度向上倾斜。比如体育比赛的冠军、优秀电影演员参演的电影。

三、弹性理论的应用

弹性理论是很有用的经济分析工具，可用它解释现实中常见的经济现象。

（一）"谷贱伤农"之谜

农业丰收，农民的收入反而下降的现象称为谷贱伤农。为什么会出现这一经济现象呢？弹性理论可以帮助我们解开这个谜。

以水稻的生产为例。水稻丰收了，农民的收入反而减少，这与水稻的价格弹性特点有关。如图2-32所示，像水稻这样的基本食品其需求一般是缺乏弹性的，因为水稻的价格低，而且，对于以水稻为主食的消费者来说，其替代品较少，因而水稻的需求曲线陡峭的向下倾斜。水稻的供给也同样缺乏弹性，因为水稻的供给量取决于种植前的决策，因而在短期内，水稻的价格无论如何变动，其供给量很难有较大的变动。所以，水稻的供给曲线陡峭的向上倾斜。在我们的例子里，水稻丰收影响供给曲线，因为在既定的水稻价格下每亩土地水稻的供给增加了，供给曲线向右移动，需求曲线不变，因为在任何一个既定价格下消费者购买水稻的愿望并不会受到产量增加的影响。图2-32显示，当供给曲线从S_1移动到S_2，水稻的销售量从1万斤增加到1.2万斤，而水稻的价格从3元下降为2元。

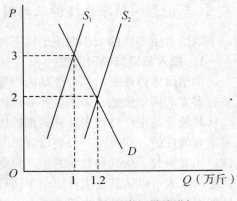

图2-32 水稻市场供给增加

现在我们来看农民总收益的变动。我们知道，总收益的变动取决于需求价格弹性，对于水稻这种缺乏弹性的商品来说，价格与总收益同方向变动。如图2-32所示，丰收使水稻的价格大幅度下降，而水稻的销售量增加很少，农民的总收益从3万元减少为2.4万元。

（二）为什么汽油价格比汽车的价格更为频繁波动

现实中，汽车的价格通常很少发生改变，而汽油的价格在一年当中会发生数次波动，有时波动的幅度还相当大。为什么汽车价格和汽油价格在波动性方面存在差别？这与汽油的弹性特点与供给的频繁变动有关。

短期内，汽油是缺乏弹性的商品。汽油的需求缺乏弹性是因为人们的购买习惯不会立即对价格变动做出反应，因为短期内汽车的行驶里程基本不变，即使汽油的价格变动较大，需求量也不会改变太多。汽油的供给缺乏弹性则是因为已知的石油储藏和石油开采能力不能在短期内迅速改变，所以汽油的短期供给和需求曲线是陡峭的，如图2-33（a）所示。而汽车是富有弹性的商品。如果汽车的价格突然发生变化，短期内人们会推迟或加快购买新车，因此，汽车的需求富有弹性。汽车的供给弹性也比汽油大。所以，如图2-33（b）所示，汽车的需求曲线和供给曲线较为平坦。

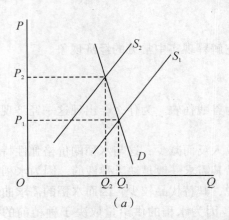
（a）

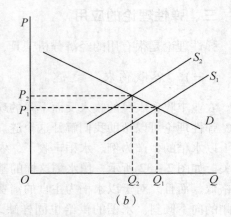
（b）

图2-33 汽油的价格比汽车的价格波动大

从供给方面分析，汽油市场上供给曲线的移动比汽车市场更频繁。这是因为，生产汽车的投入品供给较为稳定，通常不会发生太大的变动，即使出现某些投入品的价格上升，出于争夺市场的考虑，企业会想办法消化新增加的成本。但是，对于汽油市场而言，生产汽油的关键资源是石油，而石油的供给经常会受到一些不确定因素的影响。例如，世界上大部分石油的供给是由石油输出国组织（OPEC）控制的，如果 OPEC 限产，会导致汽油价格的大幅度上升。即使 OPEC 没有限产，如果发生伊朗局势紧张，比如美国对伊朗实施制裁，这会使人们预期原油的供给将会减少，未来油价将会升高，这使生产者减少石油的供给（以便在油价升高后出售）。一旦伊朗局势出现缓和，汽油的供给曲线又会回到原位。所以，汽油的供给曲线移动幅度大且较为频繁，短期内汽油的需求和供给都缺乏弹性，这两方面的因素共同作用导致汽油市场价格波动性较大。

（三）弹性与消费品征税

2006 年 7 月 26 日，国家版权局就政府对卡拉 OK 经营场所征收版权费一事召开记者座谈会，就各界关心的征收版权费的问题给予解释。其中，就卡拉 OK 经营场所版权费是否由消费者承担的问题，国家版权局的解释是这一版权费是对经营者征收的，消费者到卡拉 OK 经营场所消费，已经向经营者支付了费用，因此，不用再承担额外的版权费。

政府向经营者收取版权费，消费者就不用支付了吗？图 2-34 表明，只要政府征税，无论税收是向消费者还是生产者征收，买卖双方都是税负的承担者。

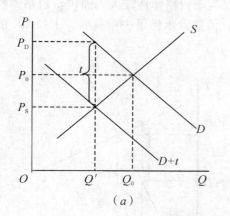 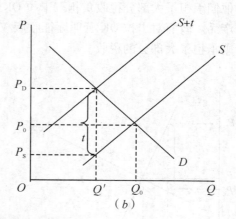

图 2-34 征税的经济效果

首先考虑向消费者征税。图 2-34（a）表示卡拉 OK 市场。没有税收时，卡拉 OK 的均衡价格为 P_0，均衡数量为 Q_0。现在向消费者征收 t 的税，意味着消费者消费卡拉 OK 的支付比原价格高出 t 的税收。为使消费者消费原来的数量，卡拉 OK 的价格必须降低 t 的幅度，以弥补税收的影响。因此，如图 2-34（a）所示，需求曲线左移，移动的幅度刚好是税收 t。消费者实际支付的价格为 P_D，生产者得到的价格为 P_S。买卖双方平分了税收负担。

现在考虑向生产者征税。如图 2-34（b）所示，向生产者征税，意味着增加了卡拉 OK 的成本，为使企业供给原来的产量，卡拉 OK 的价格必须提高 t 的幅度，以弥补税收的影响。因此，供给曲线左移，移动的幅度刚好是 t。消费者支付的价格为 P_D，生产者得到的价格为 P_S，仍然是买卖双方分摊税收负担。

比较图 2-34（a）幅和（b）幅，我们可以发现，无论向消费者还是向生产者征税，其结果是相同的。在这两种情况下，税收都是消费者实际支付的价格和生产者实际得到的价格之间的面积，而且，消费者和生产者分摊税收负担。区别仅在于，向消费者征税，税收由消费者直接给了政府；向生产者征税，消费者先把税给生产者（包含在购买商品支付的价格中），再由生产者转交给政府。

现在我们考虑谁是税负的主要承担者。以上的分析假定消费者和生产者平分了税收负担。实际上这种平均分摊税收的情况很少见。常见的情况是，税收负担在消费者和生产者之间是按不同比例分摊的，这一分摊比例与弹性有关。

图 2-35（a）表示供给富有弹性而需求较为缺乏弹性的情况。从中可以看出，由于企业对商品价格的变动非常敏感，征税使他们得到的价格（收入）没有下降多少，因此，生产者只承担了小部分税收负担。与此相比，由于消费者对商品价格的变动不敏感，他们支付的商品价格大幅度上升，因而消费者承担了大部分的税收。

图 2-35（b）表示供给较为缺乏弹性而需求富有弹性的情况。从中可以看出，由于消费者对商品价格变动非常敏感，消费者实际支付的价格上升很少，因而只承担了少量的税收。而生产者对价格的变动不敏感，他们得到的价格（收入）下降幅度很大，表明他们承担了大部分税收负担。卡拉 OK 就是需求价格弹性较大，而供给价格弹性较小的产品。政府对卡拉 OK 营业厅征收版权费，消费者承担了少量税收，卡拉 OK 的经营者则承担了大部分的税收。

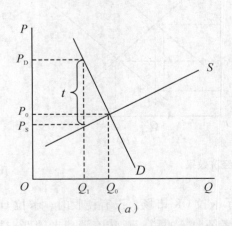
（a）

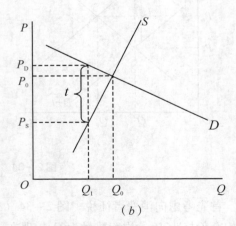
（b）

图 2-35　供给和需求弹性决定税负的比例

案例分析

谁为奢侈品税收付出代价

1990 年美国国会通过了对游艇、私人飞机、高级轿车等奢侈品征收 10% 的 "奢侈品税"。这种税收的目的是让消费这些物品的富人多交税，以帮助穷人。但该税收法案实施之后，反对者并不是富人，而是生产这些奢侈品的企业与工人。为什么这些并不消费奢侈品的人反而反对这项税收呢？这涉及弹性与税收负担的分配比例问题。

以游艇市场为例，如图 2-36 所示，游艇属奢侈品且有众多替代品，其需求是极富有弹性的。当这类物品由于税收而提高价格时，富人可不买游艇，他们可以去买更大的房子，去欧洲度假，或到国外购买游艇。所以，当价格上升时，需求量大幅度下降。与此相比，游艇的供给是缺乏弹性的。因为生产游艇的企业难以转产其他的产品，生产游艇的工人也不愿意在市场状况改变时改换职业。

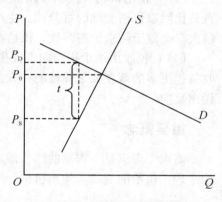

图 2-36 奢侈品税收的归宿

由于游艇的需求富有弹性，而供给缺乏弹性，奢侈品税实际更多的落到了生产者身上，因为在这种情况下，生产者得到的价格大幅度下降，而消费者支付的价格只有很少上升。因此，生产者承担了大部分税收负担。企业生产经营困难，只好解雇工人，未被解雇的工人收入也会减少，旨在帮助穷人的政策却害了穷人。1993 年，美国国会废除了大部分奢侈品税。

本章要点

（1）需求曲线表示价格如何决定一种物品的需求量。根据需求定理，给定其他因素不变时，商品的需求量与价格成反向变动关系。因此，需求曲线向右下方倾斜。

（2）除价格之外，消费者的购买意愿还会受到收入、相关商品价格、偏好及预期等因素的影响。这些因素的改变将引起需求曲线的移动。

（3）供给曲线表示价格如何决定一种物品的供给量。根据供给定理，给定其他因素不变时，商品的供给量与价格成同向变动关系。因此，供给曲线向右上方倾斜。

（4）除价格之外，生产者的供给意愿还会受到投入品的价格、技术以及预期等因素的影响。这些因素的改变将引起供给曲线的移动。

（5）在需求曲线和供给曲线的交点上，实现了均衡价格和均衡数量。价格的自由调节促使市场从非均衡状态趋向均衡状态。

（6）通过移动需求曲线和供给曲线，可以分析某个事件对均衡价格和均衡数量的影响，并且能够对价格进行预期。

（7）价格下限是某种物品或劳务的法定最低价格。价格下限高于均衡价格，引起过剩；价格上限是某种物品或劳务的法定最高价格。价格上限低于均衡价格，引起短缺。

（8）需求价格弹性衡量需求量对价格变动的反应程度，它等于需求量变动的百分比除以价格变动的百分比。如果容易得到相近的替代品，如果支出占收入的比例较大，或者买者有相当长的时间对价格变动做出反应，那么商品的需求就更为富有弹性。

（9）总收益等于物品的价格乘以销售量。需求缺乏弹性时，总收益与价格同方向变动。需求富有弹性时，总收益与价格反方向变动。

（10）供给价格弹性衡量衡量供给量对价格变动的反应程度，它等于供给量变动的百分比除以价格变动的百分比。生产上的投入品调整的灵活性越大，供给价格弹性也就越大。类似于需求价格弹性，供给在长期中比在短期中更富有弹性。

（11）税收由谁承担与向谁征税没有关系，而是取决于需求与供给的价格弹性。税收负担更多的落在缺乏弹性的一方，因为这一方较难通过改变购买量或销售量来对税收做出反应。

重要概念

需求　需求量　需求曲线　需求定理　需求的变动　供给　供给量　供给曲线　供给定理　供给的变动　均衡价格　均衡数量　需求价格弹性　总收益　供给价格弹性

思考与练习

（1）请说明下述事件之所以会发生，是由于供给和需求中的哪一个发生了哪一方向的变化引起的？

A. 苹果的价格和数量都下降了。

B. 由于数量的增加，香蕉的价格下降。

C. 小汽车的价格和数量都增加了。

D. 由于价格下降，计算机的数量增加。

（2）在下面几种市场中，请说明其变化引起的是供给曲线的移动、需求曲线的移动、沿着供给曲线的移动，还是沿着需求曲线的移动。

A. 房地产市场：消费者收入下降。

B. 茶叶市场：糖的价格下降。

C. 咖啡市场：巴西发生了霜冻，咖啡作物严重受损。

D. 馒头市场：某个地区的馒头店的数量减少。

（3）用供求模型解释，在以下几种情况下，原油的均衡价格和均衡数量会发生什么变化。

A. 美国发生金融危机。

B. 地下的原油越来越难开采，并且纯度也不断下降。

C. 中东地区发生局部战争，大量油井被毁。

D. 电动汽车的生产技术逐渐成熟并开始广泛应用。

（4）为什么在数码相机的需求增加时，数码相机的价格却一直在下降？

（5）经济学家认为，降低价格一定会使供给量下降是一条规律。可是这个规律也有例外。例如，1995年10位数字的计算器每台卖50元，到2005年只卖15元，然而销售量却增加了3倍。可见，降低价格不一定会使供给量下降。该说法是否正确？为什么？

（6）以下是移动硬盘的需求与供给表：

价格	需求量（个）	供给量（个）
100	80	40
200	70	50
300	60	60
400	50	70
500	40	80
600	30	90

A. 画出需求曲线和供给曲线，并计算出均衡价格和均衡数量。

B. 若市场上移动硬盘价格上涨，导致每个价格水平上的需求量增加5个，新的均衡价格和均衡数量是多少？

C. 若生产移动硬盘的企业工人工资上涨，导致每个价格水平上的供给量减少15个，新的均衡价格和均衡数量是多少？

（7）在某个市场上，需求方程为 $Q = 9 - 2P$，供给方程为 $Q = 5 + 2P$。

A. 求均衡价格和均衡数量。

B. 若消费者收入增加了，新的需求方程为 $Q = 13 - 2P$，计算新的均衡价格和均衡数量。

（8）比较联想笔记本电脑和台式电脑的需求价格弹性的大小，并说明原因。

（9）如果不考虑限购，那么房价的上升对于市场上的住房需求会产生怎样的影响？

（10）为什么粮食丰收对农民不一定是件好事？如果只是某农户的粮食丰收，那么对这户农民来说，丰收还是一件坏事吗？

（11）用下列数据作出需求曲线的图形。

价格（元）	需求量
1.00	500
1.50	400
2.00	300

续上表

价格（元）	需求量
2.50	200
3.00	100

A. 利用中点公式计算1.00元到1.50元之间的弹性。该价格变化下的需求是富有弹性还是缺乏弹性？

B. 利用中点公式计算2.50元到3.00元之间的弹性。该价格变化下的需求是富有弹性还是缺乏弹性？

C. 按照本章中弹性与总收益关系的理论，可知当需求缺乏弹性时，价格上升会增加总收益；可知当需求富有弹性时，价格上升会减少总收益。请用A和B的答案来证明这种关系。

（12）政府确认小麦的市场价格太低了。

A. 假设政府对小麦市场实行强制性价格下限。用供求图说明，这种政策对小麦价格和小麦销售量的影响。

B. 农民抱怨价格下限减少了他们的总收益。这种情况可能吗？并解释之。

第三章 消费者行为

在第二章中，我们用需求曲线表示消费者决策。一种物品的需求曲线反映消费者对该物品的支付意愿，当物品的价格上升时，消费者只对少量物品具有支付意愿，因此，需求量下降。现在，我们深入考察需求曲线背后的决策。我们将详细分析，在个人对物品和劳务的选择受到其支付能力限制的条件下，消费者将如何理性的做出购买选择。比如，你用有限的收入是购买一台个人电脑还是用于旅游？为什么相同的花费下某中年人愿意吃一顿丰盛的粤菜而不是去西餐厅享受浪漫，而年轻人的选择却刚好相反？每月的工资更多地用于消费还是用于储蓄？消费者行为理论研究消费者如何做出选择，以及他们如何对价格和收入的变动做出反应，在此基础上对需求曲线向右下方倾斜做出解释。

第一节 效用与偏好

在说明消费者如何做出购买选择之前，首先有必要说明人们对物品和劳务购买本身并不是最终目的，拥有这些物品和劳务是为了满足我们的欲望。

一、效用的概念

（一）什么是效用

为了说明消费者的决策，经济学家引入了"**效用**"（utility）这个概念。效用，是指消费者从某种物品或劳务的消费中得到的满足感。较大的满足就是效用大，较小的满足就是效用小，如果从物品的消费中感受到痛苦，则是负效用。因此，效用是人的主观心理感觉，是消费者对物品或劳务能够在多大程度上满足自己欲望的一种主观评价。人们的喜好不同，对同一商品效用大小的评价不同。比如教师讲课，要不停地说话，没有水会觉得嗓子很难受，但对学生来说水却不是那么重要。所以，一瓶水的效用因人而异。此外，效用还因时因地而异。一个人没有带水在沙漠之中行走，这时如果有人拿着一瓶水出现在他面前，他愿意把身上所有的钱都拿出来交换，因为这瓶水对他的效用非常之大，以至于相当于生命的价值。需要强调的是，物品的效用大小与其实际价值无关，对于没有带水在沙漠中行走的人来说，一瓶水可以拯救生命，而黄金珠宝则如同沙石。

如何度量效用的大小？在19世纪，包括英国经济学家杰里米·边沁在内的社会科学家，都曾希望开发出能够准确度量效用的仪表，比如说把电极接在人的头部，通过观察大脑皮层发出脑电波的强弱来准确显示消费者效用的大小。然而，时至今日，通过机器比较不同人的效用仍然存在难以克服的技术性困难。

虽然目前尚没有比较不同消费者效用大小的技术手段，但是我们可以用一种非常简单的方法度量单个消费者效用的大小。例如,暑假中父母送给你两种可供选择的礼物:旅游和电脑,如果你选择了电脑,则表明电脑给你带来的效用大于旅游。同样道理,如果你觉得用200元钱购买5本书比吃一顿丰盛的西餐更感觉满意,那么,我们说书籍比西餐给你带来了更大效用。因此,经济学家用消费者的"**支付意愿**"(willingness to pay)表示消费一定量物品或劳务所得到的效用的大小。支付意愿是指买者为获得某种物品或劳务而愿意付出的最高价格,它代表了消费者从该物品或劳务的消费中得到的利益。假设小李愿意用10元钱买1块巧克力,18元钱买2块巧克力,23元钱买3块巧克力,我们可以说1块巧克力给小李带来的效用是10个货币单位,2块和3块巧克力的效用分别是18个和23个货币单位。

(二) 总效用与边际效用

总效用和边际效用是与效用相关的两个概念。**总效用**(total utility,TU)是指消费者在一定时间内从一组物品的消费中得到的总满足感。假定消费者消费 Q 数量的物品或劳务,则总效用函数为:

$$TU = f(Q)$$

从表3–1可看到总效用的变动趋势。每多吃一块巧克力,小李的总效用就会有一定的增加,每小时吃4块巧克力带给她的总满足感大于吃3块巧克力时的总满足感,大于吃2块巧克力时的总满足感,如此等等。但是,当每小时吃5块巧克力时,总效用不再增加,吃到第6块巧克力时,她的满足感减少了,总效用从25减少到23。所以,随着消费数量的增加,总效用会不断增加,但是增加的速度越来越慢,这是因为每增加一单位物品的消费,新增加的效用越来越小。

表3–1 巧克力带来的总效用和边际效用

巧克力的消费量(个/小时)	总效用	边际效用
0	0	—
1	10	10
2	18	8
3	23	5
4	25	2
5	25	0
6	23	-2

经济学家把每增加一单位某种物品的消费所带来的总效用的增量称为"**边际效用**"(marginal utility,MU)。边际是个动态概念,是指由自变量的变动量所引起的因变量变

动量之比。在边际效用的概念中,自变量为消费的变动量,因变量为总效用的变动量。所以,边际效用可以表示为:

$$MU = \frac{\Delta TU}{\Delta Q}$$

以表3-1中的数字为例,小李吃第3块巧克力的边际效用为:

$$MU = \frac{\Delta TU}{\Delta Q} = \frac{TU_3 - TU_2}{Q_3 - Q_2} = \frac{23 - 18}{3 - 2} = 5$$

根据数学知识,如果ΔQ连续变化至无穷小,边际效用是总效用函数的导数。当导数为零时,函数值达到最大。即:

$$MU = \frac{dTU}{dQ}$$

我们可以用表3-1的数据画出每小时小李消费巧克力所获得的总效用曲线和边际效用曲线。如图3-1所示,横轴Q表示每小时小李消费巧克力的数量,纵轴表示小李从对巧克力的消费中所获取的效用。可以看出,随着小李每小时消费的巧克力数量增加,她得到的总效用是递增的,当她吃到第五块巧克力时,总效用达到最大,这时,她已不愿再多吃一块巧克力,因为继续吃第六块巧克力时,总效用开始下降,这意味着她的情况变糟了。从图3-1中还可以看到,边际效用随着小李所消费巧克力数量的增加而不断减少,也就是说,每多吃

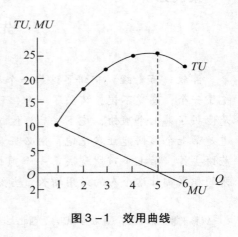

图3-1 效用曲线

一块巧克力给小李带来的总效用增量小于上一块巧克力的总效用增量。当她吃到第五块巧克力时,边际效用为零,这时小李对巧克力已经完全满足,若强迫她继续消费,就会出现边际效用为负的情况。

(三)边际效用递减规律

从表3-1和图3-1可以看出,随着小李消费巧克力数量的增加,她每增加一单位巧克力的消费所带来的边际效用是递减的,在图形上边际效用曲线是一条向右下方倾斜的直线。这说明,当我们越来越多地消费一种物品时,我们从中获得的新增满足感会下降。例如,小李吃第一块巧克力感觉香甜无比,吃第二块巧克力时仍然感觉不错,吃第

三块或第四块时快乐和满足的感觉会越来越减弱，继续吃下去，第五块边际效用为零，再继续增加消费，边际效用变为负值，小李会感觉不适，这就是**边际效用递减规律**（law of diminishing marginal utility）。边际效用递减规律可表述为：其他物品的消费量保持不变，给定时期内随着某种物品或劳务消费量增加，其边际效用是递减的。

边际效用递减是一个心理规律，反映了人们的主观心理感觉。它普遍存在于消费者对物品和劳务的消费中，而且是经济学的一个重要假设。凡假设、公理都不是逻辑推理的结果，不需要证明，只需接受。但是它们需要经受事实的验证，如果能解释现实，就必须接受。比如，如果只有一盆水，你首先要保证饮用，水的数量增加了，你就可以洗洗脸，再多一些，可以用来洗澡、洗衣服，再多一些可以用来浇花。水资源有限，用途多种，理性人会把有限的水用在最重要的用途，水的重要性递减，边际效用递减。

> 【即问即答】　你正在自助餐厅享用午餐。假定你是位理性的消费者，那么你从最后一口吞下的食物中获得的边际效用应当为多少？

案例分析

先吃哪个煎饼

佛教《百喻经》中讲了这样一个故事：有个人感觉很饥饿，于是去买煎饼吃。他吃了一个，感觉不饱；又买了一个，可还是吃不饱；总共吃了六个煎饼，还是不饱；于是他买了第七个煎饼，吃下去后，他就饱了。他于是拍着自己的脑袋说：我真蠢！早知道是第七个煎饼能让我吃饱，何必买前面那六个呢？他不明白的是，如果把前面那六个煎饼去掉，第七个煎饼就成第一个煎饼了。在达到"吃饱"这个目标之前，每一个煎饼的积累都让这个人的效用增长，当然增长的幅度是递减的。

资料来源：张维迎，《经济学原理》，西北大学出版社2015年版。

知识拓展

边际效用价值论

边际效用理论是一种价值理论。它是英国经济学家杰文斯、奥地利经济学家门格尔和法国经济学家瓦尔拉斯于19世纪70年代各自独立提出的。边际效用价值理论解决了传统效用价值论无法解释的"水和钻石"的悖论，成为经济学分析的一个基本工具。边际效用价值理论的本质是稀缺价值理论，即中国人讲的"物以稀为贵"。

当然，物品的稀缺性与其生产成本有关。如果一种产品可以低成本的大量生产，一定不稀缺，所以它的价格也卖得很低。为什么电脑、汽车、手机等技术密集型产品的价格越来越便宜？因为随着科技的进步，它们的生产成本越来越低，它们越来越不稀缺。

司马迁在《货殖列传》里边讲述了一个故事：在秦国末年的时候，楚汉争霸，天下大乱。战争造成当地居民的逃亡，很多达官贵人携带和储藏金银财宝，只有任氏的祖先不要金银财宝，只储藏粮食。结果楚汉相战僵持不下，农民没法种粮食，粮食的价格暴涨，最后，任氏的祖先把储备的粮食卖出去，所有富贵人家的金银财宝也都流转到他手里去了。这就是边际效用价值规律作用的结果。战争中粮食稀缺，没有吃的不行，所以粮食的价值远远高过于任何金银财宝。

资料来源：张维迎，《经济学原理》，西北大学出版社2015年版。

知识拓展

水和钻石的悖论

亚当·斯密在《国富论》中提出了一个悖论。水对于生命来说至关重要但价值很低。钻石对生命来说可有可无却有很高的价值？对于这个问题，古典经济理论没有给出很好地解释，而从边际效用的概念入手，这个问题很容易回答。这是因为，商品的价格是由它带给人的边际效用决定的。虽然水很重要，但由于水的数量很多，增加一单位水给人们增加的边际效用很低，所以水的价格低。而钻石数量很少，增加一单位的钻石消费给消费者带来的边际效用很大，所以消费者愿意支付很高的价格购买。

本书一开始在介绍经济学的方法时，曾说明经济学的理性人假设。"理性"体现为在既定的约束条件下，一个经济主体最大化自己认定的目标。在经济学中，消费者的理性行为就是通过对物品和劳务的消费最大化自己的"效用"。虽然人们并非只有物质利益的需求，人有生理的需要，也有心理的、社会的和精神的需要。但是，物质财富始终是决定一个人幸福与否的重要因素，追求效用最大化是人们的基本行为倾向，主流经济学就是建立在这样一个功利主义的基础之上。在效用最大化的假设前提下，我们就可以简单明了地说明消费者选择行为所遵循的一般原则。

二、偏好与无差异曲线

消费者的选择受到许多因素的影响，所有这些因素都可以归结为两个概念：偏好和预算约束。这里解释偏好和表示偏好的无差异曲线。

（一）偏好

偏好（preference），是指消费者对某种物品的喜好或厌恶的程度。人们偏好某个东西，就是指它可以满足人的某种欲望。偏好具有主观性，存在明显的个体差异，一个人的偏好与他的生理、心理、家庭出身、社会环境、思想观念和个人经验有关。现实中有人偏好物质财富，有人偏好社会地位，有人偏好自由自在。不同的人对幸福的不同方面有着不同的诉求，因而对影响幸福的因素也有不同的主观评价。

本章分析消费者的选择，因此我们将偏好定义在"商品组合"上，用商品组合的选择代表个人的选择。为了说明消费者如何根据偏好对不同的商品组合进行比较，我们必须对个人的偏好做一些基本的假设。经济学认为，理性消费者的偏好必须满足三个基本假设：偏好的完全性、偏好的传递性和偏好的非饱和性。

偏好的完全性（比较公理），是指消费者总是能够根据他的偏好比较任意两个商品组合。假定 A 和 B 是两个不同的商品组合，理性的消费者一定认为：A 好于 B，B 好于 A；A 和 B 无差异。不存在两种无法比较的商品组合。

偏好的传递性（传递性公理），是指消费者对商品组合的偏好是可以传递的。假定消费者认为 A 好于 B，又认为 B 好于 C，则他一定认为 A 好于 C。或者，他认为 A 与 B 无差异，B 又与 C 无差异，则 A 与 C 一定也无差异。如果偏好不具有传递性，某个人认为 A 比 B 好，B 比 C 好，但又认为 C 比 A 好，就说明这个人是非理性的。

偏好的非饱和性（多比少好），是指消费者对同一种商品的偏好越多越好，即多多益善。经济学家认为这不是一个公理，因为有些东西是人不喜欢的，例如成本、垃圾等，这类东西人是希望它们越少越好。经济学教科书把"越多越好"的东西称为物品（goods），把"越少越好"的东西称为恶品（bad）。但是，经济学只需要做物品的分析，不需要做恶品的分析。因为一切的恶品，只要对它做适当的重新定义，就能转化为物品。例如"垃圾"这种恶品，把它重新定义为"清理垃圾"就能转化为物品。

（二）用无差异曲线代表偏好

我们常用无差异曲线来表示消费者的偏好。为了说明无差异曲线是如何构建的，先来看如下例子。假设小李购买猪肉和鸡蛋，表 3-2 给出了假设的猪肉和鸡蛋消费量的两种不同组合（可以代表猪肉和鸡蛋的无数种组合）。这两种组合使小李得到同样程度的满足（即相同的效用水平）。也就是说，对小李来说，1 斤猪肉加 5 斤鸡蛋给他带来的效用和 5 斤猪肉加 1 斤鸡蛋给他带来的效用是一样的。这样的组合被称为无差异组合。

表 3-2 无差异的消费组合

商品组合	猪肉的购买量	鸡蛋的购买量
A	1	5
B	5	1

现在我们把表里的数据用图来表示。如图 3-2 所示，横轴表示小李消费的猪肉数量，纵轴表示小李消费的鸡蛋数量。在她看来，A 点（1 斤猪肉，5 斤鸡蛋）和 B 点（5 斤猪肉，1 斤鸡蛋）表示的两种商品的不同组合，给她带来的效用是无差异的，这样的组合可以无限多并且连续，这样，在一个坐标图中，把这些商品组合连接起来，就

是无差异曲线。所以，**无差异曲线**（indifference curve）是一条表示给消费者带来相同满足程度的商品组合点的连线。在本例中，无差异曲线表示使小李同样满足的猪肉和鸡蛋的所有可能的组合，小李消费沿着无差异曲线上猪肉和鸡蛋的所有组合，所得到的满足是相同的。这意味着，同一条无差异曲线所有各点代表的商品组合给消费者提供了同样的效用，无差异曲线可以看成是一条"等效用"曲线。

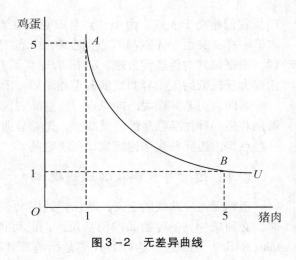

图3-2 无差异曲线

（三）无差异曲线的特点

由于无差异曲线代表消费者偏好，因此，它们具有反映这些偏好的四个特征。

第一，无差异曲线向右下方倾斜。无差异曲线的斜率反映了消费者愿意用一种物品替代另一种物品的比率。如图3-2所示，如果猪肉和鸡蛋都是消费者所偏好的物品，则意味着猪肉和鸡蛋在偏好上是可以替代的。也就是说，为了达到同样的满意度，增加猪肉的消费量，就必须减少鸡蛋的消费量，增加一定量猪肉所引起的效用增加必须通过减少一定量的鸡蛋引起的效用减少来抵消。所以，大多数无差异曲线向右下方倾斜。

第二，消费者偏好较高位置的无差异曲线。由于消费者通常偏好消费更多而不是更少的商品，这种对更大数量的偏好反映在无差异曲线上，消费者对较高位置无差异曲线的偏好大于较低位置的无差异曲线。因为位置较高的无差异曲线所代表的物品量多于较低位置的无差异曲线，从而给消费者提供了更高的效用，所以被消费者偏好。如图3-3所示，同一无差异曲线上所有各点上的效用水平相同，消费者具有相同的偏好。但消费者对较高无差异曲线 U_3 上任一点的偏好大于较低的无差异曲线 U_2 和 U_1 上任何一点。

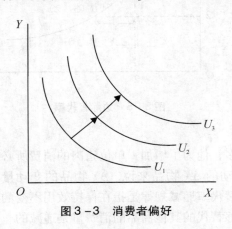

图3-3 消费者偏好

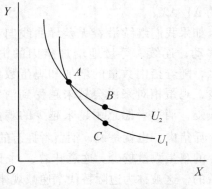

图3-4 无差异曲线不能相交

第三，无差异曲线不能相交。如图3-4所示，假设有两条相交的无差异曲线 U_1 与

U_2，它们相交于 A 点。由于 A 点与 B 点同在 U_2 的无差异曲线上，这两个点代表的效用水平一样；又由于 A 点与 C 点同在 U_1 的无差异曲线上，这两个点代表的效用水平也一样。根据偏好的传递性公理，必有 B 与 C 无差异，这就与消费者对较高无差异曲线的偏好大于较低的无差异曲线的假设相矛盾。因此，两条无差异曲线不能相交。

第四，无差异曲线凸向原点。这意味着保持总效用不变，随着某种物品数量的连续增加和另一种物品数量的连续减少，无差异曲线将逐渐变得更为平坦。无差异曲线的这一特点是由边际替代率递减规律所决定的。

（四）边际替代率及其递减规律

根据无差异曲线的定义，若保持效用水平不变，消费者在增加一种物品消费量的同时，必须减少另一种物品的消费量，由此可得到**边际替代率**（marginal rate of substitution，MRS）的概念。边际替代率是指消费者愿意以一种物品替代另一种物品的比率。例如，在小李购买猪肉和鸡蛋的例子里，边际替代率衡量了为增加一单位猪肉的消费量，小李必须放弃的鸡蛋的消费量。如果以 X 物品替代 Y 物品，ΔX 表示 X 物品的增加量，$-\Delta Y$ 表示 Y 物品的减少量，则边际替代率可表示为：

$$MRS_{XY} = -\frac{\Delta Y}{\Delta X}$$

如图 3-5 所示，A 点（2 斤猪肉，3 斤鸡蛋）和 B 点（3 斤猪肉，2 斤鸡蛋）这两个商品组合给消费者带来的效用是无差异的。也就是说，保持效用不变，消费者要多得 1 斤猪肉，就必须以减少 1 斤鸡蛋作为代价，从 A 组合到 B 组合，消费者以猪肉替代鸡蛋的边际替代率为 1，即图中的 $\Delta Y/\Delta X$。

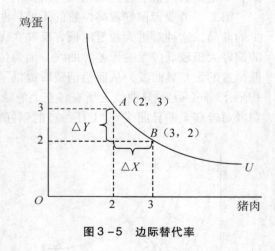

图 3-5 边际替代率

如果我们继续沿着无差异曲线向右下方移动，连续、等量地增加猪肉的消费，那么，随着猪肉数量的增加和鸡蛋数量的减少，鸡蛋相对来说会越来越受到消费者的偏爱，消费者愿意用越来越少的鸡蛋换取 1 斤猪肉，也就是说，消费者拥有的猪肉越多，他为了增加 1 单位猪肉的消费所必须放弃的鸡蛋数量越少。这意味着，对于等量变动的 ΔX 物品来说，ΔY 物品的变动量是递减的，这被称为边际替代率递减规律。**边际替代率递减规律**是指在保持效用不变的前提下，随着某种商品消费量的增加，该商品能够替代的其他商品的消费量是递减的。因此，在同一条无差异曲线上，所有各点的边际替代率并不相同。消费者愿意用猪肉换取鸡蛋的数量取决于他对这两种物品需要的程度，而这种需要程度又取决于他消费了多少猪肉和鸡蛋。边际替代率的递减趋势与边际效用递减规律有关。我们知道，无差异曲线是一条等效用线，线上各点的效用水平是相等的，因此，增加 X 物品所增加的效用必须等于减少 Y 物品所减少的效用，用公式可表示为：

$$\Delta X \cdot MU_X = - \Delta Y \cdot MU_Y$$

或

$$-\frac{\Delta Y}{\Delta X} = \frac{MU_X}{MU_Y}$$

则边际替代率可以写成：

$$MRS_{XY} = \frac{MU_X}{MU_Y}$$

上式表明，如果 X 物品的边际效用是 Y 物品边际效用的两倍，那么，一个人增加一单位的 X 物品需要减少两个单位的 Y 物品，则边际替代率等于 2，两种物品的边际替代率取决于它们的边际效用之比。由于边际效用递减规律的作用，随着 X 物品消费量的增加，它的边际效用在递减；随着 Y 物品消费量的减少，它的边际效用在递增，所以，MU_X/MU_Y 的比值越来越小，表示消费者每增加一单位 X 物品所愿意减少的 Y 物品的数量越来越少，边际替代率是递减的。

现在我们可以解释无差异曲线为什么凸向原点。因为无差异曲线的斜率就是边际替代率——消费者愿意用一种物品替代另一种物品的比率。边际替代率的大小取决于消费者目前消费的每一种物品的数量。对于已经拥有较多数量的物品，人们愿意多放弃；对于拥有较少数量的物品，人们不愿意多放弃，因此，无差异曲线凸向原点。如图 3－6 所示，在 A 点，由于消费者有较多的鸡蛋和较少的猪肉，为了增加 1 单位猪肉，消费者愿意放弃 6 单位鸡蛋，边际替代率为 6。在 B 点，消费者有较少的鸡蛋和较多的猪肉，增加 1 单位猪肉，消费者只愿意放弃 1 单位鸡蛋，边际替代率为 1。因此，在一条既定的无差异曲线上，左上段斜率较大，则边际替代率较大，右下段斜率较小，则边际替代率较小。两段曲线结合在一起，整条无差异曲线凸向原点，反映了消费者更愿意放弃他已经大量拥有的那一种物品。

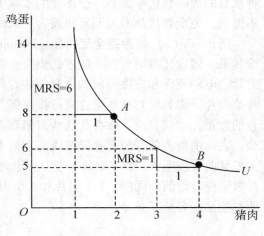

图 3－6　无差异曲线凸向原点

（五）两种极端的无差异曲线

在大多数情况下，由于边际替代率的递减趋势，无差异曲线是一条凸向原点的线。但在一些特殊情况下，无差异曲线并不会凸向原点。我们考虑两种极端的情况。

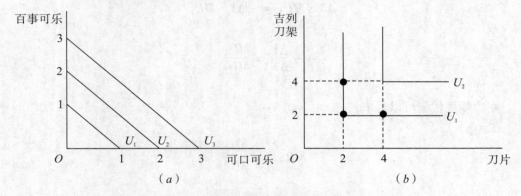

图3-7 完全替代品和完全互补品的无差异曲线

图3-7（a）幅为**完全替代品**（complete substitute）的情况。完全替代品是指两种物品的效用几乎完全相同，可以很容易地相互替代。比如可口可乐和百事可乐，这两种饮料在口味上的差别很小，消费者随便喝哪一种饮料都一样，多喝一瓶可口可乐就会少喝一瓶百事可乐，你总愿意用一瓶可口可乐换一瓶百事可乐，两种商品完全替代，这两种饮料的边际替代率就是一个不变的常数1。如图3-7（a）所示，由于边际替代率是不变的，完全替代品的无差异曲线为一条斜率不变的直线。

图3-7（b）幅为**完全互补品**（complete complements）的情况。如果两种物品必须按照某一固定比例结合在一起才能消费，那么它们就是完全互补品。例如，吉列刀架和刀片、电脑硬件和软件。假如你有一些吉列刀架和刀片的组合，其中一些是刀架，另一些是刀片，你如何对这些组合进行排序呢？在这种情况下，你只关心吉列刀架和刀片组合的数量，也就是说，你会从这些刀架和刀片组合的数量来判断对某个组合的偏好。那么，表示消费者偏好的无差异曲线是直角线。如图3-7（b）幅所示，水平的或垂直的无差异曲线表明，2个刀架和4个刀片组合数量是2，如果不同时增加刀架，只增加刀片数量没有价值。同样，2个刀片和4个刀架的组合也是2。直角形的无差异曲线表示两种物品是完全互补品。

【即问即答】 画出啤酒和火腿肠的无差异曲线。解释这些无差异曲线的4个特点。企业把有的商品价格定得很高，比如说墨盒、电脑软件，这些商品有什么特点？

第二节 预算约束

无差异曲线表示消费者对商品不同组合的偏好,对消费者来说,若不考虑其他限制条件,人们总是愿意选择无穷无尽地远离原点的无差异曲线上的各种商品组合来消费。但事实不是这样,现实中每个人的购买选择必须要受到其收入和商品价格的约束,消费者总是在收入和商品价格既定的条件下做出自己的购买决策。所以,要说明消费者的最优选择,还得加上约束条件。

一、预算线

(一) 预算线的含义

消费者在做出购买选择时,面临的约束最终可归结为口袋里的钱是有限的,这被称为预算约束。在收入有限的情况下,人们只能选择那些买得起的商品组合。经济学家用**预算线**(budget line)表示人们进行消费选择时所面临的支付能力的约束。预算线,是指一条表示在收入与商品价格既定的条件下,消费者所能购买到的两种商品数量组合的连线。它是消费者选择所面临的约束条件。

假设某消费者将其全部收入 I 用于购买 X 与 Y 两种物品,X 物品的价格为 P_X,Y 物品的价格为 P_Y,预算约束条件可以表示为:

$$P_X \cdot X + P_Y \cdot Y = I$$

上式称为预算方程,它说明消费者的收入与商品价格对消费数量的限制,即方程左边的支出不能超过方程右边的收入。这表明,在给定收入 I 的前提下,X 和 Y 两种物品的最大消费量之间存在着此消彼长的线性关系。如果你要增加 X 物品的消费,就必须减少 Y 物品的消费;反之亦然。

图 3-8 是根据预算方程画出两种商品组合的预算线。假设父母每周给你 100 元的生活费,并且规定

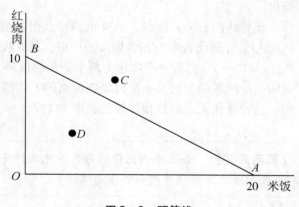

图 3-8 预算线

全部用来购买米饭和红烧肉。同时假设米饭的价格 $P_米 = 5$ 元/斤,红烧肉的价格 $P_肉 = 10$ 元/斤。如果全部购买米饭,则每周可购买的数量为 $I/P_米 = 100/5 = 20$(斤),也就是说每周购买 20 斤的米饭和 0 斤的红烧肉,记为 (20, 0)。如果全部购买红烧肉,则

每周购买的数量为 $I/P_肉 = 100/10 = 10$（斤），也就是说每周购买 10 斤的红烧肉和 0 斤的米饭，记为 (10, 0)。

如图 3-8 所示，A 和 B 分别表示上述两种极端的情况，连接 A 和 B 两点的直线就是预算线。该预算线在横轴上的截距为 20，它是你用 100 元全部购买米饭的数量。预算线在纵轴上的截距为 10，它是你用 100 元全部购买红烧肉的数量，这两种极端情况表示在收入和价格的约束下，消费者选择一种物品必须放弃另外一种物品。该预算线上的所有消费组合都是可行的。但是，预算线以外区域任一点（如 C）表示，你购买米饭和红烧肉的花费超过了你所能承受的预算范围。预算线以内区域任一点（如 D）表示你购买米饭和红烧肉的花费小于你的预算。唯有预算线上任一点所代表的米饭和红烧肉的消费组合，才正好把你的 100 元用光。

预算线的经济含义是：消费者的选择面临着收入和价格的约束。试想，若没有有限收入的约束，消费者想买什么就能买什么，那他是不需要选择的，在理性与物品越多越好的条件下，所有商品他都会消费无穷之多。或者，收入虽然有限，但如果物品不需要付费就能得到，则收入有限也不成为约束，消费者同样是消费无穷多的商品。只有在收入有限，获得商品必须支付费用时，消费者才需要考虑：我怎么把有限收入用于购买不同的商品，才是最有利于我的呢？所谓消费者的最优选择是指有收入与价格约束下的效用最大化。

（二）预算线的斜率

预算线的斜率衡量消费者用一种物品替代另一种物品的比率。第二章我们说过，可用纵轴变动量除以横轴变动量来计算两点之间的斜率。在图 3-8 中，从 A 点到 B 点，纵轴变动量是 10 斤红烧肉，横轴变动量是 20 斤米饭，1 斤米饭可替代 1/2 斤的红烧肉，预算线的斜率为 $-1/2$，反映了市场给消费者的权衡取舍：1 斤米饭换 1/2 斤的红烧肉。

预算线向右下方倾斜，具有负斜率，但习惯上我们略去负号。如果用 I 代表收入，$P_米$ 和 $P_肉$ 分别代表米饭和红烧肉的价格，预算线斜率的公式可表示为 $(I/P_米)/(I/P_肉) = P_米/P_肉$，斜率可简化为两个商品的价格之比。$P_米/P_肉 = 5/10 = 1/2$，这个斜率表明一斤米饭的价格是一斤红烧肉价格的 1/2 倍，因此，你可用一斤米饭换 1/2 斤红烧肉。这种替代关系就是预算线的斜率为 1/2。

【即问即答】 如果牛奶的价格每斤 6 元而饼干的价格为 10 元，画出收入为 1 000 元的预算线。这条预算线的斜率是多少？

二、预算线的变动

既然预算线由收入和商品的价格水平决定，那么，当收入或商品价格变动时，预算线也会发生变动。

先来分析当商品价格不变时，消费者收入变动对预算线的影响。如图 3-9 所示，当收入由 I_1 增加到 I_2 时，预算线的横、纵截距变大了，这意味着预算线平行地向外移动。现在消费者的全部收入可以购买更多的 X 和 Y 物品。反之，消费者收入减少，预算线则平行地向内移动，表示现在消费者的全部收入只能购买较少的 X 和 Y 物品。

再来看当消费者收入不变时，商品价格变动对预算线的影响。如图 3-10 所示：

（a）幅为 P_X 变动，P_Y 不变时预算线的变化。当 P_X 下降时，由于 P_Y 不变，预算线

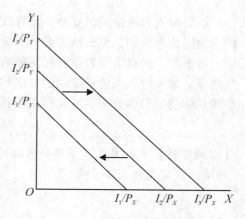

图 3-9　收入变动对预算线的影响

在纵轴上的截距不变，但 P_X 下降使预算线在横轴上的截距变大，表现为预算线以 A 点为轴心逆时针旋转，由 AB 移至 AB'，斜率（P_X/P_Y）变小了。它表示由于 P_X 下降，消费者的全部收入用来购买 X 物品的数量增加，但全部收入用来购买 Y 物品的数量不受影响，降价使消费者的状况变好。反之，当 P_X 上升时，预算线在横轴上的截距变小，表现为预算线以 A 点为轴心顺时针旋转，由 AB 移至 AB''，斜率（P_X/P_Y）变大了。它表示由于 P_X 上涨，消费者的全部收入用来购买 X 物品的数量减少，购买 Y 物品的数量则不受影响，涨价使消费者的状况变差。

（b）幅表明 P_Y 变动，P_X 不变时预算线的变化。当 P_Y 下降时，由于 P_X 不变，预算线以 B 点为轴心顺时针旋转，由 AB 移至 $A'B$，斜率（P_X/P_Y）变大了。它表示消费者的全部收入用来购买 Y 物品的数量增加，但全部收入用来购买 X 物品的数量不受影响，降价使消费者的状况变好。反之，当 P_Y 上升时，预算线以 B 点为轴心逆时针旋转，由 AB 移至 $A''B$，斜率（P_X/P_Y）变小了。它表示消费者的全部收入用来购买 Y 物品的数量减少，购买 X 物品的数量则不受影响，涨价使消费者的状况变差。

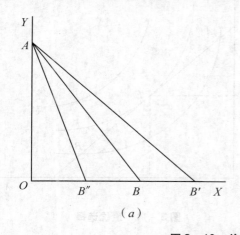

（a）

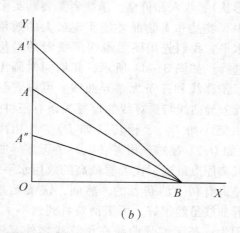

（b）

图 3-10　价格变动对预算线的影响

如果收入和价格同时变动，预算线将如何变化呢？考虑两类情况：如果收入与价格同方向同比例变动，那么预算线就不会发生任何变化。比如，收入上升1倍的同时价格也上升1倍，这对消费者没有任何影响，因为这种情况下实际价格和实际收入都没有发生改变。如果收入与价格变动的方向和比例不同，则情况很复杂，我们可根据以上分析步骤具体情况具体分析，从而得出预算线。

【即问即答】 如果收入下降的同时商品的价格也下降，预算线将怎样变化？消费者的境况一定变好或变差吗？

第三节 消费者选择

无差异曲线表示消费者的主观偏好，即表示消费者愿意买什么。预算线则表示消费者在选择时面临的约束，即表示消费者能够买什么。现在我们把无差异曲线和预算线结合起来，在消费者的偏好和预算约束的前提下，分析消费者对最优商品组合的选择。

一、消费者的最优选择

在分析消费者选择时，一般假定给定有限的预算，理性的消费者总是选择使其效用最大化的商品组合。并且，最优的商品组合必须位于给定的预算线上。现在我们来看消费者如何把有限的收入用于不同物品的购买，以实现效用最大化的目标。

（一）最优选择的图形表达

给定消费者的偏好（无差异曲线的形状）、收入和价格，消费者需要购买多少 X 物品和 Y 物品才能实现最大的效用水平。我们先用图形说明消费者的最优选择。如图 3-11 所示，我们同时画出了预算线和三条无差异曲线。可以看到无差异曲线与预算线的位置关系有三种：相交（如 U_1）、相切（如 U_2）与相离（如 U_3）。显然，相离（U_3）的无差异曲线离原点最远，代表着最高的效用水平，是最有利于消费者的。然而，这条无差异曲线虽然很好，可惜消费者到达不了！因为这条无差异曲线在预算线之外，其经济含义是：预算线之外的无差异曲线上的每一点所代表的商品组合，在现有的收入和

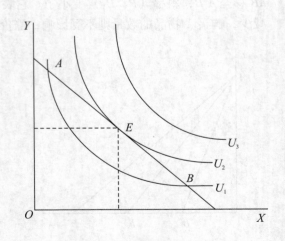

图 3-11 最优选择

价格水平的约束下，都是消费者买不起的。这说明预算约束对消费者选择的作用。另外两条无差异曲线中，相交（U_1）的预算线从 A 点到 B 点那段弧线都是消费者买得起的商品组合，但这条无差异曲线的位置太低，代表的效用水平太低（是三条无差异曲线中最差的），消费者没有兴趣选择。剩下的是相切的无差异曲线（U_2），这条线上的切点 E 就是消费者的最优选择，因为这是消费者在现有的收入与价格下，所能达到的位置最高的一条无差异曲线上唯一的他买得起的商品组合。

以上分析表明，用图形表示，消费者的最优选择点在无差异曲线和预算线的切点，该点也称为消费者均衡点。**消费者均衡**（consumer equilibrium），是指在收入和价格既定的条件下，消费者把全部收入用于各种物品和劳务的购买，使其总效用达到最大的状态。图 3-11 中的 E 点作为均衡点有两层意思：E 点是一个具有稳定性的选择点，除非外部条件发生变化，否则在该点上消费者不会再改变两种商品的购买比例；E 点之外的其他任何点都是不稳定的，它们存在着向 E 点调节的动力和趋势。

（二）最优选择的数学表达

现在我们用数学方法解释为什么图 3-11 中的 E 点是消费者的最优选择。既然最优选择的几何解是无差异曲线与预算线的切点，那么，用数学方法表达，就是求这两条线的斜率相等。初中几何知识告诉我们，两条线在相切的位置斜率相等。无差异曲线的斜率是两个物品的边际替代率，预算线的斜率是两种物品的价格之比。因此，在消费者最优选择点上，边际替代率等于两种物品的价格之比，即：

$$MRS_{XY} = \frac{P_X}{P_Y}$$

上式为消费者最优选择的实现条件。它表示：在收入和价格的约束条件下，为了实现效用最大化，消费者对最优商品组合的选择，一定要使边际替代率等于两种商品的价格之比。

回想一下，边际替代率等于边际效用的比率（$MRS = MU_X/MU_Y$），因此，我们可以得出消费者效用最大化实现条件的另一种表达方法：

$$\frac{MU_X}{MU_Y} = \frac{P_X}{P_Y}$$

整理得：

$$\frac{MU_X}{P_X} = \frac{MU_Y}{P_Y}$$

上式表示：在消费者最优选择点，每元货币购买 X 物品的边际效用与每元货币购

买 Y 物品的边际效用相等。也就是说，当消费者每元货币购买每种物品所带来的边际效用相等，他对不同商品组合的选择实现了总效用最大。如果上述等式不成立，消费者会调整物品的购买比例，减少每元货币边际效用较少的物品的支出，增加对每元货币边际效用较多的物品的支出，来增加效用，直至购买到满意的商品组合。例如，当 $MU_X/P_X > MU_Y/P_Y$ 时，表明每元货币购买 X 物品的边际效用大于购买 Y 物品的边际效用。这种情况下，消费者会增加 X 物品的购买量，减少 Y 物品的购买量，每变换一元货币的使用方向，都会使消费者从 X 物品上得到的效用大于 Y 物品减少的效用，进而使总效用增加。在边际效用递减规律的作用下，随着 X 物品购买量的增加，X 物品的边际效用递减，而随着 Y 物品购买量的减少，Y 物品的边际效用递增，直至 $MU_X/P_X = MU_Y/P_Y$，此时消费者的总效用达到最大。

根据上述分析，可以看出消费者选择理论有不同的表述方法。用语言文字表述，消费者的目标是实现效用最大化；用图形表达，消费者的目标是达到位置最高的可能的无差异曲线。对于消费者最优选择点，可以表述为在无差异曲线和预算线的切点；也可以说，所有物品每元货币的边际效用相等。

二、收入变动与消费者选择

以上我们在给定的收入和价格前提下，说明了消费者的最优选择，实际上是给出消费者对商品的需求量和他的收入及价格之间的关系。现在我们讨论，如果收入与价格发生变动，最优消费选择将会发生什么变化。

（一）收入变动：正常物品与低档物品

我们先来看收入变动引起预算线变动如何影响最优消费选择。具体地说，假设收入增加了，消费者有能力购买更多的两种物品，预算线向外移动，由于两种物品的价格不变，新的预算线的斜率不变。因此，收入增加引起预算线平行的向外移动，它和更高位置的无差异曲线相切，消费者选择从"原来的最优点"移动到"新的最优点"。这虽然意味着消费者可以购买更多的两种物品，但实际上并非一定会增加购买。第二章的分析告诉我们，收入增加使消费者增加对正常物品的购买，减少对低档物品的购买。图3-12分别以小汽车和公交车为例，说明当收入变动时，消费者对正常物品和低档物品最优选择的变化。

如图3-12（a）所示，在原来的收入水平上，消费者的最优选择在 E 点。收入增加了，预算线平行向外移动，新的最优选择在 E' 点，E' 点位于原来最优点的右侧，表明随着收入增加，消费者选择购买更多的小汽车。回顾一下第二章，当消费者的收入增加时，他想更多的购买某种物品，该物品被称为正常物品。在图3-12（a）幅中，小汽车是正常物品。

图3-12（b）幅表示，在原来的收入水平时，消费者的最优选择在 E 点。收入增加后，预算线平行向外移动，且移动幅度与（a）幅相同，新的最优选择在 E' 点，E' 点位于原来最优点的左侧，表明随着收入的增加，消费者减少了对公交车的需求量。收入增加引起需求量减少的物品被称为低档物品。在这里，公交车是一种低档物品。

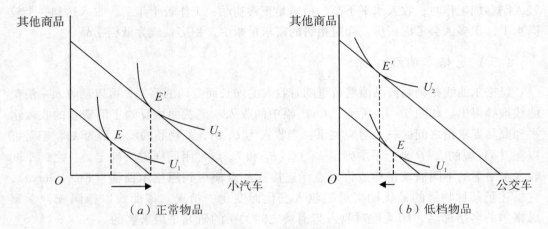

（a）正常物品　　　　　　　　　　（b）低档物品

图 3-12　收入变动的情况

（二）收入-消费曲线

现在我们设想，保持商品价格不变而消费者的收入连续增加，预算线渐次向外移动，可以得到许多相互平行的预算线。如图 3-13（a）幅所示，这些预算线分别与不同的无差异曲线相切，得到若干个消费均衡点，连接这些均衡点便可得到一条收入-消费曲线（ICC）。收入-消费曲线是在消费者的偏好和商品价格不变的条件下，与消费者的不同收入水平相联系的消费者均衡点的轨迹。图 3-13（a）中的收入-消费曲线是向右上方倾斜的，它表示：随着收入的增加，消费者对 X 物品和 Y 物品的需求量都是增加的，X 和 Y 都是正常物品。

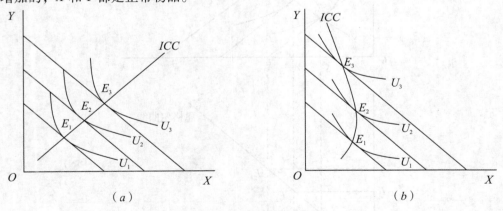

图 3-13　收入-消费曲线

在图 3-13（b）幅中，随着收入的增加，收入-消费曲线向后弯曲，它表示：随着消费者的收入增加，消费者对 X 物品的需求量起初是增加的，但当收入增加到一定水平之后，消费者对 X 物品的需求量反而减少了。这说明，当收入提高到一定程度，对消费者来说，X 物品由正常物品变成低档物品。生活中有很多这样的例子。比如，年轻人刚参加工作时，收入水平不高，租房是正常物品；工作若干年后，收入达到一个较高水平，很多人会考虑买房，而对租房的需求量减少，租房就成为低档物品。

（三）恩格尔曲线

恩格尔曲线是刻画商品消费数量随着收入的增长而变动的路径，可以从收入－消费曲线推导得出。如图 3–14 所示，(a) 幅中的收入－消费曲线反映了消费者的收入水平和商品需求量之间的一一对应关系：当收入为 U_1 时，X 物品的购买量为 X_1，于是可以在 (b) 幅的 I－Q 坐标系中确定 E_1 点，E_2 和 E_3 点可用同样方法确定，总之，不同收入水平下的不同需求量构成许多点，连接这些点便得到**恩格尔曲线**（Engel curve），它描述了某种物品的最优购买量随收入变化而变化的情况。该曲线以德国统计学家恩格尔的名字命名，因为他对收入与消费之间关系的研究是最著名的。

图 3–14 (b) 幅为正常物品的恩格尔曲线，该曲线向右上方倾斜，表明 X 物品的需求量随着收入的增加而增加。从图 3–13 (b) 幅中，可看出低档物品的收入－消费曲线向左上方倾斜，若从该曲线推导恩格尔曲线，恩格尔曲线一定也是向左上方倾斜，表明低档物品的需求量随着收入的增加而减少。

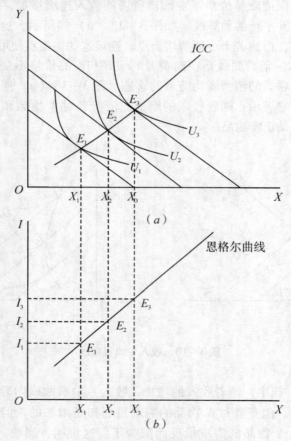

图 3–14　推导恩格尔曲线

知识拓展

恩格尔曲线与恩格尔系数

恩斯特·恩格尔（Ernst Engel）是 19 世纪德国统计学家和经济学家，以恩格尔曲线和恩格尔系数闻名。恩格尔曲线是刻画商品消费数量随着收入的增长而变动的路径，可以从收入-消费曲线推导得出。正常物品的恩格尔曲线向右上方倾斜，表明正常物品的需求量与收入水平同方向变动；低档物品的恩格尔曲线的斜率是负的，表明低档物品的需求量与收入水平反方向变动。

恩格尔根据统计资料，对消费结构的变化得出一个规律：一个家庭收入越少，家庭总支出中用来购买食物的支出所占的比例就越大，随着收入的增加，食品在家庭总支出中占的比例是下降的。推而广之，一个国家越穷，每个国民的平均支出中（或平均收入中）用于购买食物的支出所占比例就越大，随着国家的富裕，这个比例呈下降趋势。这就是恩格尔定律。而食品支出总额占个人消费支出总额的比重即恩格尔系数。

国际上常用恩格尔系数来衡量一个国家和地区人们生活水平的状况。根据联合国粮农组织提出的标准，恩格尔系数在 59% 以上为贫困，50%～59% 为温饱，40%～50% 为小康，30%～40% 为富裕，低于 30% 为最富裕。按此划分标准，20 世纪 90 年代，恩格尔系数在 20% 以下的只有美国，为 16%；欧洲、日本、加拿大的恩格尔系数一般在 20%～30% 之间，是富裕状态；东欧国家的恩格尔系数一般在 30%～40% 之间，相对富裕；剩下的发展中国家，基本上分布在小康状态。根据中国国家统计局的数据，2017 年中国城乡居民的恩格尔系数是 29.3%。这表明中国已从改革开放初期的温饱水平，步入了富裕水平。

三、价格变动与消费者选择

（一）价格变动：普通商品与吉芬商品

现在我们来看收入不变，商品价格变动如何改变消费者的选择。如前所述，商品价格的变动表现为预算线顺时针或逆时针旋转，这会引起消费者均衡点的变化。

如图 3-15（a）幅所示，当打印机的价格不变，电脑的价格下降时，给定的收入可以买到更多的电脑，预算线围绕纵轴上的交点逆时针旋转，斜率变小了，新的预算线更加平坦，它与具有更大效用水平的无差异曲线相切，最优的消费组合从 E 点移动到 E' 点，可以看出，消费者对价格相对下降的电脑的需求量增加了，这和第二章解释的需求定理是一致的，经济学家把符合需求定理的物品称为普通商品。

再来看图 3-15（b）幅。当牛肉的价格不变，土豆的价格上升时，给定的收入只能买到较少的土豆，预算线围绕纵轴上的交点顺时针旋转，斜率变大了，新的预算线更加陡峭，它与较低位置的无差异曲线相切，最优的消费组合从 E 点移动到 E' 点。E' 点位于原来最优点的右下方，表明消费者对价格相对上升的土豆的需求量增加了。这种违反需求定理（越贵越买）的物品称为"**吉芬商品**"（Giffen goods）。

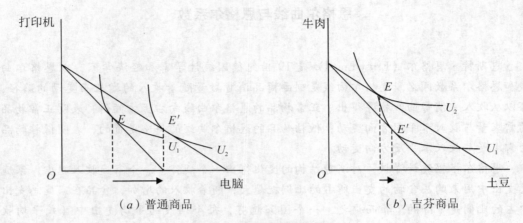

(a) 普通商品　　　　　　　(b) 吉芬商品

图 3–15　价格变动的情况

知识拓展

吉芬商品

吉芬商品是指某种特殊物品，消费者对这种物品的需求量与其价格成同方向变化。19世纪英国经济学家吉芬统计了1845年爱尔兰发生灾荒期间，当地土豆价格和消费数量的数据，但他本人并没有在此数据上建立相关的经济学理论。第一个注意到吉芬商品的是英国经济学家马歇尔，当年他在修订其《经济学原理》时，吉芬在逻辑上提出一种可能性：随着爱尔兰土豆价格的上涨，土豆的需求量反而增加了。这一逻辑推论与传统的经济学需求定理背离，马歇尔将之记进书里。此后，在经济学中，这类需求量与价格呈同向变动的特殊物品被称作吉芬商品。

但是，吉芬提出的爱尔兰土豆并不完全符合马歇尔给出的吉芬商品的定义。按照马歇尔的观点，吉芬商品不是表面看起来价格上升、需求量也上升的东西。吉芬商品的特殊性在于：它必须是低档物品；它必须在消费支出中占较大比重，以满足收入效应与替代效应方向相反且其幅度大于替代效应；在这个过程中，需要假定除商品价格外其他因素保持不变。但是1845年爱尔兰的饥荒不满足上述条件。因为在灾荒期间，由于土豆欠收，爱尔兰地区农民的收入也减少，这会改变当时人们的偏好，人们没有能力像以前一样购买肉类，只能多买土豆来维持生命，结果出现了越贵越买的情况。这就如同下雨天雨伞价格上涨，但是雨伞的消费量反而增加。但我们不能说雨伞是吉芬商品。因为雨伞连低档物品都不是，雨伞的购买支出也不可能在消费支出中占较大比重。之所以雨伞的需求量增加，不是因为其价格上涨，而是因为是天气这一"其他因素"发生了变化，晴天变成雨天改变了人们的偏好。

对于吉芬商品的存在与否，学术界一直存在着争议。一些学者认为不存在吉芬商品，因为成为吉芬商品的条件同时存在只是逻辑上的一种可能性，但这一命题还需要严格证明。另一些学者则认为存在吉芬商品，但迄今为止尚未在现实世界中找到令人信服的吉芬商品。

（二）价格变动的收入效应与替代效应

一种物品的价格变动对该物品需求量的影响包含两种效应：收入效应与替代效应。为了说明这两种效应，我们考虑当牛奶价格不变而馒头价格下降时消费者的反应。

先来看价格变动的收入效应。假如馒头价格下降了，在名义收入不变的条件下，你的实际收入增加了。比如你月收入为1 000元，馒头2元一个，你的实际收入是500个馒头；馒头1元一个，你的实际收入是1 000个馒头。商品相对价格变动改变的是人们的实际收入。由价格变动引起实际收入变动，进而由实际收入变动引起需求量的变动称为**收入效应**（income effect）。如果馒头和牛奶是正常物品，馒头价格下降，实际收入增加，你对馒头和牛奶的购买量增加了。所以，正常物品的收入效应为正，降价（涨价）收入效应表现为消费者增加（减少）对该物品的购买量。

再来看价格变动的替代效应。仍然考虑馒头和牛奶的例子，假如馒头价格下降了，这意味着牛奶的价格相对上升，理性的你会少买牛奶多买馒头，用馒头替代牛奶，因为馒头降价并没有使你的实际收入增加。在实际收入不变的条件下，由商品价格变动引起的商品相对价格变动，进而引起的商品需求量的变动称为**替代效应**（substitution effects）。也就是说，替代效应是指当某种商品价格变化时，消费者倾向于多购买变得相对便宜的商品，少购买变得相对昂贵的商品。所以，替代效应是负的，当一种物品的价格下降（上升），替代效应总是表现为该物品需求量的增加（减少）。

我们可用图3-16说明这一点。当馒头价格下降时，预算线AB以纵轴A点为轴心逆时针旋转到AC的位置，最优选择点由原先的E_1变为E_3，此时馒头的需求量由Q_1增加到Q_3，所增加的需求量Q_1Q_3是价格变动的结果，被称为总效应。

进一步分析，我们将看到增加的需求量是收入效应和替代效应共同作用的结果。如图3-16所示，我们先作一条虚拟的预算线DF（表示当商品价格下降时，消费者的实际收入不变，即消费者仍然维持在原有无差异曲线的效用水平）。DF与原来的无差异曲线U_1相切，同时又与新的预算线AC平行。接下来可把预算线的变化分为两个步骤：

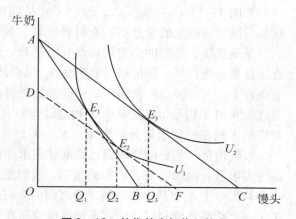

图3-16　替代效应与收入效应

首先，馒头价格下降后，预算线发生了从AB到DF的变化，这一变化不反映实际收入变化，只反映商品相对价格的变化，所以预算线的斜率发生了变化。消费者均衡点沿着无差异曲线从E_1点移动到E_2点，E_2点是在新价格下保持和原价格相同效用水平的最优商品组合。E_1点与E_2点的横坐标之差，就是在实际收入不变的情况下，由馒头价格下降造成的馒头需求量的变化。可以看出，馒头价格下降使消费者对馒头的需求量由Q_1增加到Q_2，这就是替代效应。

其次，由于馒头价格下降使实际收入增加，预算线由DF向右平行移动到AC的位置，消费者均衡点会移动到更高位置的无差异曲线U_2，从E_2点移动到E_3点。虽然E_2点和E_3点在不同的无差异曲线上，但它们的斜率相同而效用水平发生变动。E_2点与E_3点的横坐标之差，就是在实际收入增加而商品相对价格不变的情况下，由馒头价格下降造成的馒头需求量的变化。可以看出，馒头价格下降，消费者的需求量由Q_2增加到Q_3，这就是收入效应。

馒头价格下降的总效应是收入效应与替代效应共同作用的结果。在图3-16中，收入效应和替代效应方向相同。馒头价格降价，收入效应和替代效应都表现为消费者增加了对馒头的需求量，这说明馒头是正常物品。由此推论，如果收入效应和替代效应方向相反，馒头价格降价，收入效应表现为消费者减少了对馒头的需求量，替代效应表现为消费者增加了对馒头的需求量，那么对应的商品就是我们提到的低档物品。

> 【即问即答】 画出啤酒和烤鸭的预算线和无差异曲线。说明当烤鸭价格上升时，预算线与消费者均衡点会发生什么变动。用图形把这种变动分为收入效应与替代效应。

四、推导需求曲线

以上我们说明了一个物品如果是正常物品，那么随着它的价格下降，消费者将会增加对它的需求量。这样我们可以构建出一个以价格为自变量，以需求量为因变量的个人需求函数，用图形表示，这个需求函数就是一条向右下方倾斜的需求曲线。

如图3-17（a）幅所示，假定Y物品的价格不变，随着X物品的价格连续下降，预算线围绕纵轴上的交点不断逆时针旋转，我们得出了对应X物品三个不同价格水平的三条预算线，得到的消费均衡点分别是E_1、E_2、E_3，它们分别代表不同的效用水平，连接这些点便得到一条价格-消费曲线（PCC），它是指在消费者偏好、收入和价格不变条件下，与一种商品价格变动相联系的消费者均衡点的轨迹。在本例中，价格-消费曲线反映当X物品价格变动时X物品最优需求量的变动情况。与该曲线E_1、E_2、E_3点对应的X物品的需求量分别为X_1、X_2、X_3。

根据价格-消费曲线我们可以推导需求曲线。在图3-17（b）幅，横轴代表X物品的需求量，纵轴代表X物品的价格。我们先在（a）幅中的价格-消费曲线上找出每一个均衡点上X物品价格与需求量之间的对应关系（价格隐含在各条预算线中）。然后把每一个价格数值和对应的需求量数值绘制在（b）幅的$P-Q$坐标图上，便可以得到单个消费者的需求曲线。如图3-17（a）幅所示，当X物品的价格为P_1时，X物品的需求量为X_1，于是可确定（b）幅$P-Q$坐标系中的E_1点，E_2和E_3点可用同样方法确定，连接这些点便得出一条向右下方倾斜的曲线，从该曲线可以直观地看到X物品的

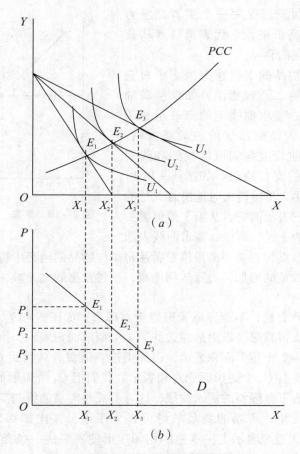

图 3-17 推导需求曲线

价格与需求量的对应关系,这就是 X 物品的需求曲线。它反映了消费者在各个不同价格下最优选择变动的轨迹。需求曲线向右下方倾斜,这是由消费者的选择决定的,消费者行为理论为解释单个消费者的需求曲线提供了一个理论依据。

第四节 消费者剩余

消费者之所以购买某种商品,一定是因为该商品能够满足他的某种欲望,否则理性的消费者不会让这种购买行为发生。我们把消费者从商品购买中得到利益称为消费者剩余。

一、边际效用、支付意愿和需求曲线

第一节解释了边际效用的概念,它是指消费者每增加一单位某种物品消费所增加的满足感。一个买者从某种物品的消费中得到多大的边际效用,可用他的支付意愿来衡

量。如前所述,支付意愿是每一个买者愿意为某种物品支付的最高价格,它代表消费者从某种物品的消费中得到的利益。

消费者对一种物品的支付意愿决定了对它的需求量。我们在第二章曾指出,如果从横轴出发理解需求曲线,需求曲线上的点表示每一数量下消费者愿意为该商品支付的最高价格。也就是说,从需求曲线上我们可以找到和购买量相对应的消费者的支付意愿。如图3-18所示,当消费者购买第3单位馒头时他愿意支付的最高价格为3元,它表示消费者从第3单位馒头中得到的边际效用为3元。所以,需求曲线表示

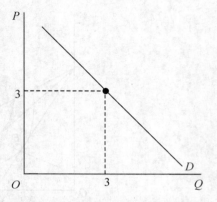

图3-18 需求、支付意愿与边际效用

消费者的支付意愿。支付意愿则衡量消费者从每单位物品的消费中得到的边际效用。随着消费者购买物品数量的增加,边际效用递减,支付意愿随之递减,表现为需求曲线向右下方倾斜。

假设商品为离散变量,不能分成无穷数量。那么,如图3-19(a)所示,消费者对第一单位商品的支付意愿可以由最左边的第1个矩形面积表示,第2单位商品的支付意愿可由最左边的第2个矩形面积表示,以此类推。消费者从购买Q_0单位商品中得到的总利益可用从左至右Q_0个矩形面积之和表示。我们把Q_0个矩形面积的顶端连起来,便得出阶梯状的向右下方倾斜的需求曲线,这可看成是需求曲线的离散化形式。

若商品是连续变量,市场的商品数量可以无限细分,比如0.5单位、0.1单位、0.01单位。那么,无数个表示支付意愿的相邻矩形便狭窄成一条条线,无数条线的顶端连起来,需求曲线表现为一条平滑的向右下方倾斜的直线,这是需求曲线的连续形式。图3-19(b)幅的阴影部分表示消费者从购买Q_0单位商品中得到的总利益。

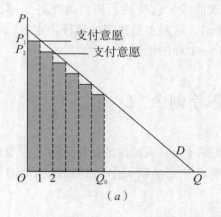
(a)

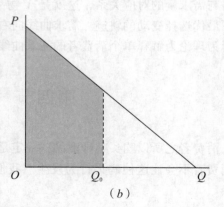
(b)

图3-19 支付意愿与需求曲线

二、消费者剩余与需求曲线

现实生活中，人们购买商品时并不总是按照支付愿意付费。我们买东西的时候经常讨价还价，结果常常是按照低于支付意愿的市场价格购买到商品，因此得到了**消费者剩余**（consumer surplus）。消费者剩余，是指消费者愿意支付的价格和实际支付价格的差额。它衡量的是消费者参与市场交易得到的净利益。

如图 3-20 所示，以馒头为例。（a）幅表示个人的消费者剩余。个人对馒头的购买是离散的，需求曲线表现为阶梯状。在馒头价格大于 10 元时，消费者不愿购买。在每个 10 元时，买 1 个馒头；在每个 9 元时，买 2 个馒头。假定馒头的市场价格为每个 5 元，这样，消费者从第 1 个馒头中得到的消费者剩余为 5 元（=10-5），即图 3-20（a）幅左侧第一个矩形的上半部分（深色阴影部分）。买第 2 个馒头时得到的消费者剩余略少一点，第 3 个又少一点，直到买第 6 个馒头时没有消费者剩余。如前所述，需求曲线表示消费者的支付意愿。那么，在阶梯状的需求曲线以下、市场价格以上的面积（全部深色阴影部分），就是消费者从 6 个馒头购买中所得到的全部消费者剩余。这刚好是消费者对 6 个馒头的支付意愿减去消费者实际支付价格的差额。

图 3-20（b）幅为市场消费者剩余。需求曲线为一条平滑地向右下方倾斜的直线，全部阴影部分的梯形面积代表消费者的支付意愿，浅色阴影的矩形面积代表消费者的实际支付量。需求曲线以下市场价格线以上的深色三角形面积就是市场的消费者剩余。

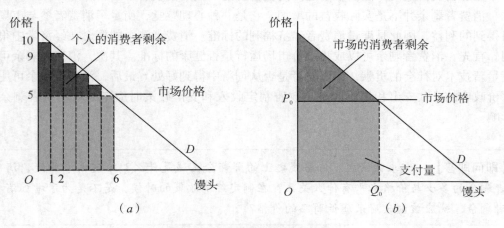

图 3-20　消费者剩余及其衡量

三、价格变动对消费者剩余的影响

图 3-21 表示价格变动时消费者剩余的变化。在（a）幅中，价格为 P_1，需求量为 Q_1，消费者剩余为需求曲线与市场价格 P_1 之间的三角形阴影面积。（b）幅显示，当价格从 P_1 下降到 P_2 时，需求量从 Q_1 增加到 Q_2，消费者剩余为需求曲线与市场价格 P_2 之间的三角形面积（A+B+C）。因此，价格下降会增加消费者剩余。在新增的消费者剩余中，浅色阴影部分的矩形面积 B 表示原来的消费者因价格下降而增加的消费者剩

余。深色的三角形面积 C 表示降价后新进入市场的消费者购买商品得到的消费者剩余。

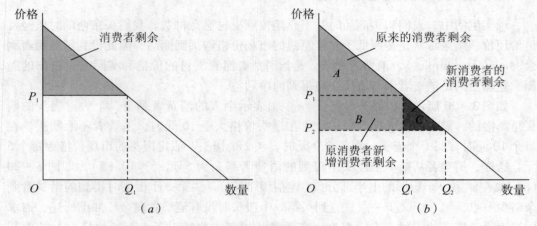

图 3-21 消费者剩余的变化

显然，价格下降增加了所有消费者的利益。在市场经济中，企业之间竞争的本质，就是为消费者创造剩余的竞争。谁给消费者带来的消费者剩余多，谁就能获胜。也就是说，企业要获利，前提是要给消费者带来利益，这可以解释为什么企业必须不断创新，生产更加物美价廉的产品。市场经济的受益者是广大的消费者。

消费者剩余并不是实际收益的增加，它是一种心理感觉，衡量了消费者参与市场交易得到的利益，因此是度量消费者经济福利的标准。消费者剩余的概念在经济学中很有用。首先，消费者剩余可以成为评价市场运行是否健康的标准。其次，消费者剩余可以度量新技术对社会的贡献，即消费者是否从创新中得到好处。最后，消费者剩余可用来评价政府的公共支出和税收政策。政府制定收入和支出政策时应考虑对消费者剩余的影响。

【即问即答】 需求曲线之下价格线之上的那部分区域是什么？给定需求曲线，消费者剩余的多少与价格水平有什么关系？在制定经济政策的时候，是不是为了增加消费者剩余，就应该由政府来压低商品的价格？

本章要点

（1）效用是消费者从某种物品的消费中得到的满足感。可用消费者的支付意愿衡量效用的大小。支付意愿是指买者愿意为某种物品付出的最高价格，它代表了消费者从该物品的消费中得到的利益。

（2）边际效用是指消费者每变动一单位某种物品消费量所引起的总效用的变动量。假定其他商品的消费量保持不变，则消费者从连续消费某一商品中得到的满足程度是递减的，这就是边际效用递减规律。

（3）消费者的无差异曲线代表其偏好。无差异曲线表示给消费者带来相同效用的各种物品组合。消费者对位置越高的无差异曲线有更大的偏好。无差异曲线上任一点的斜率是边际替代率——消费者愿用一种物品交换另一种物品的比率。

（4）预算线表示消费者的预算约束。它是在收入和价格既定时消费者可以买到的两种商品不同组合的连线。预算线的斜率为商品的相对价格。

（5）消费者选择无差异曲线和预算线的切点来实现最优化。在这一点上，无差异曲线的斜率（商品之间的边际替代率）等于预算线的斜率（商品的相对价格）。或者说，消费者的最优选择是：每元货币支出无论用于何种商品的消费，得到的边际效用相等。

（6）消费品的最优组合随着消费者的偏好、收入和价格的变化而变化。

（7）价格变动对消费者选择的影响可分解为收入效应和替代效应。收入效应是指由价格变动所引起的消费者实际收入的变动，进而引起商品需求量的变动；替代效应是指由价格变动引起商品的相对价格变动，进而引起商品需求量的变动。收入效应表现为无差异曲线位置的移动，替代效应表现为沿着无差异曲线点的移动。

（8）消费者选择理论解释了为什么需求曲线向右下方倾斜。

（9）消费者剩余是指买者愿意支付的价格和实际支付价格的差额。它衡量消费者参与市场交易得到的净利益。用图形表示，需求曲线以下市场价格线以上的面积就是消费者剩余。

重要概念

效用　支付意愿　总效用　边际效用　边际效用递减规律　偏好　无差异曲线　边际替代率　预算线　消费者均衡　恩格尔曲线　收入效应　替代效应　吉芬商品　消费者剩余

思考与练习

（1）钻石用处极小而价格昂贵，生命必不可少的水却非常便宜。请用边际效用的概念给予解释。

（2）边际效用递减规律表明，每增加一单位商品的消费，该商品对消费者的效用是递减的。那么，假设用4个鸡蛋烤制1个蛋糕，在这种情况下，第一个、第二个和第三个鸡蛋的边际效用没有第四个鸡蛋的大，因为有了第四个鸡蛋，才能做成蛋糕。第四个鸡蛋的效用大于前三个鸡蛋的效用，因为没有它，蛋糕就不能做好。你怎么使这种情况与边际效用递减规律相吻合呢？

（3）某消费者的收入为3 000元。一盒牛奶3元，一个鸡蛋饼6元。

A. 画出该消费者的预算线，其斜率是多少？画出消费者对牛奶和鸡蛋饼的无差异曲线，说明无差异曲线的四个特点。

B. 选出无差异曲线上的一点，说明边际替代率。边际替代率告诉我们什么？

C. 说明消费者的最优选择。在最优点，边际替代率是多少？

D. 如果消费者的收入由3 000元增加到4 000元。说明如果牛奶和鸡蛋饼是正常物品，会发生什么变动。再说明如果鸡蛋饼是低档物品，则会发生什么变动。

E. 鸡蛋饼价格上升有可能使消费者购买更多鸡蛋饼吗？请解释之。

（4）"当所有物品的边际效用完全相等时效用达到最大"这种说法对吗？如果对，请解释你的理由；如果错，请你纠正这句话并解释你的理由。

（5）假设矿泉水的边际效用是15，价格是1元。包子的边际效用是20，价格是2元。如果你每种商品都买了一单位，你会达到消费者均衡吗？如果不会，如何才能获得更大的总效用？

（6）某消费者把收入用于 X 和 Y 两种物品的购买，$P_X = 2$ 元，$P_Y = 1$ 元。用于最后一单位 X 物品的收入的边际效用为 20，用于最后一单位 Y 物品收入的边际效用为 16。

A. 为什么消费者没有实现均衡？

B. 应增加哪一种物品，减少哪一种物品？为什么？

（7）假设消费者在预算线的某一点消费，但这点不是其与无差异曲线的切点。解释为什么在该点没有达到效用最大化。

（8）房价的上升对市场上的住房需求会产生怎样的影响？其中收入效应和替代效应分别是什么？

（9）下表给出了刘太太对服装的支付意愿。

衣服数量（件）	支付意愿（元）
1	35
2	60
3	80
4	97
5	112
6	126

A. 计算刘太太消费衣服的边际效用。

B. 画出刘太太对衣服的个人需求曲线。

C. 假设一件衣服的价格为17元，那么刘太太将会消费多少？她的消费者剩余是多少？请分别用图形和数字的方式回答。

（10）假设老张对助听器的支付意愿为6 000元1副，6 400元2副。6 600元3副，6 700元4副。画出老张对助听器的需求曲线。如果1副助听器的价格为500元，那么老张会买几副助听器呢？老张的消费者剩余是多少？请画图表示。现在假设技术进步使助听器的价格下降到150元1副，那么老张会买几副助听器？新的消费者剩余又是多少？

（11）假如某消费者月收入为5 400元，所消费的两种商品价格分别为 $P_1 = 20$ 元，$P_2 = 30$ 元，该消费者的效用函数为 $U = 3X_1X_2^2$，试求消费者每月购买这两种商品的数量各为多少？

（12）某人的收入是 120 元/天，他把每天的收入花在 X、Y 两种商品上。其效用函数为 $U = XY$。X 的价格为每单位 2 元，Y 的价格为每单位 3 元。问：

A. 每天买商品 X、Y 各多少才能使其获得的效用最大？

B. 如果 X 的价格上涨 44%，Y 的价格不变，他的收入必须增加多少才能维持起初的效用水平？

第四章 生产者行为

在产品市场上，消费者为买方，代表市场需求；生产者为卖方，代表市场供给。我们在分析了需求曲线背后的消费者决策之后，本章讨论供给曲线背后的企业行为。首先分析生产技术问题，包括短期生产和长期生产的技术特征。在此基础上，考虑生产的经济问题，说明面对既定的产出，生产者如何选择最优的要素组合实现生产成本的最小化。

第一节 生产技术

在经济学中，生产者也称企业、厂商或公司，是指生产物品和劳务的组织。本节我们暂时离开市场，把注意力放在生产领域。所有的生产活动都是把一定的投入要素转换为产出的过程。因此，生产的一个基本问题是生产某种产品需要投入多少要素。比如，裁剪一件衬衣，可以使用 2 米布，也可以使用 1.8 米布。那么，生产一件产品需要的最少投入要素是多少？企业进行生产必须考虑生产的技术问题，因为生产技术决定成本，进而会影响到利润水平。而生产技术可以抽象为投入与产出的关系，所以，我们首先引入生产函数的概念。

一、生产函数

（一）生产函数的概念

对于一个生产者而言，他要生产某种数量的产品，可以选择的要素投入组合并非是固定的。企业生产物品或劳务所需要的全部投入品被称之为生产要素，它是指能够用来生产物品或劳务的资源，通常被划分为劳动、土地、资本和企业家才能。**生产函数**（production function）是指在一定技术条件下，生产中所使用的各种投入要素的数量与所能生产的最大产量之间的关系。它反映了企业生产任何一种物品所受到的限制。比如，一个缝衣工使用一台缝纫机一天最多缝制 16 件衬衣，使用一台缝纫机和一名助手（帮助接活儿）一天可以缝制的衬衣多达 23 件。如果缝衣工偷懒，或者缝纫机不好用，每天的产量就会低于 16 件或 23 件，在这种情况下，缝衣店就没有充分利用稀缺资源，其生产缺乏效率。因此，只有在既定要素投入的各种组合所能生产的产量达到最大，才是最有效率的。

为了分析的简便，我们用劳动和资本代表生产产品所需要的全部生产要素。L 代表劳动投入量，K 代表资本投入量，Q 表示所能生产的最大产量，f 表示投入与产出之间的函数关系，则生产函数写为：

$$Q = f(L, K)$$

其经济含义是：在既定的技术条件下，劳动和资本的投入量与产出量之间具有对应关系。也就是说，生产函数反映的是产量 Q 如何随着要素投入量的变化而变化。不同的企业有各自的生产函数，生产函数不仅与技术水平有关，还受到企业管理制度和外部环境的影响，这可以解释为什么同样的要素投入量在不同的企业生产出不同的产量。

（二）短期生产和长期生产

根据生产函数，企业虽然可以调整生产要素投入量改变产量，但是不同的生产要素，调整需要的周期是不同的。比如，如果一家企业突然接到一笔紧急订单，企业来不及调整厂房、设备的投入，只能靠增加劳动投入，让工人加班加点赶出产品。如果企业预期在未来若干年内产量翻一番，那么，企业就会有充足的时间考虑扩大厂房和增加设备。

因此经济学有一个短期生产和长期生产之分。

所谓**短期**，是指至少有一种生产要素无法随着产量的变动而改变的时间跨度。相应的，在短期内，各种要素投入可以区分为固定投入和可变投入。对大多数企业来说，短期内，厂房、设备、技术和管理组织都是固定不变的，短期内企业无法调整的要素投入称为固定投入。对一个发电厂来说，厂房、发电机、电脑和控制系统是固定投入。对一家餐馆来说，固定投入是建筑物、厨房设备和餐桌椅。短期内企业可以调整的要素投入称为可变投入。例如，短期中为了生产更多的产品，发电厂必须让工人加班加点使发电机每天不停地运转。餐馆必须投入更多的劳动，使建筑物、厨房设备和餐桌椅子每天使用更长的时间。劳动、原材料、燃料等都是可变投入。

所谓**长期**，是指全部生产要素都可以随着产量的变动而改变的时期跨度。也就是说，长期中企业可以改变厂房、设备、技术和管理组织。比如，为了增加产量，企业可以考虑是更多地增加设备还是更多地增加劳动，也可以根据经营状况，考虑是缩小还是扩大生产规模，或者是进入还是退出一个行业的生产。由于长期内所有的生产要素都是可变的，因此长期中企业没有固定投入和可变投入的区分。

可见，短期和长期的划分不是指一个年月日的时间跨度，而是指企业能否调整全部生产要素。不同的行业，短期和长期的时间长度不同。例如，对一个牙科诊所来说，购买新的钻孔机并卖掉自己的旧设备，或者找一个更大的营业场所，需要花费半年的时间，半年是牙科诊所的长期。而对一个钢铁公司来说，购买安装新设备，扩建厂房可能需要 3 年的时间。因此，3 年就是钢铁公司的长期。

如上所述，生产函数是技术性的，下面我们首先考察短期生产技术，假定只有一种要素投入可变的情况。然后，我们放宽假定，讨论长期生产技术，即长期中多种要素投入可变的情况。每一步的目的是引入一些基本概念，分析企业的经济行为。

二、短期生产函数

在只包含劳动和资本两种投入要素的生产函数 $Q = f(L, K)$ 中，资本是固定的，只有劳动可变,因此就有了一种投入要素可变的**短期生产函数**,其表达式为:$Q = f(L)$,它反映了资本固定不变时,一种劳动要素投入与产出量之间的依存关系。比如,你经营一家印刷厂,短期内印刷机是固定的,但印刷工人的数量可以变动。你为了增加产量,必须对增加多少工人进行决策。我们可用三个产量概念来说明一种劳动要素可变的短期生产函数。

(一) 总产量、平均产量和边际产量

表4-1显示了短期中印刷厂的产量与所雇用劳动量之间的关系。表的第一栏表示劳动投入量的变化,后面的三栏给出了总产量、平均产量和边际产量的一些数据。

表4-1 印刷厂劳动投入量与产出量的关系

劳动投入量(天)(L)	总产量(件)(TP_L)	平均产量(件)(AP_L)	边际产量(件)(MP_L)
0	0	0	0
1	8	8	8
2	20	10	12
3	36	12	16
4	48	12	12
5	55	11	7
6	60	10	5
7	60	8.6	0
8	56	7	-4

总产量(total product,TP),是指单一可变要素投入量所生产的产量。表4-1显示,当有1个工人时,总产量是8件印刷品;当有2个工人时,总产量为20。所以,总量就是总数。劳动的总产量的表达式为:

$$TP_L = f(L)$$

平均产量(average product,AP),是指平均每一单位可变要素投入所带来的产量。它等于总产量除以要素投入量。在表4-1中,2个工人的平均产量是10件印刷品,可用每天20件印刷品除以2个工人得出。劳动的平均产量表示为:

$$AP_L = \frac{TP_L}{L}$$

边际产量（marginal product，MP），是指每增加一单位的要素投入所增加的产量。在表4-1中，当印刷工人从1个增加到2个时，印刷品的总产量从8件增加到20件。因此，第2个工人的边际产量是12件印刷品。同样，当印刷工人从2个增加到3个时，印刷品的总产量从20件增加到36件。因此，第3个工人的边际产量是16件印刷品。在该例中，边际产量代表每增加一个劳动投入所带来的产量的变动。劳动的边际产量表示为：

$$MP_L = \frac{\Delta TP_L}{\Delta L}$$

或

$$MP_L = \frac{dTP_L}{dL}$$

根据表4-1中的数据可画出产量曲线，图4-1是用图形表示的短期生产函数，横轴L表示劳动投入量，纵轴Q表示产出量。（a）幅给出了总产量曲线（TP_L）。可以看出，随着印刷工人投入量从0增加到1、2和3时，总产量以递增的速度增加。到达拐点B以后，随着印刷工人投入量的继续增加，总产量以递减的速度增加。当印刷工人投入量增加到第7个时，印刷品的总产量达到最大，为60单位。此后，总产量开始逐渐降低，这是因为印刷机固定不变，劳动投入过多会造成人浮于事，导致生产率下降。（b）幅给出了平均产量曲线（AP_L）和边际产量曲线（MP_L）。我们看到，平均产量随着劳动投入的增加而增加，达到最高点E后不断下降。边际产量从几何意义上看是总产量曲线上任何一点切线的斜率。总产量在达到最大值之前，其切线的斜率为正且递增。在总产量的最大值，即（a）幅的"山顶"，斜率为零。过最高点之后，切线的斜率为负。因此，相应的边际产量表现为先上升而后下降最终变为负值的变动趋势。

综上所述，我们从以下方面分析总产量、平均产量和边际产量的关系。

首先，看总产量与边际产量之间的关系。可以看出，总产量曲线和边际产量曲线存在这样的对应关系：当总产量曲线上升时，边际产量为正值；当总产量曲线达到最大值，边际产量为零；当总产量曲线下降时，边际产量为负值。产生这种结果毫不奇怪，如上所述，总产量曲线各点切线的斜率是边际产量，也就是说，边际产量是总产量的一阶导数，边际产量恰好就是总产量的变动率。举例来说，假如本学期你考5门功课，总分为400（总分即是总量）。其中，第5门功课的考试成绩为90分，这是边际成绩，为正值，这使你的总分增加到400，也就是边际量为正时，总量增加。如果第5门功课由于某种原因校方允许你免考，这导致你的总分减少，也就是边际量为负时，总量减少。

其次，再看平均产量和边际产量之间的关系。平均产量和边际产量都是先上升而后下降的变动趋势。但是边际产量上升与下降的速率大于平均产量上升与下降的速率。因

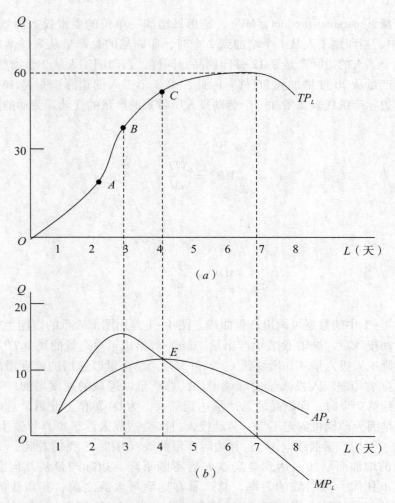

图 4-1 一种可变投入的生产函数

此,从图形上看,当平均产量上升时,边际产量大于平均产量;当平均产量下降时,边际产量小于平均产量;恰好在平均产量的最大值,边际产量等于平均产量。因此,边际产量曲线和平均产量曲线在平均产量曲线的最高点相交。产生这一结果是由边际产量与平均产量的含义决定的。只要增加 1 单位劳动投入所增加的产量大于平均产量,边际产量就会把平均产量往上抬;如果增加 1 单位劳动投入所增加的产量小于平均产量,边际产量就会把平均产量往下拉。举例来说,平均产量就像你的平均成绩,边际产量就像你下一门课将得到的成绩,如果你下一门课的成绩低于你的平均成绩,你的平均成绩就会下降;反之,如果下一门课的成绩高于你的平均成绩,你的平均成绩就会上升。

(二)边际报酬递减规律

由表 4-1 和图 4-1 可以看出,在印刷机、厂房等其他要素投入不变的情况下,随着印刷工人劳动投入的增加,每单位新增劳动所增加的边际产量表现出先上升而后下降的变动趋势，这被称为**边际报酬递减规律**（law of diminishing marginal production）。边际报酬递减规律可以表述为：在技术水平不变的条件下，连续增加某一生产要素的投入量，边际产量将会递减。以印刷品的生产为例，假设印刷厂只有四台印刷机，开始当只雇佣较少工人时，印刷机的效率逐渐得到充分发挥，边际产量递增。随着印刷工人劳动投入的增加，增加的工人与别人共同使用设备，而且在较为狭窄的空间工作，每个增加的工人对产量的贡献越来越少。比如，当雇用第5个工人时，这个工人可以做一些包装、搬运等辅助性工作，总产量会增加，但产量的增加没有雇用第4个工人时那么多。如果继续增加工人数量，劳动和资本的比例严重失调，设备的运行到了极限，专业化和分工所带来的利益得到充分利用，三个人的活儿五个人干，边际产量就会下降，甚至成为负值。

边际报酬递减规律说明一个道理，在给定的技术水平下，各种要素投入量之间有一个最优的组合比例。开始时，由于不变要素投入量既定，可变要素投入量为零，要素的组合比例远远没有达到最优状态，这时增加可变要素的投入量，使得要素组合比例逐渐接近于最优组合，边际产量呈现出递增趋势。一旦要素组合比例达到最优状态，边际产量便达到最大。在这一点之后，继续增加可变要素的投入量，要素组合比例开始偏离最优比例，过多的生产要素闲置着对增加产量不起什么作用，甚至会妨碍生产，边际产量便呈现出递减趋势。

边际报酬递减规律是一个普遍规律。它来自于人们对事实的观察，从来没有被任何事实所否定。可用反证法证明"边际报酬递减规律"是真理：如果这规律不成立，则人们可以在一个花盆里种出全世界人口所需要的粮食！这显然是荒谬的。花盆的大小局限了土壤这种生产要素的数量，不断地往花盆里浇水、施肥，一开始可以使粮食的总产量上升，但水浇得太多会把植物淹死；施肥太多，会把植物烧死，非但不能增产反而会减产，甚至颗粒无收。事实上，如果没有"边际报酬递减规律"，那么，生产者会选择无穷无尽地扩大生产，显然这样的情况我们从来没有在真实世界里见到过，这也证明了此规律是一条铁律。生活有许多例子可以用来说明边际报酬递减规律。比如，你会发现，一天中学习经济学的第1个小时收获最大——掌握了新的定理及其推导，增长了新的见识和体会。第2个小时中你可能会稍有些走神，学到的东西会少一点。而在第3个小时中，边际报酬递减规律的作用更明显，以至于在隔天后，你根本想不起第3小时学了些什么。所以，边际报酬递减规律说明我们应当合理分配学习时间，而不是考试前一天临时抱佛脚。

知识拓展

马尔萨斯与边际报酬递减规律

200多年以前，英国经济学家马尔萨斯（1766—1834年）提出了一个著名的观点：由于边际生产率递减法则的作用，随着人口增多，人均粮食产量会越来越少，人类永远只能生活在生存线上，生活水平不可能提高。这被称为马尔萨斯陷阱。

马尔萨斯的理论基本上适用于马尔萨斯之前的时代。那时西方国家处在工业化初期，尚未出现可以替代耕地的农业技术，还不能大幅度提高单位耕地面积的产量，也不能克服人多地少的经济中粮食生产出现边际产量递减的问题。因此，在没有出现农业技术进步和人口增加、人均占有土地面积下降的条件下，马尔萨斯的理论对经济运行的矛盾具有一定的解释力。

但是马尔萨斯的理论不适用于马尔萨斯之后的时代。事实上，过去200多年不仅是世界人口增长最快的时期（世界人口1800年不到10亿人，2018年达到74亿人），也是人类生活水平改善最快的时期（人均GDP从1750年的180国际元增加到2016年的大约10 000国际元）。为什么马尔萨斯的悲观预测没有出现？因为经济不仅受边际生产率递减法则的支配，也受技术进步的支配。如果技术进步速度足够快，边际生产率递减法则就不会表现为人均产出的减少，因为技术进步可以提高边际生产率。这正是过去200年发生的情况。我们看到由于农业科学技术的突飞猛进，改变了许多国家（包括发展中国家，如印度）的食物的生产方式，与马尔萨斯生活时代的情况相比发生了根本性的变化，这些进步包括高产抗病的良种，更高效的化肥，更先进的收割机械，电力、生物技术，等等。这些现代技术和要素投入极大地提高了农业劳动生产率，使世界上的食物生产增长率总是或多或少地高于同期人口增长率。反过来说，如果没有技术进步或技术进步速度不够快，人类就会陷入马尔萨斯陷阱。事实上，一些世界国家至今仍然生活在马尔萨斯陷阱中。

资料来源：根据文献资料整理。

三、长期生产函数

前面我们讨论了短期生产函数，分析一种劳动要素的投入和产出之间的关系。现在讨论所有投入要素都可以改变的情况，这是长期生产分析。

（一）长期生产函数

长期来看，所有投入要素都是可以改变的。为了分析的简便，在生产理论中，通常用只包含劳动和资本两种投入要素的生产函数来考察所有投入要素都可以变动的长期生产问题。因此，如果 L 代表劳动，K 代表资本，Q 为产量。**长期生产函数**的表达式为：

$$Q = f(L, K)$$

上式表示，在技术水平不变的条件下所有要素投入组合和产量之间的技术关系。这里用劳动和资本代表企业生产产品所需要的全部投入要素。资本在物质形态上表现为厂房、设备、原材料等，但在价值形态上资本表现为货币形态，因为物质形态的资本是在市场上用货币形态的资本购买或租赁得到。劳动是指劳动者的体力、智力和知识。劳动和资本结合起来才能生产出产品。一般来说，生产产品的投入要素可以互相替代。也就是说，生产相同数量的产品，可以使用不同的要素组合来生产，可以多用劳动，少用资本，也可以少用劳动，多用资本。当企业选择用一种要素替代另一种要素时，通常意味着企业选择不同技术水平的生产方法，比如用资本密集型生产技术替代劳动密集型生产技术。为了说明不同要素投入的替代性，我们先来解释描述长期生产技术的等产量曲线。

（二）等产量曲线

1．等产量线的含义

表 4-2 给出了企业生产一定产量可以选择的不同投入要素组合。从表中可以看出，劳动和资本的不同组合可以生产出相同的产量。例如，劳动与资本的四种组合，如（1，7）、（2，5）、（5，2）、（7，1）每天都可以生产 29 单位产量。随着劳动投入的增加，要保持相同的产量，资本的投入就要相应减少，二者存在此消彼长的关系。我们把生产相同产量的所有不同要素投入组合用图形表示，可以得到等产量曲线。

表 4-2 劳动和资本的投入组合所生产的产量（天）

资本＼劳动	1	2	3	4	5	6	7
1	4	9	15	20	24	27	29
2	9	14	20	25	29	31	33
3	15	19	26	31	34	37	39
4	20	25	31	35	38	41	44
5	24	29	34	38	42	45	47
6	27	32	37	41	45	47	49
7	29	33	39	47	47	49	51

如图 4-2 所示，横轴表示劳动（L）的投入数量，纵轴表示资本（K）的投入数量。图中 A、B、C、D 点表示生产 29 单位产量的两种要素投入的组合。把这些点连起来便形成一条**等产量曲线**（isoquant），它表示在技术水平不变的条件下，生产相同产量的两种要素投入量的所有不同组合的连线。这条曲线类似于消费者行为理论中的无差异曲线。不同的是，无差异曲线给出的是相同的效用水平，等产量曲线给出的是相同的产量水平。资本与劳动的可替代程度是由技术决定的，与要素价格无关。

2．等产量曲线的特点

与无差异曲线相似，等产量曲线具有如下特征：

第一，等产量曲线向右下方倾斜，其斜率为负值。这是因为，保持产量不变，增加一种要素的投入量，就必须减少另一种要素的投入量，才有可能构成一条等产量线。既然一种要素增，另一种要素减，则这条曲线的斜率是负的。

第二，位置越高的等产量曲线代表的产量水平越大。图4-2给出对应三种产量水平的三条等产量曲线，其中越往右边的等产量曲线代表越高的产量水平，即 $Q_1 < Q_2 < Q_3$。因为要生产更多的产量，就必须投入更多的劳动和资本。

第三，两条等产量曲线不能相交。因为在交点上两条等产量线代表了相同的产量水平，这与等产量曲线的第二个特点相矛盾。

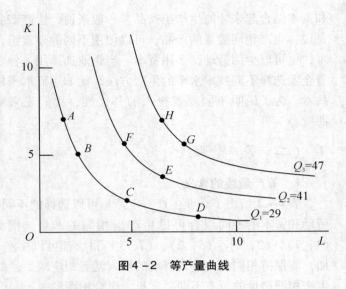

图4-2　等产量曲线

第四，等产量曲线凸向原点。这是由边际技术替代率递减规律决定的。

3．边际技术替代率

我们知道，等产量曲线体现的是不同投入要素之间的替代性。研究要素之间相互替代关系的一个重要概念是**边际技术替代率**（marginal rate technical substitution）。边际技术替代率是指在保持相同产量水平时，增加一单位某种要素的投入可以替代的另一种要素的投入量。也就是说，沿着等产量曲线，每单位劳动可替代的资本投入就是边际技术替代率。以 ΔL 代表劳动的变动量，以 ΔK 代表资本的变动量，用 $MRTS$ 表示边际技术替代率，劳动对资本的边际技术替代率可表示为：

$$MRTS_{LK} = -\frac{\Delta K}{\Delta L}$$

如图4-2所示，A 组合和 B 组合代表的产量水平都一样。从 A 组合到 B 组合，为保持 Q_1（=29）的产量不变，劳动投入增加1个单位，资本投入必须减少2个单位。那么，劳动对资本的边际技术替代率为2。

如果我们继续沿着等产量曲线向右下方移动，连续、等量地增加劳动要素的投入量，保持总产量不变，资本要素投入量的减少是递减的。如图4-3所示。横轴 L 代表劳动的投入量，纵轴 K 代表资本的投入量。在保持总产量不变的前提下，劳动和资本两种投入要素沿着既定的等产量曲线由 a 点顺次运动到 b、c、d 点的过程中，劳动的投入等量增加，而相应的资本投入量的减少量递减，劳动对资本的边际技术替代率由2下降到1，再下降到2/3，再下降到1/3，这就是**边际技术替代率递减**。它是指在保持相同产量水平时，当一种要素的投入量不断增加时，每一单位的这种要素所能替代的另一种生产要素的数量是递减的。

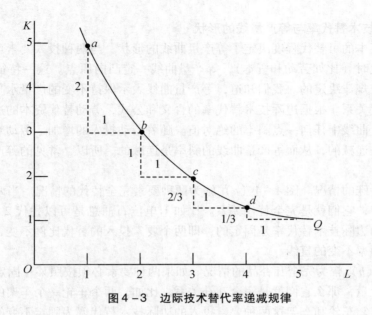

图 4-3　边际技术替代率递减规律

边际技术替代率递减的原因，与边际报酬递减规律的作用有关。从劳动替代资本的情况看，由于等产量曲线上各点的产量水平是相等的，因此，增加劳动所增加的产量与减少资本所减少的产量必须相等，用公式可表示为：

$$\Delta L \cdot MP_L = -\Delta K \cdot MP_K$$

或

$$-\frac{\Delta K}{\Delta L} = \frac{MP_L}{MP_K}$$

则边际技术替代率可以写成：

$$MRTS_{LK} = \frac{MP_L}{MP_K}$$

上式表明，边际技术替代率取决于两种要素投入的边际产量之比。在劳动投入量很少资本投入量很多的情况下，保持总产量不变，增加一单位劳动投入量需要减少较多的资本投入量。由于边际报酬递减规律的作用，随着劳动投入量的增加，它的边际产量在递减；随着资本投入量的减少，它的边际产量在递增。这意味着，维持原来的产量水平，增加 1 单位劳动投入所必须放弃的资本投入是递减的，即 MP_L/MP_K 的比值越来越小，用劳动替代资本变得越来越困难。这就是边际技术替代率递减规律。

4. 边际技术替代率与等产量线的形状

劳动与资本的可替代程度决定了等产量曲线的形状。当两种投入要素可以替代，又不能完全替代时（比如劳动和资本），等产量曲线一定凸向原点。这一特征是由边际技术替代率递减规律决定的。我们知道，等产量曲线表示保持不变的产量水平，劳动与资本投入的替代关系。根据边际技术替代率的含义和公式，劳动替代资本的边际技术替代率就是等产量曲线上任何一点斜率的绝对值。随着劳动投入的增加，劳动对资本的边际技术替代率是递减的，从而等产量曲线的斜率是递减的。所以，常见的等产量线一定是凸向原点的。

有两种特殊的情况。图4-4（a）幅为两种要素完全替代的情况。当两种要素投入可以完全替代，它们就是完全替代关系。比如1单位石油总是可以替代2单位天然气，这两种要素的边际技术替代率是固定的，即两个要素投入的替代比例不变，则等产量曲线就是一条斜率不变的直线。

图4-4（b）幅为完全互补品的情况。如果两种要素必须按照某一固定比例投入生产才能增加产量，那么它们就是完全互补关系。比如，两个车轮一个车架的组合才能生产一辆自行车。车轮和车架这两种要素投入的边际技术替代率为固定不变的比例。企业只能按照固定比例同时增加两种要素的投入量，才能增加产量，这种情况下的等产量线为直角线。表示只有一种要素投入增加，另一种要素投入不变，则增加一种要素投入的边际产量为零。只有两种要素投入按照相同的比例增减，才会引起产量的变动。图4-4（b）幅中从原点出发的OR射线，表示了两种要素投入按照固定比例变动所带来的所有产量水平。

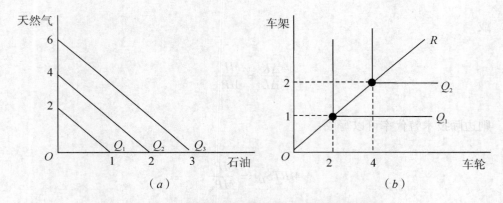

图4-4 完全替代品和完全互补品的等产量曲线

（三）规模报酬

现在我们考虑企业所有要素投入按照相同比例变动时产量的变动情况。企业同比例变动生产要素投入量的过程就是其生产规模的变动过程，我们把企业同比例变动所有要素投入量所引起的产量变动称为**规模报酬**（returns to scale）。只有在较长时间内，企业才能变动全部生产要素，因此，规模报酬分析属于长期生产理论。下面，我们依据各种要素投入同比例变动与产量变动之间关系的不同，把规模报酬类型的生产函数分为以下三种情形。

1. 规模报酬递增

如果企业所有要素投入增加1倍，那么，产量的增加大于1倍，这被称为**规模报酬递增**。如图4-5所示，每幅图中有三条等产量线，相邻的等产量线代表的产量水平相差10个单位，从原点做一条45°线，分别与等产量线相交与A、B、C点。（a）幅表明，从A点到C点，等产量线间距越来越小，表示增加每10单位产量所需要的要素投入增加比例越来越小，因而（a）幅为规模报酬递增的情形。

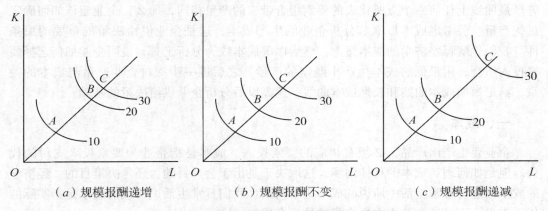

图4-5　用等产量线表示规模报酬的三种情形

在一些特殊的情况下，规模报酬递增现象得到物理学规律的支持。例如，把一根输油管的直径增加一倍，所需的材料也增加一倍，但是输油管的界面却扩大为原来的四倍，获得了规模报酬递增的效果。规模报酬递增的主要原因是生产规模扩大所带来的生产效率提高，当企业可以利用以前受规模限制无法使用的先进技术和设备，如大型高炉、更大功率的计算机，以及大规模的生产带来更为合理的专业化分工协作、批量的采购和销售，都可以降低成本。从而使产量增加的比例大于投入增加的比例，导致规模报酬递增。

2. 规模报酬不变

如果企业的所有要素投入增加一倍，那么，产量的增加正好一倍，这被称为**规模报酬不变**。比如，上海大众汽车公司新建立一条与原来相同的生产线，雇用工人的数量也增加了一倍，正好生产了比以前多一倍的汽车，产量的增加比例等于生产要素投入量的增加比例，这就是规模报酬不变。图4-5中（b）幅为规模报酬不变的情形，从A点到C点，等产量线的间距相等，表示每增加10单位产量所需要的投入要素的增加比例相同。

3. 规模报酬递减

如果所有要素投入增加1倍，那么，产量的增加小于1倍，这被称为**规模报酬递减**。如图4-5中（c）幅所示，从A点到C点，等产量线的间隔距离越来越大，表示每增加10个单位产量所要增加的要素投入比例越来越大，这是规模报酬递减的情形。

对规模报酬递减的解释通常是企业生产规模过大所产生的管理问题。比如，庞大的管理机构和复杂的管理层级容易滋生官僚主义，企业不易获取决策信息，缺乏灵活性，难以适应千变万化的市场，等等。

第二节 生产成本

在介绍了企业生产的技术问题之后，本节将讨论企业生产的经济问题。我们知道，等产量曲线上任何一个点所代表的要素组合带来的产量相同，那么，企业应该如何确定最优产量？要考虑成本！本节分析企业的生产成本，这是企业供给决策的重要约束条件。我们先解释经济学的成本概念，然后以等成本线为分析工具，说明企业如何选择要素投入组合，用最低的成本生产出既定的产量。之后进一步探讨企业产量与成本的关系，给出短期成本曲线和长期成本曲线，这是以后分析企业供给决策的基础。

一、成本

企业要生产出产品，必须有相应的要素投入。成本是指企业为要素投入支付的代价。但是如何理解成本的具体内涵，这取决于是出于会计目的，还是决策目的。经济学的成本概念与日常生活中所说的成本是不同的。我们日常生活里所说的成本是指实际的货币支出。而经济学的成本概念指的是机会成本。

（一）机会成本

回顾第一章的内容，资源的稀缺性是经济学产生的前提条件。由此出发，当一个企业使用一定的经济资源生产某种产品，这些资源就不能同时被使用在其他的生产用途。这意味着，企业生产该产品，是以放弃使用同样的资源生产其他产品所能获得的收入作为代价的。这个代价就是**机会成本**（opportunity cost）。机会成本是指一种资源用于某种用途时所放弃的其他用途中的最大收入。也就是说，是你放弃了其他机会，那些机会中收入最高的一项就是你的成本。经济学所说的成本，是指你做出一项选择时所放弃的最高收入。

举一个数字的例子。如表4-3所示，假设企业有100万元，现在有A、B两个项目选择，A项目的收入是100万元，B项目的收入是200万元，它们各自的成本是什么呢？根据机会成本的概念，A的成本是B的收入，就是200万元；B的成本是A的收入，就是100万元。

表4-3 理解机会成本

选项	收入（元）	成本（元）
A	100万	200万
B	200万	100万

现在增加一个选项 C，收入是 300 万元。这时 A、B、C 的成本又是什么？如表 4-4 所示。若选择 A 项目，你放弃了 B 和 C，但收入最高的是 C，所以 C 的收入才是成本，B 的收入不是。因此，A 项目的成本是 300 万元。同样的道理，B 项目的成本也是 C 的收入，是 300 万元。那么，C 项目的成本呢？你放弃了 A 和 B，B 的收入是最高的，因此，C 项目的成本是 200 万元。

表 4-4 理解机会成本

选项	收入（元）	成本（元）
A	100 万	300 万
B	200 万	300 万
C	300 万	200 万

所以，企业做出选择时所放弃的最高收入才是经济学意义上的成本，只要最高收入不变，其他选择的收入（包括你现有的选择）无论怎么变，成本都不变。

由此可见，机会成本与选择有关。没有选择就没有成本，因为成本就是你放弃的最高收入（潜在收益）。机会成本的意义是，当企业做出选择时，应考虑把资源用在最佳用途，否则，所损失的潜在收益有可能大于所得到的实际收益。从这一意义上讲，企业的生产成本就是机会成本。

（二）显性成本与隐性成本

企业作出一项选择所付出的代价可以细分为显性成本和隐性成本。

显性成本（explicit cost），是指企业从外部获得资源而放弃的收入。比如，你大学毕业后开了一家食品公司。为生产面包你需要购买面粉、鸡蛋、糖、香料等原材料，还要购买和面机、烤箱，并且需要雇用一些工人。从经济学角度理解，这部分费用支出之所以是成本，不是因为你支出了货币，而是因为你放弃了使用这些货币去购买别的东西，也就是说，放弃了购买别的东西所获得的利益，这些利益就是收入，因此构成你生产面包的成本。我们一定要从放弃收入的角度来看成本，不能从支出的角度看，否则就会和会计成本的概念混淆。

会计成本的意义在于，人们可借助于账面上会计成本的数据估算机会成本。因为机会成本不是实际费用支出，而是放弃了的最高收入，这是一个潜在收入，没做的事情这个收入到底是多少不好估算。于是，人们倾向于以会计成本来估算机会成本。估算出来的数据并非绝对准确，但在获得机会成本信息费用太高的条件约束下，人们只能退而求其次地满足于这样不准确的估算，所以，人是理性的不等于人不会做出错误的选择。

隐性成本（implicit cost），是指企业使用自有资源而放弃的收入。比如，你选择开一家食品公司的成本不只是显性成本。假定你精通电脑，作为程序员工作年薪 20 万元，现在你放弃了程序员工作所能得到的薪水，所放弃的收入也是你经营食品公司的成本。同样的情况还有：你动用自有资金购买设备和原材料，使用自己的土地建造厂房和仓库等。如果这些资源自己不使用,而是用于其他方向、租出去或售出,也可以得到相应的收入。所以,你使用自有资源而放弃的收入也是成本。由于这部分成本只是一种收入的可能性,不能用账面上的会计成本估算,所以被称为隐性成本。

经济学的学习使我们知道,人们不是根据日常生活中所说的会计成本来选择,而是根据机会成本来选择的。比如,理发店双休日的客人比工作日要多,为什么?理发的价格都一样,也就是说按会计成本来看是一样的,客人的数量应该也是一样的。原因在于,人们选择的依据不是会计成本,而是机会成本。人们在工作日去理发,除了支付理发的价格而放弃了一部分货币之外,还放弃了工作的收入。但在双休日去理发的话,就不需要放弃工作的收入。所以,双休日的理发成本是机会成本,它低于工作日。成本下降,需求量上升,这就是需求定理。以前我们学过的需求定理里面的价格,可以做更宽泛的理解,不仅是我们支付的价格,还是机会成本。

【即问即答】 请解释经济学家关于成本的概念为什么与会计学的成本概念不同。

案例分析

为什么年轻的歌星、电影明星和时装模特很少上大学

看一看你同班级或同年级的同学,有没有18～25岁的流行歌星?有没有电影明星?有没有超级模特?可能都没有。这并不是因为这些人恰好都不想上你所在的大学,而是因为这些人考虑了上大学的机会成本。

你上大学的成本是多少?大多数人都会认为是他们的学费和其他生活费支出。如果你上大学四年八个学期,每学期的学费和生活费为5 000元,那么你的学习费用总共就是40 000元。但是这40 000元并不是你上大学的全部成本,因为如果你不当学生,你可能会找到一份工作并赚取收入。例如,你可能会找到一份全职工作并且每年能够赚到50 000元。很显然,这50 000元由于你选择上大学而放弃了。这些就是你上大学的机会成本。

即使上大学的学费对于每个人来说都是相同的或者差不多是相同的,但对每个人而言,上大学的机会成本也是不一样的。一个18岁的歌星如果来上你所在的大学,将会失去些什么呢?一个17岁的时装模特又会少挣多少钱呢?这些人很少来上大学,即使学费对他们而言算不了什么,他们不上大学是因为机会成本相对较高。他们可能会说他们"上不起大学"。这并不是说他们付不起学费,而是指他们不愿意放弃不上大学所能赚到的高额收入。用经济学语言可以这样说:由于上大学的机会成本达到了足够高的程度,以至于上大学反而会得不偿失。

资料来源:张元鹏,《微观经济学》,中国发展出版社2005年版。

（三）沉没成本

在现实生活中，人们决策时不仅会发生因忽略隐性成本而低估真实成本的问题，也会发生高估成本的问题。这是因为，人们通常把**沉没成本**（sunk cost）也看作与选择有关的机会成本。沉没成本，是指已经发生而无法收回的费用。这类成本可以从财务报表中看到，但却不会影响当前的决策。为什么沉没成本不是成本呢？原因就是成本与选择有关，没有选择就没有成本。而沉没成本是以前付出的，已经付出的成本已是覆水难收，与当前的选择无关，所以不包括在机会成本中。

举个例子。假如你之前以100元买了一只股票，现在股票价格跌到80元，你该不该卖出？这时不能再去考虑你曾经是以100元买进来的，因为那是沉没成本。你要考虑的只是，你预期这只股票是会继续下跌，还是会反弹回升。如表4-5所示，成本最小化的选择是A，也就是说，你应该趁这个还算是高的价位上赶紧抛出。但如果你认为会反弹回升，那现在就算是低位，当然是应该继续持有，静观其变。显然，在这过程中，以前100元的那个沉没成本完全没有意义，对选择毫无影响。

表4-5 理解机会成本

选项	收入（元）	成本（元）
A：卖出	80	50
B：不卖	50	80

综上所述，理解经济学的成本概念需要注意三个问题：第一，没有选择就没有成本。机会成本是指人们做出一项选择时所放弃的最高收入。没有选择，不存在放弃什么，也就没有成本。第二，放弃的收入包括显性成本和隐性成本两部分。经济学的成本概念强调不应忽略隐性成本。第三，沉没成本不是机会成本。成本应面向未来看的，不要盯着过去看，不应让沉没成本影响我们当前的选择。

【即问即答】 2008年国际金融风暴之际，大批韩资企业撤离中国，以低于市场价格抛售它们在中国持有的房地产。以上海为例，市场价格为30 000元/平方米的房子以20 000元/平方米抛售。有房地产中介认为：这些韩资企业当年购入这些房子时，价格是10 000元/平方米，因此他们已经是赚了钱。该评论对吗？为什么韩资企业要这样做？

知识拓展

沉没成本的一个例子

让我们设想一个关于沉没成本的例子：一家企业需要购买 100 亩土地建工厂，企业决策人经人介绍，找到了心仪的土地，售价为 1 亿元，于是该决策人签署了购买意向书并交纳了 500 万元的定金。随后决策者又发现了一块与所签协议完全无差异的另一块土地，总售价为 9 800 万元。这时候决策者该如何选择？选择签约土地，将付出总价为 1 亿元的支出；选择新土地，总支出为 9 800 万元。可是他仍然会坚持购买签约土地，因为虽然从账面上看，总支出为 1 亿元，但是其中包含了 500 万元沉没成本（定金）。这笔定金是无论如何都无法收回的，因此在决策人眼中，购买签约土地，只需再支付 9 500 万元；而选择新土地，则要支付 9 800 万元。所以，购买签约土地的机会成本为 9 500 万元。

改编自：张维迎，《经济学原理》，西北大学出版社 2015 年版。

（四）经济利润和会计利润

一般来说，利润是收入减去成本的数值。但是，对成本内涵的理解不同，也就有不同的利润概念。在经济学中，我们提到的成本和会计成本是不同的。经济学中的成本指的是为生产付出的机会成本。如前所述，机会成本的本质不是成本，而是放弃的收入。其中包含无法从账面上观察到的隐形成本。比如自有房屋用做厂房所放弃的租金，受雇于他人可能得到的工资等。这些机会成本对决策者也会产生影响。而会计成本则不包括隐性成本。所以，机会成本和会计成本的关系为：机会成本 = 会计成本 + 隐性成本 – 沉没成本。

由于对成本的定义不同，经济学中的利润也不同于财务报表中的会计利润。如果把成本理解为会计成本，那么，总收入减去会计成本的数值称为**会计利润**。经济学的成本是指机会成本，总收入减去机会成本的数值则称为**经济利润**（economic profit）。所以，会计利润通常大于经济利润。表 4-6 中的数据有助于我们理解经济利润的概念。

表 4-6 理解经济利润

选项	收入（元）	成本（元）	利润（元）
A	100	300	-200
B	200	300	-200
C	300	200	100

如表 4-6 所示。如果只看第二列的收入，理性人会选择 C，因为这是收入最大的

选择；如果看第三列的成本，理性人还是会选择 C，因为这是成本最小的选择；最后看第四列的利润，作为理性人还是会选择 C，因为这是利润最大的选择。所以，收入最大化、成本最小化与利润最大化是同一回事。

经济利润是一个重要的概念。企业要有利可图，总收入必须补偿全部机会成本。经济利润为正值至少等于零的决策才是正确的，若经济利润为负，企业的收入不能弥补所有的生产成本，将会关闭企业或退出该行业。因此，企业决策要关注经济利润。

当企业的总收入等于总成本时，经济利润为零。但这并不意味着企业就没有利润，这种情况下的企业利润称为**正常利润**（normal profit）。正常利润，是指企业所有者得到的企业家才能的报酬，即**企业家经营管理企业必须得到的最低限度的报酬**。从机会成本的角度看，一个有管理才能的企业所有者会面临两种选择：在自己的企业当经理，也可到别人的企业当经理。在别人的企业当经理可以得到的报酬，在自己的企业当经理就失去了，这就是他管理自己企业的机会成本。所以，如果他选择在自己的企业当经理，他向自己支付的报酬至少要等于他在别的企业当经理的最高报酬。显然，正常利润不是利润，是企业生产成本的一部分，以隐性成本的名义计入成本。得到正常利润是企业所有者从事经营管理活动的必要条件，否则，"亏本的买卖"会使他们放弃当前的选择。

由于正常利润属于成本，因此，经济利润不包含正常利润。即使经济利润为零，企业所有者仍然得到正常利润。此时企业收支相抵，这是现实中常见的情况。

【即问即答】 某企业每年用自有资金 100 万元投入生产（不考虑其他成本），而销售收入是 101 万元，请问从会计的角度看，这家企业的利润率是多少？从经济学角度看，如果银行储蓄率超过 1%，这家企业的投资决策应该做出怎样的调整？

二、成本最小化问题

上一节我们讲过，等产量线表示同样的产量可以由要素投入的多种组合来实现。那么，企业应该选择哪一种要素组合最好呢？这要考虑企业生产这些产量的成本，成本最低的生产方法才是最优的。企业的成本水平不仅依赖于要素投入的数量，而且依赖于要素的价格，因此。要确定成本最小化的要素投入组合，需要引入等成本线。

（一）等成本线

等成本线（isocost curve）是一个和消费者行为理论中的预算线很相似的分析工具，也称为企业预算线。它是一条表示在成本和要素价格既定条件下，企业所能购买到的两种要素不同数量组合点的连线，是企业选择最优要素组合时面临的预算约束条件。

我们用 P_L 和 P_K 分别表示劳动与资本的价格，C 表示企业的总成本。在要素价格不变时，企业的既定预算所能购买的要素投入组合可用以下成本方程表示：

$$C = P_L \cdot L + P_K \cdot K$$

成本方程表明，企业对要素投入组合的选择要受到成本的限制。这意味着，在成本既定的前提下，劳动和资本两种要素之间存在着此消彼长的线性关系。如果企业增加劳动要素的投入量，就必须减少资本要素的投入量；反之亦然。

我们把成本方程用图形表示，便得到等成本线。如图4-6所示，等成本方程是线性的，所以，等成本线是一条直线。图中的纵截距 C/P_K 表示全部成本都用来购买资本的数量，横截距 C/P_L 表示全部成本都用来购买劳动的数量。连接这两点的线段就是等成本线。线以外区域的任何一点（如A）是企业在给定的预算约束下无法实现的要素组合，线内区域中任何一点（如B），表示既定成本用来购买该点的投入组合后还有剩余。只有等成本线上的任何一点，才是既定成本所能购买到的劳动和资本的数量组合。

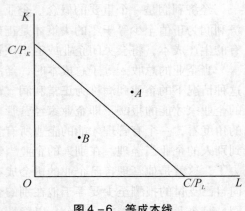

图4-6 等成本线

等成本线的斜率衡量劳动对资本的替代比率。和预算线斜率的计算方法相同，可用纵轴的变动量除以横轴的变动量来计算等成本线的斜率。在图4-6中，纵轴变动量为 C/P_K，横轴变动量为 C/P_L，不考虑负号的话，等成本线的斜率为：

$$斜率 = (C/P_K)/(C/P_L) = P_L/P_K$$

上式表明，等成本线的斜率可以简化为劳动与资本的价格之比。也就是说，劳动与资本价格之比的绝对值就是等成本线的斜率，它表示在总成本不变时，增加一个劳动所能够替代的资本数量。

给定成本和要素价格，便有一条等成本线与其相对应。当企业的成本和要素价格发生变动，等成本线也会发生变动。如图4-7（a）幅所示，当劳动和资本要素相对价格不变，企业成本变动时，等成本线平行移动。图4-7（b）幅表明，当企业的成本不变，劳动与资本要素的相对价格发生变动时，等成本线的斜率会改变。

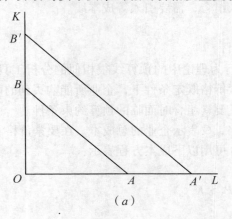

(a)

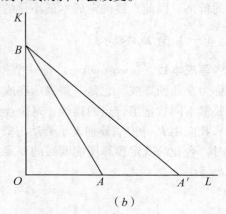

(b)

图4-7 等成本线的变动

(二) 成本最小化

我们知道,当利润最大化时企业的生产成本就是最小的。现在我们假定企业使用劳动和资本两种投入要素生产一种产品,劳动和资本的价格是既定的。那么,企业要以最低成本生产既定产量,该如何选择最优的要素投入量的组合呢?我们把上一节分析的等产量曲线和等成本线置于同一个坐标图中,就可以确定企业要素投入的最优组合点,即生产者均衡点。

如图4-8所示,图中给出一条等产量线和三条等成本线,唯一的等产量曲线 Q 代表既定的产量。三条等成本线代表不同的成本水平,越远离原点的等成本线对应的成本越高;越靠近原点的等成本线对应的成本越低。由于两种要素的价格既定,三条等成本线的斜率相同。企业的问题是:如何选择投入组合,使企业能够用最小的成本生产出给定的产量 Q。

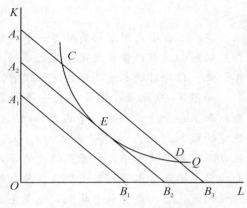

图4-8 成本最小的要素组合

从图4-8中可以看出,在既定的产量条件下,要素的最优组合由唯一的等产量曲线与等成本线 A_2B_2 的切点(E点)决定。这是因为,过 E 点的等成本线上的其他组合代表的成本虽然相同,但是生产不出所要求的产量。等成本线 A_1B_1 虽然代表较低的成本,但它与等产量线 Q 既不相交,也不相切,同样无法生产所要求的产量。等成本线 A_3B_3 与等产量曲线 Q 相交于 C、D 两点,虽然生产出所要求的产量,但都不是最低成本的要素组合。因此,只有切点 E,才是既定产量下成本最低的要素最优组合。

因此,如图4-8所示,成本最小的要素最优组合点在等产量曲线与等成本线的切点,在该点,等产量曲线和等成本线的斜率相等。也就是说,要素的最优组合点 E 满足这样的条件:两种要素的边际技术替代率与两种要素价格之比相等,即:

$$\frac{MP_L}{MP_K} = \frac{P_L}{P_K}$$

或改写为:

$$\frac{MP_L}{P_L} = \frac{MP_K}{P_K}$$

上式表明,成本最小的要素最优组合要求:最后一单位的成本支出无论用在劳动投入还是资本投入上,所带来的边际产量相同。如果不是这样,比如假定最后一单位货币成本投入劳动要素所带来的边际产量小于投入资本要素所带来的边际产量($MP_L/P_L <$

MP_K/P_K),这意味着资本的边际生产率大于劳动的边际生产率,两种要素的组合比例不是最优。此时,企业会减少劳动投入量,相应地增加资本投入量,通过用资本替代劳动使要素投入的组合比例不断向生产者均衡点靠近,直到实现成本最小的产量。

知识拓展

对偶问题:产量最大化

与成本最小化问题相关的另一个问题是产量最大化。也就是说,追求成本最小化的企业必然会追求产量最大化,反之亦然。成本最小化和产量最大化之间存在对偶关系。鉴于此,作为对成本最小化的深入理解,这里对产量最大化问题也做一介绍。

如图4-9所示,图中给出一条等成本曲线和三条等产量曲线,等成本线 AB 代表既定的成本。三条等产量曲线 Q_1、Q_2、Q_3 代表不同的产量水平,离原点越远的等产量曲线代表的产量水平越高;越靠近原点的等产量曲线代表的产量水平越低。现在企业的问题是:如何选择要素投入组合,使企业能够在既定成本水平下生产的产量最大。

如图4-9所示,在既定成本条件下,要素的最优组合由等产量曲线 Q_2 与等成本线的切点(E 点)决定,该点就是生产者均衡点。它表示,企业按照 E 点代表的要

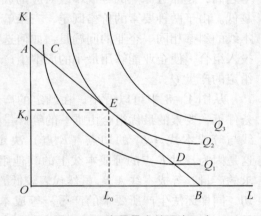

图4-9 产量最大的要素组合

素组合进行生产,即劳动投入量和资本投入量分别为 L_0 和 K_0。企业就会得到最大的产量。这是因为,等产量曲线 Q_3 位于等成本线之外,显然它代表的产量水平是现有成本无法实现的。等产量曲线 Q_1 与等成本线相交于 C、D 两点,虽然代表的成本水平和 E 点相同,但它所代表的产量水平低于等产量曲线 Q_2,不是产量最大的要素组合。所以,只有唯一的等成本线与等产量曲线 Q_2 的切点 E,才是既定成本下产量最大的要素最优组合。任何更高的产量在既定成本条件下都是无法实现的,任何更低的产量都是低效率的。

从图中可以看出,要素投入的最优组合点在等产量曲线与等成本线的切点,在该点,等产量曲线和等成本线的斜率相等。也就是说,要素的最优组合点 E 满足这样的条件:两个要素的边际技术替代率与两个要素的价格比率相等,即:

$$\frac{MP_L}{MP_K} = \frac{P_L}{P_K}$$

或改写为：

$$\frac{MP_L}{P_L} = \frac{MP_K}{P_K}$$

上式表示，企业可以通过对生产要素投入量的不断调整，使得最后一单位的成本支出无论用来购买哪一种生产要素所获得的边际产量都相等，从而实现既定成本条件下的最大产量。

改编自：高鸿业，《微观经济学》，中国人民大学出版社 2014 年版。

（三）要素最优组合的变化

现在我们进一步考虑，在给定技术水平下，如果政府提高最低工资要求，企业会做出什么反应？根据要素最优组合的条件（$MP_L/MP_K = P_L/P_K$），当要素的价格比率发生变化时，要素的最优组合点也会发生相应的改变。例如，最低工资水平上升，要素的价格比率（P_L/P_K）变大，相应地要求要素的边际技术替代率（MP_L/MP_K）提高，也就是说，现在需要在较高的边际技术替代率水平上选择劳动和资本的组合才能继续满足最优组合条件。如图 4-10 所示，工资上升，原来的最优组合点 A 会沿着等产量曲线向 B 点移动，表示企业用资本替代劳动。B 点是新的等成本线与原来的等产量线的切点，它包含了较少的劳动和较多的资本。显然，工资的上升引起了资本对劳动的替代，企业减少了劳动投入量，相应地增加了资本投入量。

图 4-10 说明，投入要素价格的变动引起了投入要素之间的替代。一般来说，一种投入要素的相对价格与其最佳使用量成反比。也就是说，通常企业会减少使用变得昂贵的生产要素，增加使用相对便宜的生产要素，以实现利润最大。要素的替代程度则取决于技术本身。

上述道理可以用来解释，为什么对发达国家适宜的先进技术，对发展中国家不一定适宜。这是因为，发达国家劳动要素的相对价格一般比较高，资本的相对价格比较低，因而采取用较多的资本替代劳动的技术成本较低。而在发展中国家，资本

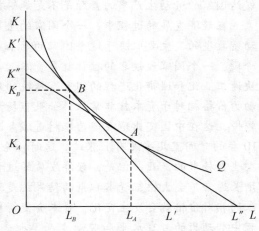

图 4-10 生产要素的替代

比较缺乏，劳动的相对价格较低，因而采用较多劳动和较少资本的技术反而更经济。例如，城市的街道或居民区需要有方便购物的地方，可以开家杂货店、便利店销售商品，也可以使用自动售货机，这两种售货方式代表了不同的要素组合方式。在发达国家，由于资本相对充裕，劳动价格较高，因而不少地方设置自动售货机销售商品。而在发展中

国家，资本比较缺乏，劳动较为充裕，劳动的相对价格较低，因而通常采用开设商店人工售货。20世纪90年代，我国一些城市有关部门认为自动售货机比较现代化，花费巨资从发达国家购买自动售货机安放在城市街头，结果效果不好，街头的自动售货机很快就销声匿迹了。这说明在劳动价格很低的情况下，不适当地选择用资本替代劳动的生产技术，违背了客观经济规律。

【即问即答】 为什么在一个国家不同行业之间资本的密集程度不同？

案例分析

中国永远"用衬衫换飞机"吗

2006年年初，媒体报道了一系列关于中国"用衬衫换飞机"的争论。有经济学家对以"8亿件衬衫"为代表的大批量、廉价、没有自主知识产权、"只赚辛苦钱"的"中国制造"产品感到自豪。也有经济学家认为，虽然不能反对"衬衫换空客"，但也不能以恶化百姓的生存和工作环境为代价来为大企业或外资"改善投资环境"，中国人不能"永远"为世界打工。

事实上，中国会不会永远"用衬衫换飞机"，主要取决于中国普通劳动力的劳动生产率是不是能够持续地提高。更为确切地说，这取决于中国一般劳动力的劳动生产率与发达国家的劳动生产率的差距是不是能够持续地缩小。

在经济发展的过程中，一个国家的主导产业是资本密集型和技术密集型的，还是劳动密集型的，主要取决于这个国家的资本-劳动价格比。一般来说，在经济发展的早期阶段，一个国家最缺乏的往往就是资本，而劳动力则相对较多，特别是像中国这样处于快速工业化和城市化进程的国家，传统的农业部门存在着大量的剩余劳动力，这时，劳动力价格相对于资本就非常低，如果市场竞争非常激烈，劳动工资上升的速度可能就比较慢，这在中国突出地表现为农村进城务工人员的工资曾在20世纪90年代中期以后的10年的时间里几乎没有上涨过。这时，企业的理性选择一定是发展那些采取劳动密集型生产技术的产业。但是，经济发展的过程中通常也伴随着资本的积累。由于劳动力的增长通常不会太快，资本积累的结果就是资本的稀缺程度逐渐下降，于是，劳动力和资本的相对价格就会发生变化，资本会变得相对来说越来越便宜。在通常情况下，这个过程中劳动力的教育水平和劳动生产率也会有所提高，能够适应更为高技术的生产，这时，企业的理性选择就是逐渐地用资本替代劳动力，一个经济的资本劳动比将会逐渐上升。同时，资本劳动比的上升通常反映出了劳动生产率的逐渐提高，于是劳动力的工资也逐渐提高。在这一过程中，劳动力价格的相对上涨、企业越来越倾向于使用资本密集型的技术、产业的升级换代、人民的逐渐富裕只是一个经济发展过程在不同方面的表现。

如果中国能够顺利地完成上述经济发展的一般过程，那么，中国"用衬衫换飞机"的时代迟早会结束，而要迎来这个未来，中国必须经过一个相当长的"用衬衫换飞机"

的发展阶段，因为这是一个发展中国家在技术水平落后和自主创新能力不足的条件下实现资本积累的唯一道路。但是，经过"用衬衫换飞机"的发展阶段，只是结束这一发展阶段的必要条件，而不是充分条件。首先，如果一个国家的人只知道花钱消费，不知道储蓄积累，或者大量的物质资本积累都效率低下，那么，"用衬衫换飞机"挣来的钱就不能转化成为有效的资本积累，一个国家就可能难以摆脱资本稀缺的发展阶段。其次，如果劳动力没有一边"用衬衫换飞机"，一边通过教育提高自己的劳动生产率，那么，这个国家就只能永远生产衬衫。再次，如果发达国家的技术进步速度遥遥领先，那么，当发展中国家学会生产电脑的时候，发达国家生产飞机的技术也已经升级换代了，这时，发展中国家虽然结束了"用衬衫换飞机"的时代，但迎来的却是"用电脑换飞机"的时代，与发达国家的差距虽然缩小了，但仍然不会自己生产飞机。

资料来源：陈钊、陆鸣，《微观经济学》，高等教育出版社2008年版。

三、成本函数和成本曲线

以上我们探讨了生产要素最优组合的确定，无论是既定产量下成本最小，还是既定成本下产量最大，都体现了产量和成本的对应关系。现在我们进一步考虑，如果产量发生连续变化，成本又会发生怎样的变化呢？经济学上，产量和必须支付的最低成本之间的关系被称为**成本函数**，记为 $C = f(Q)$。一般来说，生产成本会随着产量的增加而增加。这是由生产的技术性质决定的：随着产量的增加，相应的要素投入量也要增加。根据生产要素投入的可调整性不同，我们分别说明短期成本函数和长期成本函数以及对应的短期成本曲线和长期成本曲线。**短期成本**是指仅有一种或部分投入要素可变时的最低成本，**短期成本函数**反映现有企业中产量与成本的关系，它通常用于日常经营决策。**长期成本**是指所有要素投入都可变时的最低成本，**长期成本函数**是企业在各产量水平上选择最优要素组合时形成的产量和成本的关系，它一般用于长期规划。

（一）短期成本曲线

1. 固定成本、可变成本和总成本

在经济学定义的"短期"内，有一部分要素投入的数量是固定不变的，另外一些要素投入的数量则会随着产量的变动而变动，所以，企业的总成本可分为两类。

固定成本（FC），是指不随产量变动的成本。短期内，即使企业停产，这部分成本也必须支付。例如，对于你的食品公司来说，固定成本包括租用厂房或设备的租金、借款利息、固定资产折旧、管理人员的薪金及保险费等。这部分成本通常被称为经常性费用支出。

可变成本（VC），是指随着产量变动而变动的成本。比如企业对原材料、燃料动力和工人工资的支付。

总成本（TC），是指企业短期内生产一定产量所付出的全部成本。它是固定成本和可变成本之和。用公式表示为：

$$TC = FC + VC$$

表4-7为某企业的短期成本变动表。表的第一栏为企业的产量,以后各栏均为企业的各类短期成本。该表表明了短期内各类成本与产量的关系,以及各类短期成本之间的关系。

表4-7　一个企业的短期成本

Q（个/小时）	FC（元）	VC（元）	TC（元）	AFC（元）	AVC（元）	AC（元）	MC（元）
0	120	0	120	—	—	—	—
1	120	34	154	120	34	154	34
2	120	63	183	60	31.5	91.5	29
3	120	90	210	40	30	70	27
4	120	116	236	30	29	59	26
5	120	145	265	24	29	53	29
6	120	180	300	20	30	50	35
7	120	230	350	17.14	32.86	50	50
8	120	304	424	15	38	53	74

表4-7中的第二栏是固定成本,无论产量如何,固定成本保持不变。第三栏为可变成本,随着产量的增加,企业增加可变投入,所以可变成本也增加。表的第四栏为总成本。可以看出,由于可变成本随着产量的增加而增加,总成本也随着产量的增加而增加。

根据表中上述三个短期成本与产量的关系,我们可以得到三条短期成本曲线。如图4-11所示。横轴 Q 表示产量,纵轴 C 表示成本。固定成本 FC 曲线是一条水平线,表示短期内无论产量如何变动,固定成本是不变的。可变成本 VC 曲线从原点出发向右上方倾斜。表示当产量为零时,没有可变成本支出,随着产量的增加,可变成本也增加,

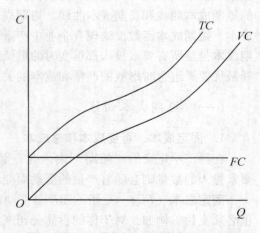

图4-11　固定成本、可变成本和总成本

只不过起初以递增的速度增加,而后以递减的速度增加,超过某个点之后又以递增的速度增加。这是因为最初可变成本的大量增加,才能使固定要素的效率发挥出来。随后固定要素的效率得以充分发挥,可变成本的增加越来越慢。当固定生产要素的效率充分发

挥之后，由于边际报酬递减规律的作用，一单位可变投入要素所带来的产量逐渐减少，或者说，要增加相同数量的产量需要增加的可变要素越来越多，这时可变成本增加的速度又变快。

总成本 TC 曲线从固定成本曲线与纵轴交点出发向右上方倾斜。表示当产量为零时，总成本等于固定成本。由于固定成本不变，总成本的变动规律与可变成本相同。总成本 TC 曲线与可变成本 VC 曲线之间的垂直距离为固定成本，固定成本不随产量而变化，所以两条曲线之间的垂直距离不变。

需要注意的是，根据定义，固定成本和可变成本的区别只对短期有意义。长期中，所有要素投入都是可变的，所以所有成本都是可变成本。

2．平均成本与边际成本

除固定成本和可变成本外，平均成本和边际成本也是与企业决策相关的重要概念。

平均成本（AC），是总成本与总产量之比。它是平均每单位产量所分摊的成本。由于总成本分为固定成本和可变成本，所以平均成本分为**平均固定成本**（AFC）和**平均可变成本**（AVC），分别是固定成本和可变成本与总产量之比。记作 $AFC = FC/Q$ 和 $AVC = VC/Q$。这样，平均成本的计算公式可以表示为：

$$AC = \frac{TC}{Q} = AFC + AVC$$

边际成本（MC），是指增加一单位产量所增加的总成本。如表 4-7 所示，当产量由 2 增加到 3 时，总成本从 183 元增加到 210 元，这样，第 3 单位产量的边际成本是 210 元 - 183 元，即 27 元。由于固定成本不随产量而增加，即边际固定成本是零，所以，边际成本等于边际可变成本。边际成本的计算公式可表示为：

$$MC = \frac{\Delta TC}{\Delta Q} = \frac{dTC}{dQ}$$

根据表 4-7 中平均成本和边际成本与产量之间的变动关系，我们可以画出平均成本和边际成本曲线。如图 4-12 所示，平均固定成本（AFC）曲线向右下方倾斜。表明随着产量的增加，给定的固定成本平均分摊到越来越多的产量上，每单位产量分摊的固定成本趋于下降。平均可变成本（AVC）、平均成本（AC）和边际成本（MC）曲线都是 U 形的特征。它们表示：随着产量的增加，平均可变成本、平均成本和边际成本都是先递减，各自达到其自身的最低点之后又递增。平均可变成本、平均成本和边际成本与产量之间的变动关系，与"边际报酬递减规律"有关。我们知道，短期内固定成本不变，企业增加一单位产量所增加的成本是可变成本。当产量由零开始增加时，由于起初可变要素投入量相对较少，增加可变要素投入量会提高生产率，要素的边际产量会随着要素投入量的增加而递增，也就是说，此时增加一单位产量需要的边际要素投入量随着产量的增加而减少，从而边际成本就随着产量的增加而递减。当可变要素投入的增加达到最佳数量以后，继续增加要素投入边际产量会递减，比如在厂房和设备既定时，太多的工人在一个空间干活会出现"窝工"现象。这意味着，增加一单位产量需要的边际要素投入量随着产量的增加而增加，从而边际成本就随着产量的增加而递增。边际产量先递减后递增的变动趋势也使平均可变成本呈现为 U 形。

平均成本 AC 曲线也是 U 形的，理解为什么是这样，要记住平均成本是平均固定成本和平均可变成本之和，平均成本曲线也就反映了平均固定成本和平均可变成本曲线的形状。

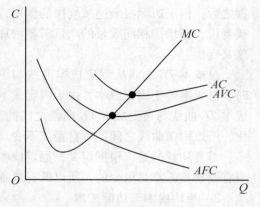

图 4-12　平均成本与边际成本

如表 4-7 所示，当产量水平较低时，比如每小时生产 1 个或 2 个产量时，平均成本很高，此时平均可变成本很低，但平均固定成本高，因为固定成本只分摊到少量的几单位产品上。随着产量的增加，固定成本分摊到越来越多的产量上，平均固定成本下降，起初迅速下降，以后越来越慢，这使平均成本也下降，直至每小时 6 单位产量为止。这时平均成本下降到每单位 50 元。但是，当企业每小时的产量超过 7 单位时，平均可变成本的增加开始抵消平均固定成本的减少，从而平均成本开始上升。所以，平均固定成本和平均可变成本之间此消彼长的变动使平均成本曲线呈现为 U 形。

现在我们来看平均成本和边际成本的关系。如图 4-12 所示，当边际成本小于平均成本时，平均成本随着产量的增加而下降；当边际成本大于平均成本时，平均成本随着产量的增加而上升。这就如同在一个电脑公司，平均成本可看成是员工的平均年薪，边际成本可看成是新增加员工的年薪。如果公司原有员工的平均年薪为 10 万元，今年新聘用一名保洁工，年薪为 6 万元，低于原有员工的平均年薪 10 万元，那么现在公司员工的平均年薪降低了。若公司新聘任一名经理，年薪为 30 万元，高于原有员工的平均年薪 10 万元，那么现在公司员工的平均年薪上升了。因此，边际成本曲线与平均成本曲线和平均可变成本曲线一定相交于平均成本曲线和平均可变成本曲线的最低点

【即问即答】　某企业每周生产 100 个产量，成本是机器 200 元，原料 500 元，抵押租金 400 元，保险费 50 元，工资 750 元，废料处理 100 元。求企业的固定成本与平均可变成本。

（二）长期成本曲线

与短期不同，长期中企业所有的投入要素都是可以调整的。对于任何给定的产量，企业完全可以根据其产量目标，选择不同的生产规模去生产它。企业可以扩大其生产规模，也可以建立新企业或者退出市场。因此，企业的长期成本都是可变成本。由于长期

中企业的决策可变,企业总是可以根据其计划产量选择成本最低的生产规模,所以,企业的长期成本曲线不同于其短期成本曲线。下面我们通过从表示不同生产规模的短期平均成本曲线推导出长期平均成本曲线,说明短期成本和长期成本如何相关。

1. 长期平均成本曲线

以图4-13为例。图4-13中有三条短期平均成本曲线,它们分别代表小型生产规模(SAC_1)、中型生产规模(SAC_2)和大型生产规模(SAC_3)。长期中,企业可以根据其产量目标选择平均成本最低的生产规模。例如,假定企业生产Q_1的产量,则企业会选择SAC_1曲线所代表的小型生产规模。因为对于Q_1的产量而言,平均成本OC_1是最低的。假定企业生产Q_2的产量,则企业会选择SAC_2曲线所表示的中型生产规模,相应的最低平均成本为OC_2。同理,假定企业的产量目标是Q_3,则企业将选择SAC_3曲线所表示的大型生产规模。总之,长期中,企业总是可以根据计划生产的产量找到相应的最优生产规模进行生产。但在短期内,企业做不到这一点,短期最低成本不可能低于长期最低成本。比如,假定企业现有的生产规模为SAC_1曲线所表示的小型生产规模,如果企业计划生产Q_2的产量,那么,短期内企业只能以OC_3的平均成本来生产,而不是在SAC_2曲线上更低的平均成本OC_2。

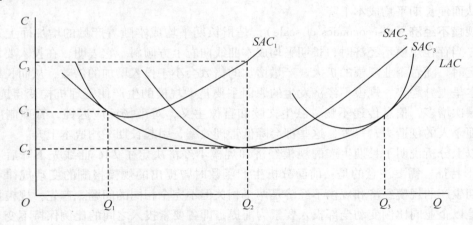

图4-13 短期平均成本与长期平均成本曲线

在理论分析中,企业的生产规模可以无限细分,图4-13中的三条短期平均成本曲线可用来表示企业在长期中面临的各个可能的生产规模选择。我们把这些短期平均成本曲线上和每一产量相对应的最低成本点连接起来,便可得到一条长期平均成本曲线(LAC)。显然,长期平均成本曲线是无数条短期平均成本曲线的包络线。在这条包络线上,和每一产量水平相对应的,都有一个LAC曲线和SAC曲线的切点,该切点所对应的平均成本就是相应的最低平均成本,该SAC曲线所代表的生产规模就是生产该产量的最优生产规模。所以,LAC曲线表示企业长期中在每一产量水平上,通过选择最优生产规模所实现的最低平均成本。

此外,如图4-13所示,LAC曲线是U形特征。该曲线上的点虽然都是和一定产量相对应的LAC曲线和SAC曲线的切点,但这些切点不一定都在SAC曲线的最低点。在

LAC 曲线下降的阶段，*LAC* 曲线相切于所有的 *SAC* 曲线最低点的左边，在 *LAC* 曲线上升的阶段，*LAC* 曲线相切于所有的 *SAC* 曲线最低点的右边、只有在 *LAC* 曲线的最低点上，*LAC* 曲线才和相应的 *SAC* 曲线的最低点相切。

2. 规模经济

图 4-13 中的长期平均成本曲线与短期平均成本曲线的形状相似，都是先下降后上升的 U 形。但是与短期平均成本曲线相比，长期平均成本曲线是一条底部比较平坦的 U 形。这是因为，引起短期和长期平均成本曲线呈 U 形特征的原因有所不同。如前所述，*SAC* 曲线呈 U 形是由可变要素的边际产量先递增后递减的变动规律决定的，而 *LAC* 曲线呈 U 形特征则与规模经济与规模不经济有关。

规模经济（economics of scale），是指长期平均成本随着产量增加而下降的情况。当存在规模经济时，长期平均成本曲线向右下方倾斜。它表明，给定投入要素的价格，此时产量增加的倍数大于要素投入增加的倍数，因而长期平均成本呈下降趋势。规模经济的产生可能是企业通过专业化获得成本优势。相比之下，大企业可以采用大型的专业性较强的设备，而大型设备的制造成本和运行费用更低，因而其效率较高。此外，大企业的管理者、技术人员和工人可在长期生产工作中积累管理、产品设计及产品生产的经验，从而使长期平均成本下降。

规模不经济（diseconomics of scale），是指长期平均成本随着产量的增加而上升的情况。当存在规模不经济时，长期平均成本曲线向右上方倾斜。它表明，在投入要素价格既定时，随着企业规模的扩大，产量增加的倍数会小于投入增加的倍数，从而长期平均成本呈上升趋势。规模不经济发生的原因主要是大规模的生产使管理机构变得庞大，管理层次增多，信息传递不畅，滋生文牍和官僚主义，对市场反应迟钝，管理制度死板，扼杀人的创造力，等等，这些都会降低管理效率，引起长期平均成本上升。

以上分析说明了长期生产的规模经济和规模不经济决定了 *LAC* 曲线先下降后上升的 U 形特征。需要注意的是：前面分析生产函数时曾提出的规模报酬的变动规律和企业长期生产的规模经济和规模不经济是两个相关但不完全相同的问题。首先，规模报酬分析是以企业同比例变动全部投入要素为前提，即各要素投入之间的比例保持不变。而规模经济和规模不经济，既可以产生于各要素投入之间的比例保持不变的情况，也可以产生于各要素投入之间的比例发生变化的情况。其次，规模经济和规模不经济的概念涉及成本问题，而规模报酬的变动是纯技术问题。规模报酬先递增后递减的变动趋势，是造成 *LAC* 曲线先下降后上升的主要因素，但不是必要因素也不是充分因素。即使技术上生产函数为规模报酬递减，但如果劳动价格、资本价格随着产量增加而下降，那么成本上升的速度仍然可能低于产量增长的速度，从而形成规模经济；反之，即使技术上生产函数为规模报酬递增，但如果劳动价格、资本价格随着产量增加而递增，那么成本上升的速度仍然可能高于产量增长的速度，从而形成规模不经济。只有在要素价格与产量无关，如同我们假定的那样，规模经济与规模不经济和规模报酬的变动趋势才是对应的。

> 【即问即答】 如果广州造船厂每月生产9艘客船，它的长期总成本是每月900万元。如果每月生产10艘客船，它的长期总成本是950万元。广州造船厂处在规模经济还是规模不经济？

本章要点

（1）生产是从投入到产出的转换，生产函数是要素投入量与产品产出量之间的数量关系。

（2）企业的生产可分为短期生产和长期生产。短期是指生产中企业至少有一种生产要素来不及调整的时期。长期是指生产中企业所有生产要素都可以调整的时期。

（3）短期生产的基本规律是边际报酬递减规律。该规律强调，只要有一种生产要素固定不变，连续投入其他要素的数量，边际产量将会递减。

（4）由长期生产函数可以得出等产量曲线。等产量曲线表示技术水平不变条件下，生产同一产量所使用生产要素的各种组合。等产量曲线上任一点的斜率是边际技术替代率——企业愿用一种要素替代另一种要素的比率。边际技术替代率是递减的，所以等产量曲线一般是凸向原点的。

（5）规模报酬也属于长期生产概念。当所有要素投入可变时，生产函数可以表现出规模报酬递增，不变和递减三种情形。

（6）经济学的成本概念是机会成本。机会成本是指为了一个选择所放弃的最高收入。一部分机会成本是显性的，是指企业为购买资源而放弃的收入。另一部分机会成本是隐性的，是指企业使用自有资源而放弃的收入。这两部分收入合在一起，构成了选择的成本。

（7）企业的经济利润等于总收入减去总成本。经济利润也称为超额利润。而正常利润是指付给企业家才能的报酬。正常利润不是利润，是成本，以隐性成本的名义计入成本。

（8）在长期，企业无论是实现既定产量下的最小成本，还是实现既定成本下的最大产量，要素的最优组合点都在等产量线和等成本线的切点。在切点上，等产量线和等成本线的斜率相等，即两种要素的边际技术替代率等于两要素价格之比。或者说，当企业最后一单位的货币成本支出无论购买哪种要素，对产出的边际贡献都相等时，要素的组合是最优的。要素的最优组合随要素价格的变化而变化。

（9）企业的短期成本有七种：总成本 TC、固定成本 FC、可变成本 VC、平均成本 AC、平均固定成本 AFC、平均可变成本 AVC 和边际成本 MC。理解这七个短期成本曲线的特征和相互关系，关键是抓住边际报酬递减规律。从先上升后下降的边际产量曲线可以推导出先下降后上升的边际成本曲线，再由边际成本曲线推导出其他六条短期成本曲线。

（10）长期中企业的决策可变。我们通过从短期平均成本曲线推导出长期平均成本曲线，说明在长期，企业总是可以根据其产量目标选择生产规模把成本降到最低。从长期平均成本曲线的 U 形特征，可理解企业长期生产的规模经济和规模不经济。

重要概念

生产函数　短期　长期　总产量　平均产量　边际产量　边际报酬递减规律　等产量曲线　边际技术替代率　边际技术替代率递减规律　规模报酬　机会成本　显性成本　隐性成本　沉没成本　经济利润　会计利润　正常利润　等成本线　总成本　固定成本　可变成本　平均成本　平均固定成本　平均可变成本　边际成本　长期平均成本曲线　规模经济　规模不经济

思考与练习

（1）完成下表，并说明边际产量从哪里开始递减。

劳动投入量（L）	总产量（TP_L）	平均产量（AP_L）	边际产量（MP_L）
1	2	—	—
2	—	6	—
3	—	—	12
4	48	—	—
5	—	12	—
6	—	—	6
7	70	—	—
8	—	—	0
9	63	—	—

（2）为什么增加一种投入会产生收益递减，而增加两种投入则可能出现规模报酬不变？

（3）如果一个企业现在所用的技术是劳动的边际产量与资本的边际产量的比率大于劳动的价格与资本的价格的比率。那么，它可以做些什么？

（4）老刘目前正在他的面积为 10 亩的农田上种植玉米，每亩获得 800 元的会计利润，然而，如果他改种大豆，每亩能获得 1 500 元，他目前获得经济利润吗？为什么？

（5）假定老王家宅前有一块空地，附近一所学校的校长愿意每年出 250 元的租金租下以供学生进行体育锻炼。对老王来说，他也可以用这块地种植蔬菜。如果种子、肥料和其他费用总和是 200 元，而老王预计卖掉全部蔬菜的年收入是 500 元。请问老王种蔬菜的显性成本和隐性成本分别是多少？他将选择种蔬菜还是出租土地？

（6）某企业打算投资扩大生产，其可供选择的筹资方法有两种，一是利用利率为 10% 的银行贷款，二是利用企业利润。该企业的经理人认为应该选择后者，理由是不用付利息因而比较便宜，你认为他的话有道理吗？

（7）如果甲、乙两个公司生产同样的产品，甲公司生产 1 单位产品所需要的工人数为 5 人，而乙公司只需要 2 人即可，试问：我们能否判定乙的经济效率要比甲的经济效率高？为什么？

（8）假设某车间男工和女工各占一半。男工和女工之间可互相替代。又假定男工每增加 1 人可增产 10 件；女工每增加一人可增产 8 件。男工工资为每人 40 元，女工工资为每人 20 元。问该车间男工和女工的组合比例是否最优？如果不是最优，应该如何调整？

（9）完成下表。表中 L 为劳动，Q 为产量。MP_L 为劳动的边际产量，求：

L	Q	MP_L	VC	TC	MC	AC
0	0	—	0	12	—	1
1	6	—	3	15	—	—
2	15	—	6	—	—	—
3	21	—	9	—	—	—
4	24	—	12	—	—	—
5	26	—	15	—	—	—

A. 劳动投入为多少时，劳动的边际产量开始递减？
B. 当 $Q=24$ 时，平均可变成本是多少？
C. 企业的固定成本是多少？
D. 工资水平是多少？

（10）设 $TC = 150 + 5Q + 3Q^2 + Q^3$，求：

A. $Q=5$ 时的 FC 和 AFC 是多少？
B. $Q=10$ 时的 AVC 是多少？
C. $Q=15$ 时的 AVC 是多少？
D. $Q=20$ 时的 AC 是多少？

（11）已知某企业的生产函数为 $Q = L^{2/3} K^{1/3}$，劳动的价格 $P_L = 2$，资本的价格 $P_K = 1$。求：

A. 当成本 $C = 3\,000$ 时，企业实现最大产量时的 L、K 和 Q 的均衡值。
B. 当产量 $Q = 800$ 时，企业实现最小成本时的 L、K 和 C 的均衡值。

（12）生产函数为 $Q = 20L + 50K - 6L^2 - 2K^2$，$P_L = 15$ 元，$P_K = 30$ 元，$TC = 660$ 元，求要素的最优组合。

第五章 完全竞争市场

上一章讨论的生产函数说明了企业如何做出最优技术选择，而成本函数使我们理解了产量和成本的关系。接下来讨论生产者所面对的市场，讨论不同类型市场中的企业追求利润最大化的决策。本章我们分析在竞争激烈的市场上企业的最优决策，这对理解市场的运行至关重要。

第一节 利润最大化

经济学假定，企业的目标是利润最大。因此，在讨论竞争企业的最优决策之前，我们先来说明企业决策所遵循的利润最大化条件。本节先说明什么是完全竞争市场，然后介绍完全竞争企业的需求曲线和收益曲线。最后，分析竞争市场企业利润最大化的决策条件。

一、完全竞争市场的特征

完全竞争（perfect competition），是指竞争不受任何阻碍和干扰的市场。其实，现实中竞争绝对自由的市场不存在，自由竞争不意味着竞争不受约束，市场竞争至少要受到私有产权法律制度的约束。所以，竞争永远都有，又永远要受到某些游戏规则的约束。那么，怎样区分竞争是"自由"还是"不自由"的呢？自由竞争的市场具有以下四个特征。

第一，市场上有许多买者和卖者。每个买者的需求量和卖者的供给量都是微不足道的，其市场份额之小如同一桶水中的一滴水。每个消费者的购买量和每个企业提供的产量都不能影响市场价格，他们只能按照既定的市场价格购买和销售。

第二，产品同质。所有企业提供的产品完全一样，没有种类、质量上的差别，甚至没有地点的不同。买者无法区别不同企业的产品，因而对其购买的产品来自哪个特定的企业毫不关心，企业也就无法利用产品的差别通过各种销售策略（如广告）来影响市场。

以上两点决定了竞争企业不用考虑产品定价，它们是既定的市场价格接受者。**价格接受者**（price taker）是指企业决策的时候，只能随行就市、被动地接受现行价格。设想你办了一个家庭农场，你每年生产100万斤小麦，全中国这样的农户有很多，别的国家也是这样。你的100万斤小麦相对于小麦市场规模来说是微不足道的，况且你的小麦也不比其他任何一个农户的更好。如果小麦的市场价格为每斤2元，而你卖到2.1元，买者就会转向其他卖者，你将会1斤小麦都卖不出去；如果你卖到1.9元，从机会成本来看，你是亏本的，因为你以2元的市场价格能够无限量地出售小麦，所以2元的市场价格就是你以1.9元出售小麦的机会成本。在利己本性的支配之下，没有农户会做这种蠢事。所以，竞争企业没有控制其销售产品市场价格的能力。

第三，企业可以自由地进入或退出市场。也就是说，企业进入或退出一个市场没有任何障碍（比如资本、技术、法律、政策等），所有资源都可以随着需求的变化在行业之间自由流动。如果一个市场有钱赚就可以吸引任何一种资源流入，有亏损资源会及时退出，那么，我们可以说该市场没有进入或退出的限制。

第四，买卖双方具有完全信息。也就是说，买卖双方都掌握与正确决策相关的所有信息。比如消费者了解所购买产品的价格、成本和质量，生产者了解投入要素的价格、生产技术等信息。市场交易中没有欺诈，每个人都可以根据所掌握的完全信息，确定最优的购买量或产量，以获得最大利益。这就排除了由于信息不畅通而导致的市场交易双方决策后果的低效率。

理想的完全竞争市场几乎不存在。但我们不能据此否定对完全竞争市场理论分析的重要性。对竞争市场的研究，不仅能够得到关于市场机制及其配置资源的一些基本原理，而且其理论分析框架及其结论，可为以后章节观察和分析其他类型市场的经济效率提供一个参照对比。现实生活中，农产品市场、专业市场、股市等比较接近于完全竞争的市场。

二、完全竞争企业的需求曲线和收益曲线

（一）完全竞争企业面对的需求曲线

企业所面对的需求曲线，通常反映市场对该企业产品的需求状况。为更好地理解完全竞争市场企业的需求曲线，我们把竞争企业所面临的需求曲线与竞争市场的需求曲线对比分析。以小麦市场为例。市场需求曲线反映市场上所有买者对所有企业产品的需求状况。小麦市场不会违反需求定理，市场上所有买者购买的小麦数量取决于小麦的价格，小麦的市场价格下降，需求量增加，因此市场需求曲线向右下方倾斜。如图 5-1 (a) 幅所示。市场需求曲线 D 与市场供给曲线 S（所有生产者形成的）的交点决定了小麦的均衡价格。

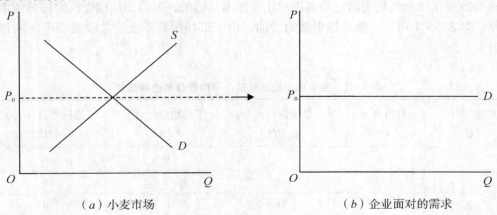

(a) 小麦市场　　　　　　　　　　(b) 企业面对的需求

图 5-1　市场需求与企业需求

再来看竞争企业的需求曲线。就生产小麦的农场来说，小麦的均衡价格一旦确定，企业的产量无法改变价格。也就是说，既定价格下农场可以出售任何数量的小麦，农场没有必要降低价格，也不能提价，那样的话销售量为零。因此，完全竞争企业的需求曲线是一条由既定价格水平出发的水平线，如图5-1（b）幅所示。水平的需求曲线表明，由于竞争市场有无数卖者，每个企业所占有的市场份额微乎其微，这相当于是每个企业所面对的，只是一条向右下方倾斜的市场需求曲线上的其中一小点，把那一点放大之后，看起来几乎就是一条水平线。所以，企业无论如何移动自己的供给曲线，也不可能改变市场均衡价格，它只能接受给定的市场价格，在既定的市场价格下，企业可以卖出愿意卖出的产量。

需要注意的是，在完全竞争市场，虽然每个买者和卖者都无力影响市场价格，只能按照既定的市场价格购买和销售。但这并不意味着竞争市场的价格是固定不变的。如果市场上所有企业同时改变产量，也会影响到市场价格水平。例如，由于消费者收入增加、技术进步，或者政府增加了小麦的种植补贴等原因，这会增加小麦的需求和供给，小麦的需求曲线和供给曲线的位置发生移动，原来的市场均衡将被打破，从而形成新的均衡价格。这时，企业的需求曲线就是一条从新的均衡价格出发的水平线。因此，竞争市场中的市场力量是所有企业集体行动的结果，而不是任何个体行动的结果。

（二）完全竞争企业的收益曲线

知道了竞争市场企业面临的需求曲线，我们可以说明竞争企业的收益曲线，因为企业的收益取决于市场对其产品的需求状况。下面我们说明竞争企业面临的水平的需求曲线如何决定相应的收益曲线。

收益是指企业出售产品所得到的收入。在经济分析中，通常使用以下三个收益概念。

总收益（total revenue，TR），是指企业出售产品所得到的全部收入。它等于产品价格与销售量的乘积，记为 $TR = P \cdot Q$。以张三开办的家庭养鸡场为例，如果鸡蛋的市场价格为6元/斤，养鸡场销售1 000斤鸡蛋，那么，它的总收益就是6 000元。由于张三养鸡场的鸡蛋产量与鸡蛋的市场规模相比是微不足道的，所以，他接受既定的鸡蛋市场价格。如表5-1所示，随着销售量的增加，由于市场价格不变，总收益以不变的速率上升。

表5-1 竞争企业的总收益、平均收益和边际收益

产量（斤）(Q)	价格（元）(P)	总收益（元）(TR)	平均收益（元）(AR)	边际收益（元）(MR)
1	6	6	6	6
2	6	12	6	6
3	6	18	6	6

续表 5-1

产量（斤）(Q)	价格（元）(P)	总收益（元）(TR)	平均收益（元）(AR)	边际收益（元）(MR)
4	6	24	6	6
5	6	30	6	6
6	6	36	6	6
7	6	42	6	6
8	6	48	6	6

平均收益（average revenue，AR），是指企业平均出售每一单位产量得到的收入。它等于总收益除以产量，记为 $AR=TR/Q$。由于总收益为价格乘以产量（$P\cdot Q$），所以平均收益可表示为 $AR=P\cdot Q/Q=P$，可见，平均收益等于产品的价格。从表 5-1 中，可以看出平均收益为 6 元，正好等于 1 斤鸡蛋的价格。需要强调的是，平均收益与价格相等，这一结论不仅适用于完全竞争企业，而且也适用于不完全竞争企业。

边际收益（marginal revenue，MR），是指企业每增加一单位产量的销售所引起的总收益的变动量。可以用总收益变动量除以销售量变动量计算边际收益。记为 $MR=\Delta TR/\Delta Q$，或者 $MR=dTR/dQ$。在表 5-1 中，边际收益为 6 元，等于 1 斤鸡蛋的价格。这是因为，在竞争市场，由于价格不变，企业每多销售一单位产量所引起的总收益增量等于价格。因此，对竞争企业来说，边际收益等于价格。

根据表 5-1 的数据，可以画出竞争企业的收益曲线。图 5-2（a）幅显示，在完全竞争市场，由于企业是市场价格的接受者，总收益曲线（TR）是一条从原点出发向右上方倾斜的直线。这是因为，边际收益是 TR 曲线的斜率，而边际收益始终等于固定不变的价格，所以，竞争企业的 TR 曲线是一条的斜率不变的直线。

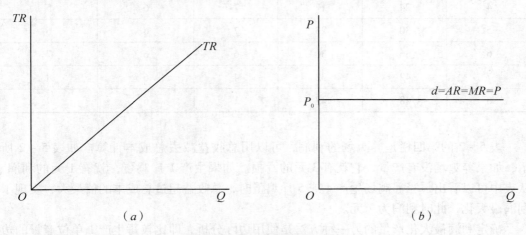

图 5-2 竞争企业的收益曲线

图 5-2（b）幅显示，在完全竞争市场，企业的平均收益曲线（AR）、边际收益曲线（MR）与需求曲线（d）重合，都是一条由既定价格水平出发的水平线。因为在企业的每一销售水平上都有 $AR=MR=P$，而且企业的需求曲线就是一条由既定价格水平出发的水平线。需要说明的是，由于在任何类型市场上企业的平均收益都等于价格，即 $AR=P$，所以，企业的平均收益曲线与需求曲线重叠，这不仅在完全竞争市场是成立的，即使在以后分析的不完全竞争市场也是成立的，只要企业对产品收取单一价格，其平均收益曲线和需求曲线就是同一条线。

三、利润最大化条件

利润最大化是一种假设，它假定给定生产函数，企业试图实现最大的利润。那么，企业按照什么条件决策，能够实现其利润最大化的目标呢？下面，我们以竞争市场为例分析企业利润最大化的实现条件。

我们先用表 5-2 的例子分析企业实现利润最大化的条件。该表前三栏分别为某家庭养鸡场短期内的产量、总收益和总成本。需要注意的是，第三栏的总成本包括固定成本和可变成本，固定成本在这个例子中是 3 元，可变成本则取决于产量。

表 5-2 利润最大化的产量

产量（斤/天）（Q）	总收益（元）（TR）	总成本（元）（TC）	利润（元）（π）	边际收益（元）（MR）	边际成本（元）（MC）
0	0	3	-3	6	—
1	6	5	1	6	2
2	12	8	4	6	3
3	18	12	6	6	4
4	24	17	7	6	5
5	30	23	7	6	6
6	36	30	6	6	7
7	42	38	4	6	8
8	48	47	1	6	9

表 5-2 的第四栏是养鸡场的利润，可以用总收益减去总成本计算。如表 5-2 所示，如果养鸡场没有产量，它就有 3 元的亏损。如果生产 1 斤鸡蛋，就有 1 元的利润。从表中可以看出，当养鸡场生产 4 或 5 斤鸡蛋时，总收益超过总成本的值最大，实现了利润最大化，此时利润为 7 元。

确定利润最大化产量的另一种方法是使用边际分析，即比较每生产 1 单位产量的边际收益（MR）与边际成本（MC）来找出利润最大化的产量。表 5-2 的第五栏和第六栏为边际收益和边际成本。对于企业来说，边际收益是每销售一单位产量增加的收入，边际成本则是企业增加一单位产量多支付的成本。从表中可以看到，养鸡场利润最大化的产量在边际收益等于边际成本，即 $MR = MC$ 的水平，相应的每天生产 5 斤鸡蛋是企业利润最大化的产量。这是因为，当企业的产量在 $MR > MC$ 时，这表明养鸡场增加一单位产量所带来的总收益的增加量大于所付出的总成本的增加量，增加产量有利可图。如表 5-2 所示，养鸡场生产第 2 斤鸡蛋的边际收益为 6 元，而边际成本为 3 元，边际利润为 3 元。所以，只要产量在 $MR > MC$ 时，说明企业没有达到最优产量，应该继续生产。但是，当企业的产量在 $MR < MC$ 时，这表明养鸡场增加一单位产量所带来的总收益的增加量小于所付出的总成本的增加量，企业生产该单位产量是不利的，会减少利润。如表 5-2 所示，养鸡场生产第 6 斤鸡蛋的边际收益为 6 元，而边际成本为 7 元，利润减少 1 元。于是养鸡场会减少产量，减产虽然少得到一些收入，但也能省下一些成本。所以，只要产量在 $MR < MC$ 时，企业减少产量能够增加利润。

由此可见，只要边际收益和边际成本不相等，企业就会调整产量，直到寻找到能够带来最大利润的均衡产量，这个均衡产量就是 $MR = MC$ 的产量。如表 5-2 所示，养鸡场的最优产量为 5 斤鸡蛋，这是 $MR = MC$ 的产量。第 5 斤的产量养鸡场不赚也不亏，企业的总利润不增也不减，实际上是达到了最大值，再增加或减少一单位产量都可能导致利润下降。所以，$MR = MC$ 就是企业利润最大化的实现条件。这个条件是放之四海而皆准的，不仅适用于这里所说的完全竞争市场，也适用于下一章我们将研究的不完全竞争市场。

我们还可以用图形找到企业利润最大化的产量。如图 5-3 所示。竞争企业的需求曲线是一条由市场价格 P 出发的水平线，这条线同时也是企业的平均收益曲线（AR）和边际收益曲线（MR），边际成本曲线（MC）为先下降后上升的 U 形，这两条线相交于 E 点。我们可在图中寻找利润最大化的产量。假定企业的产量为 Q_1，在这种产量水平时，边际收益大于边际成本。也就是说，如果企业增加一单位产量，增加的收益（MR_1）会大

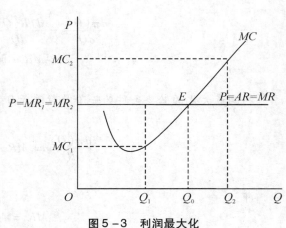

图 5-3 利润最大化

于增加的成本（MC_1），这时企业增加产量可以增加利润。同样的道理，如果企业的产量为 Q_2，这种情况下，边际收益小于边际成本。如果企业减少一单位产量，节约的成本（MC_2）将大于失去的收益（MR_2），这时企业减少产量可以增加利润。企业对产量的调整一直持续到产量达到 Q_0 为止，此时，边际收益等于边际成本，相应的产量 Q_0 就是企业利润最大化的产量。

需要注意的是，当企业根据 $MR = MC$ 的均衡条件选择最优产量时，并不意味着一定能获得利润。从更广泛的意义上讲，实现 $MR = MC$ 的均衡条件，可以使企业处于既定的成本和收益状况所给定的最好境况中。也就是说，如果在 $MR = MC$ 时，企业能够

获得利润，则它所得到的一定是相对最大的利润；相反，如果在 $MR = MC$ 时，企业是亏损的，那么，它所遭受的一定是相对最小的亏损。

知识拓展

利润最大化实现条件的数学证明

边际收益等于边际成本的利润最大化实现条件也可以用数学方法证明如下：

企业的目标是实现利润最大化。利润 π 等于总收益 TR 与总成本 TC 之差，即：

$$\pi = TR - TC$$

已知收益与成本都是产量 Q 的函数，利润也是产量的函数，所以，

$$\pi(Q) = TR(Q) - TC(Q)$$

对利润求一阶导数，可得：

$$\frac{d\pi(Q)}{dQ} = \frac{dTR(Q)}{dQ} - \frac{dTC(Q)}{dQ} = MR - MC$$

利润最大化的必要条件为一阶导数等于 0

$$\frac{d\pi(Q)}{dQ} = MR - MC = 0$$

即：

$$MR = MC$$

边际收益等于边际成本就是企业的实现利润最大化的均衡条件。这个条件具有普遍意义，无论在完全竞争市场，还是在不完全竞争市场，企业都是遵循这一原则决策的。

第二节 完全竞争企业的短期均衡

现在，我们讨论竞争企业的短期决策。在完全竞争企业的短期生产中，市场价格是给定的，因此，企业只需要考虑一个决策：生产多少。本节我们把收益曲线与成本曲线

结合起来，探讨竞争企业生产多少产量才是最优的。

一、短期均衡

我们知道，短期内竞争企业的不变要素投入量无法变动，即生产规模是给定的，企业只能在给定的生产规模下，通过改变可变要素的投入量来调整产量，以实现 $MR=MC$ 的利润最大化的均衡。下面我们分析企业如何在既定的生产规模下确定最优产量。

短期内，当企业遵循 $MR=MC$ 的原则确定其最优产量时，有可能获得利润，也可能亏损，究竟处于哪种情况，这与每个企业的技术水平和经营状况有关。技术水平和经营状况不同的企业，其成本也会不一样。因此，短期内即使各企业面临的需求曲线是相同的，但它们获取利润的情况也会不同。图 5-4 表示竞争企业短期均衡的三种情况。

在图 5-4（a）幅中，企业的技术水平和经营状况比较好。由于生产效率较高，市场价格高于企业的平均成本。根据 $MR=MC$ 的利润最大化条件，企业的最优产量在 MR 曲线和 MC 曲线的交点 E。由于价格大于平均成本，企业获得利润，即图中阴影部分的面积。

在图 5-4（b）幅中，企业的技术水平和经营状况一般。市场价格等于平均成本，企业的最优产量仍然在 MR 曲线和 MC 曲线的交点 E，该点正好与 AC 曲线的最低点重合，表明在均衡产量上，由于价格等于平均成本，企业收支相抵，没有利润，但实现了正常利润。由于在这一均衡点 E，企业没赚到钱，也无亏损，所以，该均衡点也被称为企业的收支相抵点。

在图 5-4（c）幅中，企业的技术水平和经营状况较差。市场价格低于平均成本，企业的最优产量在 MR 曲线和 MC 曲线的交点 E，该均衡点在 AC 曲线的下方。由于价格低于平均成本，企业面临亏损，其亏损量为图中阴影部分的面积。

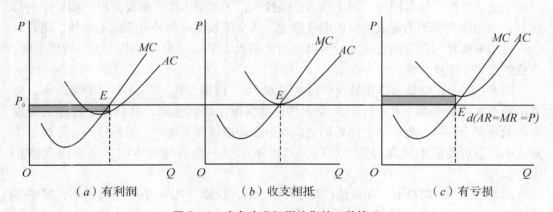

图 5-4 竞争企业短期均衡的三种情况

短期内，当价格低于平均成本，企业亏损，它应该怎么做？是继续生产？还是停止生产找其他的事情做？

通常人们的第一直觉是关闭企业，停止亏损。但这不一定是明智的选择。也许继续生产比关门歇业更为明智。这其中的原因是，短期内企业无法避免它引起的固定成本。

也就是说,短期内,即使没有产量,企业也必须支付固定成本,比如支付厂房和设备的租金,或者偿还银行的贷款利息。既然固定成本在任何情况下都必须支付,因此短期内企业亏损时必须考虑的问题是:如何选择会使亏损少一些?继续营业亏损少一些还是关门歇业亏损少?可用图5-5说明企业短期停止营业决策。

如图5-5所示,U形的平均可变成本(AVC)曲线位于AC曲线的下方,也是被MC曲线从下方穿过它的底部。该图说明,企业短期停止营业决策与固定成本没有关系,应当考虑的是产品价格和平均可变成本的关系。

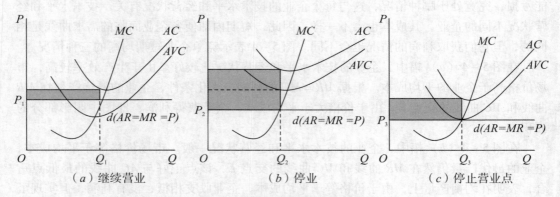

图5-5 企业短期停止营业决策

图5-5(a)幅显示,在最优产量水平Q_1上,价格(P_1)低于平均成本,企业是亏损的,其亏损量为图中的阴影面积。这种情况下企业应该停止生产吗?答案是否定的。因为在Q_1的产量上,价格大于平均可变成本($P>AVC$),所以,企业虽然亏损,但可以继续生产。这是因为,固定成本已经投入,无论是否生产都要支出。如果停止营业,企业的损失等于固定成本。而继续营业,其全部收益除弥补可变成本之外,还有剩余,可用来弥补一部分固定成本。所以,当价格大于平均可变成本但小于平均成本时,企业生产比不生产亏损会小一些。

图5-5(b)幅显示,在最优产量水平Q_2上,价格(P_2)不仅小于平均成本,而且小于平均可变成本($P<AVC$)。企业在这种情况下继续生产,其全部收益连可变成本都无法完全弥补,更谈不上弥补固定成本。企业应该停止生产,虽然停产后亏掉了固定成本,但可变成本可降为零。所以,当价格小于平均可变成本时,企业应该停止生产。

图5-5(c)幅显示,在最优产量水平Q_3上,价格(P_3)小于平均成本,但是等于平均可变成本最低点($P=AVC$)。显然,在Q_3的产量上,企业是亏损的,亏损为图中的阴影面积。此时,企业的全部收益刚好可以弥补可变成本,其亏损额等于固定成本。这种情况下,企业生产与不生产的结果都一样,亏损的都是固定成本,可变成本则不会有亏损。由于在这一均衡点上,企业处于停止营业的临界点,所以,价格等于平均可变成本最低点($P=AVC$)被称为停止营业点。

根据以上分析,完全竞争企业的短期决策条件为:

第一,短期均衡条件:$MR = MC = P$。企业按照这一条件决定产量,有利润时一定是相对最大的利润。有亏损时一定是相对最小的亏损。所以,该条件也被称为利润最大或亏损最小的均衡条件。

第二,短期可生产条件:$P \geqslant AVC$。短期内,企业若亏损,只要价格大于或者等于平均可变成本最低点,亏损状态下企业可以继续生产。

【即问即答】 为什么企业在短期亏损时仍然生产?在什么情况下不再生产?

案例分析

为什么航空公司会向顾客提供超低票价

当小王打开"去哪儿"网页的那一刻,他惊呆了。想坐飞机从西安回北京过春节的他,本来已经为可能的高票价做好了心理准备,但在打开网页的那一刻,进入他眼帘的却是10元的超低票价。而在其他的时间,最低票价更是低到了4元。

我们可以为航空公司算一笔简单的账:以波音737为例,这种飞机的每小时飞行成本大约为3万元,而从西安到北京的飞行时间约为1小时40分钟,因此单程飞行成本为5万元左右。这种机型的座位数大概为150个,因此每个座位的平均成本至少也在330元左右。那么问题就来了:既然每个座位的成本这么高,那么航空公司为什么又会提供10元的超低票价呢?

要回答这个问题,我们需要分析一下航空公司的成本结构。在飞行过程中,空乘人员工资、折旧费等固定成本项目构成了成本的主要部分,而多一个乘客带来的边际成本接近于0。对于航空公司来说,重要的不是固定成本,而是边际成本。这是因为,不管飞机满座还是空无一人,只要飞机起飞,固定成本是必须支付的。只要航空公司能以高于边际成本的价格多卖出一张票,他们就能多赚一份钱(或者少亏一份钱)。从这个角度看,那些远远低于平均成本的超低票价就变得容易理解了。事实上,小王选择的乘机时间在春节的前几天,这个时间从西安飞往北京的游客非常少,相关航线的飞机经常会出现大量空置。为尽可能地减少由于空置带来的亏损,航空公司就要努力用低票价吸引乘客,于是低于10元的票价就应运而生了。

资料来源:张维迎,《经济学原理》,西北大学出版社2015年版。

二、短期供给曲线

(一)企业的短期供给曲线

回顾第二章的内容,供给曲线表示在每一价格水平下企业愿意并且能够提供的商品量。在以上竞争企业短期产量决策分析的基础上，现在我们推导竞争企业向右上方倾斜的短期供给曲线。

如前所述，在完全竞争市场，$P = MR$，所以，完全竞争企业的短期均衡条件 $MR = MC$ 可以写成 $P = MC$。也就是说，在每一个给定的价格水平 P，企业可以通过观察 P 和 MC 曲线的交点来确定使利润最大化的产量。

如图 5-6 所示。当价格低于 P_1 时，企业停止生产。如果市场需求发生变动，市场价格上升了，企业会根据 $P = MC$ 的原则确定最优产量。比如，当价格为 P_1 时，企业的最优产量是 Q_1，Q_1 是价格（P_1）等于边际成本的产量。当价格上升为 P_2 时，企业发现，在 Q_1 的产量水平上现在价格（P_2）大于边际成本，因此企业会增加生产。新的最优产量是 Q_2，此时边际成本等于更高的价格（P_2）。如果价格上升到 P_3，那么，在 Q_2 的产量水平上价格（P_3）又大于边际成本，企业继续生产，最优产量增加到 Q_3，这时边际成本等于更高的价格（P_3）。

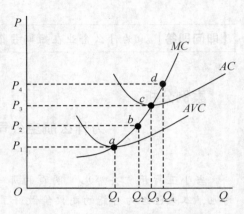

图 5-6　企业的短期供给曲线

当价格继续上升到 P_4，利润最大化的产量从 Q_3 增加到 Q_4……可以看到，当市场价格分别为 P_1、P_2、P_3、P_4 时，企业根据 $P = MC$ 的原则，选择的最优产量顺次为 Q_1、Q_2、Q_3、Q_4。边际成本曲线（MC）上的 a、b、c 和 d 表示了这些不同的价格水平与企业不同的最优产量之间的对应关系。只要价格高于平均可变成本曲线最低点（$P \geqslant AVC$），企业就愿意生产。而在价格小于平均可变成本（$P < AVC$）时，企业会停止生产。因此，商品价格和企业最优产量点的组合，都出现在 MC 曲线上大于和等于 AVC 曲线最低点的部分，这部分 MC 曲线准确地表现了和一定价格相对应的企业短期最优产量之间的一一对应关系。所以，竞争企业的短期供给曲线就是 MC 曲线大于和等于 AVC 曲线最低点（停止营业点）部分。由于这部分 MC 曲线向右上方倾斜，所以，竞争企业的短期供给曲线向右上方倾斜，表示价格上升，企业的供给量增加；价格下降，企业的供给量减少。

至此，我们从完全竞争企业利润最大化的产量决策中推导出企业向右上方倾斜的短期供给曲线，从而对第二章所描绘的单个企业的供给曲线向右上方倾斜的现象给出解释。这一解释说明，企业的产量是在既定价格水平下能够给它带来最大利润或最小亏损的产量。

（二）完全竞争行业的短期供给曲线

由竞争企业的短期供给曲线，可以推导出行业的短期供给曲线。我们知道，同一个产品通常有多个企业同时生产，行业的供给量就是行业内所有企业供给量的加总，行业供给曲线则表示该行业所有企业在各种价格下愿意提供的产量。以养猪行业为例，我们用两家养猪场代表该行业的无数家企业，每个企业都具有相同的短期供给曲线，用图

5-7中的MC_1、MC_2表示。当生猪价格为P_0时，Q_1和Q_2为每个养猪场按照边际成本等于价格的原则提供的产量，生猪的市场供给量为所有单个企业的供给量之和（Q_1+Q_2），我们把市场上每个企业的供给量进行水平加总，就得到和P_0的市场价格相对应的市场供给量。当然，行业内的养猪场不止两家，每个企业的短期供给曲线也不同。但是推导行业供给曲线的方法却是不变的。无论市场上有2家企业还是有2 000家企业，也无论这些

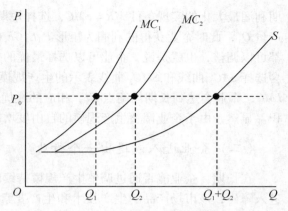

图5-7 横向加总获得行业的短期供给曲线

企业的边际成本是否相同，把每个企业在每一价格下愿意供给的数量加总，就会得到一组表示边际成本与价格相等的产量点，把它们连接起来就是行业供给曲线。因此，竞争行业的短期供给曲线是由该行业所有企业短期供给曲线的水平加总得到的。行业供给曲线上与每一个价格水平相对应的供给量，都是行业内所有企业在该价格水平下获得的利润最大或亏损最小的最优产量。从图5-7中可以看出，行业供给曲线比企业供给曲线更平坦，表明行业供给的弹性更大。

第三节 完全竞争企业的长期均衡

以上分析了竞争企业短期利润最大化的生产决策，下面我们来讨论竞争企业长期利润最大化的生产决策。长期生产中竞争企业的所有生产要素都是可变的，企业通过对生产要素的调整，来实现$MR=MC$的利润最大化的产量。

一、长期均衡的形成

竞争企业在长期中对生产要素的调整表现为两个方面，一是对最优生产规模的选择，二是企业进入或者退出一个行业的决策。

（一）企业对最优生产规模的选择

如图5-8所示。完全竞争的市场价格为P_0，在短期内，假定企业已拥有的生产规模用SAC_1曲线和SMC_1曲线表示。既定的生产规模下，企业会根据短

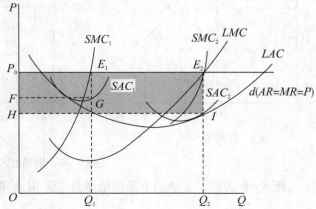

图5-8 长期中企业对生产规模的选择

期利润最大化的实现条件 $MR = SMC$，选择短期边际成本 SMC_1 与价格 P_0 相等时对应的产量 Q_1，此时企业获得的利润为矩形 P_0E_1GF 的面积。但在长期，企业所有的要素投入都可以调整，也就是说，企业可以选择最优的生产规模，获得更多的利润。因此，企业会选择 SAC_2 曲线和 SMC_2 曲线表示的生产规模。根据长期利润最大化的实现条件 $MR = LMC$，企业会达到长期均衡点 E_2，相应的最优产量为 Q_2，企业利润为矩形 P_0E_2IH 的面积。显然，由于企业调整生产规模的自由度增加，利润变得更大了。

（二）企业进入或退出一个行业

在长期，企业能否通过调整生产规模持续的赚取利润呢？可以设想，如果市场没有进入障碍，该市场产品的生产技术和生产要素所有企业都可以以同等条件（价格）获得，企业不可能持续地赚取利润。这是因为，利润的存在会吸引新企业进入；如果发生亏损，企业一定会退出市场。下面我们分析企业在长期进入或退出一个市场如何引起市场供给曲线的移动，以及对价格、产量和利润的影响。我们仍然以生猪市场为例，因为生猪市场只有很低的进入障碍，启动时只需要建猪圈和购买猪苗。

我们先来看新企业进入市场的情况。如图 5-9 所示。假设市场上所有的养猪场都掌握相同的技术，拥有同样的成本曲线。(a) 幅显示，当生猪市场需求曲线 D 与市场供给曲线 S_1 相交于 E_1，决定生猪的市场价格为 P_1。(b) 幅显示，在 P_1 的价格水平上，企业根据价格等于边际成本（$MR = LMC$）的原则决定产量，利润最大化的均衡点为 E_1，企业的最优产量为 Q_1。此时，企业获得利润。利润的存在为新企业的进入提供了激励，因为你的利润就是其他企业的机会成本，如果你获得的利润高于别人，那是别人在亏损，他们会转行进来与你竞争。随着行业内企业数量的逐步增加，市场上生猪的供给会增加，市场价格逐步下降，一直下降到价格（P_0）等于长期平均成本（LAC），新企业的进入才会停止。此时，企业的最优产量为 Q_0。在这一产量水平上，利润消失了，企业只获得正常利润。

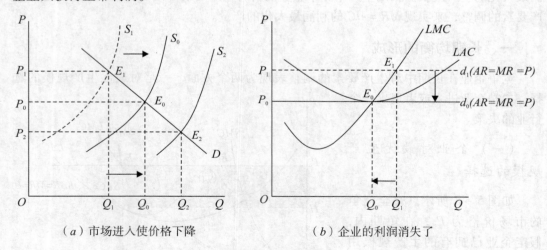

（a）市场进入使价格下降　　　　　　（b）企业的利润消失了

图 5-9　市场进入

图 5-9 表明，生猪的市场供给增加了，但养猪场的产量减少了。这是因为，随着

生猪市场价格的下降，每个企业都沿着其供给曲线（边际成本曲线）向下移动，企业的产量减少。但由于市场中企业的数量增加，整个市场的产量更多了。

企业进入市场的一个例子是个人电脑市场。20 世纪 70 年代后期，苹果公司首先向家庭提供个人电脑，那时竞争很少，个人电脑的价格很高，给早期的电脑制造商带来了巨大的利润。这吸引了一大批追求利润最大化的企业（如 IBM、康柏、戴尔、夏普、联想等）进入个人电脑市场。个人电脑市场大量新企业的进入使得该市场供给曲线向右移动，个人电脑的价格和所有企业的利润都下降了。

再来看企业退出市场的情况。如图 5-10 所示。假设养猪场的成本和市场需求与以前一样，但现在生猪市场的供给曲线为 S_2。（a）幅显示，市场需求曲线 D 与市场供给曲线 S_2 相交于 E_2，决定生猪的市场价格为 P_2，P_2 的价格低于 P_0。（b）幅表明，在 P_2 的价格水平上，企业根据价格等于边际成本（$MR = LMC$）的原则决定产量，利润最大化的均衡点为 E_2，企业的最优产量为 Q_2。此时，企业是亏损的，最优产量意味着亏损最小化。由于现在企业的收益不足以弥补其平均成本，这使亏损企业选择退出市场。随着行业内企业数量的减少，市场上生猪的供给就会减少，市场价格逐步上升，一直上升到价格（P_0）等于长期平均成本（LAC），企业的退出才会停止。此时，企业的最优产量为 Q_0。在 Q_0 的产量水平上，亏损消失了，企业获得正常利润。

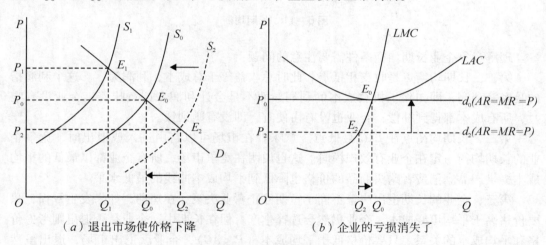

（a）退出市场使价格下降　　　　（b）企业的亏损消失了

图 5-10　退出市场

企业退出市场的一个例子是我国的猪肉市场。2007 年之前，由于养猪市场竞争激烈，猪肉价格大幅度下跌，很多农户因赔钱而放弃养猪，一些养猪场也大量宰杀母猪。企业的退出减少了生猪的供给，猪肉的市场价格逐渐上升，那些没有退出的企业实现收支相抵。

根据以上分析，只要市场价格高于平均成本最低点，企业有利润，就会诱惑其他企业进入市场；只要市场价格低于平均成本最低点，企业有亏损，亏损企业就会选择退出市场。这种调整一直持续到价格等于长期平均成本最低点为止，即图 5-11 中的 P_0。在这一价格水平上，企业既无利润，也无亏损，但都实现了正常利润。此时，企业没有进入或退出该市场的动力，行业内的每个企业都实现了长期均衡。

图 5-11（b）幅中的 E_0 为完全竞争企业的长期均衡点。在该均衡点，企业的需求曲线 d 和 LAC 曲线最低点相切，说明价格等于最低的长期平均成本，相应的 MC 曲线经过该点，这样，我们得到完全竞争企业的长期均衡条件：$P = MR = LMC = LAC$。此时，所有企业都是零利润。

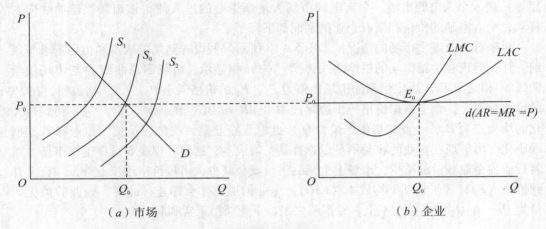

图 5-11 长期均衡

理解竞争企业长期均衡条件需要注意的问题：

第一，长期均衡点是收支相抵点。此时总收益等于总成本，利润为零。这个利润指的是经济利润，即扣除了机会成本的利润，而不是会计利润。这意味着：企业没有吃亏，所有成本都得到补偿；企业也没有占便宜，即没有赚到钱。

第二，长期均衡点在 LAC 最低点。意味着在市场可以自由进入或退出时，竞争企业的长期均衡一定在企业有效规模时。这也说明在竞争市场，所有企业都以最低的平均成本提供产品。消费者购买商品的价格也降低到平均成本曲线的最低水平。

第三，企业的长期退出决策不同于短期停止营业决策。在短期，如果发生亏损，只要价格高于平均可变成本，企业仍然会选择生产。但在长期中，企业是否退出则考虑价格和平均成本的关系。只要价格低于平均成本（$P < AC$），企业就退出市场，退出虽然会使企业失去收益，但企业不必支付成本。只要价格高于平均成本，即 $P > AC$，有利可图，企业就会进入市场。因此，竞争企业的长期均衡一定在其平均成本的最低水平。

第四，竞争企业长期供给曲线是收支相抵点以及该点以上的边际成本曲线。

【即问即答】 什么时候一家利润最大化的竞争企业决定停止营业？什么时候一家利润最大化的竞争企业决定退出市场？如果竞争企业获得零利润，为什么它们还在经营？

二、行业的长期供给曲线

在分析企业长期均衡的实现过程后,我们可以推导完全竞争行业的长期供给曲线。因为竞争企业进入和退出市场的过程影响了市场供给,而市场供给的变化会对生产要素市场的需求产生影响,进而影响投入要素的价格和企业成本。根据行业供给变动所引起的要素价格和成本变动的不同情况,我们可以把完全竞争行业划分为成本不变行业、成本递减行业和成本递增行业。下面我们推导这三类行业的长期供给曲线。

(一) 成本不变行业的长期供给曲线

成本不变行业是指具有水平的长期供给曲线的行业。这类行业的产量变化所引起的生产要素需求的变化,不对生产要素的价格发生影响,因而行业中各企业的长期平均成本不受整个行业产量变化的影响,无论产量如何变化,长期平均成本是基本不变的。如图 5-12 所示。

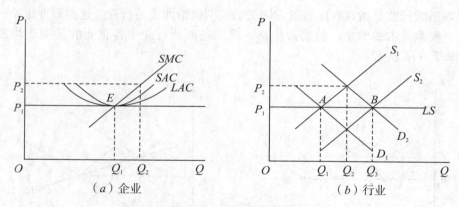

图 5-12 成本不变行业的长期供给曲线

在图 5-12 (b) 幅,市场需求曲线 D_1 和市场短期供给曲线 S_1 的交点 A 为行业的长期均衡点,该点决定的市场均衡价格为 P_1,行业的均衡产量为 Q_1。图 5-12 (a) 幅显示,在 P_1 的市场价格水平上,竞争企业在 LAC 曲线的最低点 E 实现长期均衡,因为此时不会再有企业的进入和退出,企业的均衡产量为 Q_1,每个企业的利润为零。

假设市场需求增加,(b) 幅中的 D_1 曲线向右移动到 D_2,与原来的市场供给曲线 S_1 相交,相应的市场价格由 P_1 上升到 P_2。(a) 幅中,在较高的 P_2 价格下,企业短期内沿着既定的生产规模 SMC 曲线,将产量从 Q_1 增加到 Q_2,并获得利润。有利润长期中会诱使新企业进入该行业,导致行业供给增加。这会产生两方面的影响,一方面,企业对生产要素的需求增加了,但在成本不变的行业,生产要素的价格不变,企业的成本曲线的位置也不变。如 (a) 幅所示。另一方面,(b) 幅显示,行业供给的增加使 S_1 曲线向右移动,这使市场价格逐步下降,企业的利润也逐渐下降,这个过程一直持续到 S_1 曲线移动到 S_2 曲线的位置。此时,市场价格又回到原来的长期均衡价格水平 P_1。(a) 幅显示,单个企业又在原来的 LAC 曲线的最低点 E 实现长期均衡。(b) 幅中,D_2

曲线和 S_2 曲线的交点 B 是行业新的长期均衡点。在新的长期均衡点 B，市场均衡数量增加到 Q_3，因为行业内企业的数量增加了。但（a）幅中可以看出，行业内企业的均衡产量仍然在 Q_1 的水平。连接（b）幅中 A、B 这两个长期均衡点的直线 LS 就是行业的长期供给曲线。成本不变行业的长期供给曲线是一条水平线。它表示：随着市场需求的增加，行业的长期均衡产量会增加，但长期均衡价格不变。

成本不变的行业一般是小行业。小行业在经济中所占比重很小，所需生产要素在全部生产要素中所占的比例也很小，从而行业的产量变化不会对生产要素的价格发生影响。比如，浙江义乌的袜子市场，该行业使用的原材料（如棉花）是完全竞争市场，棉花没有垄断性，在要素市场所占份额很小，因而供给是充分的。从而在行业的需求增加时，该行业产量的增加不会引起生产要素价格上升，成本不变，长期供给价格也不变，供给曲线就是一条水平线。

（二）成本递减行业的长期供给曲线

成本递减行业是指具有向右下方倾斜的长期供给曲线的行业。这类行业供给的增加引起生产要素需求的增加，但要素价格下降，进而使行业中各企业的长期平均成本下降。如图 5-13 所示。

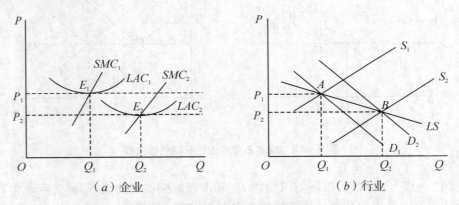

图 5-13 成本递减行业的长期供给曲线

在图 5-13（a）幅中，起初单个企业的长期均衡点 E_1 和（b）幅中行业的长期均衡点 A 是相对应的。它们表示：在市场均衡价格 P_1 的水平上，企业在 LAC_1 曲线的最低点实现长期均衡，每个企业的利润为零。

假设市场需求增加，（b）幅中的 D_1 曲线向右移动到 D_2，与原来的市场供给曲线 S_1 相交，相应的市场价格上升。在此价格下，企业短期内仍将以 SMC_1 所代表的生产规模生产，并获得利润。有利润会吸引新企业进入该行业。随着行业内企业数量的增加，该行业供给增加。一方面，行业供给增加导致对生产要素需求的增加，却使得生产要素的价格下降，从而使（a）幅中的 LAC_1 曲线和 SMC_1 曲线的位置向下移动，达到 LAC_2 曲线和 SMC_2 曲线的位置。另一方面，如（b）幅所示，行业供给增加直接使 S_1 曲线向右移动到 S_2 曲线的位置，从而分别在图 5-13 中的 E_2 点和 B 点实现企业的长期均衡和行业的长期均衡为止。此时，D_2 曲线和 S_2 曲线决定新的市场均衡价格 P_2，企业在 LAC_2 曲线的最低点实现长期均衡，每个企业又恢复到零利润。连接 A、B 这两个行业长期均衡点的线 LS 就是行业的长期供给曲线。成本递减行业的长期供给曲线是向右下方倾斜的。它表示，在长期的需求和供给调整过程中，随着行业的产量增加，产品价格下降。市场需求增加引起长期均衡价格下降和长期均衡产量增加。

那么，长期中为什么市场需求和供给的增加会使均衡价格下降呢？有以下两个原因。

第一个是技术进步的结果。长期中，各行业不断出现新技术。新技术使企业能够以较低的成本生产，使得在新的长期均衡时，均衡价格有所下降，企业仍然能够承受较低的价格。例如，信息技术的进步降低了计算机的生产成本，水稻优良品种的培育和应用降低了粮食的生产成本。当技术进步降低了生产成本时，竞争市场上产量增加，而价格是下降的。

第二个与"**外部经济**"有关。"外部经济"是指当某企业所处的行业规模扩大，所导致的企业平均成本呈下降趋势。平均成本下降的原因是由于行业的扩大，市场里聚集大量的同行企业，这些企业之间积极互动会带来外部经济的结果。可从三个方面说明市场类聚为什么会导致企业平均成本的下降。第一，类聚可以节省信息费用。也就是说，同质量的产品类聚在一起，不仅可以节省广告费，还能够减少买者判断产品质量差异的费用。例如，浙江义乌的袜子市场聚集着大量同行企业，它们都是些名不见经传的小店。这些小店孤零零地开在一个地方，就得想办法宣传自己，吸引顾客来购买商品。这宣传所费的成本就是信息费用。但现在这些小店聚集在义乌小商品市场，所有人一旦要大批购买袜子就会想到那里，就会自然而然地看到位于那里的小店，小店就节省了宣传自己的信息费用。第二，类聚可获得专业化带来的成本下降的好处。仍以义乌袜子市场为例，那里有专门从事运输的独立企业，为顾客运送袜子，这使得袜子店节省了养车队的成本。义乌袜子市场之所以会出现独立的运输企业，是因为那里聚集了大量的个体经营者，业务量庞大，因专门经营运输，有成本上的比较优势，这显然也是整个产业规模足够大而带来的成本下降的好处。第三，类聚可方便同行企业互相合作，从而降低合作的交易费用。像义乌袜子市场这样的专业批发市场就明显地存在着合作销售行为。光顾这类市场的熟客往往不会费劲去逛完那么大的批发市场以逐一查找他所需要的商品，而是直接走进一家他已建立起长期而良好的关系、彼此信任的店铺，说出他的需求。如果这家店没有货，店主就会拨个电话给有货的同行，让他们送过来。这些都会降低小商品的平均成本，使这些小企业享受到外部经济的好处。相似的例子还有我国农村出现的农业专业化分工协作的发展趋势，有的农民成为专业化种粮大户，有的专业化于农机服务、收割服务或施肥施药服务。这些农业专业合作组织相互之间优势互补、各显其能，其外部经济效应必将日益显现出来。

（三）成本递增行业的长期供给曲线

成本递增行业是指具有向右上方倾斜的长期供给曲线的行业。这类行业供给的增加引起生产要素需求的增加，会导致生产要素价格的上升，进而使行业中各个企业的长期平均成本上升。如图 5-14 所示。

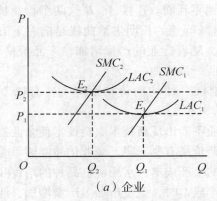
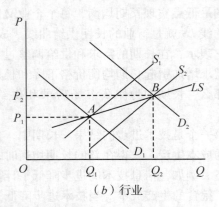

图 5-14　成本递增行业的长期供给曲线

在图 5-14（a）幅中，起初单个企业的长期均衡点 E_1 和（b）幅中行业的长期均衡点 A 是相对应的。它们表示：在市场均衡价格 P_1 的水平上，企业在 LAC_1 曲线的最低点实现长期均衡，每个企业的利润为零。

如图 5-14（b）幅所示，如果市场需求增加，D_1 曲线向右移动到 D_2，与原来的市场供给曲线 S_1 相交，形成更高的价格水平。较高的价格使企业获得利润，这在长期中会吸引新企业进入该行业，行业供给增加。一方面，行业供给增加会增加对生产要素的需求，使得生产要素的价格上升。（a）幅显示，这使得原来的 LAC_1 曲线和 SMC_1 曲线的位置向上移动到 LAC_2 曲线和 SMC_2 曲线的位置。另一方面，如（b）幅所示，行业供给增加直接使 S_1 曲线向右移动到 S_2 曲线的位置。上述两方面的变动一直持续到企业在 E_2 点实现长期均衡和行业在 B 点实现长期均衡为止。此时，D_2 曲线和 S_2 曲线决定新的均衡价格 P_2，企业在 LAC_2 曲线的最低点实现长期均衡，每个企业又恢复到零利润。连接 A、B 这两个行业长期均衡点的线 LS 就是行业的长期供给曲线。成本递增行业的长期供给曲线是向右上方倾斜的。它表示，在长期的需求和供给调整过程中，随着行业的产量增加，产品价格上升。市场需求增加引起长期均衡价格上升和长期均衡产量增加。

导致行业长期供给曲线向右上方倾斜的原因有两个。第一个原因是，用于生产的资源有限。以农产品市场为例。土地资源是有限的，随着经济发展，可供耕作的农业用地减少，这使农业土地的价格上升，增加了农民的成本。因此，随着农产品需求和供给的增加，农产品价格会上升。行业长期供给曲线向右上方倾斜。第二个原因是，企业的成本各不相同。以箱包市场为例。任何企业都可以进入箱包市场，但并不是任何企业都有相同的成本，因为各个企业的技术条件和管理水平存在差异。在既定的市场价格下，那些成本较低的企业会率先进入市场。随着市场需求增加，为了增加箱包的供给量，必须鼓励高成本的企业进入市场，而这些成本较高的企业进入市场后要能够有利可图，价格就必须上升。所以，行业的长期供给曲线向右上方倾斜，表示长期中供给和需求调整的结果引起产量增加和价格上升。

在现实经济中，成本递增的行业普遍存在，所以，向右上方曲线的长期供给曲线常被用于经济分析。

> 【即问即答】 长期中,企业可以自由进入或退出市场,均衡时,市场价格等于边际成本还是平均成本,还是与两者都相等?或者是都不等?用图形解释。

三、生产者剩余

生产者剩余是与消费者剩余相对应的概念。消费者剩余是指买者参与市场交易得到的利益。生产者剩余则是指卖者参与市场交易获得的利益。这两个概念通常结合在一起使用,用来分析市场经济效率和社会福利问题。

(一) 边际成本、最低价格与供给曲线

以老王卖馒头为例。老王为生产馒头所付出的代价是成本,包括购买面粉、厨具等支出。回顾第四章的内容,企业每多生产一单位产量增加的成本是边际成本,而边际成本是老王生产1单位馒头必须得到的最低价格,它决定了老王提供的产量。第二章曾指出,如果从横轴表示的数量出发解释供给曲线,供给曲线上的点可理解为生产者每提供额外一单位产量所愿意接受的最低价格,也就是生产者每提供一单位产量所付出的代价,这个代价就是边际成本。如图5-15所示,当老王每天生产3 000个馒头时,馒头的价格为3元,这是老王所能接受的最低价格,刚好等于他生产第3 000个馒头的边际成本。老王拒绝以低于3元的价格出售馒

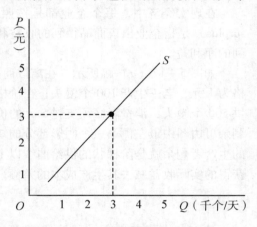

图5-15 供给、最低价格与边际成本

头。因此,供给曲线就是企业的边际成本曲线。随着产量的增加,边际成本递增,因而供给曲线向右上方倾斜。

假设商品是离散的,如图5-16 (a) 幅所示,生产者向市场提供的第一单位产量的边际成本可由最左边的第一个矩形面积表示,生产者提供第二单位产量的边际成本则可由左边第二个矩形面积表示。以此类推,生产者对第Q_0单位商品付出的全部成本可用从左至右的矩形面积之和表示。可以看出,供给曲线表现为阶梯状,这是供给曲线的离散化形式。

若商品是连续变量,生产者向市场提供的商品数量可无限细分,即横轴的单位划分得足够细,那么,图5-16 (a) 幅中相邻的矩形会变得非常狭窄,供给曲线则表现为一条平滑地向右上方倾斜的直线。生产者提供Q_0单位商品所付出的总成本可用图5-16 (b) 幅阴影部分的梯形面积表示。

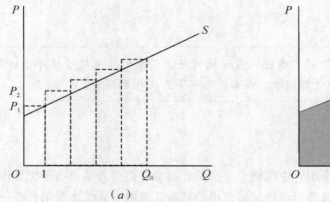
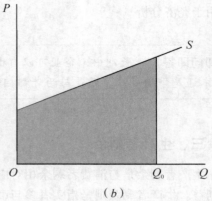

图 5-16　生产的代价与供给曲线

（二）生产者剩余与供给曲线

在现实经济中，每个企业都是按照市场价格获得收益的。**生产者剩余**（producer surplus）是指企业出售商品得到的收益和其成本的差额。它衡量了企业参与市场交易得到的净利益。

如图 5-17（a）幅所示。在离散商品的情况下，供给曲线为阶梯状。假定馒头价格为 1 元，老王生产 100 个馒头；在价格为 2 元时，他生产 200 个馒头。如果让老王提供 500 个馒头，消费者必须支付 5 元的价格。这样，老王从 100 个馒头中获得的生产者剩余可由图中最左侧第一个阴影部分的矩形面积表示。他每天生产 500 个馒头，所得到的生产者剩余就是阶梯状的供给曲线以上、市场价格线以下的阴影面积，这刚好是老王获得的实际收益减去其生产成本的差额。

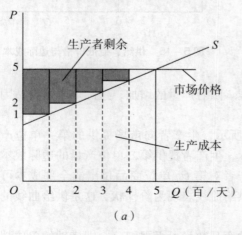
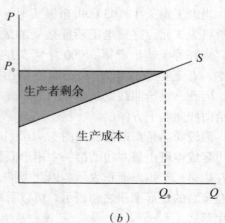

图 5-17　生产者剩余及其衡量

如果馒头是连续而非离散的，即市场提供的馒头数量可以无限小，供给曲线表现为一条平滑的直线。生产者剩余就是图 5-17（b）幅中市场价格线以下、供给曲线以上的三角形阴影面积，它是表示生产者总收益的矩形面积减去表示生产成本的梯形面积之差。

在经济学中，生产者剩余通常用来衡量企业参与市场交易所获得的利益，它构成社会福利的一个重要组成部分。

（三）价格上升对生产者剩余的影响

图 5-18 表示当市场价格提高时生产者剩余的变化。在（a）幅中，市场价格为 P_1，供给量为 Q_1，生产者剩余为市场价格线以下和供给曲线以上的三角形阴影面积。当市场价格从 P_1 上升到 P_2 时，（b）幅显示，供给量从 Q_1 增加到 Q_2，生产者剩余是市场价格线以下、供给曲线以上的面积（$A+B+C$）。新增的生产者剩余有两部分。一部分是浅色阴影部分的矩形面积 B，它代表原来的生产者现在按照更高的价格出售商品而增加的生产者剩余。另一部分是深色三角形面积 C，它代表价格上升后新的生产者进入市场得到的生产者剩余。

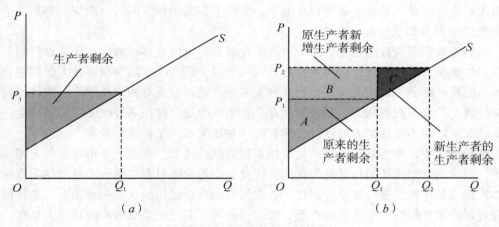

图 5-18　生产者剩余的变化

【即问即答】　画出电脑的供给曲线。在图中标出某品牌电脑的价格并说明该价格下的生产者剩余。说明生产者剩余衡量的内容。

第四节　完全竞争市场的效率

以上分析了完全竞争市场是如何运行的。现在，我们评价完全竞争市场的运行效果，即竞争市场均衡时产量是否有效率。

一、资源有效配置与帕累托效率

"效率"是经济学的核心概念。经济学把市场机制自发调节实现的资源最优配置状态称为"**帕累托效率**"（Pareto efficiency）。因为它是 19 世纪意大利经济学家维弗雷多·帕累托提出的。帕累托效率是指不可能通过资源的重新配置，达到使某个人的境况变好、而不使其他任何人境况变差的结果。换句话说，当一个社会没有一个人能够做到"利己而不损人"，这个社会就处于"帕累托效率"的状态。假如一个社会的财富全部集中在一个人手中，而其他人一无所有，这时经济就处在帕累托效率状态。因为在社会财富总量既定时，当我们想增加一个穷人收入的时候，至少要使富人的收入有所下降才行。因此，当不使一个人状况变差，就不能使任何一个人的状况变好，就是经济学理解的帕累托效率。

与帕累托效率相关的一个概念是"**帕累托改进**"（Pareto improvement），它是指可以通过资源的重新配置，达到使某个人的境况变好、而不使其他任何人的境况变差的结果。在市场经济中，每天都在发生帕累托改进。例如，当你花 1 元钱买一个馒头，那么这个馒头给你带来的好处用货币衡量肯定超过 1 元，否则你不会购买它。因此，购买馒头使你的福利增加了。对馒头店老板来说，1 元的价格高于这个馒头的价值，否则他也不愿卖给你。因此，老板的福利也增加了。实际上，买卖双方的每一次交易都是一个帕累托改进（双方都从交易中获益）。

我们怎么判断资源配置是否处于最优配置状态？可以这样理解：对于某种资源配置状态，如果所有的帕累托改进都不存在，也就是说，任何改变除非损害他人的利益，否则不可能使一部分人的境况变好，则这种资源配置状态就具有帕累托效率。或者说，对于某种既定的资源配置状态，只要仍然存在帕累托改进，存在某种改变可以使至少一个人的状况变好而不使任何人的状况变坏，则这种状况就不是帕累托效率。

在经济学中，市场效率就是满足了帕累托效率的状态。如果一个市场不具有帕累托效率，则说明这个市场运行是有问题的。因此，市场效率只有在每一个可能的帕累托改进都发掘以后才能实现。如果资源在企业之间的配置已经达到这样一种状态，即任何重新配置都会至少降低一个企业的产量，那么，这种状态就是最有效率的状态。显然，帕累托效率是经济中的一个十全十美的状态。现实中，没有一个经济能够实现所有的帕累托改进，因而也就意味着没有一个社会能够实现完全的市场效率。帕累托效率的意义在于，它在经济学中是一个重要的参照系，经济学的很多问题都可以被看成是在研究如何发掘所有的帕累托改进，从而向帕累托最优状态靠近。

案例分析

小学停办多年，教育经费照领

青海省化隆县石大仓乡大加沿村的小学早在 12 年前就因为没有教师而不得不关闭了，但在青海省教育厅的记录里，这所小学现在仍有 80 名学生，每年还按计划领取经费。

在大加沿村，记者见到村里的小学已经被改成了羊圈，教室窗户上没有一块玻璃，有的教室山墙已经倒塌。村民们说，现在离村最近的一所小学在三四公里以外，前往学校的路上要过两条沟岔和一条河，这条路冬季冰雪堆积，夏季则经常发生山洪，村民们害怕孩子在路上出意外，各家都是等孩子长到12岁才送去上学，现在村里7至12岁的适龄儿童共有37名，都在家里帮父母干家务活。

大加沿村小学已经停办了12年，但记者在采访中发现，在教育部门的记录里这所学校却赫然在列。在青海省教育厅项目工作办公室，记者见到的一份资料记载：大加沿村小学在校生80人，教师3人，校舍面积276平方米。教育厅一位工作人员告诉记者，对于在教育厅备案的学校，国家每年都给每个学生拨付50元的公用资金，另外还有"两免一补"等项目的相关费用。

上述事例说明，完全由政府出资办教育，由于政府无法很好地监督学校行为，因而可能出现教育资源低效率使用的状态。美国的实证研究表明，在美国，资金来源中政府出资比例相对高的学校，其效率却相对低。

资料来源：陈钊、陆铭，《微观经济学》，高等教育出版社2008年版。

二、竞争市场的效率

完全竞争市场均衡的结果是有效率的吗？为了回答这个问题，我们需要借助于消费者剩余和生产者剩余的概念。我们将消费者剩余和生产者剩余的总和称为总剩余。既然消费者剩余和生产者剩余分别度量买卖双方参与市场交易所得到的福利水平，那么，总剩余就是一个度量全社会福利水平的可行指标。总剩余最大意味着商品被对其评价较高的消费者得到，并且以尽可能低的成本来生产，资源得到最优的配置。所以，使总剩余最大的结果被称为有效率的结果。现在，我们运用竞争市场均衡模型，以消费者剩余和生产者剩余为基本工具，来说明竞争市场如何实现资源的有效配置。

如图5-19所示。消费者剩余为市场价格线以上和需求曲线以下的深色三角形面积，生产者剩余则等于市场价格线以下供给曲线以上的浅色三角形面积。因此，需求曲线和供给曲线之间的全部阴影面积代表总剩余。

现在，我们来看完全竞争市场均衡的资源配置是否有效率。图5-19表明，当市场均衡时，那些对物品的评价大于价格的买者（由需求曲线上的 EA 段表示）都买到了物品；那些对物品的评价小于价格的买者（由需求曲线上的 ED 段表示）不愿购买物品。同样，那些成本低于价格的卖者（由供给曲线上的 EB 段表示）选择生产并销售物品；那些成本高于价格的卖者（由供给曲线上的 ES 段表示）选择不生产。在市场调节下，所有具有较高支付意愿的买者都得到了物品，

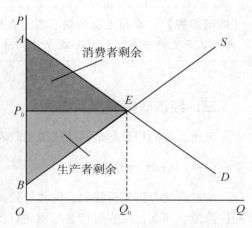

图5-19 竞争市场均衡实现了最大的总剩余

所有以低于市场价格的成本生产物品的企业都参与了生产。当供给量和需求量达到均衡的情况下，买卖双方已经不能再产生使社会福利增加的交易，也就是说，不能再通过增加或减少产量来增加总剩余，这时，消费者剩余与生产者剩余之和达到最大。所以，完全竞争市场均衡时，其资源配置结果是有效率的。

图 5-20 表示市场无效率的情况。需求曲线 D 表示买者的支付意愿，供给曲线 S 表示卖者的成本。当市场交易量在低于均衡水平的 Q_1 时，消费者愿意支付的最高价格 P_D 高于市场均衡价格 P_0，生产者索要的最低价格 P_S 低于市场均衡价格 P_0，显然，消费者的支付意愿大于生产者的成本。这说明，资源没有配置到对其评价最高的生产中来，此时的总剩余为图中阴影部分的面积。与图 5-19 相比，总剩余减少了，减少的部分就是图 5-20 中空白三角形 D_1ES_1 的面积。这个三角形面积代表产量偏离市场均衡时的社

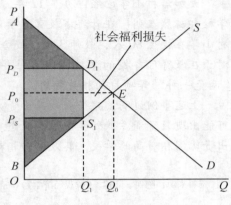

图 5-20　市场无效率

会福利损失。这意味着，如果生产者增加产量并以低于 P_D 而高于 P_S 的价格出售给消费者，那么，买卖双方各自的福利水平都能够得到增进。所以，只要市场的交易量小于均衡数量 Q_0，企业会增加生产，这种增加一直持续到买卖双方在均衡价格处开展交易，均衡的交易量到 Q_0 为止。社会总福利达到了最大，即已不能在增加一方的利益时不损害另一方利益而改变总剩余，市场总剩余实现了最大化。从这一意义上讲，处于均衡状态的市场是"有效"的，它表明资源得到有效配置。

效率问题之所以重要，并非因为它是人们追求的一个目标，而在于它使我们能最大限度地实现其他所有目标。只要市场偏离均衡，我们总能设法增加总剩余。总剩余增加了，我们就得到了很多可以从事其他事情的资源。而当市场偏离均衡时，就必然存在资源的浪费，而浪费对于资源稀缺的社会来说总是一件不好的事情。

【即问即答】　画出电脑的供求图。在均衡时，说明消费者剩余和生产者剩余。解释为什么多生产一台电脑就会减少总剩余。

三、经济政策和福利损失

下面，我们用总剩余的变化说明政府的经济政策对资源配置和社会福利的影响。

（一）税收的福利损失

第二章的分析告诉我们，税收导致商品价格上升，会减少消费者的需求量和生产者的供给量。那么，税收对社会总福利有什么影响呢？我们来观察税收导致的总剩余的变

化。如图 5-21 所示，由于征税，消费者支付的价格由 P_0 上升为 P_D，生产者得到的价格由 P_0 下降到 P_S。此时，市场交易量为 Q'。与原来的均衡相比，消费者剩余的减少由面积 $(A+C)$ 表示，生产者剩余的减少则由面积 $(B+D)$ 表示。图中的 $(A+B)$ 面积为买卖双方承担的税收，在数量上为产量 Q' 和税率 t 的乘积。图中 $(C+D)$ 的面积则是社会福利损失，这是因为由于政府征税，市场交易量由 Q_0 减少到 Q'，Q' 小于市场效率水平，所以，税收导致了社会福利损失。

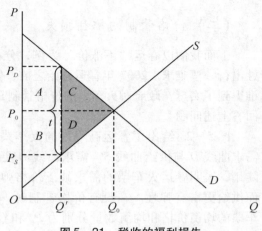

图 5-21　税收的福利损失

既然税收的福利损失与征税带来的交易量减少有关。那么，税率既定，如果交易量减少越多，税收的社会福利损失也就越大。根据弹性理论，税收引起的交易量减少幅度与商品的价格弹性大小有关。图 5-22（a）幅为香烟的供求图，香烟是需求和供给都缺乏价格弹性的商品。假定政府对香烟征收 t 的税，由此引起的价格变动引起香烟的需求量和供给量较小幅度的变动，税收带来的社会福利损失由图中较小的阴影面积表示。图 5-22（b）幅为电影的供求图。和香烟比，电影的需求和供给都富有价格弹性。如果政府对电影征收 t 的税，由此引起的价格变动引起电影的需求量和供给量较大幅度的变动。因此，税收带来的社会福利损失较大，如（b）幅中较大的阴影面积。

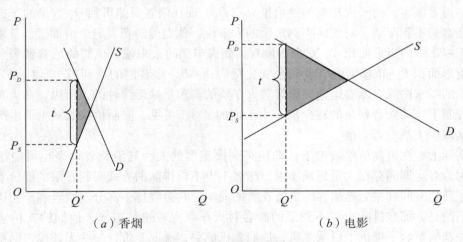

（a）香烟　　　　　　（b）电影

图 5-22　弹性与社会福利损失

【即问即答】　对白酒和实木地板征税，由此导致的社会福利损失相比哪个更大？

(二)价格管制的福利损失

下面我们以春运"不涨价"为例,分析政府价格管制的效率损失。每年春运,百姓出行一票难求。2007 年春运开始之前,铁路部门发布了严格的"限涨令"。限涨令让谁得到了实惠?政府对火车票的价格管制是否导致了社会福利损失?我们借助图 5-23 回答上述问题。

图 5-23 给出了春运高峰期的火车票的需求曲线 D 与供给曲线 S。需求曲线 D 更为陡峭,表明春运火车票的需求缺乏价格弹性而供给更富有弹性。在没有价格管制时,火车票的均衡价格和均衡数量分别为 P_0 和 Q_0。假定政府认为春运期间火车票价格过高并实行了限制价格政策,规定火车票的最高价格为 P_1。由于 P_1 低于均衡价格 P_0,火车票的供给量 Q_S 小于需求量 Q_D,也就是说,与春运期间的客流量相比,火车运力有限,远远不能满足需求。

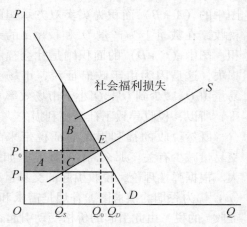

图 5-23 价格管制的低效率

我们来看价格管制的低效率。先看铁路部门。在火车票价格为 P_1 时,火车票的供给量只有 Q_S,这意味着铁路部门的运力没有充分调动出来。就现有的运输能力而言,他们的生产者剩余由于火车票的限价减少了,生产者剩余的损失为如图 5-23 中 $A+C$ 的面积。再看旅客。由于火车票的供给量只有 Q_S,现在旅客只能买到 Q_S 数量的车票,一部分旅客买不到车票。对于能买到车票的人来说,他们的消费者剩余增加了,其增加量为图 5-23 中的矩形面积 A。对那些没有买到火车票的人来说,他们的消费者剩余损失为三角形面积 B。市场上消费者剩余变化量为 $A-B$,旅客们的福利减少了!因为,图中陡峭的需求曲线表示春运期间旅客对火车票的需求是缺乏弹性的,所以,在火车票的价格管制下,消费者剩余的减少量 B 大于增加量 A。可见,限制价格既减少了生产者剩余,又减少了消费者剩余。

实际上,在限制价格政策下,即使买到火车票的人,其消费者剩余也可能绝对减少。因为春运期间存在大量超额需求,旅客不得不以排队的方式买到有限的低价票,排队所花费的时间和精力是旅客购票所花费的成本,它会吞掉一部分消费者剩余。更为严重的问题是,那些排队也买不到票的旅客对火车票有着迫切需求,他们的支付意愿较高,这就给票贩子提供了可乘之机,他们趁机倒票,赚取差价,一些无证代售网点也会人为提高购票手续费,这会大大增加旅客的购票成本。因此,与市场均衡价格相比,买到车票旅客的消费者剩余实际上是减少了!政府对车票实行价格管制的意图是出于公平目的减轻消费者的负担,(特别是回乡农民工的负担),但对这部分人而言,结果反而更不公平。

上述分析在理论上是正确的,但取消火车票的限制价格政策在当前的中国不可行。

因为火车是中低收入者的主要交通工具,中国人有回家过年的习惯。尤其是在外辛苦了一年的民工都要回家过年,这种需求用什么手段都难以抑制。如果价格要上升到供求平衡的水平,那将使绝大多数民工无法承受。虽然火车票涨价在客观效果上并不会导致农民工回家更难,甚至反而会导致农民工回家更容易,可是火车票涨价增加了农民工回家的负担,减少了他们本来就不多的收入,也是一种社会不公正。所以,理论正确不等于现实可行,反过来说,现实不可行不等于我们不应该去普及正确的观念。

本章要点

（1）完全竞争是指竞争不受任何阻碍和干扰的市场结构。该市场有大量的卖者和买者,产品是同质的,市场可以自由地进入和退出,交易双方掌握的信息是完全的。因此,买卖双方都是既定市场价格的接受者。

（2）竞争企业的需求曲线是从既定市场价格出发的一条水平线。由于价格不变,企业的平均收益曲线、边际收益曲线和企业的需求曲线是重叠的。

（3）竞争企业的利润最大化条件是：边际收益等于边际成本,即 $MR = MC$。这个条件不仅适用于完全竞争市场,也适用于不完全竞争市场。

（4）短期,企业不能收回固定成本,如果亏损,只要产品价格高于平均可变成本（$P \geq AVC$）,企业将选择继续生产。长期,只要价格低于平均成本（$P < AC$）,企业不能收回其成本会选择退出。

（5）在自由进入与退出的市场上,竞争企业长期利润为零。长期均衡时,价格等于最低平均成本,所有企业在有效规模生产。而且,企业产量的调整满足在这种价格时的需求量。

（6）竞争企业的短期供给曲线是平均可变成本最低点以上的边际成本曲线。类似的,竞争企业的长期供给曲线是平均成本最低点以上的边际成本曲线。

（7）将完全竞争企业的短期供给曲线水平加总,便可以得到完全竞争市场的短期供给曲线。完全竞争市场的长期供给曲线是在市场供求调整的过程中形成的。最常见的是成本递增行业,这类行业的长期供给曲线向右上方倾斜。

（8）生产者剩余是企业销售产品的收益减去其生产成本的差额,它衡量企业参加市场交易得到的利益。用图形表示,生产者剩余是市场价格线以下、供给曲线以上的面积。

（9）竞争市场均衡时,消费者剩余与生产者剩余的总和达到最大。从这一意义上讲,处于均衡状态的市场是有帕累托效率的,它表明资源得到有效配置。

重要概念

完全竞争市场　价格接受者　总收益　平均收益　边际收益　停止营业点　短期供给曲线　长期均衡　行业长期供给曲线　生产者剩余　帕累托效率　总剩余　社会福利损失

思考与练习

（1）为什么说完全竞争企业是市场价格的接受者？

（2）为什么完全竞争企业的需求曲线、平均收益曲线和边际收益曲线是重叠的？

（3）"在长期均衡点，完全竞争市场中每个企业的利润都为零。因而，当价格下降时，所有这些企业都无法继续经营。"这句话对吗？试解释之。

（4）"虽然很高的固定成本会是企业亏损的原因，但永远不会是企业关门的原因。"这句话对吗？试解释之。

（5）鸡蛋市场是竞争的。每个农户每年生产1 000斤鸡蛋。每斤鸡蛋的平均成本为2元，并按2.5元出售。

　　A．一斤鸡蛋的边际成本是多少？

　　B．这个行业处于长期均衡吗？为什么是或不是？

（6）一家企业接受的任务处于这样的水平：增加一个单位的产量，可增加销售收入100元，但同时增加总成本150元。问：此企业应增产还是减产？

（7）在完全竞争市场中，在什么条件下企业将停止生产？在什么条件下企业将退出市场？请说明原因。

（8）某人的馒头店是利润最大化的竞争性企业。他每蒸一笼馒头获得27元。他每天的总成本280元，其中30元是固定成本。他一天蒸10笼馒头。请你对他的短期停止营业决策和长期退出决策进行分析。

（9）假设云南火腿的需求增加。在云南火腿市场上生产者剩余会发生什么变动？生猪市场上生产者剩余会发生什么变动？用图形说明你的答案。

（10）已知某完全竞争企业的短期成本函数为 $STC = 0.1Q^3 - 3Q^2 + 10Q + 200$。当市场上产品价格 $P = 100$ 时，求企业的短期均衡产量和利润。

（11）某完全竞争市场中一个小企业的短期成本函数为 $STC = 0.1Q^3 - 2Q^2 + 30Q + 40$。当市场价格下降至多少时，该企业须停产？

（12）某完全竞争行业所有企业的规模都相等，都是在产量达到500单位时达到长期平均成本的最低点4元，当用最优的企业规模生产600单位产量时，每个企业的短期平均成本为4.5元，市场需求函数为 $Q = 70\,000 - 5\,000P$，供给函数为 $Q = 40\,000 + 2\,500P$，求解下列问题：

　　A．市场均衡价格是多少？行该业处于短期还是长期均衡？

　　B．当处于长期均衡时，该行业有多少企业？

（13）完全竞争市场单个企业的短期成本函数为 $STC = 0.1Q^3 - 2Q^2 + 15Q + 10$，试求：

　　A．当市场上的产品价格为 $P = 55$ 时，企业的短期均衡产量和利润；

　　B．当市场价格下降为多少时，企业必须停产。

（14）某完全竞争企业的短期总成本函数为 $TC = 20 + 2Q + Q^2$，产品价格 $P = 5$，求解：

　　A．极大化的利润。

B. 利润极大化时的 TC、VC、FC、AC、AVC、AFC 和 MC。
C. 当 $P=8$ 时,该企业是否应该继续生产。

第六章 不完全竞争市场

从本章开始，我们研究不完全竞争市场企业的均衡。一般的经济学教科书把不完全竞争市场分为三种类型：垄断、垄断竞争和寡头。不完全竞争企业与竞争企业最大的区别是，它们具有制定高于生产成本的产品价格的能力，而完全竞争企业只是市场价格的接受者。就企业对市场价格的控制力和影响力而言，垄断企业控制市场的程度最高，寡头企业次之，垄断竞争企业最低。本章首先考察垄断企业的价格和产量决策。然后，对垄断竞争企业和寡头的决策行为予以介绍。

第一节 垄 断

一、垄断及其形成的原因

（一）垄断的含义与特征

垄断（monopoly）与竞争是相对应的概念。竞争市场没有垄断因素的存在，垄断市场则没有竞争。经济学定义的垄断，是指只有一家企业的市场，而且该企业的产品没有相近的替代品。据此，可归纳出垄断的三个关键特征：

第一，一个卖者。这意味着该企业就是整个行业，企业的产量就是行业的产量。这与由无数企业组成的完全竞争市场的情况相反。

第二，没有相近的替代品。比如，微软公司生产和销售的 Windows 操作系统就是没有相近替代品的例子。虽然其他品牌的操作系统可作为 Windows 操作系统的替代品，但是它们和微软的产品不是相近替代品的关系。由于一家企业生产一种没有相近替代品的产品，这个企业也就不存在来自替代品生产者竞争的问题。

第三，存在进入门槛。这是垄断的关键特征。例如，中国有线电视网络有限公司拥有电视节目播映权，就是该行业的进入门槛。在进入门槛的保护之下，已进入市场的企业可通过调整产量来确定一个对它最有利的价格。

现实中很少有纯粹意义上的垄断。经济学通常用**市场集中度**，即一家或几家最大的企业所占据的市场份额来衡量市场的垄断程度。在具体应用中，最大四家企业占市场的份额（CR4），或者最大 8 家企业占行业的份额（CR8）是最为常用的判定指标。市场集中度越高，说明市场的垄断程度越高。

（二）垄断的成因

现在我们来研究垄断的进入门槛是怎么形成的，看看究竟有哪些门槛阻止了潜在的竞争对手进入垄断行业。

1. 拥有关键资源

如果一家企业拥有生产某种产品的关键资源，那么，这家企业就会居于垄断地位。机场餐饮店是一个类似的例子。当你在机场候机时，餐饮店只此一家，别无他店，不可替代，消费者没有选择的自由，这会导致餐饮店向前来就餐的候机旅客收取高昂的价格。"一杯咖啡88元""一只饺子5元""一包方便面15元"，这是消费者对机场餐饮高价暴利的抱怨。相似的例子还有像刘翔、姚明这些体育明星，他们的收入远高于常人，那是对他们的体育天赋的回报，而这种体育天赋是他们独有的，因此是一种垄断。再如风景名胜之地，因那里风景优美壮丽，或是那里曾经发生过著名的历史事件、生活过著名的历史人物，使这些地方有了垄断地位。还有矿藏宝山，矿物的储量特别丰富、质量特别好、开采特别容易等，都会使企业处在垄断地位。

2. 政府创造的垄断

政府创造的垄断有以下两种情况。

一种情况是政府制定专利法、知识产权法，以阻止非专利者或非产权持有人进入市场。比如，一家企业拥有生产某种商品的专利权，那么该企业可以在一定时期拥有排他性生产并销售该商品的权利。许多发明都可以注册专利，如新药的发明、杂交水稻种子、数码电器的核心技术等。知识产权法是赋予书籍、商标、电影、音像制品或计算机软件的作者或创作者独一无二的销售权。政府通过专利法和知识产权法授予垄断权利的目的是激励创新。专利、知识产权是生产者投入资金进行研发活动而创造出来的产品（虽然可能是无形的技术或商标），对社会有降低产品成本或提升质量的好处，理应获得相应的回报，如果法律不予以保护，就会出现类似于普通物品的产权得不到保护的后果——即没有人愿意再投入资金研究开发，也就不会再有新的社会财富被创造出来。专利权和知识产权都不是永久性的，它们只在一定时期内有效，这表明知识产权的法律保护不能过度。

另一种情况是政府特许。政府在一个行业设立行政许可审批作为进入门槛，企业没有经营许可证（俗称牌照）就无法进入该行业。由于这是政府通过行政权力设置的进入门槛，因而被称为"行政垄断"。在中国，邮政、烟草、盐、广播电视、铁路、电信、石油化工、银行等行业都受到政府的严格管制并且设有很高的进入门槛。显然，行政垄断所保护的不是什么创造新财富的活动，而是在本来可以自由出入的地方人为地设立关卡，强行阻止外人进入，从而凭空地创造出垄断利润。政府以行政权力保护垄断企业，一方面造成企业没有竞争压力，缺乏研发新技术、降低成本和关注消费者利益的动力。另一方面造成市场内外的企业想方设法巴结讨好有权发放牌照的政府官员，所谓的贪污受贿就是这样发生的。这在经济学上称为"寻租"（rent-seeking），即寻求行政垄断所带来的利益。

3. 自然垄断

现实中还有一类市场，由于市场容量小，一个企业的生产尚处在平均成本下降的阶段，市场需求已经达到饱和，于是该市场只够养活一个企业。如果有两个以上的企业分享该产品市场，就会导致平均成本上升，这类市场就是**自然垄断**（natural monopoly）。自然垄断是指在市场容量有限的情况下，一个企业能以低于两个或更多企业的成本向市场提供一种物品或劳务的垄断。如图 6-1 所示，由于城市电力市场的需求规模有限，一家电网公司可以 0.5 元的成本配送 600 万度电，如果是两家电网公司配送 600 万度电，每度电的成本则达到 1 元。以此类推，参与电力市场的企业越多，每个企业的产量越少，平均成本越高。于是，在既定的市场容量下，市场上只有一个企业存在平均成本最低。所以，当一个企业是自然垄断时，它并不担心其他企业进入，因为进入一个有自然垄断企业存在的市场并不具有吸引力，即将进入者知道，他们进入之后，每个企业的市场份额都变小了，他们无法实现自然垄断企业享有的最低平均成本。

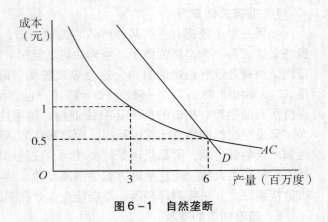

图 6-1　自然垄断

当然，如果一个自然垄断企业的最低成本产量只是市场需求规模的一部分，即该企业不能以最低成本满足所有的市场需求，那么就会有更多企业的进入。随着市场的扩大，一个自然垄断市场就变为一个更具竞争性的市场。例如，我们经常看到县城或小城市只有一家自来水公司，而广州这样的大城市拥有多家自来水公司，这其中的差别就在于市场需求规模不同。许多公用事业，如自来水、电力、煤气供应等都是典型的自然垄断企业。

参考资料

垄断的政治概念

和垄断的经济概念不同，垄断的政治概念不是根据市场集中度，而是根据政府是否通过法律或行政的手段对竞争实行限制来判断市场垄断状况。如果在某个市场上，政府动用强力（法律和政策）来为一个或多个企业保留全部市场或一部分市场，这个市场就是垄断的。例如，用法律或行政手段限制行业准入，发放许可配额，给予专营权，在不同企业之间进行税收、信贷、补贴等方面的歧视都是存在政治意义上垄断的标志。这种对垄断的定义有着悠久的历史。在《国富论》中，亚当·斯密就曾经用这种概念来批判英国政府的特许经营制度。

政治概念上的垄断是十分确定的。一个企业是否是垄断的，完全看它是否有政治上的特权，而不会因市场选择等标准的变化而变化。按照这种标准，我们不难发现，中国的电信业、金融业、出版业乃至大学都存在着垄断。与政治概念上的垄断相比，经济概念上的垄断显得很有误导性了。因为它混淆了不同的事物，如把强力保护的优势地位与竞争中形成的优势地位都归于"垄断"。

事实上,有很多产业从经济概念上看是垄断的,但这种垄断恰恰是竞争激烈的表现。只要没有政府的强力干预,即使那些看起来不可一世的企业,也随时可能被名不见经传的新进入者挤出市场。如果错把竞争混淆为垄断,就会犯严重的错误。

资料来源:张维迎,《经济学原理》,西北大学出版社2015年版。

【即问即答】 举两个垄断的例子,并解释各自的原因。既然专利权和知识产权保护允许企业制定更高的价格,为什么很多国家仍然会提供这种形式的保护?

二、垄断企业的产量与定价决策

为了说明追求利润最大化的垄断企业如何决定其产量和价格,我们先解释垄断企业的需求曲线与收益曲线,从而了解价格和边际收益之间的关系。

(一)垄断企业的需求曲线与收益曲线

上一章我们解释了竞争企业面临一条水平的需求曲线,说明在完全竞争市场,企业没有定价权,只是价格的接受者。在既定的市场价格下,企业想卖多少就卖多少,竞争企业的产量变化不会改变市场价格,如图6-2(a)所示。由于价格不变,企业每多销售一单位商品增加的收益等于商品价格,所以,竞争企业的边际收益等于价格。

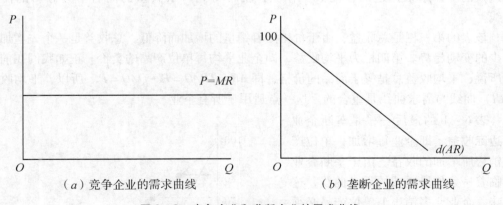

(a)竞争企业的需求曲线　　　　(b)垄断企业的需求曲线

图6-2　竞争企业和垄断企业的需求曲线

在垄断市场,垄断企业是价格制定者,拥有完全的定价权,垄断企业的产量会影响到市场价格。考虑机场餐饮店的例子,如图6-2(b)所示,在价格为100元时,没有人买盒饭,价格越低,盒饭的销售量就越多。所以,要使消费者多买,就必须降低盒饭的市场价格。所以,垄断企业面临一条向右下方倾斜的需求曲线。其经济含义是:垄断企业面临着价格和销售量之间的权衡。为了增加销售量,企业必须降低市场价格,垄断企业的销售量与市场价格反方向变动。由于市场是独家垄断的,垄断企业就是行业供给者，垄断企业的需求曲线就是垄断市场的需求曲线。

再来看垄断企业的产量变动如何影响企业的收益。表6-1用具体数据给出了一个垄断企业的例子。假设这是广州白云国际机场唯一的一家餐饮店。

表6-1 垄断企业的总收益、平均收益和边际收益

销量(Q)	价格（元）(P)	总收益（元）(TR)	平均收益（元）(AR)	边际收益（元）(MR)
0	100	0	0	—
1	90	90	90	90
2	80	160	80	70
3	70	210	70	50
4	60	240	60	30
5	50	250	50	10
6	40	240	40	-10
7	30	210	30	-30
8	20	160	20	-50

表6-1的前两栏是盒饭的销量和价格。可以看出，随着盒饭销售量的增加，价格是递减的。如果根据这两栏的数字作图，就可得到一条典型的向右下方倾斜的需求曲线。

该表的第三栏是总收益，由于价格随着销量的增加而降低，总收益是一个先增加后减少的变动趋势。第四栏为平均收益，即企业平均每单位产品的卖价。正如我们在前一章所说，平均收益总是等于商品的价格，即 $AR = TR/Q = P \cdot Q/Q = P$。所以，平均收益（$AR$）曲线与需求曲线是重合的。这一点适用于所有企业。

表6-1的最后一栏是垄断企业的**边际收益**，即企业每增加一单位产品销售所增加的收益。由于垄断企业面临着一条价格递减的需求曲线，这意味着企业要多销售1单位产品必须降价——这一降价行为影响的并不仅仅是多销售的哪一单位产品，而是包括了当前出售的所有产品，因此垄断企业的边际收益要小于价格。

图6-3直观地表示了边际收益和价格的关系。在价格为80元时，餐馆卖2个盒饭，总收益为160元

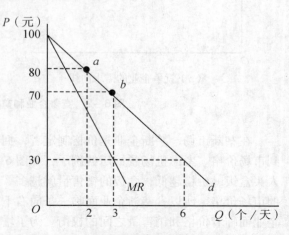

图6-3 垄断企业的需求曲线与边际收益

(=80×2),如果卖3个盒饭,价格下降到70元,总收益将是210元。两者之差为50元,这就是销售第3个盒饭的边际收益。可以看出,这个数字不仅小于原来的价格(80元),而且小于新的价格(70元)。这是因为,在销售第3个盒饭时,不仅第3个盒饭的销售价格为70元,而且现在前2个盒饭的销售价格也是70元,也就是说,餐馆销售前两个盒饭得到的收益减少了20元。为计算边际收益,餐馆必须从销售第3个盒饭得到的收益70元中减去这个量。因此,第3个盒饭的边际收益为50元,垄断企业的边际收益小于价格。

图6-3画出了一个垄断企业的需求曲线和边际收益曲线。这两条线在纵轴上的起点相同,因为第一单位的边际收益等于商品价格。但是,垄断企业只要对所有产品收取单一价格,增加产量会导致价格下降——是所有产量的价格都下降,不是多生产的那一单位产量的价格下降,因此,垄断企业的边际收益小于价格,垄断企业的边际收益曲线不再与需求曲线重合,而是位于其下。

【即问即答】 根据图6-3,如果餐馆卖4个盒饭,计算它的边际收益。如果卖到第5个盒饭,边际收益又是多少?

(二) 垄断企业的利润最大化决策

现在我们考察垄断企业如何实现利润最大化。上一章解释过,任何企业——无论它面对的是完全竞争市场还是不完全竞争市场,在决定其产量和价格时,所考虑的都是每增加一单位产量所导致的边际收益和边际成本的关系。决策考虑边际量,这对垄断企业和竞争企业都是适用的。下面我们用边际分析法说明垄断企业的决策。

图6-4画出了一个垄断企业的需求曲线、边际收益曲线和边际成本曲线。需求曲线和边际收益曲线如同图6-3中所示的曲线。边际成本(MC)就是图中的那条U形曲线。当然,对企业决策来说,有意义的是"边际成本递增"的那部分。

根据利润最大化的原则 $MR = MC$,图6-4中边际收益曲线和边际成本曲线的交点 E 决定了垄断企业利润最大化的产量 Q_m。在低于 Q_m 的产量水平上,边际收益大于边际成本,企业增加一单位产量,增加的收益将大于增加的成本,利润将增加,因此,企业可以通过增加产量来增加利润;在高于 Q_m 的产量水平上,边际收益小于边际成本,企业减少一单位产量,节省的成本将大于失去的收益。因此,企业可以通过减少产量来增加利润。企业的产量调整

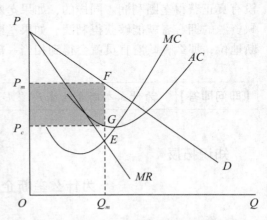

图6-4 垄断企业的最优产量、价格和利润

直至达到 Q_m 的产量为止，此时，边际收益等于边际成本，企业的总利润达到最大。

垄断企业如何确定其利润最大化的价格呢？考虑需求曲线，因为需求曲线上的点表示消费者愿意为一定的购买量所支付的最高价格。因此，在垄断企业选择了边际收益曲线和边际成本曲线的交点 E 所决定的产量后，由该点往上延伸一条虚线到需求曲线，就可在需求曲线上找到销售 Q_m 产量能收取的最高价格。在如图 6-4 中，利润最大化的价格在 F 点。

可以看出，垄断企业和竞争企业一样，通过生产边际收益等于边际成本的产量使利润最大化。但是，这两类企业有一个重要差别：在竞争市场上，价格等于边际成本；在垄断市场上，价格大于边际成本。这就是说：

竞争企业均衡时：$P = MR = MC$
垄断企业均衡时：$P > MR = MC$

垄断企业和竞争企业的上述差别，对于理解垄断的社会福利损失非常重要。

现在来看垄断企业的利润是多少。在图 6-4 中，总收益为价格与产量的乘积，即 OP_mFQ_m 的面积，总成本是平均成本与产量的乘积，即 OP_cGQ_m 的面积。利润为总收益与总成本的差额，即图 6-4 中阴影部分的面积。在竞争市场，如果企业获得经济利润，会吸引新企业进入，因而竞争企业长期为零利润。这种情况在垄断市场不会出现，进入门槛阻止了其他企业的进入，使得垄断企业总是能够获得经济利润。在经济学中，垄断企业的经济利润也称为垄断利润，表明垄断企业无论在短期还是长期都能赚到钱。

垄断企业的利润归谁所得？看起来似乎归垄断企业所得，其实没有那么简单。既然垄断利润来自于企业对市场的独占，那么，谁拥有独占市场的权利，谁就会获得垄断利润。如果市场的独占来自对知识产权的保护，那么，该知识产权的拥有者就会获得垄断利润。比如，2006 年 5 月，上海文艺出版社以首印 55 万册和 14% 的版税获得《易中天品三国》（第一部）的版权，作者会拿到上百万元的版税，出版社虽拥有该书版权但并没有真正获得垄断利润。同样的，如果垄断来自于对某种稀缺资源的占有，那么，该稀缺资源的拥有者就能够获得利润。如果垄断企业需要不断地向政府游说才能够维持其垄断地位，那么，政府官员就会得到相当一部分的垄断利润。

【即问即答】 为什么垄断企业生产"那么少"的产量？

知识拓展

为什么垄断企业没有供给曲线

你也许注意到了，我们是用市场需求曲线和企业成本曲线分析垄断市场的价格的，而并没有提到市场供给曲线。与此相比，当我们在第二章开始分析竞争市场的价格时，两个最重要的词总是供给与需求。

虽然垄断企业要做出供给多少产量的决策，但它没有供给曲线。供给曲线向我们揭示，企业在任何一种既定价格时选择的供给量。当我们分析作为价格接受者的竞争企业时，这个概念是有意义的。在竞争市场，企业的短期供给曲线就是它的 MC 曲线，当 P 已定，企业在供给曲线上可找出价格和最优产量的一一对应关系。但垄断企业是价格制定者，而不是价格接受者。问这种企业在任意一个既定价格下生产多少是没有意义的，因为垄断企业在选择供给量的同时确定价格。因此，垄断企业的 MC 曲线不是企业的供给曲线，即在 MC 曲线上没有价格和产量的一一对应关系。

事实上，垄断企业关于供给多少的决策取决于它所面临的需求曲线。需求曲线的形状决定了边际收益曲线的形状，边际收益曲线的形状又决定了垄断企业的利润最大化产量，进而才能找到对应价格。即使同一产量，当需求曲线不同时，会对应不同的价格；同一个价格水平，当需求曲线不同时，也会对应不同的产量。在竞争市场，可以在不了解需求曲线的情况下分析供给决策，但在垄断市场，这是不行的。因此，我们从不谈及垄断企业的供给曲线。

改编自：曼昆，《经济学原理》，北京大学出版社 2012 年版。

三、垄断的福利损失

垄断使得消费者和生产者作为一个整体是受益还是受损呢？我们可以用总剩余衡量垄断对社会整体利益的影响。回顾第三章和第五章介绍的消费者剩余和生产者剩余的概念。消费者剩余是消费者对一种产品的支付意愿减去他们为此实际付出的价格，它度量消费者从交易中获得的利益；生产者剩余是指企业出售产品得到的收益减去生产成本，它度量企业从交易中获得的利益。总剩余等于消费者剩余和生产者剩余之和，它衡量买卖双方参与市场交易得到的经济福利。

可用图 6-5 说明垄断造成的社会福利损失。

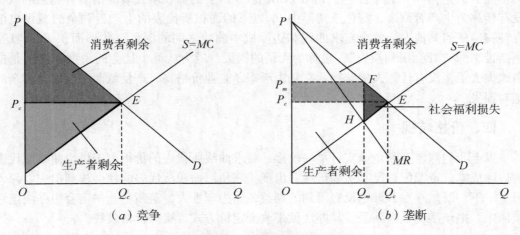

图 6-5　垄断的低效率

图 6-5（a）幅为竞争市场的情况。需求曲线代表消费者的支付意愿，它衡量消费

者对商品的主观评价。消费者愿付的价格减去实际支付的价格（P_C）是消费者剩余，也就是需求曲线与市场价格水平及纵轴围成的三角形面积。供给曲线为企业的边际成本曲线，它反映企业生产付出的代价。企业实际得到的价格（P_C）和其付出成本的差额是生产者剩余，也就是边际成本曲线与市场价格水平及纵轴围成的三角形的面积。需求曲线与供给曲线（边际成本曲线）的交点决定了竞争企业的效率产量 Q_C。在这个产量之下，意味着消费者对物品的主观价值评价大于生产的边际成本，增加产量将增加总剩余；在这个产量之上，意味着消费者对物品的主观价值评价小于生产的边际成本，减少产量将增加总剩余。而在最优的产量水平（Q_C）上，增加该单位产量对消费者的价值等于生产的边际成本，消费者剩余和生产者剩余之和达到最大。

图 6-5（b）幅为垄断市场的情况。垄断企业选择生产边际收益曲线与边际成本曲线相交的产量 Q_m，并收取高于边际成本的价格 P_m。一些潜在的消费者对物品的评价高于生产这些物品的边际成本，但低于垄断企业的价格，这些消费者不会购买该物品。所以，垄断企业利润最大化的产量 Q_m 是无效率的。从（b）幅中可以看到垄断的低效率带来的社会福利损失。

先来看消费者剩余的变化。因为垄断者把产量限制在 Q_m，并收取 P_m 的价格，需求曲线与这一价格水平及纵轴围成的三角形是消费者剩余。显然，消费者剩余减少了一个阴影表示的矩形面积和深色三角形 FEH 中市场价格 P_C 以上的面积，这部分是因为消费者不得不为产品支付更高的价格，部分是由于一些消费者不愿接受垄断企业产品的高价格。

再来看生产者剩余的变化。垄断企业的价格是 P_m，供给曲线与这一价格水平及纵轴围成的面积是生产者剩余。与竞争市场的生产者剩余相比，多了一个阴影表示的矩形面积，但少了深色三角形 FEH 中 P_C 以下的面积。由于多的矩形面积大于少了的三角形面积，生产者剩余增加了。这是因为价格上升使一部分消费者剩余转移到生产者那里，增加了生产者剩余，从整个社会的角度来看，这只是发生了收入再分配，并没有造成任何损失。但是，（b）幅中深色三角形 FEH 中 P_C 以上的面积所代表的消费者剩余的减少没有转移为生产者剩余，深色三角形中 P_C 以下的面积所代表的生产者剩余的减少也没有转移给任何其他人。整个需求曲线和边际成本曲线之间的深色三角形面积 FEH 就是垄断带来的"社会福利损失"，也称为无谓的损失，因为从整个社会的角度来看它是白白地失去了，没有任何人能获得。它是由于垄断企业价格高，产量低而引起的总剩余的绝对损失。

四、价格歧视

以上我们假定垄断企业实行单一价格，需求曲线所代表的价格大于供给曲线所代表的边际成本，资源配置没有达到最优，出现了三角形面积所代表的社会福利损失。深入思考一下，既然存在着谁也没有得到的利益，作为理性人，垄断企业一定会想办法把它捡回来，把该赚的钱赚到手。其办法就是改变定价方式，实行价格歧视。

（一）价格歧视的含义

价格歧视（price discrimination），是指企业在销售同一种产品或劳务时，向不同的消费者收取不同的价格。这里的"歧视"并没有感情色彩，也就是差别定价的意思。价格歧视广泛存在于现实生活中。例如，电网公司对居民用电、商业用电、工业用电收取不同的费用，成年人与儿童的电影票定价不同，乘地铁购买月票比购买单程票便宜等。现实中大多数实行价格歧视的企业并非垄断者，但是垄断者在实行价格歧视就是这样做的。

需要说明的是，价格歧视是企业对同一种物品或劳务收取不同的价格，这是由于消费者的支付意愿不同，而不是因为生产成本的差别。所以，并不是所有的价格差别都是价格歧视。有些产品相似而不相同，它们按不同的价格出售是因为生产成本不同。例如，一天之中不同时间段的电价就是这种情况，发电的成本取决于一天中的时间，对高峰期的用电收取高价，是因为这时发电的边际成本递增，这不是价格歧视。

(二) 价格歧视的类型

在经济学中，价格歧视分为三种类型。

1. 一级价格歧视

一级价格歧视，是指每单位产品均按照消费者的支付意愿出售，刚好把价格定在消费者愿意支付的最高价格，完全攫取消费者剩余。这种价格歧视也称为完全价格歧视。

考虑一个简单的例子。南方航空公司经营一条广州至北京的国内航线，公司的潜在乘客有三类：第一类是公务乘客，他们对机票的支付意愿较高，愿意付全价，即1 790元，但这类乘客总是临时决定旅行计划。第二类是度假乘客，他们对机票的支付意愿较低，只愿意接受6折票价，即1 074元，他们通常可以提前1个月安排自己的旅行计划。第三类是学生，他们只愿意接受600元的票价。假设一个航班可运送200个乘客，三类乘客分别为公务乘客50人、度假乘客100人、学生50人，每位乘客的平均成本为600元，为了分析的简便，假定每多运送一个乘客的边际成本为零。那么，航空公司该如何制定机票的价格呢？

如果南方航空公司是单一价格垄断者，那么，它现在面临三种选择：一是将机票价格定为1 790元。此时只有公务乘客购票，每张机票的利润为1190（=1 790－600）元，每个航班的总利润为5.95万元（=1 190×50）。二是将机票价格打6折，每张机票的利润为474（=1074－600）元，每个航班的总利润为7.11万元（=474×150）。三是把机票价格定在600元，每张机票的利润为0（=600－600）元，每个航班的总利润为0元。显然，追求利润最大化的航空公司会将票价打6折出售。但是，这一票价学生不接受，他们的支付意愿（600元/人）大于边际成本，却被排挤出这个市场。如图6－6所示，为了分析的简便，假设边际成本曲线是水平的。航空公司收取高于边际成本的单一价格，一些支付意愿高于边际成本的潜在乘客没有购买，图中的浅色三角形为单一价格时垄断导致的社会福利损失，深色三角形为乘客得到的消费者剩余。

航空公司怎样才能将没有赚到的钱都赚到手呢？假设航空公司清楚知道这三类乘客的人数和他们的支付意愿。于是，它会制定一个新的价格表。公务乘客票价1 790元；度假乘客票价1074元；学生凭学生证可按600元票价订票。这样做的结果是，所有的乘客都按照自己的支付意愿买到了机票。

图6-7为实行价格歧视之后的结果。航空公司以三种价格出售200个座位，每个航班的总收益为22.69万元 [= (1790×50) + (1074×100) + (600×50)]，总利润则为10.69万元（=22.69万元－12万元），大大高于公司收取6折票价时所赚到的7.11万元，航空公司的利润增加了。

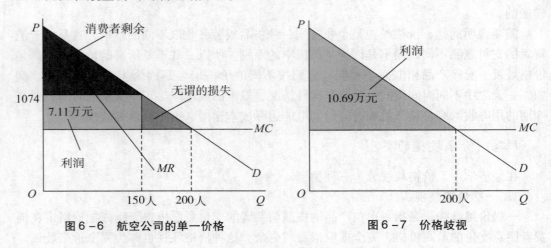

图6-6 航空公司的单一价格　　　　　　图6-7 价格歧视

图6-7显示，由于航空公司制定了适合于不同支付意愿乘客的收费结构，这时MR曲线与需求曲线完全重合，航空公司的产量（乘客人数）增加到边际成本曲线与需求曲线的交点，此时价格等于边际成本，最优产量与完全竞争市场的最优产量完全一样。社会福利损失为零，消费者剩余也下降为零，交易的利益全部成了生产者剩余。航空公司的利润为边际成本曲线和需求曲线之间的面积，它等于完全竞争下生产者剩余和消费者剩余之和，这意味着价格歧视增加了社会总福利，虽然增加的是航空公司的利润。因此，完全价格歧视下的资源配置是有效率的。因为此时除了交易所带来的所有好处全部归生产者所有之外，其余一切与完全竞争市场的均衡状态毫无区别。

乘客会接受这种定价吗？答案是肯定的！因为机票价格虽然不相同，但都是乘客愿意接受的最高价格，即使不是乘客完全自愿接受，但至少没有受到航空公司的逼迫。这意味着所有乘客获得了乘飞机旅行的权利。虽然消费者剩余完全被榨取掉了，都成了生产者剩余，看起来很不公平，但是从经济学的"效率"标准来看，完全价格歧视没有社会福利损失，和竞争市场同样的有效率。

现实中完全价格歧视的情况很少见，因为企业面对的顾客千千万万，无法确知每个消费者的支付意愿，垄断者实施完全榨取消费者剩余的定价方式很困难。现实中较常见的是下面介绍二级和三级价格歧视，这两种情况都属于"不完全榨取消费者剩余"。

案例分析

西班牙的"不准笑"剧院

西班牙巴塞罗那一家名为 Teatreneu 的戏院最近推出了富有创意的收费方式：观众可以免费进场，但是看戏过程中每笑一次都要付钱。戏院利用高科技的"笑脸识别收费系统"，自动辨识观众的笑容并计算收费，观众每笑一次收费 0.3 欧元。为了公平起见，戏院为观众缴费设置了上限，最多不超过 24 欧元（约合 186.6 元人民币）。结果，几个月下来，戏院不仅没有亏损，收入反而节节上升，因为不仅戏院客源大幅提高了 35%，而且平均每名观众支付的票价增加了 6 欧元。

据报道，这一创新收费计划推出的背景是由于从去年开始，西班牙政府大幅提高了门票，从 8% 调升至 21%，导致戏院客源减少。因此，Teatreneu 戏院为了重新吸引逐渐流失的客源，而设计了这套新颖的收费系统。

除了增加收入外，"笑脸识别收费系统"还有效地观察和记录了观众对戏剧的反应，对戏剧特别是喜剧创作者提高戏剧质量大有裨益。戏院还鼓励观众离开后在社交媒体分享他们的"缴费成果"，这也成为一种绝佳的宣传方式。

资料来源：《广州日报》，2014 年 10 月 20 日。

> 【即问即答】 完全价格歧视如何影响消费者剩余、生产者剩余和总剩余？

2. 二级价格歧视

二级价格歧视也称为数量折扣，它是根据不同的消费数量收取不同的价格。这是比较常见的价格歧视类型。

例如，服装市场以两种不同的方法销售服装：一类是单件卖，价格为 99 元，另一类是批量卖，两件以上单价降为 79 元。一般来说，服装的潜在购买者有两类，一类是给自己买服装的消费者，另一类是买服装送亲友穿的人。相比之下，前者的支付意愿更高，因为新服装给自己穿会带来较大的边际效用。于是，批量购买折扣的结果是，第一类购买者会购买单件服装，第二类购买者则更可能购买两件以上。这样，企业以是否批量购买为标准，大致地把高支付意愿和低支付意愿的购买者区分开来，对前者收高价，对后者收低价，从而把能赚的钱都赚到了手。生活中常见的航空旅行的单程票、往返票，公交车或地铁的月票，包月上网与不包月上网的费用差别，商场规定的购物满 1 000 元返 200 元现金或购物券，或者电商网站规定满 100 元免运费，商家收取会员费或入场费等。都是二级价格歧视的例子。

图 6-8 显示了二级价格歧视的情况。如果消费者购买的数量较少（如 Q_1），就要支付较高的价格（P_1），购买的数量超过 Q_1，但少于 Q_1+Q_2 时，Q_1 部分仍然收取较高的价格 P_1，但多于 Q_1 的部分收取较低的价格 P_2。购买数量进入 Q_3 时，Q_3 超出 Q_2 的

部分收取更低的价格 P_3。如此类推。图 6-8 中的多个空白三角是没有被生产者榨取的消费者剩余，归消费者获得。因为消费者剩余没有被生产者完全榨取，所以，这种定价方式称为"不完全价格歧视"。

二级价格歧视下垄断企业的产量是否为社会最优，这要看最后一批产量的价格是否与竞争市场的均衡价格相等，如果是相等的，意味着边际收益曲线和需求曲线重合，边际收益等于边际成本的均衡点一定出现在需求曲线和供给曲线（边际成本曲线）的交点，没有三角形面积表示的社会福利损失，资源配置达到最优。但如果最后一批产量的价格高于边际成本，垄断企业的产量少于完全竞争企业的均衡产量，资源配置就不是社会最有效的。

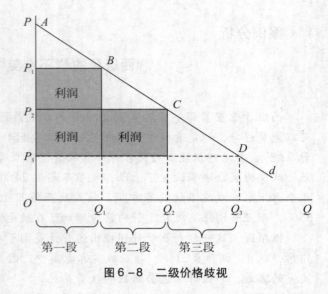

图 6-8 二级价格歧视

案例分析

为什么三等车厢没有顶盖

19世纪中期，法国的火车上有头等车厢、二等车厢和三等车厢三种不同的车厢，价格相差较大。头等车厢非常舒适，二等车厢与三等车厢最大的区别是前者有顶盖，后者没有。这样，坐在三等车厢的旅客就要忍受日晒雨淋的痛苦。按理说，给车厢加一个顶盖成本并不高，为什么铁路公司不这样做呢？难道铁路公司与坐三等车厢的人有仇吗？当然不是。铁路公司总是想从每一个乘客那里赚更多的钱，麻烦在于他们并不知道每个乘客愿意为乘坐火车付多少钱。如果有财力坐二等车厢的乘客选择了三等车厢，这对铁路公司来说是一种损失。因此，铁路公司就决定不给三等车厢加顶盖。这样一来，有财力坐二等车厢的人因为忍受不了三等车厢的痛苦，就不会选择三等车厢了，只有那些实在没有财力的穷人才会选择三等车厢。这样说来，铁路公司让穷人受罪其实是为了"吓唬富人"并让富人多掏钱而已。

转引自：张维迎，《经济学原理》，西北大学出版社 2015 年版。

3. 三级价格歧视

三级价格歧视，是指针对不同的消费群体收取不同的价格。企业通常根据消费者对同一产品需求价格弹性的差别把他们分为两个或两个以上的类别，对不同类别的消费者收取不同的价格。在需求价格弹性小的市场收取高价,在需求价格弹性大的市场收取低价。

例如,度假乘客和公务乘客对乘飞机旅行具有不同的需求价格弹性。如图6-9所示,(a)幅显示了度假乘客的需求曲线。度假乘客比公务乘客对机票价格更敏感,他们可以选择乘坐火车而不是乘飞机,可以灵活地安排时间,比如不外出度假而是呆在家里读书。因此,度假乘客乘飞机旅行的需求价格弹性较高。(b)幅表明,公务乘客对机票价格不敏感,当一项重要的工作需要他们立即飞往一个城市的时候,他们没有更多的选择,因此公务乘客乘飞机旅行的需求价格弹性较低。航空公司通常会根据不同乘客的支付意愿制定不同的票价。

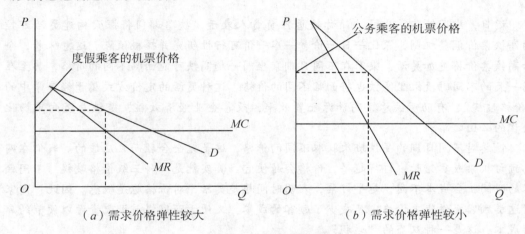

图6-9 三级价格歧视

那么,航空公司怎么区分度假乘客和公务乘客呢?由于信息和技术方面的困难,无法计算出不同市场的需求价格弹性。航空公司采取的方法之一是"提前购票"。公务乘客总是临时决定旅行计划,而度假乘客则能够比较早地安排旅行计划。因此,航空公司往往会规定提前购票的时间,对愿意提前购买机票的人收取较低的费用,而对那些不想提前购买机票的人则收取较高的费用。由于每一类乘客中人们的支付意愿不完全相同,航空公司无法依据每一位乘客的支付意愿制定出价格表。因此,三级价格歧视也是不完全价格歧视。

同样,在三级价格歧视的情况下,如果最后一单位产品收取的价格等于竞争企业的均衡价格,垄断者的边际收益曲线与需求曲线是重合的,边际收益等于边际成本的均衡点一定出现在需求曲线与供给曲线(边际成本曲线)相交之处,资源配置达到最优,没有社会福利损失。当然,如果最后一单位产品收取的价格高于边际成本,有些消费者愿意支付的价格高于边际成本,低于垄断者的价格,因而不能购买到产品。垄断者最后的产量少于与完全竞争的产量,资源配置就不是社会最有效的。

三级价格歧视在当今最为盛行。例如,工业用电和居民用电价格不同,商务舱、经济舱的票价不同,新版图书的折扣价高于旧版图书,一些学术杂志或软件供应商规定,在校学生提供身份证明之后可以享受半价或者八折优惠,但其他人要付全价,以及企业在不同时段收取不同的价格，即"高峰期定价"等，都是三级价格歧视的例子。

> 【即问即答】 超市下午6点以后馒头的价格7折优惠，为什么？

案例分析

高铁实行价格歧视是市场化的必由之路

近日，中国铁路总公司（简称铁总）负责人表示，铁路部门将探索构建灵活可控的高铁票价调整机制，深化一日一价、一车一价可行性研究并择机试点。这意味着，今后高铁票价将更加灵活，乘客在不同日期乘坐同一趟高铁可能面临不同的价格，甚至在同一天的不同时段乘坐高铁也将面临不同的价格。这种灵活的定价方式属于经济学中的"价格歧视"，有助于铁总提高资源配置效率，改善企业经济效益，是铁总迈向市场化进程的必由之路。

铁总对不同日期的高铁班次收取不同的价格，这是完全合理而且应该的。我们在网站预订机票或宾馆时，订得越早，价格会越便宜，其实就是一种三级价格歧视。不同顾客的时间机会成本不同，越早订票，表明时间越是灵活，对价格越是敏感。因此，商家对这类顾客提供优惠价格，既减少了顾客的成本，又便于商家提前调配资源以便节约库存成本，这是一种双赢的"歧视"。

铁总在一天的不同时段收取不同的票价，也是一种有效的价格歧视。长期以来，交通部门的一个突出难题就是拥堵。世界各国的普遍经验是，应该针对不同时段收取不同的通行费用。包括车辆通行费、停车费或乘客票价等。如果一天之内到达某地的所有高铁班次的票价都一样，那么消费者的出行成本就是一样的，这不利于引导消费者分散出行，很容易加剧交通拥堵。因此，美国、日本和欧洲的列车通常对不同时段的出行收取不同票价。有些交通企业还推出各种优惠券，包括年票、季票、月票、周票和定额票，这对当地旅客还是外地游客都是非常便捷的措施。借鉴国外经验，中国应该尽快引入高峰期定价策略以及优惠券策略，让高铁乘客享受合法合理又合情的价格歧视。

资料来源：聂辉华，《经济日报》，2019年1月8日。

需要说明的是，企业无论实行哪一种价格歧视，都必须满足两个前提条件。第一，企业必须知道不同消费者购买产品的意愿和能力，特别是要把对价格上涨不敏感的人甄别出来。这样，它才能够根据不同的支付意愿对同一种产品制定不同的价格。第二，出售的产品无法转售。也就是说，产品不能在具有不同支付意愿的顾客之间流动，从而排除中间商低价买进转手高价出售以获利的情况。由于这一原因，价格歧视在服务业比较普遍。

第二节 垄断竞争

完全竞争和垄断是两种极端的市场结构，现实中更为常见的是介于二者之间的情况，经济中大部分市场既存在某种程度的竞争，又存在某种程度的垄断。我们把这种竞争和垄断兼而有之的市场分为两种类型：垄断竞争和寡头。一般情况下，餐饮、服装、加油站、便利店、小说之类的行业属于垄断竞争，而诸如电信、电器、汽车、石油化工之类的行业则属于寡头。本节考察垄断竞争企业的决策。

一、垄断竞争的含义及其特征

垄断竞争（monopolistic competition），是指一个有许多出售相似而不相同产品的企业的市场。根据其含义，垄断竞争市场具有以下关键特征。

第一，许多企业。垄断竞争市场有为数众多的企业，这意味着每个企业在市场中的份额很小，每家企业的产量或价格决策对其他企业的影响都是微不足道的，彼此可以独立进行产量和价格决策，而不必关注竞争对手的反应。由于企业规模不大，它们也不可能互相勾结、控制市场价格。

第二，企业生产有差异的产品。每个企业生产的产品与其他企业的产品非常相似，但又不完全相同，彼此之间不能完全替代。产品差异使企业成为自己产品的垄断者，因而可以自行定价，从而使市场带有垄断的因素。产品差异程度越大，垄断的因素也越大。但由于相互差异的产品又十分相似，如果价格定得过高，消费者可能转而购买其他同种产品，这使市场又具有竞争因素。既有垄断又有竞争是垄断竞争市场的关键特征。

第三，自由进入与退出。由于企业的规模比较小，企业进入或退出一个市场比较容易。因此垄断竞争市场存在低进入壁垒，自由进入与退出意味着企业在长期中只能得到零利润。

垄断竞争市场普遍存在于服务业和零售业，比如理发店、药店、餐馆、服装店等。以餐饮业为例。每个城市居住小区都可能有很多家餐馆，每个餐馆提供的菜式各有特色。由于餐馆的规模有限，一家餐馆如果把菜价降低一成，其他餐馆通常不会跟着降价。所以，餐馆之间竞争的主要手段是通过提供差异化的产品控制菜单价格，比如提供与众不同的菜式、舒适卫生的餐饮条件等，都能够增强企业的竞争力。生产差异化的产品使垄断竞争企业成为一个"垄断者"，每家餐馆都可以提高价格而不会把所有的顾客赶到竞争对手一方。但是垄断竞争与完全垄断又有不同，这表现为垄断竞争企业不同产品间存在显著的替代性，即使一家具有独特菜式的餐馆，如果菜价定得过高，也会失去相当一部分顾客。在餐饮市场，我们经常会看到不断有新餐馆开张和老餐馆的消失，这表明餐饮业的低进入壁垒，企业进入和退出相对容易。比如，你要成为一家小吃店的老板，只需要租一间小房子，购置些简单的厨具、餐具、餐桌椅、面粉和新鲜肉类等。低进入壁垒在长期中使企业很难赚到钱。

案例分析

经济学教科书的特色化经营

在国内外的教科书市场上，经济学教科书可谓品种繁多。然而，1998年美国哈佛大学教授曼昆推出的《经济学原理》在美国初次印刷发行即达20万册，1999年该书中文版问世后不到半年内也销售了8万册。在竞争激烈的经济学教科书市场上，曼昆的《经济学原理》为什么能一枝独秀？这是因为经济学教科书市场是属于垄断竞争市场。

经济学教科书之所以是垄断竞争市场就在于这些教科书是有产品差别的市场。就国外比较流行的经济学教科书来说，有的以历史悠久和内容全面而著称，比如萨缪尔森和诺德豪森写的《经济学》。该书1948年出版第一版，以后的同类教科书均以其结构为范本；有的以理论体系严谨、内容有一定深度而受到欢迎，比如迈克尔·帕金的《经济学》；有的以通俗易懂，与电脑运用密切配合而畅销，比如奥沙利文和谢夫林的《经济学》等。这类书的品种很多，但每一种都有自己的特色，并以这种特色占有一定份额市场，受到一部分消费者的欢迎。但由于这些教科书属同类产品，它们之间的竞争也十分激烈。曼昆的《经济学原理》能在这竞争激烈的市场上获得成功就在于他创造出了自己产品的特色。他注意到一些经济学教科书求全求严谨的缺点，因此在书中以通俗的事例、故事、政策分析来介绍深奥的经济学原理，使沉闷的经济学让人读起来轻松、愉快。与其他同类经济学教科书相比，《经济学原理》具有简明性。通俗性和趣味性的特色，曼昆以他那幽默风趣、流畅简练的文风写出了这样一本书，也就创造了自己的产品差别，出版后很快得到读者的认可，并在经济学教科书市场上大获成功。

曼昆《经济学原理》成功的事例告诉我们：只有市场不欢迎的产品，没有卖不出的产品。只要你能创造出自己有特色的产品就不怕没有市场。这个道理适合所有企业。

改编自：梁小民，《微观经济学纵横谈》，上海三联书店2000年版。

二、垄断竞争企业的需求曲线

在垄断竞争市场上，由于产品的差异化，企业可以自行定价。如果一个企业提高价格，则它的产品需求量就会减少。所以，垄断竞争企业面临的需求曲线向右下方倾斜。与垄断企业不同的是，由于垄断竞争企业的产品是相似的，各产品之间具有一定的替代性，市场竞争因素使企业面临的需求曲线有较大的弹性。因此，垄断竞争企业面临的是一条平坦的向右下方倾斜的需求曲线。这条需求曲线同时也是企业的平均收益曲线，边际收益曲线则位于平均收益曲线之下。

图6-10显示了三类市场企业面临的需求曲线。完全竞争企业是市场价格的接受者，因而其需求曲线是一条等于价格的水平线；垄断市场只有一家企业，垄断企业面临着一条陡峭的向下倾斜的需求曲线，企业的需求曲线也是市场需求曲线；垄断竞争和垄

断一样，每家企业面临着向右下方倾斜的需求曲线。由于行业中存在许多企业，生产同类产品的企业之间存在着竞争关系，垄断竞争企业的需求曲线具有较大的弹性。它位于上述两者之间的某个位置。

三、短期均衡

现在来看短期内没有企业进入或退出的情况。在垄断竞争市场，一个追求利润最大化企业的短期决策行为

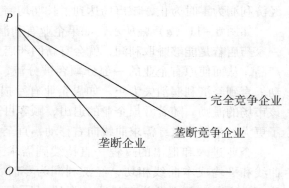

图 6-10 不同市场结构中的需求曲线

与垄断企业非常相似，企业也面临向右下方倾斜的需求曲线和边际收益曲线。为使利润最大化，垄断竞争企业也要寻求边际收益等于边际成本的产量，并收取消费者愿意为该产量所支付的最高价格，这一价格由需求曲线决定。图 6-11 描述了短期内垄断竞争企业的产量与价格决策。

图 6-11（a）幅表示，依据边际收益与边际成本相等的条件，垄断竞争企业选择了 MR 曲线与 MC 曲线交点决定的利润最大化产量 Q_0，相应的由市场需求决定的价格为 P_0。由于价格高于平均成本，垄断竞争企业获得了图中阴影部分表示的经济利润。

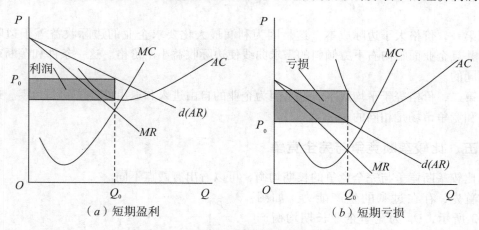

图 6-11 垄断竞争企业的短期均衡

图 6-11（b）幅显示了垄断竞争企业遭受到亏损。企业选择 MR 曲线与 MC 曲线交点决定的利润最大化产量与价格组合 Q_0 与 P_0，由于价格不能补偿平均成本，结果发生了图中阴影部分表示的亏损。

四、长期均衡

长期中垄断竞争企业可以自由进入和退出市场。如果企业获得经济利润，会吸引新企业进入该行业。反之，如果企业遭受到亏损会选择退出。这种进入和退出一直持续到

经济利润为零时为止,该市场达到了长期均衡。

如图6-11(a)幅所示,如果企业有利润,新企业就有进入该市场的激励。比如一家药店若是能够赚取利润,就会有新的药店开张。新进入的企业增加了顾客可选择的产品,从而使原有企业的一部分顾客被分流,企业面临的需求减少,需求曲线向左移动,直到经济利润消失为止。如果企业有亏损,如图6-11(b)幅所示,企业有退出该市场的激励。随着亏损企业的退出,顾客可选择的产品少了,那些留下来的企业获得了更大的市场需求,需求曲线向右移动,直至亏损完全消失。

企业进入和退出的过程一直持续到需求曲线和平均成本曲线相切,经济利润为零时停止。这时,新企业没有进入的激励,原有企业也没有退出的激励,实现了长期均衡。如图6-12所示,长期均衡点在需求曲线和平均成本曲线的切点,这个切点和边际收益等于边际成本的点对应的是同一个产量,这两个点处于同一条直线上,这是因为这一特定的产量使利润最大化。在垄断竞争市场,长期中存在着经济利润为零的趋势。

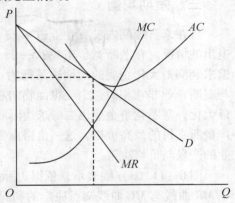

图6-12 垄断竞争企业的长期均衡

总而言之,垄断竞争企业的长期均衡条件为:

第一,价格大于边际成本。这是因为利润最大化要求企业的边际收益等于边际成本,并且企业面临向右下方倾斜的需求曲线使边际收益小于价格。这一条件和垄断市场是相同的。

第二,价格等于平均成本。这是因为企业的自由进入和退出使经济利润为零。这一条件和竞争市场是相同的。

五、比较垄断竞争与完全竞争

比较垄断竞争与完全竞争的长期均衡,可以看出有两点不同。

首先,存在过剩的生产能力。如图6-13所示,Q_c为竞争企业长期均衡产量,它对应的成本在U形的平均成本曲线最低点,表示企业的生产能力得到了充分利用。而在垄断竞争市场,进入和退出使每个企业的需求曲线和平均成本曲线相切,企业的最优产量为Q_m,这一产量小于使平均成本最低的产量。垄断竞争企业的均衡产量在平均成本向右下方倾斜的部分,这和完全竞争形成了鲜明对照。

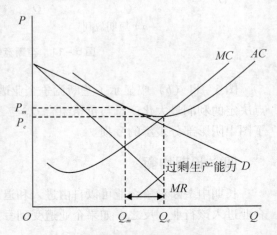

图6-13 垄断竞争与完全竞争的比较

经济学家把平均成本最低的产量称为理想的产量。长期中，完全竞争企业的产量是理想的，而垄断竞争企业的产量低于理想水平，实际产量与理想产量之间的差额称为**过剩的生产能力**。在图 6 – 13 中，垄断竞争企业的长期均衡产量 Q_m 小于理想的产量 Q_C，Q_m 小于 Q_C 的差额为过剩的生产能力。

过剩的生产能力意味着，企业可以继续增加产量从而降低平均成本。但垄断竞争企业不会选择这样做，因为企业如果把增加的产量卖出去，它必须降价，这对企业的运营是不利的。所以，相对于竞争企业，垄断竞争企业的价格稍高，产量稍低。生活中我们经常可以看到垄断竞争企业的过剩生产能力。比如，餐馆几乎总有一部分空着的桌椅，理发店并不总有顾客排队等候，银行的个人理财窗口随时回答客户对理财产品的咨询。在垄断竞争市场，企业是在有过剩生产能力的状态下经营。

其次，价格高于边际成本。垄断竞争和完全竞争的第二个区别是价格和边际成本的关系。如图 6 – 13 所示，完全竞争企业长期均衡时，价格等于边际成本，资源配置是有效率的。而垄断竞争企业长期均衡时，价格大于边际成本。这是因为，产品差异化使每家企业都拥有一定的市场控制力量，企业面临的是一条向右下方倾斜的需求曲线。由于价格较高，一些支付意愿高于边际成本但小于价格的消费者买不到物品，这说明从资源合理配置的角度看，企业的产量不足，生产者剩余和消费者剩余之和相对于竞争市场减少了，也就是说，垄断竞争企业如同垄断定价一样存在效率损失。

垄断竞争市场的无效率与价格高于边际成本有关。但是，政府若用价格管制的方式强制要求企业按边际成本定价，则会带来更大的效率损失。这是因为，垄断竞争的低效率产生于产品的差异化。而产品差异化导致的多样化产品正是消费者所喜爱的。比如，有些人喜欢吃粤菜也有人喜欢吃湘菜；自行车有山地车、轻便车，有黑色也有彩色，能够满足不同消费者的需要。因此，若要用完全竞争市场取代垄断竞争市场，市场将充满着毫无风格和个性而言的同质产品，消费者多样化的需求不能得到充分满足。由此导致的消费者剩余的减少超过竞争替代垄断竞争所带来的收益。

经济学家认为，如果从消费者福利的角度看，虽然垄断竞争的效率较低，但产品差异化对消费者更为重要，即使有无谓损失，他们也更希望存在垄断竞争企业。所以，垄断竞争的效率损失可以看成是消费者为产品多样化付出的价格的一部分。从企业角度看，由于生产差别化产品在短期内可获得经济利润，这会激发企业在长期中技术创新的内在动力和愿望，因而对社会是有利的。

【即问即答】 为什么垄断竞争企业不把平均成本保持在最低点？

第三节　寡　　头

垄断竞争是以"竞争"为主要特征的市场结构。现在我们开始讨论介于完全竞争和垄断之间，但以"垄断"为主要特征的市场，这一市场结构被称为寡头。

一、寡头垄断的含义及其特征

寡头垄断（oligopoly），是指少数几家企业控制整个市场产品生产和销售的市场结构。例如，家用电器行业、汽车行业、电脑行业、钢铁行业、石油行业等，都被少数几家企业所控制。寡头垄断是经济社会中十分重要的市场结构。

寡头垄断市场具有以下特征：

第一，行业内的企业屈指可数。当企业数量很少的时候，每个企业的产量在市场上占有很大份额，对市场价格产生直接影响。例如，沙特阿拉伯是世界原油主要生产国之一，沙特决定降低本国原油的产量，这对世界油价会产生巨大影响。

第二，产品同质或有差异。在寡头垄断市场，企业的产品可以是同质的，也可以是有差异的。如果产品没有差异，企业竞争不再选择差异化策略，而是制定价格。如果产品有差异，不同品牌的企业会突出自己产品的与众不同。

第三，进入和退出不易。在寡头垄断市场，大规模生产具有的成本优势使企业能够获得经济利润，新企业进入市场则会遇到巨额资金等方面的障碍。而一旦进入这个市场，由于巨额资金的占用，要退出也是非常艰难的。

第四，企业之间相互依存。这是寡头垄断市场最显著的特点。由于寡头企业为数不多，一家企业的价格、产量发生变动，或者新的研究开发计划及广告等活动，都会影响到其他企业的销售量。因此，企业在做出重大决策时，不仅要考虑自身的成本和收益情况，还需要预见到竞争对手可能的反应。例如，沙特考虑减少原油产量，以提高油价。然而，能否如愿取决于其他石油生产国的行为。如果伊朗、科威特等其他产油国增加了石油的生产以弥补沙特的减产，那么油价就不会变化太大。因此，沙特的产量和价格决策一定要考虑到其他企业的反应。在只有少数几家企业的寡头市场，每家企业都拥有举足轻重的市场地位。如果一家企业的管理者能够正确判断出其对手对本企业某项决策的反应，这个企业就会赢利。这种意识到并考虑其他企业的市场力量及其反应的行为被称为**策略性行为**（strategic behavior）。

由于寡头企业之间行为相互不独立，对策不确定，企业的任何决策都必须考虑对手的反应。对对手的反应方式作不同假设可以得到不同的寡头垄断市场模型。因此，很难建立一个统一的模型来解释寡头最优产量与价格决定。研究寡头企业策略性行为的常用方法是博弈论，它是应用数学的一个领域，被广泛地应用于经济学和其他行为科学。由于寡头企业的决策行为具有策略性博弈的特点，博弈论为更好地理解寡头企业行为提供了一个分析框架。

参考资料

识别竞争或垄断程度的标准：集中度

识别某一市场结构的类型，不能仅观察该市场的企业数目。在完全竞争或垄断竞争市场，存在着许多企业，这些市场是高度竞争的。但是在寡头垄断市场，也可能存在许多企业，但最大的两家企业的产量可能占总产量的95%，该市场被这两家大企业所控制，因而区别于完全竞争或垄断竞争市场。所以，判断一个市场竞争程度的标准通常是行业的集中度。

集中度（concentration ratio）以百分比的方式指出了一个行业中最大企业所占的产量份额。运用这一标准，可以很容易区分出不同的市场类型。常用的测量行业集中程度的标准是把某一行业中最大的四家企业的市场份额相加，这被称为"四企业集中度"。

寡头垄断市场具有很高的四企业集中度，常见的四企业集中度为70%~100%。相比之下，垄断竞争市场的集中度要低得多，前四家企业的市场占有率一般为20%~40%。

用四企业集中度衡量，2002年中国电信市场前四家（中国移动、中国电信、网通、联通）企业的市场占有率之和为98.9%。2006年，洗衣机行业前5家企业为海尔、小天鹅、荣事达、LG、松下等的产量占全国总量的72.2%，彩电行业前六家企业为TCL、康佳、创维、长虹、海信、海尔的销量占全国的65.7%。并且这种行业集中度提高的趋势还将持续。

二、博弈论概述

（一）博弈论

博弈论（game theory）又称对策论，是研究各经济主体在互动关系中的决策行为以及这种决策均衡的理论。或者说，它是研究竞争者如何根据其对手可能的反应，采取最优策略行为的理论，是用于分析策略互动的有用方法。博弈论最早由美国数学家约翰·冯·诺依曼（John von Neumann）提出，后来由约翰·冯·诺依曼和奥斯卡·摩根斯坦（Oskar Morgenstern）运用到经济学中，随后，博弈论逐渐成为经济学中的重要分析工具。

博弈行为广泛存在于现实生活中，像下棋打牌、田径球类，经济活动中企业间的广告战、价格战，以及政治军事领域的谈判、战争、核军备竞赛等，都是博弈。在博弈论看来，每个决策主体的利益不仅依赖它自己的行动选择，而且依赖于他人的行动选择，因此每个人在决定采取什么行动时，必须考虑其对手的反应。博弈论的目的是分析每个博弈者面临的选择，并对其他博弈者的每个行动作出反应，以采取利益最大化的行动或策略。寡头市场只有少数几家企业，每个企业都知道，其收益不仅取决于本企业生产多少，还取决于其他企业生产多少。企业在做出决策时，必须考虑其决策会引起竞争对手怎样的反应，会如何影响其他企业的决策。所以，博弈论对于理解寡头企业的决策十分有用，它有助于解释企业所选择的策略。

（二）博弈论的基本要素

1. 参与者

博弈中的每个决策者被称为**参与者**（局中人）。在每一个博弈中，都至少有两个参与者。在具体的博弈模型中，参与者可以是企业，也可以是消费者或任何契约关系中的人。根据经济学的理性假定，参与者同样是以利益最大化为目标。

2. 支付

支付，是指博弈结束时参与者得到的利益，即决策行为结果。博弈论用数字表示这类结果，支付可以为正，也可以为负。参与者的利益最大化即是指支付或报酬最大化。每一个参与者在博弈结束时的得失，不仅与该参与者自身所选择的策略有关，而且与全体参与者各自所选择的策略有关。

3. 策略

策略（也称作战略），是参与者为实现其目标而采取的一系列行动方案。或者说，是指一个人在考虑其他人反应的情况下所采取的行动，它规定在何种情况下采取何种行动。在一个博弈中，每个参与者都有实际可行的完整的行动方案，称为这个参与者的一个策略。如果在一个博弈中参与者的策略是有限的，称为"**有限博弈**"，否则称为"**无限博弈**"。

4. 策略均衡

博弈论中的均衡是**策略均衡**，它是指由各个参与者所采取的策略构成的策略组合处于一种稳定状态。在这一状态下，各个参与者都没有动机来改变自己所选择的策略。这样，每个人的策略都已给定，不再发生变化，博弈的结果必将确定，每个参与者从中得到的支付也就随之确定。

策略均衡的两个基本概念是占优策略均衡和和纳什均衡。

占优策略均衡。占优策略是指无论其他参与者采取什么策略，某参与者唯一的最优策略就是他的占优策略。即如果某一参与者具有占优策略，那么，无论对手选择什么策略，该参与者的选择都是最好的。如果博弈中的所有参与者选择的都是占优策略，则该博弈均衡被称为占优策略均衡。也就是说，由博弈中的所有参与者的占优策略组合所构成的均衡就是占优策略均衡。

纳什均衡（Nash equilibrium）。在有的博弈均衡中，某参与者并不存在既定的占优策略，他的占优策略随着其他参与者的策略变化而变化。纳什均衡则是一个稳定的博弈结果，它是指所有参与人最优策略的组合。它满足如下条件：给定别人的策略，没有人有积极性改变自己的策略。每个参与者的策略都是给定其他参与者策略情况下的最佳反应。如果所有参与人都预测纳什均衡会出现，它就能出现。所以，纳什均衡具有自我实施的功能。在纳什均衡下，没有一个参与者愿意通过单方面改变策略来提高自己的支付，即没有人愿意偏离均衡。

需要注意的是，占优策略均衡是比纳什均衡更强的一个博弈均衡概念。占优策略均衡要求任何一个参与者对于其他参与者的任何策略选择来说，其最优策略都是唯一的。而纳什均衡只要求任何一个参与者在其他参与者的策略选择给定下，其策略选择是最优的。所以，占优战略一定是纳什均衡，而纳什均衡不一定就是占优策略均衡。

三、博弈论的应用

我们可以用博弈论的经典模型囚徒困境来说明纳什均衡。这个模型说明了为什么合作是困难的，其包含的结论可运用到寡头合作的问题上，以说明寡头合作的不稳定性。

（一）囚徒困境博弈

1. 囚徒的两难处境

囚徒困境的故事是这样的：警方逮捕了甲乙两名嫌犯，但没有足够的证据指控二人有罪，于是警方对两名嫌疑犯进行隔离审查，并告诉双方如下后果：若一人坦白，一人不坦白，则前者立即获释，后者将判刑8年；若两人都不坦白，因证据不足，则二人各关押1年；若两人都坦白，则各判刑5年。两个囚徒会如何选择呢？

		囚徒甲			
		坦白		沉默	
囚徒乙	坦白	5	5	0	8
	沉默	8	0	1	1

图 6 – 14　囚徒困境博弈

图 6 – 14 为博弈矩阵。上方为囚徒甲的选择，即"坦白"与"沉默"。左方是囚徒乙的选择，也是"坦白"与"沉默"。格子里的数字是甲和乙的每一个选择（即坦白与沉默）结果。左边的数字是囚徒乙的判刑年数，右边的数字则是囚徒甲的判刑年数。右下方的格子里，是囚徒甲、乙都选择"沉默"的组合，二人各判刑 1 年；左上方的格子里，是甲乙两人都选择"坦白"的组合，二人各判刑 5 年；右上方格子是囚徒甲选择"沉默"，囚徒乙选择"坦白"的组合，囚犯乙获释，囚徒甲判刑 8 年；左下方的格子的组合是刚好反过来，囚徒乙因选择"沉默"被判刑 8 年，囚徒甲选择"坦白"则免罪释放。

求博弈矩阵的解（均衡）是这样看的：在这个博弈中，每个囚犯都有两种策略可供选择：坦白或沉默。究竟如何选择，这取决于他们对对方行动的判断。站在囚徒甲的角度看，有两种可能性，一是囚徒乙选择"沉默"（下面的两个格子），这时他最好的选择是"坦白"，坦白可获得自由（0 < 1）；二是囚徒乙选择"坦白"（上面的两个格子），这时他当然最好还是选择"坦白"，坦白可少蹲 3 年牢房（5 < 8）。这样，无论对方怎样选择，囚徒甲的占优策略都是"坦白"。囚徒乙的情况也一样，不管囚徒甲坦白还是沉默，他的占优策略也是坦白。所以，在这个博弈中，对任何一名囚徒来说，无论对手的选择如何，选择坦白都是他的最优策略。因此，这个博弈的纳什均衡就是两名囚

徒都坦白。均衡的结果两人各判刑 5 年，这是一个最糟糕的结果。明明两个囚徒都严格遵从了"求最优"的自私原则，均衡的结果给双方带来的支付却低于沉默的策略组合带来的支付。所以这个博弈被称为"囚徒困境"，它反映了基于个体理性的选择导致集体非理性的情况。

2. 博弈中的效率

在上述博弈矩阵中，两个囚徒有一个最好的结局，就是保持沉默（1，1），这被称为"合作结果"，它是指博弈者都同意合作而达成的均衡。这种结果要求两人有足够的信任，或者双方事先约定遵守诺言。然而，在两个囚徒分开监禁的情况下，每个人都担心对方会背叛自己以及试图得到更大好处（自由）的利己动机，阻碍了他们达到更好的互利选择，结果陷入囚徒困境。两个人都坦白的情形被称为"非合作结果"，它是指博弈者不能达成合作，各自追求个人利益而实现的均衡。在囚徒困境中，由于各自选择了"利己"的策略，两个囚徒共同达到了使每个人状况都变坏的结果。博弈导致了非合作结果的产生。

囚徒困境博弈的结果是一种"不合作"解，是参与者从各自利益出发决策的结果。现实生活中有很多类似的例子，都可以归结为囚徒困境博弈。例如，在广告宣传的问题上，无论你是否做广告，我总归是做广告好；国家间军备竞赛中，无论你是否有原子弹，我总归是有原子弹好；在现行应试高考制度下，无论其他中学是否减负，我总归是不减负的好。总之，小到夫妻吵架、邻里争端，大到国家对立、政策调整都可以用博弈论进行解释。

> 【即问即答】 在囚徒困境问题中，如果让对方先看到自己的选择会改变博弈的结果吗？囚徒困境告诉我们关于寡头的什么道理？

（二）囚徒困境模型的应用：寡头企业合作的不稳定性

现在将囚徒困境模型用于分析寡头企业的策略行为。我们将说明，试图成立**卡特尔**（cartel）的寡头博弈所面临的问题类似于囚徒困境博弈。

卡特尔是以正式协议的形式限制产量以提高价格的企业联盟。参加卡特尔的成员企业愿意放弃对价格和产量的单独决定权，它们通过签订公开协议的方式就价格、产量、广告支出等方面达成一致，采取共同行动，以获得各成员共同利润的最大化。一旦寡头企业之间形成了卡特尔，卡特尔就可以像一个垄断企业那样行动，实现共同利润最大化。但在现实中，这往往是不可能的。即使不考虑法律的约束，卡特尔成员企业瓜分利润的争斗也会使他们之间的协议失去意义。

我们可通过一个双寡头的例子来说明企业之间的合谋及其结果。假定一个小镇上只有张三和李四拥有水井。为了分析的简便，我们假定每吨水的边际成本为零。

表 6-2 是水的需求表。第一栏为水的数量，第二栏表示价格，最后一栏为总收益，它等于销售量乘以价格。在每吨水的边际成本为零的假设下，总收益等于总利润。现

在，我们考虑在这个双寡头市场，水的价格和产量会确定在什么水平。

表6-2 水的需求表

数量（吨）	价格（元）	总收益（总利润）
0	120	0
10	110	1 100
20	100	2 000
30	90	2 700
40	80	3 200
50	70	3 500
60	60	3 600
70	50	3 500
80	40	3 200
90	30	2 700
100	20	2 000
110	10	1 100
120	0	0

从表6-2可以看出，如果水的市场是完全竞争，每个企业生产价格等于边际成本的产量，由于我们假设多生产一单位水的边际成本为零，竞争市场水的均衡价格也是零，均衡数量是120吨。水的价格等于生产它的边际成本，120吨为效率产量。

如果水的市场是垄断，企业会把产量确定在60吨，每吨水向消费者收取60元的价格，从而使利润最大。价格大于边际成本是垄断企业的均衡条件，60吨的均衡产量是无效率的，因为该产量低于120吨的效率产量。

现在水市场是双寡头，如果张三和李四为避免竞争带来的两败俱伤，决定采取合谋的方式，通过签订协议就水的产量和价格达成一致，企业限制产量提高价格签订的协议被称为**勾结**（合谋）。一旦形成了卡特尔，市场上实际就是一个垄断者在提供服务，张三和李四会像一个垄断者一样把水的产量定为60吨，每吨水向消费者收取60元，从而得到3600元的利润。由于价格大于边际成本，从社会来看，均衡结果是无效率的，寡头合谋的结果与垄断的市场结果相同。

寡头希望形成卡特尔并赚到垄断利润，但这往往是不可能的。这不仅因为卡特尔成员瓜分利润的争斗使他们彼此很难达成协议。而且，反垄断法也禁止少数大企业为避免竞争就产量和价格达成协议。寡头协议不具有法律效力，这意味着每个企业都可以设定低于协议规定价格的价格水平，如果一家企业水的定价低于另一家，那么它将以低价占领整个市场。

		张三的决策			
		40 吨		30 吨	
李四的决策	40 吨	1600 元	1 600 元	2 000 元	1 500 元
	30 吨	1 500 元	2 000 元	1 800 元	1 800 元

图 6-15 张三和李四的寡头博弈

我们用图 6-15 说明双寡头的协议为什么会失效。该图为双寡头的博弈矩阵，在利己之心的驱使下，张三和李四都面临两种选择：生产 30 吨水或生产 40 吨水。显然，每个寡头决策时都要考虑竞争对手的反应。

我们先来看张三的考虑：如果李四生产 30 吨水，我最好的选择是生产 40 吨水，因为我可以获利 2 000 元（40 吨×50 元/吨），2 000 元＞1 800 元；如果李四也生产 40 吨水，我最好的选择还是生产 40 吨水，这时的获利为 1 600 元，而维持 30 吨的产量只获利 1 500 元。显然，无论李四怎么选择，张三的占优策略都是生产 40 吨水。

张三想到的李四也能想到，所以，张三不必考虑李四选择生产 30 吨水的可能性，直接看李四选择生产 40 吨水的情况。显然，这个博弈矩阵的占优策略均衡就是两人各生产 40 吨水。水的总产量为 80 吨，而价格下降为 40 元，张三和李四各获利 1 600 元。双寡头各自追求自身利益却使它们得到最坏的结果，这两个寡头各生产 30 吨水时双方各获利 1 800 元。

进一步考虑，当张三知道李四选择生产 40 吨水后，他会把价格提高到原来的水平吗？显然不会。当然，他也不会继续增加到 50 吨的产量，那样的话，水的总产量为 90 吨，价格下降到 30 元，他的利润只有 1 500 元 =（30 吨×50 元/吨）。同理，当李四知道张三选择生产 40 吨水之后，他也不会再改变价格。这时，两个寡头各生产 40 吨水是一个稳定的状态，他们都认为自己的策略是最优的，谁也不愿单独背离这个状态，这个博弈结果就是纳什均衡。一旦达到了这种纳什均衡，双方都没有改变决策的激励。

上述非合作性博弈结果就是寡头的市场均衡。虽然合作并达到垄断的市场结果可以使寡头的状况更好，但由于他们追求自身的私利，最后不能达到垄断的结果，不能使他们共同利润最大化。所以，寡头企业的自利，使它们的产量通常大于垄断企业的产量，价格则低于垄断企业的价格。但自利使寡头企业的产量和价格永远不会低到竞争市场的水平，因为继续增加产量会使价格下降。所以，他们不会像竞争企业那样把产量确定在价格等于边际成本的水平。如图 6-16 所示。当寡头企业单独确定利润最大化的产量时，它们的产量大于垄断但小于竞争的产量水平。寡头的价格低于垄断价格，但高于竞争价格。

最著名的卡特尔是欧佩克，即石油输出国组织（OPEC）。20 世纪 70 年代前期欧佩克成员的限产协议导致原油价格由 1973 年的每桶约 3 美元暴涨到 1974 年的每桶 12 美元以上，极大地提高了成员国的利润。然而，到了 20 世纪 80 年代，欧佩克成员国在达成和实施协议上不再那么成功了，石油价格开始一路走低。这其中固然有全球经济不景气，导致石油需求下降的原因，但最重要的因素还是卡特尔自身的不稳定性。

我国一些行业的自律价也具有合谋的性质。2009年4月20日，国航、南航、东航、海航、深航等五大航空公司同一天对国内机票实行新的运价体系，出售的机票只显示价格，不再显示折扣。同时国内机票价格出现普涨，机票折扣不低于3折。然而，4月23日，南航率先宣布，即日起推出特价票，最低可打2折。随后，海航、深航也提出为满足广大旅客"五一"假期的出行要求，在不少航线推出特价机票，航班票价最低至2.2折。不过一周的时间，这五大航空公司结成的价格同盟便开始土崩瓦解。我国曾经出现的所谓"彩电价格同盟""地产价格同盟"也都毫无例外地以失败而告终。

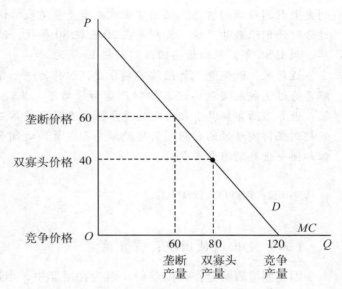

图6-16　垄断、双寡头和竞争均衡的比较

【即问即答】　如果寡头成员就产量达成一致，它们会把产量定在什么水平？如果寡头个别地作出生产决策，它们的总产量比上一问的回答大还是小？为什么？

案例分析

欧佩克和世界石油市场

"欧佩克"即世界石油输出国组织（OPEC），是世界上最著名的卡特尔。在1960年最初成立时，欧佩克包括伊朗、伊拉克、科威特、沙特阿拉伯和委内瑞拉。到1973年，又有卡塔尔、印度尼西亚、利比亚、阿联酋、阿尔及利亚、尼日利亚、厄瓜多尔和加蓬等8个国家加入。这些国家控制了世界石油储藏量的3/4。和其他卡特尔一样，欧佩克力图对其成员国的石油政策进行协调，以通过控制产量来维持石油价格的稳定，从而保证各成员国在任何情况下都能获得稳定的石油收入。1973年和1974年，在阿拉伯-以色列战争过后，欧佩克把石油价格从每桶3美元左右提高到每桶12美元以上。然后在1981年又提高到每桶35美元。

然而，欧佩克并不能完全控制国际石油市场。自对原油生产实行限产并分配产量定额以来，欧佩克从未有效杜绝过其成员国的超产行为。欧佩克的成员受到增加生产可得到更大利润份额的诱惑，他们常常就减少产量达成协议，然后又私下违背协议，生产超过分配他们限额的产量。特别是在20世纪80年代，欧佩克在维持合作方面越来越无效率。到1986年，原油价格回落到每桶13美元。

近年来，欧佩克成员继续定期会谈，但作为一个各怀想法的利益聚合体，欧佩克很难再通过达成或实施协议来控制产量和价格了。其成员国基本上是独立地做出生产决策。世界石油市场具有相当大的竞争性。在稳定世界石油市场价格方面，欧佩克已不再能起到任何实质性的作用。虽然欧佩克各成员国之间合作的缺乏损害了产油国的利益，但却使全世界的消费者受益。

资料来源：根据相关文献编写。

（三）走出囚徒困境：重复博弈

囚徒困境表明合作是困难的，因为在博弈中，当每个参与者只有一次策略选择机会，而且在选择的时候并不知道其他人的选择情况。结果，会出现个体理性决策导致集体非理性的结局，原因之一是游戏只能玩一次而不能重复。在一次性博弈的情况下，任何欺骗行为和违约行为都不会遭到报复，参与者的不合作解是难以避免的。这类博弈被称为静态博弈。

与静态博弈相对应的是动态博弈，也就是可以反复进行的博弈。**重复博弈**（repeated game）是动态博弈的一种特殊情况，是指对原博弈的多次重复。如果博弈不断重复，任何一个参与者的欺骗和违约行为都会受到其他参与者报复（不与其合作），这会使违约方长期中遭受惨重损失。因此每个参与者有可能形成合作的局面，囚徒困境的合作均衡解是存在的。

重复博弈又分为**有限次重复博弈**和**无限次重复博弈**两种情况。如果只是有限次的重复博弈，比如两次、三次、四次的重复博弈，企业的合作仍然无法实现。因为在有限次重复博弈的最后一次，和前面单次博弈一样双方还会选择"不合作"。既然双方最后一次都会背信弃义，那么在倒数第二次博弈中不可能再试图建立声誉，于是双方还是会选择"不合作"。以此类推，在有限次重复博弈中参与者无法走出囚徒困境。所以，重复博弈中的合作需要始终以将来进一步合作的可能为条件。

如果博弈能够无限次重复下去，双方会产生足够的耐心关心未来，那么，企业有可能为建立声誉而选择合作，寡头企业之间的合作有可能成为纳什均衡点。例如，博弈的参与者采取"以牙还牙"策略，规定如果一方违约将如何处理。在博弈的第一回合，你选择合作，如果对方在第一回合选择合作，那么，你在下一回合也选择合作。如果对方在第一回合就违约，你就"以牙还牙"，在下一回合也违约。如果你的合作者之后又选择了合作，那么，你在接下来的回合也选择合作。这里以牙还牙策略就体现在只要一方有欺骗和违约行为，其他参与者总会有机会给予报复，比如不再与其合作。当参与者知道违约带来的利益是一次性的，以后利润会一直维持在低水平上，出于受到报复的恐惧他们不敢贸然采取背叛行为。因此，在无限次进行的囚徒困境重复博弈中，两个参与者可能达到合作的结果。

下面我们以双寡头之间价格博弈的例子来说明无限次重复博弈的均衡问题。图6-17列出了双寡头的博弈矩阵。如果该博弈是一次性的，则（降价，降价）是其唯一的纳什均衡解，当然这是一个非合作的低效率解，此时，双方各获利润16亿元。如果两家电信公司每周进行一次同样的博弈，当他们达成维持现价的协议时，还规定了"以牙还牙"策略。这会使两家企业倾向于合作赚到垄断利润。如图6-17所示。两家企业第1周都选择合作，各获18亿元的利润。假设A电信公司第2周违约，它可获得20亿元的利润，并给B电信公司带来了3亿元的利润损失。那么在第3周，B电信公司会采取"以牙还牙"策略惩罚A电信公司，而A电信公司为了和B电信公司在第4周能够再合作选择了合作，因而也有3亿元的利润损失。把三周博弈的利润加在一起，A电信公司的利润共53亿元，而如果坚持合作A公司的利润则为54亿元。B电信公司与A公司的情况是一样的。以牙还牙策略使双方知道违约带来的利益只能维持一周，以后利润会一直维持在低水平上，他们就会放弃违约的一次性好处。因此，重复博弈可达到参与者合作的结果。

		A电信公司	
		降价	维持
B电信公司	降价	16亿元　16亿元	20亿元　15亿元
	维持	15亿元　20亿元	18亿元　18亿元

图6-17　寡头企业的价格博弈

以牙还牙策略使寡头企业的合作提价行为成为可能，因而寡头企业有强烈的合作倾向。但如前所述，卡特尔的协议并不稳定。以牙还牙策略的有效性在只有两个参与者的情况下才能体现出来。而一般情况下，寡头企业往往不止两个。在市场存在多于两个企业的情况下，如果发生了某一企业的违约现象，很难采取降价手段惩罚违约者，因为这样做受到惩罚的不只有违约者，还会殃及所有企业。即使某行业只有两个企业，它们也会意识到若没有品牌所构建起来的进入门槛，市场外的竞争对手将有可能进入该市场。因此，每个企业都会认识到长期合作的可能性很小，从而抱着至少在短期内赚一把的心态，采取违约行为。所以，寡头企业的长期合作是困难的，合作的稳定性会受到其成员的数量、以及难以对违约行为实行有效监督和制裁的影响。

四、对寡头垄断市场的评价

在寡头垄断市场，企业占有较大的市场份额，可以影响价格。因而与竞争市场相比，其产量低、价格高，经济效率较低。寡头之间的勾结会形成完全垄断的市场结果，从而损害消费者的利益，减少社会总福利。但尽管如此，寡头垄断市场在现实经济中仍然非常重要。因为它具有两个明显的优点：一是可以实现规模经济，从而降低成本，提高经济效益；二是有利于促进技术进步。各寡头企业为了在竞争中取胜，会积极从事研究与开发，使本企业的产品在质量性能上优于其他企业的产品，从而增加产品销量和市场份额。况且寡头企业多为实力雄厚的大企业,它们能够承担起研究与开发所需要的高昂费用。在汽车、计算机等市场上,我们可以充分感受到技术的突飞猛进和产品的日新月异。

本章要点

(1) 垄断是指行业内只有一家企业生产一种没有相近替代品的产品,并且其他企业难以进入这一市场。由于垄断企业是市场上唯一的卖者。所以它面临向右下方倾斜的需求曲线,这使垄断企业的边际收益小于产品价格。垄断企业通过生产边际收益等于边际成本的产量来实现利润最大化,但其产量较低,价格高于边际成本,引起社会福利损失。价格歧视体现了企业的商业智慧。

(2) 垄断竞争在两个方面不同于完全竞争。一是每个企业收取高于边际成本的价格。这使企业的生产不足,从而降低了市场配置资源的效率。二是每个企业有过剩的生产能力。也就是说,它在平均成本曲线向右下方倾斜的部分运行。但与此相对应,垄断竞争企业提供的差异性产品满足了消费者多样化的需求。

(3) 当市场上存在少数几个企业时,就会出现寡头竞争。寡头为了回避竞争,倾向于合谋。但由于卡特尔成员企业事实上面临着"囚徒困境"的局面,寡头的合谋存在着内在的不稳定性。企业数量是影响合谋能否达成的一个关键因素。

重要概念

垄断　自然垄断　价格歧视　垄断竞争　产品差异化　寡头　策略性行为　博弈论　占优策略　占优策略均衡　纳什均衡　囚徒困境　卡特尔　勾结　重复博弈

思考与练习

(1) 下表给出了一个垄断企业的总成本和总收益。

数量	总成本	总收益
0	144	0
1	160	90
2	170	160
3	194	210
4	222	240
5	260	250
6	315	240
7	375	210

A. 计算边际收益和边际成本,并画出需求曲线的图形。

B. 给出利润最大化的价格和产量,并计算最终的利润。

(2) 以下哪一个不是价格歧视的例子？
A. 时装专卖店的过季打折销售。
B. 超市向进店顾客发放的特价商品清单。
C. 美国教材出版商推出只能在美国以外销售的"国际版"低价教材。
D. 以上都是价格歧视的例子。

(3) 如果垄断企业可以实行价格歧视，那么：
A. 边际收益曲线与需求曲线重合。
B. 边际收益曲线与边际成本曲线重合。
C. 每个消费者支付的价格都不同。
D. 在某些情况下，边际收益可能会负值。
E. 从社会角度看，市场结果仍然是缺乏效率的。

(4) 老王在镇上开了一家照相馆，平均每天有8个顾客光顾，每个顾客的支付意愿如下表：

顾客	支付意愿	顾客	支付意愿
A	50	E	34
B	46	F	30
C	42	G	26
D	38	H	22

A. 如果每张照片的总成本是12元，老王如果对所有顾客制定单一价格的话应设定怎样的价格？在这一价格下，老王每天能拍多少张照片？他的经济利润是多少？
B. 在这一价格下，每天的消费者剩余是多少？
C. 社会有效的照片数量是多少？
D. 假定老王知道每个顾客的支付意愿，他向每个消费者收取不同的价格，那么他每天能拍多少张照片？他的经济利润是多少？
E. 在这种情况下，每天的消费者剩余是多少？

(5) 若垄断企业面临的市场需求曲线为 $P = 130 - 10Q$，其成本函数为 $TC = 10Q^2 + 10Q$，求：
A. 该企业的最优产量、产品价格与利润。
B. 社会福利最大时的产量与产品价格。
C. 垄断造成的社会福利损失是多少。

(6) 什么是产品的差异化？为什么产品差异化是垄断竞争的一个重要原因。

(7) 在长期中，垄断竞争企业获得零利润，这恰好是完全竞争市场会发生的情况。假定不管是完全竞争，还是垄断竞争，每个企业的成本曲线均完全相同。请回答以下问题：
A. 为什么长期内完全竞争市场和垄断竞争市场不生产相同的均衡产量？
B. 为什么垄断竞争市场被认为缺乏经济效率？

C. 哪些好处使我们喜欢垄断竞争的结果而不喜欢完全竞争的结果？

（8）下列哪些情形可能会导致市场中卖家的合谋？

    A. 公开宣布其交易。

    B. 只有极少数的卖者。

    C. 一些卖者比其他卖者价格更低。

    D. 市场只开放一次。

    E. 卖者不能互相见面。

（9）判断下列每一项是哪种市场结构的特征，并解释每种情况下的长期内的效率情况。

    A. 许多企业，差异化产品，自由进入。

    B. 专利、许可证或进入门槛，一家企业。

    C. 少数企业，策略性行为。

（10）如果双寡头达成共谋的协议，双方都承诺按照协议行事，也都相信对方会守信，他们会把总产量定在什么水平？这是稳定的状态吗？

（11）在某个小镇上，只有两家餐馆，它们合谋并达成瓜分市场的协议。如果双方都遵守协议，每家餐馆可获得10万元的经济利润。如果一家餐馆违约而另一家餐馆不违约，违约者的经济利润增加到15万元，而坚守协议者有5万元的利润损失。两家餐馆无法彼此监督对方的行为。

    A. 如果每家餐馆都违约，每家餐馆的经济利润是多少？

    B. 画出该博弈的结局矩阵。

    C. 每家餐馆的最优战略是什么？

    D. 这个博弈的均衡是什么？

    E. 如果两家餐馆的博弈可以进行多次，结果会有什么不同？为什么？

第七章 生产要素价格的决定

一国一年的居民总收入是一个庞大数额，人们以各种方式赚到这些收入。工人的工资通常在总收入中占较大比例，其余部分则以租金、利润和利息形式归土地所有者和资本所有者所有。是什么因素决定总收入在工人、土地所有者和资本所有者之间的分配？回答这一问题仍然要考虑供求关系。如同产品的需求和供给决定产品的价格，在要素市场上，生产要素的需求和供给决定了生产要素的价格。本章研究完全竞争市场要素价格的决定，先推导出适用于所有生产要素的要素需求曲线，然后分析要素的供给以及工资（劳动的价格）、利息（资本的价格）和租金（土地服务的价格）是如何由要素的供求决定。在市场经济中，由于要素价格的决定就是人们取得收入的过程，因此，要素价格决定理论也被称为收入分配理论。

第一节 生产要素的需求曲线

一、生产要素需求的性质

与产品市场一样，要素市场也是由供求力量支配的。只是由于要素市场交易的是投入品，使得企业对要素的需求不同于消费者对最终产品的需求。

（一）派生需求

在消费品市场上，消费者对产品的需求是直接的，是为满足自身吃、穿、用的需要。而在要素市场上，企业之所以购买生产要素，是要用它们生产并销售产品，企业预期消费者愿意为用这些要素生产出来的最终产品支付价格，是市场对产品的需求引发了企业对生产要素的需求。我们把企业对要素的需求称为**派生需求**（derived demand）。派生需求指的是，企业对要素的需求是从消费者对最终产品的需求派生出来的，对要素的需求是从产品的需求中派生出来的。例如，馒头店的老板对面粉的需求，就是派生需求。因为要满足消费者对馒头的需求，企业需要生产馒头，因此企业才需要购买面粉。如果没有市场对馒头的需求，也就没有企业对面粉的需求。所以，经济学家把企业对生产要素的需求称为派生需求或间接需求。

（二）联合需求

企业对要素的需求也是联合需求，或相互依存的需求。因为企业生产产品所需要的要素不是一种，而是多种，多种要素之间是互补的，它们以某种方式组合在一起使用。如果只增加一种要素而不增加另一种，就会出现边际产量递减现象。例如，馒头店的老板若想增加产量，就不能只增加生产馒头的面粉，还必须扩大店铺面积、增加劳动、厨具等其他生产要素。

在本章，我们分析完全竞争的劳动市场，说明利润最大化的企业如何决定对要素的最优使用量。劳动是最重要的生产要素，一个国家中工资收入占到总收入的一大半。从劳动市场分析中得出的结论也适用于其他要素市场。

二、企业使用生产要素的原则

为了解释一个理性的企业如何确定生产要素的最优需求量，我们举一个香蕉生产商的例子。该企业有一个香蕉园，每周必须决定雇佣多少工人摘香蕉，拿到市场出售，支付工人工资后，剩下的是利润。为了说明问题，我们提出以下两个假设。

第一，假设香蕉市场和劳动市场都是竞争性的。有许多香蕉生产商和摘香蕉的工人，竞争企业是既定市场价格的接受者，企业的产量对香蕉的市场价格和摘香蕉工人的工资没有影响，企业按照既定的市场价格销售香蕉和支付工资。

第二，企业是追求利润最大化的。所以，企业并不直接关心雇佣多少工人和香蕉的产量。它只关心利润，企业生产多少香蕉以及雇佣多少工人，都要服从利润最大化的目标。

那么，香蕉生产商如何确定劳动投入量呢？也就是说，为了得到最大利润，企业遵循什么原则确定生产要素的需求量呢？在上述假定下，第五章我们证明的边际收益等于边际成本的均衡条件放之四海而皆准，不仅适合于产品市场，也适合于要素市场。只不过在将这均衡条件运用于要素市场时，其表达形式有所不同。

（一）生产要素的"边际收益"——边际收益产量

要素市场的边际收益称为**边际收益产量**（marginal revenue product，MRP）。我们以表7－1说明边际收益产量的概念。表的第一栏和第二栏描述了企业的投入产出关系。在这里，"投入"是摘香蕉的工人，而"产出"是香蕉。其他投入例如香蕉树、土地、砍刀、运送香蕉的卡车等为固定不变的量。表的第一栏和第二栏表示，企业雇佣1个工人时，这个工人的产量为100箱香蕉；如果企业雇佣2个工人，2个工人的产量为180箱香蕉，以此类推。

表7－1　某竞争企业劳动的边际收益产量

劳动 (L)	总产量 (Q)	边际产量 (MR_L)	产品价格 (P)	总收益 (TR)	边际收益产量 (MRP)	边际产量价值 (VMP)
0	0	—	10	0	—	—
1	100	100	10	1 000	1 000	1 000
2	180	80	10	1 800	800	800
3	240	60	10	2 400	600	600
4	280	40	10	2 800	400	400

续表7-1

劳动 (L)	总产量 (Q)	边际产量 (MR_L)	产品价格 (P)	总收益 (TR)	边际收益产量 (MRP)	边际产量价值 (VMP)
5	300	20	10	3 000	200	200

表的第三栏为劳动的边际产量（MP_L），即增加一单位劳动所引起的产量增加量。例如，当企业把工人数量从1个增加到2个时，香蕉的产量由100箱增加到180箱，第2个工人的边际产量为80箱。从表中可以看出，随着劳动投入量的增加，劳动的边际产量是递减的。第四栏为产品价格，在完全竞争市场，无论产出为多少，价格始终为10元。第五栏为总收益，它等于价格乘以产量。表的第六栏为劳动的边际收益产量，它是指企业每增加一单位投入要素所增加的收益，因此是MR的替代形式，其计算公式为$MRP = MR·MP$。在我们的例子中，如果每箱香蕉的价格为10元，这意味着每增加一箱香蕉所带来的边际收益为10元，如果增加一名工人生产60箱香蕉，那么，这个工人就产生了600元（$=10 \times 60$）的边际收益产量。所以，劳动的边际收益产量反映了每增加一单位劳动给企业带来的收益贡献。在价格不变的条件下，劳动的边际产量递减，劳动的边际收益产量也是递减的，这是边际产量递减规律作用的结果。表的第七栏为**边际产量价值**（value of the marginal product，VMP），即一种投入要素的边际产量乘以产品价格。在完全竞争市场，由于$P = MR$，即$MRP = P(MR)·MP$，所以，边际收益产量（MRP）＝边际产量价值（VMP）。由于竞争企业的价格不变，随着劳动投入的增加，边际产量递减，边际产量价值随着劳动投入的增加而递减。

图7-1描述了边际收益产量曲线。这条曲线向右下方倾斜，是因为劳动的边际产量随着劳动投入量的增加而递减。在完全竞争市场，由于$MRP = VMP$，边际产量价值曲线与边际收益产量曲线重叠，也是一条向右下方倾斜的线。

这里特别强调应注意边际收益产量（MRP）与边际收益（MR）的区别：边际收益是产量的函数，其自变量是产品数量，故称为产品的边际收益；而要素的边际收益产量是生产要素的函数，其自变量为某种要素的使用量，是要素的边际收益产量。

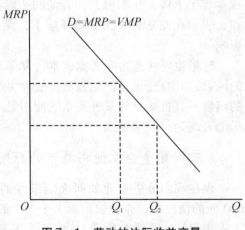

图7-1 劳动的边际收益产量

（二）使用要素的"边际成本"——边际要素成本

企业在确定劳动要素最优使用量时还要考虑它的边际成本。要素的边际成本称为**边际要素成本**（marginal factor cost，MFC），是指企业每增加一单位要素投入所增加的成本。其计算公式为 $MFC = MC \cdot MP$。在完全竞争的要素市场，要素的价格不受要素使用数量的影响，因而企业增加一单位要素投入所增加的成本等于该要素的价格。所以，边际要素成本就是要素的价格（$MFC = P$）。在上例中，如果香蕉园工人的市场工资为600元，这600元就是企业每增加一个劳动所增加的成本。因此，在竞争的劳动市场，企业增加一单位劳动所增加的成本就是工资（$MFC = W$）。

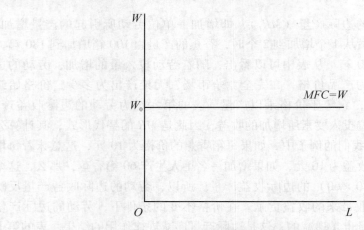

图7-2 竞争市场上的 MFC 曲线

如图7-2所示，横轴 L 为劳动要素数量，纵轴 W 为工资率。在竞争的劳动市场，工资由市场决定，企业雇佣工人的数量不会影响市场工资水平。所以，劳动的边际要素成本等于工资，在图形上，劳动的边际要素成本（MFC）曲线是一条等于工资的水平线。表示在充分竞争的市场环境下，无论企业如何改变要素的使用量，要素价格不受影响。

这里也要注意边际要素成本（MFC）与边际成本（MC）的区别：边际成本是产量的函数，其自变量是产品数量，故称为产品的边际成本；而要素的边际成本是生产要素的函数，其自变量为某种要素的使用量。在完全竞争市场，这个函数是一个常数，在图形上表现为一条水平线。

（三）竞争企业使用要素的原则

现在我们分析企业如何确定最优的劳动雇用量。如表7-2所示。在市场工资为600元的情况下，企业雇用第1个工人的边际产量为100，既定的价格是10元，第1个工人带来的边际收益就是1000元，高于600元的市场工资，总利润增加了400元。这时企业多雇用工人是划算的。第2个工人带来800元的边际收益，仍然大于600元的市场工资，边际利润为200元，企业可以继续增加劳动的使用量。第3个工人的边际收益为600元，等于600元的市场工资，新增利润为零。这意味着总利润已达到最大，继续增加劳动投入，总利润会减少。比如，第4个工人只产生400元的新增收益，少于600元的市场工资人，总利润减少了200元。此时企业应该减少劳动使用量，直到劳动的边际产量价值等于工资为止。在表7-2中，企业最优的劳动使用量为3个工人。

表 7-2　竞争企业如何决定雇用工人的数量

劳动 (L)	总产量 (Q)	边际产量 (MR_L)	产品价格 (P)	边际产量价值 (VMP)	工资 (W)	边际利润 ($M\pi$)
0	0	—	10	—	—	
1	100	100	10	1000	600	400
2	180	80	10	800	600	200
3	240	60	10	600	600	0
4	280	40	10	400	600	−200
5	300	20	10	200	600	−400

以上分析表明，在完全竞争市场，企业确定利润最大的要素使用量所遵循的原则是：要素的"边际收益"和相应的"边际成本"相等。在上例中，竞争企业使用要素的"边际收益"是边际收益产量 MRP（VMP），企业使用要素的"边际成本"等于工资 W。因此，竞争企业使用要素的原则可以表示为：

$$MRP = W$$

或者：

$$VMP = W$$

上述等式的经济含义是：最后一单位投入要素的边际贡献与增加最后一单位要素投入所增加的成本（要素价格）相等的一点决定均衡的要素使用量。企业会根据这一原则确定劳动投入量。如果 $VMP_L > W$，则增加劳动投入所增加的收益大于企业为此支付的成本，企业会继续增加劳动使用量以提高利润；反之，如果 $VMP_L < W$，则表明增加劳动所带来的收益增量小于企业为此而支付的成本，企业会减少劳动使用量以提高利润。总之，只要 $VMP_L \neq W$，企业就会调整要素使用量，直到 $VMP_L = W$，即劳动的边际产量价值刚好等于工资时，企业的劳动使用量可以使利润达到最大。

我们可用图形直观地说明要素的需求条件。在图 7-3 中，劳动的边际产量价值曲线向右下方倾斜，水平线为市场工资水平。为了实现利润最大化，企业雇用工人的数量要达到这两条曲线相交的那一点（$VMP = W$）。为什么不雇用比该点更多或

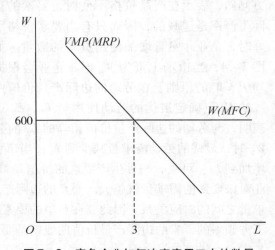

图 7-3　竞争企业如何决定雇用工人的数量

更少的工人数量?因为低于这个雇用水平,边际产量价值大于工资($VMP > W$),增加工人会增加利润;高于这个雇用水平,边际产量价值小于工资($VMP < W$),企业会减少雇用工人的数量。因此。追求利润最大化的竞争企业雇用工人的数量一定要达到边际产量价值等于工资那一点。

三、竞争企业对生产要素的需求曲线

(一)边际生产率和要素的需求曲线

要素需求来自于企业。如上所述,企业利润最大化的要素最优需求量必须满足要素的边际产量价值等于要素价格的条件,即 $VMP = W$,这个等式的左边可以改写为要素的边际产量乘以产品价格,即 $P \cdot MP(L) = W$,其中,$MP(L)$ 为边际产量。

从上述公式可以看出,企业对要素的需求量依赖于产品价格、要素的边际生产率和要素的价格。由于产品价格 P 为既定常数,因而公式表现的是要素价格(W)和要素使用量(L)的函数关系,也就是竞争企业对要素的需求函数。当要素价格(W)上升时,$P \cdot MP(L) < W$,为了重新恢复均衡,$P \cdot MP(L)$ 的值应上升,主要是 $MP(L)$ 的值上升。根据边际产量递减规律,企业只有减少劳动 L 的使用量,$MP(L)$ 的值才能上升。因此得出结论:随着要素价格的上升,企业对要素的最优需求量下降。要素的需求量是由要素的边际生产率决定的。

这样,我们就得到了要素的需求曲线,它往右下方倾斜,表示企业对要素的需求量随着要素价格的下降而增加,如图 7-4 所示,横轴 L 代表劳动要素的投入量,纵轴 W 代表工资率。可以看出,竞争企业对要素的需求曲线和要素的边际产量价值曲线重合,这是因为,劳动的边际产量价值曲线向右下方倾斜,表示在产品价格不变时,要素的边际生产率是递减的,因而只有当要素价格下降时,企业才愿意增加使用员工的数量。如图 7-4,当市场工资为 W_0 时,企业会根据 $VMP = W$ 的原则,在劳动的边际产量价值曲线的 E_0 点确定最优的劳动使用量 L_0。E_0 点

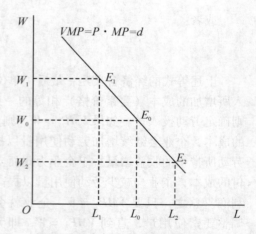

图 7-4 竞争企业要素的需求曲线

表明,与劳动的边际产量价值相等的 L_0 的劳动雇用量才是最优的。当市场工资上升到 W_1 时,最优的劳动需求量减少到 L_1;当市场工资下降到 W_2 时,最优的劳动需求量会增加到 L_2。可见,一种生产要素的价值越高,企业对该要素的需求量越小;反之,企业对该要素的需求量就越大。要素的边际产量价值曲线反映了要素价格与企业对要素需求量之间的对应关系。因此,在竞争的要素市场,对一个利润最大化的企业来说,向右下方倾斜的要素的边际产量价值曲线就是要素的需求曲线。

（二）要素需求曲线的移动

要素的需求曲线反映了在其他因素不变的情况下，要素需求量与要素价格之间的关系。所有影响要素边际产量价值的因素，都会影响企业对要素的需求，从而引起要素需求曲线的移动。由边际产量价值等于产品价格和边际产量的乘积（$VMP = P \cdot MP$）可知，引起要素需求曲线位置移动的因素主要有两个：第一，产品价格的变化。这会引起要素边际产量价值的变化，从而改变对要素的需求。如香蕉价格上升增加了每个摘香蕉工人的边际产量价值，从而使企业对摘香蕉工人的需求增加，劳动需求曲线会向右移动。第二，要素边际生产率的变化。引起要素边际生产率变化的原因又有以下几种情况：一是如果企业的资本投入增加导致劳动的边际生产率上升，劳动的需求曲线会向右移动。二是劳动要素质量的提升导致劳动的边际生产率提高，从而企业增加对劳动的需求。三是技术进步提高了要素的边际生产率，从而企业增加对要素的需求。如果新技术是更为劳动密集型的，技术进步会增加劳动需求；反之，如果技术进步是资本密集型的，技术进步会减少劳动需求，但这是对单个企业的需求而言。就整个经济来说，技术进步提高了劳动生产率，一方面增加了人们的收入；另一方面降低了生产成本，从而带来整个市场扩大和对其他产品需求的增加，使得更多的就业机会出现。例如，城市公交车使用 IC 卡，减少了对售票人员和点钞员的需求。但同时也增加了系统维护等新的工作岗位。从历史上看，技术进步通常会增加劳动，这可以解释伴随工资上升就业也持续增加的现象。

（三）要素需求曲线的加总

以上分析的是单个企业对生产要素的需求曲线。要素的市场需求曲线由所有企业对要素的需求曲线水平相加所得到。由于单个企业的要素需求曲线向右下方倾斜，因此，由单个生产要素需求曲线横向加总得到的要素市场需求曲线也向右下方倾斜。如图 7-5 所示。图中用三个企业代表某行业的无数个企业，F_1、F_2、F_3 分别代表这三个企业各自对劳动的需求曲线。可以看到，在 W_3 的市场工资水平上，只有 F_3 可以雇用劳动，当工资水平下降，F_1 和 F_2 渐渐地可以雇用劳动。把这三个企业对劳动的需求量按照工资进行横向加总，就得到了劳动的市场需求曲线。显然，要素的市场需求曲线比单个企业的要素需求曲线更有弹性。

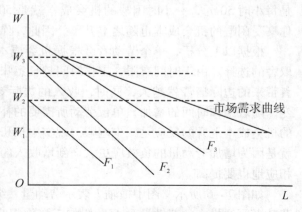

图 7-5 要素的市场需求曲线

需要说明的是，把所有企业对生产要素的需求曲线横向加总只能近似地得出要素的市场需求曲线，严格来说，考虑整个要素市场的情况，单个企业的边际产量价值曲线与其要素的市场需求曲线是不同的，它们的加总也不再代表整个市场的要素需求曲线。

> 【即问即答】 什么是劳动的边际产量价值？说明竞争企业如何决定劳动的雇用数量。

第二节 劳动市场与工资

如同产品价格由供求决定一样，要素的价格也是由要素的供求决定的。前面我们以劳动市场为例，说明要素的需求曲线也是要素的边际产量价值曲线，这对所有的要素是相同的，但决定不同要素供给量的因素是不同的，从而要素供给曲线的形状也不同。因此，我们必须分别分析不同种类的要素市场。这里分析劳动市场和工资的决定。

一、个人劳动供给曲线

劳动的供给是由劳动者根据工作与闲暇的偏好决定的。个人的一天可分为闲暇时间和工作时间。闲暇产生直接效用，如吃、喝、玩、乐、读书或做家务。工作带来收入，有了收入人们可以购买商品用于消费以获得满足，从而产生间接效用。因此，个人劳动供给的实质不是在闲暇和工作之间进行选择，而是在闲暇和收入之间进行选择，其目的是获得效用的最大化。一个人的时间有限，如果你想得到消费带来的效用，你必须选择工作以获得收入，获得收入的代价则是放弃闲暇；如果你想增加一小时的闲暇，就要放弃一小时的工作，这意味着放弃了一小时的工资，闲暇的机会成本是工资。当你的工资是每小时50元，一小时闲暇的机会成本就是50元。当你的工资提高到一小时60元，你享受闲暇的机会成本也随之上升了。因此，你必须选择工作多少时间是合适的。

根据以上分析，单个劳动者会根据机会成本（工资）的变动作出工作或闲暇权衡取舍的选择。由于时间有限，工作时间越长意味着劳动者享受的闲暇时间越少，给劳动者带来的边际痛苦就越大，同时，收入的边际效用也是递减的。因此，保持总效用不变，随着工作时间的增加，单位劳动所需要的补偿也会增加，也就是说，劳动者对闲暇的机会成本上升的反应是减少闲暇。现实中加班加点的工资比正常工作时间的工资高，就是因为增加劳动量的负效应更大而新增收入的边际效用更低，因此劳动者需要的补偿相应地也要提高。

如图7-6所示。图中横轴L表示劳动量，纵轴W代表工资率。当工资率为W_1时，劳动者愿意投入的劳动量为L_1。假如工资率提高了，从W_1增加到W_2，这意味着劳动者同样的劳动时间可以赚更多的钱，劳动者愿意提供的劳动量从L_1增加到L_2。但是继续增加工资，比如到W_3时，劳动者愿意提供的劳动量减少了。因此，用图形表示，个人劳动供给曲线先向右上方倾斜，而后会向后弯曲。这是因为工资率的上升会产生两种相互抵消的效应：替代效应与收入效应。

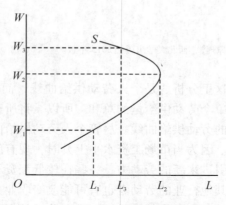

图 7-6 个人劳动供给曲线

替代效应意味着当工资率上升时，闲暇的机会成本更大了，劳动者愿意用更多的劳动来替代闲暇。因此，替代效应使得劳动的供给量增加。**收入效应**则意味着随着劳动者收入的提高，他对闲暇的需求量也会增加，因为闲暇是一种正常品。闲暇时间的增加意味着工作时间的减少。所以，收入效应使劳动的供给量减少。这两种相反的力量最终决定了当工资率上升时，劳动者是愿意增加劳动量还是减少劳动量。从图 7-6 中可以看出，当工资率较低时，工资上升的替代效应大于收入效应，劳动者选择增加劳动的供给量，个人劳动供给曲线向右上方倾斜。但是，随着工资率的持续上升，收入效应有可能大于替代效应，因为闲暇的机会成本现在变大了，劳动者比过去富有了，更高的工资允许劳动者购买更多商品，也包括购买更多闲暇。这就是说，高工资使劳动者的工作时间减少了，个人劳动供给曲线会向后弯曲。

案例分析

"变懒"的新生代农民工——基于劳动工资率的解释

第一代农民工主要指改革开放后与 20 世纪 80 年代中期至 90 年代中期从农业和农村中流出并进入非农产业就业的农民工；而所谓新生代农民工，指的是 1980 年以后出生、20 世纪 90 年代后期开始进入城市打工的农民工。

第一代农民工与新生代农民工生活的社会经济背景有着很大的差别。第一代农民工的生活条件较为艰苦。为了满足基本的生活需要，不得不努力工作，出卖大部分的劳动时间。与第一代农民工相比，新生代农民工的生活条件相对优越，他们不仅追求物质生活的提高，更注重精神生活的满足。对于第一代农民工来说，多赚钱是最重要的，只要给加班费，他们就愿意加班干活，说明替代效应大于收入效应，劳动供给曲线向上倾斜；而对于新生代农民工来说，工资提高使得他们有更多的收入来追求精神生活（比如夫妻团聚），即使给更高的加班费，他们也不愿意加班干活，说明收入效应大于替代效应，供给曲线向后弯曲。

资料来源：张维迎，《经济学原理》，西北大学出版社2015年版。

需要说明的是，我们这里分析的是个人劳动供给曲线，而非劳动的市场供给曲线。市场的劳动供给量是所有单个劳动供给量的总和。所以，将所有个人劳动供给曲线横向加总，即可得到整个市场的劳动供给曲线。尽管个人劳动供给曲线向后弯曲，但市场劳动供给曲线却不一定如此。因为当市场工资水平上升时，现有的劳动者也许会减少劳动的供给量，但高工资会吸引进来新的劳动力，一些在较低工资下不愿工作的人，在较高工资时更可能选择工作，其他行业的劳动者也有可能改变职业方向。所以，就某个劳动市场来说，劳动供给一般随着工资率的上升而上升，劳动的市场供给曲线是向右上方倾斜的。

二、劳动市场的均衡

（一）均衡工资的决定

以上我们分析了劳动市场的需求和供给。下面，我们来看这两种力量如何决定劳动市场的均衡。

如上所述，要素的需求曲线就是要素的边际产量价值曲线，单个企业的劳动需求曲线向右下方倾斜，加总得到的市场劳动需求曲线也是向右下方倾斜的。从供给方面看，尽管个人劳动供给曲线由于收入效应有可能向后弯曲，但是加总得到的市场劳动供给曲线更可能是一条向右上方倾斜的线。把需求曲线和供给曲线结合在一起，在两条曲线的相交点，我们就得到了均衡工资和均衡的劳动量。如图7-7所示。劳动市场需求曲线D和劳动市场供给曲线S的交点E是劳动市场的均衡点，该点决定了均衡的工资水平为W_0，均衡的劳动数量为L_0。

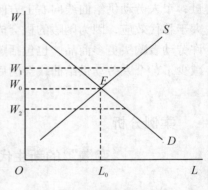

图7-7 劳动市场的均衡

同产品市场一样，劳动市场的均衡也是供求双方不断调整的结果。如图7-7所示，如果工资水平太高（W_1），将出现劳动力过剩，劳动者之间的竞争将使工资向下调整；反之，如果工资水平太低（W_2），将出现劳动力短缺，企业之间对劳动力的争夺会导致工资上升。如此不断调整，最终劳动力市场将会趋向均衡。

（二）均衡工资的变动

劳动的需求曲线和劳动的供给曲线都可能发生变化。先来看劳动供给不变，劳动需求变动的情况。引起劳动需求曲线位置变化的主要原因是与市场景气状况相关的产品价格变动。当经济繁荣时期，企业的产品价格会上升，这并未改变任何一种既定工人数量时劳动的边际产量,但它增加了劳动的边际产量价值,也就是说,由于产品价格上升,增加一个工人增加的产量更值钱了。所以,当产品价格上升,企业雇用更多的劳动就变得有利可图。如图7-8所示,当劳动需求从 D_1 向右移动到 D_2 时,均衡工资从 W_1 上升到 W_2,均衡就业量从 L_1 增加到 L_2。工资和劳动的边际产量价值同时增加。这意味着,一个行业中企业的利益和该行业工人的利益有相关性。当产品价格上升时,企业赚到了更多的利润,而工人的工资也会增加。反之,当产品价格下降时,企业的利润下降,工人的工资也会减少。

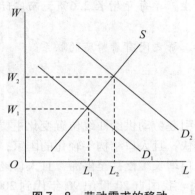

图7-8 劳动需求的移动

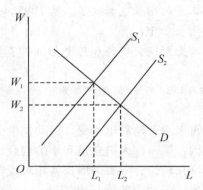

图7-9 劳动供给的移动

知识拓展

生产率与工资

劳动需求分析表明,工资等于用劳动的边际产量价值衡量的生产率。简而言之,生产率高的工人其工资也高,生产率低的工人其工资也低。

这个结论对理解为什么现在的工人比前几代工人状况好是至关重要的。表7-3列出了美国一些生产率增长与实际工资(即根据通货膨胀调整后的工资)增长的数据。从1959年到2009年,以每小时产量衡量的生产率每年增长2.1%左右,实际工资则以每年1.9%的速度增长——生产率与实际工资的增长率几乎相等。在增长率每年为2.0%时,生产率和实际工资大约每35年就翻一番。

表7-3 美国的生产率与工资增长情况

时间	生产率增长率(%)	实际工资增长率(%)
1959—2009 年	2.1	1.9
1959—1973 年	2.8	2.8
1973—1995 年	1.4	1.2
1995—2009 年	2.6	2.3

生产率的增长一直在变动。表7-3还列出了经济学家认为生产率变化很大的三个较短时期的相关数据。1973年左右，美国经历了持续到1995年的生产率增长的放慢，虽然其中的原因还未能得到很好的解释，但我们从数据中发现的生产率和实际工资之间的关系完全像标准理论所预计的那样。生产率从每年2.8%放慢到1.4%，这与实际工资增长率从每年2.8%放慢到1.2%是一致的。

1995年左右生产率的增长又加快了。许多观察者把这种现象归因于"新经济"的到来。生产率的这种加速增长主要归因于电脑和信息技术的传播。正如理论所预计的，实际工资的增长也加快了。从1995年到2009年，生产率每年增长2.6%，而实际工资每年增长2.3%。

综上所述，理论和历史都证明了生产率和实际工资之间有着紧密的联系。

资料来源：根据曼昆《经济学原理》整理编写。

再来看劳动需求不变，劳动供给变动的情况。引起劳动供给曲线位置变化主要有以下原因：第一，人口总量和年龄构成。人口增长较快，且人口结构年轻化的国家，劳动力的增长较快，工资的增长就相对缓慢；反之，人口增长缓慢甚至停滞，且人口老龄化的国家，劳动力的增长也较慢，工资的增长则较快。我国自20世纪90年代到2004年期间，劳动力的供给几乎无限制，企业想招多少工人就能招到多少工人，这就是所谓的"人口红利"，也是改革开放以来中国经济快速增长的重要原因。这个时期已经过去，中国已不存在劳动力无限供给的情况，所以自2004年以来中国的劳动力工资增长很快，这是计划生育政策导致人口增长缓慢的结果。第二，政府的法律法规。户籍制度、移民政策都会影响到劳动供给。假定政府鼓励外国人向境内移民。如图7-9所示，劳动供给曲线从S_1向右移动到S_2，在最初的W_1工资水平上，现在劳动的供给量大于劳动的需求量，过剩的劳动力使工人的工资形成向下的压力，工资从W_1下降到W_2，这又使企业增加雇用工人的数量。随着劳动的增加，劳动的边际产量减少，从而劳动的边际产量价值也减少。在新的均衡下，工资和劳动的边际产量价值都低于新工人流入以前的水平。

（三）工资的差异

以上我们假定只有一个单一的劳动市场，劳动力是同质的并且可以自由流动，均衡时每个劳动者得到相同的工资率。但在现实中，我们看到的是多个劳动市场，而不是一个劳动市场。首先，社会分工下劳动力是专业化的，每个专业都有自己特定的劳动市场，比如建筑工人市场、家政市场等。其次，由于劳动力流动成本的存在，劳动力在地区间的流动有障碍，这使不同地区的劳动市场之间存在分割。再次，不同年龄、性别、教育等因素也会分割市场。互相分割的劳动市场均衡点各不相同，这导致了工资的差异。以下我们考虑互相分割的劳动市场的工资差异。

1. 不同技能劳动市场的工资差异

以高技能劳动市场和低技能劳动市场为例。劳动者的技能与劳动者受教育程度和培训有关，经济学把人们对教育和培训投资的积累称为**人力资本**（human capital）。一般情况下，人力资本较高的劳动者具有较高的边际生产率，他们的工资水平也会高于人力资本较低的劳动者。如图7-10所示。该图分别给出了高技能劳动市场和低技能劳动市场的均衡。

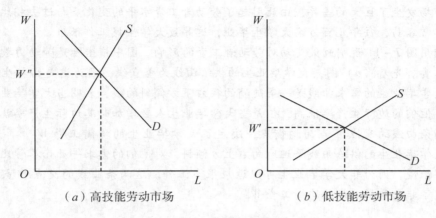

图7-10　不同技能劳动市场的均衡

图7-10（a）幅显示，高技能劳动的需求曲线位置较高，因为高技能劳动者单位劳动的边际生产率较高，能够生产更多的价值。劳动的供给曲线相对来说较为陡峭，因为提供高技能劳动者的成本往往也更高，劳动供给的弹性较小。而（b）幅显示，在低技能劳动市场，单位劳动的边际生产率较低，所以需求曲线位置较低。供给曲线也较平坦，表明提供低技能劳动者相对容易，劳动供给的弹性较大。比较图7-10的（a）幅和（b）幅，可看出高技能劳动市场的均衡工资高于低技能劳动市场的均衡工资。这是因为，在高技能劳动市场，劳动者的边际生产率高，较高的工资可看成对人力资本的补偿，劳动者只有在受教育得到回报时才愿意支付受教育的成本。所以，高技能劳动者和低技能劳动者的工资差异可以理解为对受教育成本的补偿性差异。这可以解释为什么拿手术刀比拿剃头刀的挣得多，为什么研究导弹的比卖茶叶蛋的挣得多，以及为什么工程师比生产线上的工人收入高等现象。

案例分析

大学扩招与大学毕业生的困惑

劳动者的技能通常与劳动者所受的教育和培训有关，如果我们对教育进行更多的投资，就会提高个人的人力资本，这有助于缩小工资差距。但中国出现了特殊的情况，在1999年后，随着大学扩招人数迅速增加，具有大学文凭的求职者供过于求，他们相对于普通工人的工资大幅降低，甚至一些普通大学和专科学校毕业生的绝对工资水平低于民工工资，社会上再一次出现了"读书无用论"。

之所以出现这种情况，主要是政府政策的影响。1999年是高考招生的分水岭。1998年全国高校录取人数只有108万人，1999年开始则进行了大规模扩招，当年的高考招生达到160万人，比上一年增长了近50%！2014年，高校招生计划已经突破600万人，高考录取率高达70%以上。1999年大学扩招政策的出台，使得大学生和高中生的就业市场发生了巨大的差异，由此引起了劳动者工资水平的变化。与过去相比，现在上大学非常容易，每年几百万名大学生毕业，这导致大学生找工作很难。

我们用图7－11说明政策变动对劳动者工资的影响。图中横坐标是劳动力数量，纵坐标是工资。先看（a）图，大学毕业生的供给曲线为垂直线，因为这是由招生计划决定的。大学毕业生的需求曲线是一条陡峭的往右下方倾斜的线，表明当大学毕业生人数很少时，他们的边际生产率很高，但是当大学毕业生人数增加时其边际生产率就大幅下降。这两条曲线的交点A点为均衡点，决定了大学毕业生的均衡工资W_1。再看（b）图，非大学毕业生的供给曲线平坦地向右上方倾斜，对他们的需求一开始尽管比较低但是下降得很慢，因为非大学毕业生可以适应很多工作。这两条曲线的交点B点为均衡点，决定了非大学毕业生的均衡工资W_1。

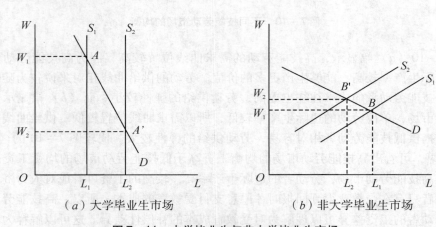

（a）大学毕业生市场　　　　（b）非大学毕业生市场

图7－11　大学毕业生与非大学毕业生市场

图中的A点和B点对应的工资水平分别代表扩招前大学毕业生和非大学毕业生的均衡工资，前者高于后者。现在假设政府决定增加大学招生，（a）图显示，大学生供给曲线将会向右移动，新的均衡点为A'点，均衡工资下降到W_2。再看（b）图，由于更多的高中毕业生考上大学，这使得非大学毕业生的供给减少，供给曲线向左移动，新的均衡点为B'点。对比（a）图和（b）图，可以看到短期内大量增加大学毕业生的供给，导致大学毕业生的均衡工资反而低于非大学毕业生。当然，我们也许会想到大学生和高中生的劳动市场不是完全分割的，大学生可以去和高中生抢饭碗。但是，应该看到虽然大学教育已经从昔日的精英教育变为普通教育，可是目前很多大学生在心理上仍然认为自己是"天之骄子"，从而耻于和高中生抢饭碗，他们宁可没有工作也不愿意干体力活。

当然，还有一些其他因素导致了大学生找工作的困难。比如，严格的户口管制政策，限制了大学生的自由流动；追求在政府部门、国有企业就业的传统观念，也压缩了大学生找工作的空间。

资料来源：张维迎，《经济学原理》，西北大学出版社 2015 年版。

2．工资的地域差异

现在我们分析工资的地域差异和劳动力的流动性。如果低工资地区和高工资地区的均衡工资相差很大的话，就会引起劳动力的流动。低工资地区的人往高工资地区流动，这样就增加了高工资地区的劳动供给，低工资地区的工资会相对提高，高工资地区的工资会相对降低。但是地区之间存在着劳动力的流动成本。一个人在某地方出生和成长，往往不愿意离开自己熟悉的环境和亲人迁移到陌生的地方，这使不同地区的劳动市场之间存在着分割，所以工资差异不会完全消失。比如，相对于湖南来说，广东是高工资市场，所以很多湖南人跑去广东打工，最终使得广东的工资相应降低，而湖南本地的工资相应提高，但这两个地区的工资还是有一定差距。

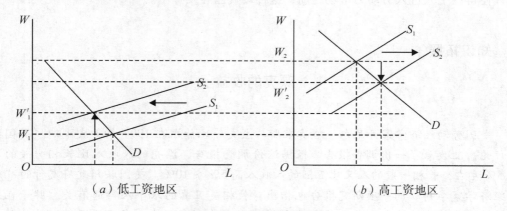

图 7－12　工资的地域差异

图 7－12 的（a）幅和（b）幅分别为低工资地区和高工资地区。W_1 和 W_2 分别代表劳动力流动前低工资地区和高工资地区的工资水平。考虑到劳动力的流动，低工资地区的劳动供给减少，劳动供给曲线向左移动，工资水平会由 W_1 上升到 W'_1。高工资地区的劳动供给则增加，劳动供给曲线向右移动，工资水平由 W_2 下降到 W'_2。可见，劳动力流动降低了工资差异，但并没有完全消除工资差异。

劳动力的流动成本不仅可以解释不同地区同一职业和相同工作劳动力工资的差异，也可以解释我国与发达国家之间存在的工资差异。由于中国的市场工资水平比发达国家要低，这导致了劳动力的流动和跨国公司在劳动力市场的套利行为。比如，微软在北京设立研究院，因为中国工程师的工资比美国低，在中国设立研究院的性价比高于美国。由于中国劳动者的工资水平普遍比美国低，这使美国的制造业大量向中国转移，导致美国低技能劳动者的工资在过去 20 多年中没有发生变化。但由于产业转移等方面的障碍，美国低技能劳动者的工资仍然高出中国很多，中国和美国低技能劳动者的工资差异在 1∶30 至 1∶40。中美之间虽然也存在高技能劳动者的工资差异，但这个工资差异在 1∶2

至 1∶3，这与高技能劳动者的流动性较高有关。

3. 歧视造成的工资差异

歧视是某些个体对某个社会群体的偏见。当企业仅仅由于种族、宗教、性别、年龄、长相等个人特征不同，而向那些具有同样的技能、教育和职业道德的劳动者支付不同的工资水平时，这就是歧视。歧视造成不同劳动者群体赚到的工资差异很大。例如，美国黑人男性的中值工资比白人男性低21%左右，而黑人女性的中值工资比白人女性低13%左右。性别差异也是重要因素。白人女性的中值收入比白人男性低24%，黑人女性的中值收入比黑人男性低15%。当然，这些工资差异有人力资本和工作特性差别的影响。比如，美国男性工人中，有大学学历的白人比黑人高75%；在白人工人中，有研究生学历或职业等级证书的男性比女性高11%。此外，女性更多在环境安逸的办公室做文员，而男性更可能当卡车司机，他们的工资中有补偿性工资差别的因素。但不同劳动者群体的工资差别仍然可能反映了歧视，在美国历史上黑人学生的学校质量低劣，使得在工人进入劳动力市场之前，这种歧视已经发生了。

知识拓展

漂亮的收益

美国劳动经济学家丹尼尔·哈莫米斯与杰夫·比德尔在1994年年底4期《美国经济评论》上发表了一份调查报告。根据这份调查报告，漂亮的人收入比长相一般的人高5%左右，长相一般的人又比丑陋的人收入高5%～10%。美国联邦政府发行的"地区经济学家季刊"的一项研究报告也指出，长相美丑真的跟个人待遇有关。胖子在薪水的待遇上最惨。胖女人平均薪水要少领17%，身材高挑者，每高出平均一寸，薪水上涨2%～6%。如何来解释由漂亮造成的收入差别呢？

根据经济学家关于工资收入差别原因的分析（工资收入是个人收入的主要部分），个人的工资差别与个人的能力、努力与机遇相关。由漂亮引起的工资差别正是因为它在某种程度上反映了个人的能力、努力与机遇的差别。

个人能力包括先天的禀赋与后天培养的能力。长相与人在体育、艺术、科学方面的能力一样是一种天赋，它可以使漂亮的人从事其他人难以从事的职业，因此供给十分有限。漂亮也可以通过后天培养，这主要指人的气质和教养。气质是人内在修养与文化的表现，它在很大程度上取决于个人所受的教育。两个长相相似的人，所受的教育不同，表现出的气质不同。所以，漂亮是个人能力的间接标准之一。能力强的人具有较高的边际生产率，企业当然愿意为其支付较高的工资。

漂亮也可以衡量人工作的努力程度。一个工作勤奋，充满自信的人往往打扮得体，举止文雅，有一种向上的朝气。所以，漂亮也是衡量努力程度的一个间接标准。努力的人劳动贡献多，工资自然较高。

漂亮的人机遇也比一般人高。通常从事演员、模特、空姐这类高收入职业，需要漂亮的人。就是在一般人也能从事的工作中，漂亮的人也更有利。漂亮的人从事推销更容易为人们所接受。当老师更容易受到学生的欢迎，当医生更让病人觉得可亲。在劳动市场上，漂亮的人找工作更容易，机会更多，以外表来决定一个人，在职场中是常见的事实。参加工作后，长相好的人也有较多的升迁机会。据统计，美国男性的平均身高为五尺九，但有1/3的企业执行长身高在六尺二以上，相貌堂堂加上身高修长，更能显现出领导人的气势。有些经济学家把漂亮的人机遇多称为一种歧视。但对这种长相歧视，人们是无能为力的。这是一种无法克服的社会习俗。

经济学家把漂亮的人比一般的人多得到的收入称为"漂亮贴水"。

资料来源：根据梁小民《微观经济学纵横谈》改编。

第三节 资本和土地市场的均衡

和劳动要素一样，资本和土地也是重要的生产要素。接下来我们分别讨论资本和土地的需求和供给，然后再分析资本和土地的价格是如何决定的。需要说明的是：要素有购买价格和服务价格两种情况。要素的购买价格是指要素所有权的购买价格，也就是要素的价值。要素的服务价格则是指要素使用权的购买价格。在以下的分析中，如果没有特别说明，指的都是要素的服务价格。

一、资本市场与利率

现在我们分析资本的价格也就是利率是如何决定的。

（一）资本的需求曲线

资本通常表现为厂房和设备。与劳动和土地不同的是，它是人们生产出来的生产要素，因此**资本**可以定义为：由人们生产出来并被用于生产商品和劳务的设备和建筑物。与劳动的需求相似，资本的需求是由资本的边际生产率和产品的价格决定的，企业总是根据资本的边际产量价值等于利率的原则确定资本的需求量。因此，资本的边际产量价值曲线就是资本的需求曲线。给定其他生产要素和生产技术，资本的边际生产率是递减的，单个企业的资本需求曲线是一条向右下方倾斜的曲线，资本的市场需求曲线是单个企业需求曲线的水平加总，如图7-13所示。

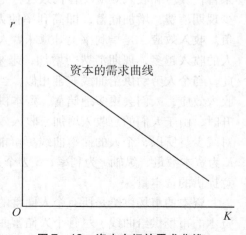

图7-13 资本市场的需求曲线

所有影响资本边际产量价值的因素，都会影响企业对资本要素的需求，从而引起资本需求曲线的移动。由边际产量价值等于产品价格和边际产量的乘积（$VMP = P \cdot MP$）可知，如果产品价格上升了，或者技术进步提高了资本的边际生产率，企业增加对资本要素的需求，资本的需求曲线会向右移动。反之，资本的需求曲线会向左移动。劳动要素价格的上升，使企业选择增加资本替代劳动以降低成本，也会导致资本的需求曲线向右移动。

（二）资本的供给曲线

那么，资本的供给是由什么决定的呢？显然，厂房、设备这类实物形态的资本来自居民的储蓄。储蓄是指人们当期收入中用于消费后剩下的部分。储蓄的形态有多种，个人可以把收入的一部分存入银行，从而增加所拥有的资本数量。也可以通过购买股票和债券持有资本所有权，而企业则可用筹集到的资金去建造厂房和购买设备，从而形成新资本。人们通过储蓄增加资本供给量的目的是什么呢？按照经济学理论，人的效用是通过消费得到的，消费可分为现在消费和未来消费，而人们储蓄是为了未来更多的消费，以便获得更高的效用水平。所以，如何确定最优资本供给量的问题，实际上是消费者的既定收入如何在消费和储蓄之间的分配，也就是现在消费和未来消费之间的选择问题。

经济学家认为，在未来消费与现期消费中，人们偏爱现期消费。因为未来难以预测，现在增加一单位消费所带来的边际效用大于将来多增加一单位消费带来的边际效用。例如，现在购买一辆汽车和几年以后购买同样的汽车给消费者带来的效用不一样。人们认为几年后汽车的消费越来越普及，那时再购买不如现在购买带来的满足程度大。所以，人们总是喜爱现期消费，而储蓄则可看成是对现期消费的牺牲。人们放弃现期消费把货币作为资本在市场上租借出去应该得到补偿，这就是利息。**利息**是延期消费的报酬，是人们延期消费所带来的效用损失的补偿。利息水平的高低取决于利率，**利率**是人们让渡资本使用权（提供资本服务）的价格，它等于年利息收入与货币资本之比。

是不是利率上升一定会导致储蓄增加呢？不一定。这是因为，利率的上升会同时带来替代效应和收入效应。**替代效应**，是指利率上升意味着现期消费变得昂贵，人们会减少现期消费，增加储蓄，即高利率使人们用未来消费替代现期消费，替代效应总是为负。**收入效应**，是指利率上升意味着人们的收入增加。在其他条件不变的情况下，一个人的收入越多，现期消费会增加，未来消费即储蓄也会增加，收入效应总是为正。因此，与个人劳动供给曲线非常相似，当利率在一个较低水平上升时，由于替代效应大于收入效应，人们会更多地储蓄，资本供给曲线向右上方倾斜。当利率在一个较高水平上升时，由于人们的总收入增加，收入效应大于替代效应，人们会增加现期消费，储蓄相对减少。所以，个人的储蓄曲线更可能是一条向后弯曲的线。如图7–14所示，横轴K为资本数量，纵轴r为利率，S为个人储蓄曲线，它描述与每一利率相对应的个人愿意提供的资本量。

资本的市场供给是所有个人储蓄的总和。因此，把所有个人储蓄曲线横向加总就是资本的市场供给曲线。尽管个人储蓄曲线可能向后弯曲，但市场上可供投资的总储蓄曲线则更可能是向右上方倾斜的。因为资本来自储蓄，利率水平的上升会吸引更多的人减少现期消费，进而增加储蓄。也就是说，对整个经济来说，替代效应大于收入效应，所以，高利率鼓励储蓄，从而资本的市场供给曲线向右上方倾斜，它表示资本的供给量和市场利率的关系。如图7-15所示。

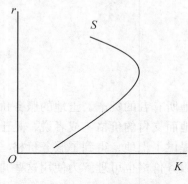

图7-14 个人储蓄曲线

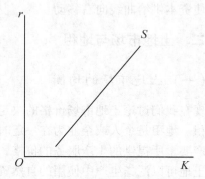

图7-15 资本的市场供给曲线

（三）资本市场的均衡

现在我们分析资本市场的均衡，即说明资本的需求与供给怎样决定资本的价格利率（资本的服务价格）。图7-16把以上对资本需求和资本供给的分析结合在一起。横轴K代表资本量，纵轴r代表利率。资本需求曲线为D，与劳动的需求类似，资本的需求取决于资本的边际生产率，资本的边际生产率递减，资本的市场需求曲线D向右下方倾斜。资本的市场供给曲线S则向右上方倾斜。资本市场的需求曲线和供给曲线的交点E，决定了均衡的利率水平r_0。如果市场利率高于均衡利率，资本的需求量小于供给量，资本市场上存在资金的过剩供给，很多人有钱贷不出去，就会调低利率；反之，如果市场利率低于均衡利率，资本的需求量大于供给量，意味着储蓄少，想借钱的人借不到钱，自然会提高利率。可见，在没有外力干预的情况下，自然会有一种力量使市场利率向均衡点靠拢，最终使企业对资本的使用量，一直到资本的边际产量价值等于均衡利率为止。此时，资本的需求量等于供给量，资本市场处在均衡状态。

现实经济中资本收入的形式有多种，如银行储户和债券持有者获得的利息，股东得到的股息，出让资本存量使用权得到的租金，企业的自留利润等。无论资本收入是以利息或股息的形式转移给资本所有者，还是作为自留利润留在企业内，都是根据资本的边际产量价值来向资本支付报酬的。当然，各种资本的利率根据各自风险的大小有所不同，而均衡利率的决定是指平均利率。风险高的资本利率会超过平均利率，非常安全的资本利率会低于平均利率。

与劳动市场一样，资本的需求曲线会由于技

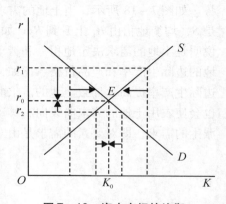

图7-16 资本市场的均衡

术进步、产品价格和劳动要素价格的变化而移动,比如新技术的出现对资本需求的总趋势是一直在增加,因此,资本的需求曲线会一直向右移动。资本的供给也是一直在变动。影响资本供给的主要因素有人口及年龄构成、人均收入水平等。人口增加和收入增加会使资本供给曲线向右移动。

二、土地市场与地租

(一)土地市场的均衡

现在我们讨论土地市场价格的决定。土地是土地所有者的资产,土地的服务价格称为地租。**地租**是个人或企业为在一定时期内使用土地而支付的价格。或者说,是土地这一生产要素所提供的生产服务的价格,土地所有者提供了土地,得到了服务价格。这里讲的土地可以泛指生产中使用的自然资源,土地的服务价格也可理解为使用这些自然资源的租金。

地租是由土地的需求和供给决定的。土地的需求取决于土地的边际产量价值,与劳动和资本一样,由于边际产量价值递减,土地的需求曲线也是向右下方倾斜的。与其他生产要素不同,土地的最大特点是在一定时期内土地的供给量基本上是固定的,即土地的供给量对地租的变动不敏感,人们可以改进土地的质量,但很难增加土地的总供给。因此,土地的供给曲线为垂直线,表示土地的供给完全没有弹性。在图 7-17 中,横轴 N 代表土地数量,纵轴 R 代表地租,土地的需求曲线和供给曲线相交于点 E,该点决定了均衡地租 R_0。

如果市场地租高于均衡地租,土地的需求量就会小于土地的供给量,一些土地所有者的土地租不出去,他们只能以较低的地租水平出租自己的土地,于是地租就会降下来。反之,如果市场地租低于均衡地租,土地的需求量大于土地的供给量,一些土地所有者会抬高地租水平,市场地租就会回升到均衡地租水平。因此,只要土地的需求量不等于土地的供给量,市场地租会朝着均衡地租的方向调整,直到土地的需求量等于土地的供给量,土地的边际产量价值等于地租,市场才会处于均衡。

随着经济的发展,对土地的需求会增加,由于土地的供给不变,因此地租呈上升趋势。如图 7-18 所示,当土地的需求曲线由 D_1 向右移动到 D_2 时,土地的供给曲线仍然是 S,均衡地租由 R_1 上升到 R_2。如果土地的需求曲线处在 D_0 的位置,则地租为零。这说明是土地的需求决定地租。和劳动需求一样,引起土地需求曲线位置移动的因素是土地的边际生产率和产品价格。比如,人们通过修建土地灌溉设施改进土地质量,土地的边际生产率提高,导致土地的需求曲线向右移动,均衡地租会上升;农产品价格的上升也会使农用土地的需求曲线向右移动,从而使均衡地租上升。这也说明了要素的需求是派生的需求,即对要素的需求是由对要素所生产的产品的需求所派生出来的。

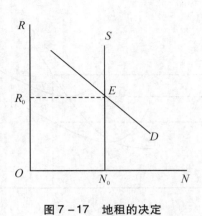
图7-17 地租的决定

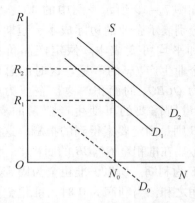
图7-18 需求决定地租

【即问即答】 目前中国大部分城市房价都比较高,开发商和一些学者的解释是因为拍到的地价太高了,所以房价才高。你认为这种解释对吗?

(二) 租金理论

根据对地租的分析,经济学家进一步引申出租金、准租金和经济租金的概念。

1. 租金

如上所述,地租是土地供给固定时的土地服务价格,因而地租只与固定不变的土地有关。但在很多情况下,除土地之外,还有许多资源的供给也是固定不变的,比如金矿、顶级科学家、体育名星和歌唱家的天赋才能。这些资源和土地一样,其供给也是固定的。这些固定不变的资源也有相应的服务价格。为与地租概念相区别,经济学家把供给数量固定不变的资源的服务价格称为租金。租金与资源供给固定不变相联系,从这一意义上说,地租是使用土地资源的租金,租金则可看成是一般化的"地租",是供给数量固定的生产要素所有者的垄断收益。租金和地租均与资源供给固定相联系,这个固定不变对短期和长期都适用。

2. 准租金

在现实生活中,有些生产要素尽管在长期中是一个可变量,但在短期中却是固定的。例如厂房、设备、出租的房屋,各种专业人才等,这些要素的供给量在短期内固定不变,不能从现有的用途退出转移到收益更高的用途,也不能在数量上得到补充。经济学家进一步引申,把这类生产要素的服务价格称为**准租金**。所谓准租金就是短期内供给固定不变的生产要素的报酬,即固定生产要素的收益。

以生产设备为例。短期内企业生产设备的数量固定不变,且只能用于特定的生产。在这期间,如果产品需求增加了,对设备的支付会提高,该设备的支付就是准租金。短期内生产设备的供给固定以及不存在其他用途的特点与土地类似,所以,准租金是一种租,但又不是真正的租,因为它在较长时间内将消失。

如图 7-19 所示。图中的 MC、SAC、AVC 分别表示企业的边际成本、短期平均成本和平均可变成本。假定产品价格为 P_0，企业生产 Q_0 的产量。这时的总可变成本为 $OGBQ_0$ 的面积，这是企业为生产 Q_0 产量所需要的可变生产要素的支付。GP_0CB 则是固定要素得到的报酬，这就是准租金。在准租金 GP_0CB 的面积中，面积 DP_0CF 为利润。所以，准租金为固定成本与利润之和。当利润为 0 时，准租金便等于固定成本。当价格等于可变成本时，准租金为 0，这种情况下企业将停止生产。

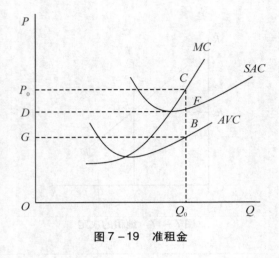

图 7-19 准租金

3. 经济租金

租金是固定供给要素的服务价格。固定供给意味着，要素价格的变动不会影响该要素的供给量，也就是说，要素价格下降（租金减少），该要素的供给量不会减少。还有许多要素的收入从整体上看不同于租金，但由于要素收入可能大于要素所有者要求的最小收入，也就是说，多出的部分收入并非为获得该要素于当前使用中所必须的。如果从该要素的全部收入中减去这一部分并不会影响要素的供给，因此，这部分收入类似于租金。经济学将这部分要素收入称为"**经济租金**"。所谓经济租金是指要素所有者所得到的实际收入高于他们所希望得到的收入部分。或者说，是要素所有者的实际收入与要素所有者所要求的最小收入（机会成本）之间的差值，也就是生产者剩余。

图 7-20 是一个劳动市场均衡图。劳动供给曲线 S 显示了工人愿意接受的不同工资率（劳动的机会成本），这是诱使工人提供给定数量的劳动用于某种用途所必须支付的最小报酬。当劳动的供给量为 L_0 时，所有工人愿意得到的总收入为 $OAEL_0$ 面积。但实际上市场工资率是按最后一单位劳动的供给价格 W_0 支付的。不仅以 W_0 支付给最后一单位劳动者，而且也以同样的工资率支付给其它劳动者。所以，劳动者整体的实际工资收入总是大于他们愿意接受的收入。图中实际收入面积 OW_0EL_0 与愿意得到的收入面积 $OAEL_0$ 之差就是劳动的经济租金，它是要素收入的一部分，这部分即使去掉，也不会影响劳动的供给量。

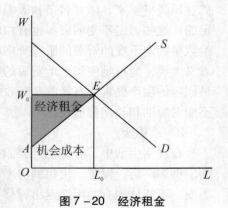

图 7-20 经济租金

经济租金的减少不会影响要素的供给量，这一点和租金类似。所以，经济租金可看成是租金概念的推广。或者说，经济租金是更为一般的概念，而租金则是经济租金的一种特例。因为租金是供给固定不变的一般资源的服务价格，而经济租金不仅适用于供给曲线垂直的情况，也适用于供给曲线不垂直的一般情况。当要素供给曲线垂直时，全部要素收入（租金）均为经济租金。例如，土地的租金或超级明星的收入，都是供给曲线垂直时的经济租金。当要素供给曲线向右上方倾斜时，要素的收入与其机会成本之差就是经济租金。当供给曲线为水平线，则经济租金完全消失。所以，经济租金的大小取决于要素供给曲线的形状。要素供给曲线越陡峭，经济租金越高。这可以解释为什么乒乓球世界冠军的收入比不上篮球明星姚明？为什么一般流行歌手唱一首歌的收入远低于歌星王菲？因为姚明和王菲这样的天才人物供给有限，而乒乓球世界冠军和一般流行歌手的培养相对容易。如果任何人通过一定的培养都可以成为姚明和王菲，那么，姚明和王菲的收入就不会比普通劳动者高多少。

此外，经济租金与准租金也不同。准租金仅在短期内存在，而经济租金在长期中也存在。

【即问即答】 对经济租金征税会减少供给吗？

知识拓展

姚明收入中的经济租金

在图 7-21 中，假定姚明选择其他职业的最高工资是 W_0，这构成了姚明打篮球的机会成本。如果打篮球的收入低于这个水平，姚明将不会选择打篮球；任何高于这个工资的收入都足以使姚明愿意全职打篮球。因此，姚明的供给曲线就是图中先水平后垂直上升的直线。假定对姚明打篮球的需求曲线是图中向右下方倾斜的直线。那么，姚明的市场均衡工资为 W^*。$W^* - W_0$ 是姚明工资中的经济租金部分。供给曲线既定，姚明工资中经济租金的大小取决于消费者对篮球的喜好。即使消费者对篮球的喜好降低，只要均衡工资大于 W_0，姚明仍然会选择相同的供给。但他的工资将降低。因此，我们把 $W^* - W_0$ 称为经济租金。

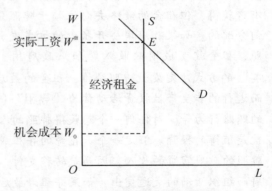

图 7-21 姚明收入的决定

改编自：张维迎，《经济学原理》，西北大学出版社 2015 年版。

知识拓展

经营牌照的租金

经济学家把租金的概念运用于由政府对供给的人为限制导致的超额收入。比如，当政府规定只能有几家企业经营基础电信业务时，就创造了电信经营牌照的租金；当出版社必须得到政府批准的时候，出版社也有了牌照租金。类似的，进出口许可证、私家车的限购、电视台特许权等，都创造租金。事实上，任何形式的政府管制都会创造租金。租金本质上来自对消费者的剥夺，因为牌照和许可证迫使消费者支付比本来更高的价格。

图 7-22 中，横轴 Q 表示经营牌照的数量，纵轴 R 表示租金。假定政府把牌照数量限制在 Q_0，那么，供给曲线就是图中的垂直线。需求曲线向下倾斜，具有普通需求曲线的特征。R_0 是均衡租金，也是牌照的单位租金，$R_0 Q_0$ 是牌照的总租金。显然，牌照数量越少，牌照的单位租金越高。

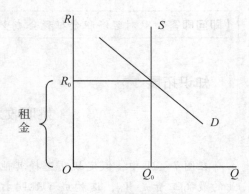

图 7-22 经营牌照的租金

租金依附在产品价格上，直接归牌照的持有者获得，但租金的最终去向依赖于牌照是如何分配的。如果政府用公开拍卖的方式发放牌照，租金就变成财政收入。如果政府用"选美"的方式决定发放牌照给谁，租金的最后归宿就比较复杂。经济学家把为获得租金而进行的非生产性投资活动称为"寻租"（rent-seeking），包括公开的游说活动和私下的贿赂行为等。对任何一个想获得牌照的人来说，只要寻租成本小于预期得到的租金，就是值得的投资。假定一个人花费的寻租成本是 C。C 中的一部分通过贿赂金变成发放牌照的政府官员的收入，因而是转移支付，另一部分则是实实在在的浪费，如为游说政府而组织活动的交通支出。如果寻租者最后成功了，$R_0 - C$ 就是他的净收入。但这种净收入大部分是来自失败者的转移支付。比如说，假定一个牌照的租金是 100 万元，有 10 个人竞争，每人花费了 10 万元，最后的成功者的净收益是 90 万元，但这 90 万元不过是失败者的成本，其中大部分也是浪费性的。因此，从社会角度看，租金基本上都被耗散掉了。

资料来源：张维迎，《经济学原理》，西北大学出版社 2015 年版。

三、生产要素之间的联系

我们已经解释了一个经济的总收入如何在工人、资本所有者和土地所有者之间分配：每种要素的报酬取决于其边际生产率。任何一种要素的边际产量又取决于可以得到的那种要素的供给量。由于边际产量递减，供给充足的要素，其边际产量低，从而价格较低；而供给稀缺的要素边际产量较高，从而价格也较高。因此，一种生产要素供给的变动，会引起其均衡价格的变动。

由于生产要素之间的互补关系，它们以某种方式组合在一起使用。当某种生产要素的供给发生变化时，不仅会对该要素市场发生影响，而且会通过影响所有要素的边际生产率进而影响所有要素的收入。例如，地震毁坏了服装公司的仓库，那么，各种生产要素的收益会发生什么变动呢？首先看到的是，仓库的供给减少了，仓库的租赁价格上升，那些没有被毁掉仓库的资本所有者愿意把仓库租给服装公司，这会赚到更多的收入。但是，地震事件并非只影响到仓库市场。由于仓库减少了，生产的服装无处存放，生产服装工人的边际产量随之减少。因此，仓库供给的减少降低了对生产服装工人的需求，这引起均衡工资下降。

以上分析说明，任何一个可以改变生产要素供给的事件，都会影响到所有要素所有者的收入。而任何一种要素收入的变动，都是该事件通过影响要素的边际生产率所引起的。

【即问即答】 外资流出如何影响资本所有者和工人的收入？

第四节 洛伦兹曲线与基尼系数

国家统计局数据表明，2019年全国居民人均可支配收入中位数26 523元（月均2 210元），即有一半居民的收入超过这个数，同时有一半居民的收入少于它。为了衡量收入分配不公的程度，本节讨论洛伦兹曲线和基尼系数，这是衡量收入分配不平等程度的常用指标。

一、洛伦兹曲线

为了研究国民收入的分配问题，1905年美国统计学家M. O. 洛伦兹提出洛伦兹曲线，用来衡量社会收入或财产分配的不平等程度，我们可以通过洛伦兹曲线直观地看到一个国家收入分配平等或不平等的状况。

洛伦兹将一国总人口按收入由低到高排队，从最贫穷一直到最富有分为五个等级，各占人口的20%，然后列出每一群体在国民收入中所占份额。例如，收入最低的20%人口、收入次低的20%人口等所得到的收入分别为6%、12%等。如表7-4的数据表明，收入最低的20%的人口得到了收入的6%，而收入最高的20%的人口得到了收入的41%。也就是说，虽然收入最高和最低的20%包括了相同的人口数量，但收入最高的20%人口年收入是收入最低的20%人口年收入的6.8倍。

表7-4 个人收入分配资料

级别	群体（%）	合计	占收入的百分比（%）	合计
最低	20	20	6	6
次低	20	40	12	18
中间	20	60	17	35
次高	20	80	24	59
最高	20	100	41	100

把表7-4中的人口百分比和收入百分比的对应关系描绘在图形上，便得到洛伦兹曲线。如图7-23所示，横轴 OH 代表人口累计的百分比，它将100%的家庭从最贫者到最富者自左向右排列，分为5等份，第一个等份代表收入最低的20%的家庭。纵轴 OM 代表收入累计的百分比。它将一个社会的总收入也分为五等份，每一等份占20%的比例。OL 为45°线，连接左下角（0%的人获得0%的收入）和右上角（100%的人口获得100%的收入）。在这条线上，每20%的人口得到20%的收入，表明收入分配绝对平等，称为**绝对平等线**。OHL 线表示一个家庭获得100%的收入，其余家庭收入为零，收入分配绝对不平等，称为**绝对不平等线**。一般来说，一个国家的收入分配，既不是完全不平等，也不是完全平等，而是介于二者之间。所以，洛伦兹曲线既不是45°线 OL，也不是直角线 OHL，而是位于绝对平等线和绝对不平等线之间（实际收入线），表示占一定百分比的人口究竟得到了多少百分比的收入。

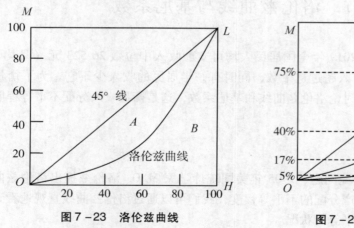

图7-23 洛伦兹曲线

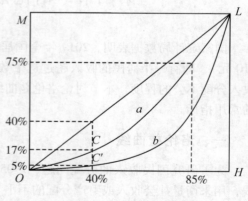

图7-24 收入不平等的度量

运用洛伦兹曲线分析一国收入分配均等程度的方法，是观察洛伦兹曲线的弯曲度。洛伦兹曲线弯曲程度越小，越接近于45°线 OL，收入分配就越均等；洛伦兹曲线弯曲程度越大，越接近于 OHL 线，则表示收入分配越不均等。如图7-24所示。a，b 为两个国家的洛伦兹曲线。C 点表示 a 国的前40%人口的收入占全部收入的17%，C' 点表示 b 国的前40%人口的收入只占全部收入的5%。显然，b 国比 a 国的收入分配更加不均等。如果将收入改为财产，洛伦兹曲线反映的就是财产分配的均等程度。

参考资料

世界各国收入的不平等

表7-5比较了美国和其他6个主要国家的收入分配。这些国家的排序从最平等到最不平等。该表的最上端是日本，最富的1/5人口的收入只是最穷的1/5人口的4倍左右。该表的最下端是巴西，最富的1/5人口的收入是最穷的1/5人口的30多倍。虽然所有国家都有相当大的收入不平等，但各国的不平等程度并不一样。

当各国根据不平等排序时，美国大约排在中间。美国最穷的1/5人口赚到了总收入的4.7%，相比之下，日本为8.7%，巴西为2.1%。美国的收入分配几乎和英国的收入分配相同。这两个国家经济制度的相似性反映在收入分配的相似性上。

表7-5 世界各国的收入不平等

国别	最低的1/5（%）	次低的1/5（%）	中间的1/5（%）	次高的1/5（%）	最高的1/5（%）
日本	8.7	13.2	17.5	23.1	37.5
韩国	7.4	12.3	16.3	21.8	42.2
中国	6.4	11.0	16.4	24.4	41.8
美国	4.7	11.0	17.4	25.0	41.9
英国	4.6	10.0	16.8	24.3	44.3
墨西哥	4.1	7.8	12.3	19.9	55.9
巴西	2.1	4.9	8.9	16.8	67.5

资料来源：曼昆，《经济学原理》，北京大学出版社1999年版。

参考资料

中国居民收入的分布

国家统计局发布的《2018年全国时间利用调查公报》中，界定了中国不同收入群体的含义。即：低收入群体是指调查对象月收入在2 000元以下的群体；中等收入群体是指月收入在2 000～5 000元；较高收入群体是指月收入在5 000～10 000元；高收入群体是指月收入在1万元以上。

国家统计局进一步按全国居民五等份收入分组，如表7-6所示。该表是截至2019

年，13.9亿中国人的年均可支配收入和月均可支配收入情况。最富的20%人口的收入高出最穷的20%人口的10倍以上。

表7-6 2019年中国居民人均可支配收入分组

组别	占居民总数的百分比	年均可支配收入（元）	月均可支配收入（元）
高收入组	20%	76 401	6 367
中等偏上收入组	20%	39 230	3 269
中等收入组	20%	25 035	2 086
中等偏下收入组	20%	15 777	1 314
低收入组	20%	7 380	615

资料来源：国家统计局。

二、基尼系数

经济学家更多使用**基尼系数**（Gini coefficient）衡量收入分配的不平等程度。基尼系数是1943年美国经济学家阿尔伯特·赫希曼根据洛伦兹曲线提出的，如图7-23所示。设洛伦兹曲线与绝对平等线之间的面积 A 为"不平等面积"，洛伦兹曲线与绝对不平等线之间的面积为 B，45°线 OL 和直角线 OHL 之间的面积 $A+B$ 为"完全不平等面积"。基尼系数是指不平等面积和完全不平等面积之比，它反映了全部居民收入中用于不平等分配的百分比。若用 G 表示基尼系数，则

$$G = \frac{A}{A+B}$$

如果 $A=0$，基尼系数为0，这时洛伦兹曲线与绝对平等线重合，表示每个人的收入都一样，收入分配绝对平等；如果 $B=0$，基尼系数为1，这时洛伦兹曲线与绝对不平等线重合，表示所有的收入被一个家庭拥有，收入分配绝对不平等。这两种情况是理论分析，在实际生活中不会出现。因此，基尼系数介于0～1之间，系数越大，意味着收入分配越不平等。

世界各国常用基尼系数测定居民收入分配的差距程度。按照国际通用标准，基尼系数低于0.2表示收入分配绝对均等；0.2～0.3表示收入分配比较平均；0.3～0.4表示收入分配基本合理；0.4～0.5表示收入分配差距较大；0.5以上表示收入分配差距悬殊。国际上通常把0.4作为社会分配不平均的警戒线，大于这一数值容易出现社会动荡。

参考资料

我国居民收入不平等的基本情况

改革开放以来，我国居民收入不平等程度表现出逐渐扩大的趋势。根据世界银行估计，中国城乡合并的基尼系数，1984年为0.3，1989年为0.35。可以说在改革开放之初，我国是一个收入分配相当平均的社会。而到2000年，我国的基尼系数已经高达0.458，2008年更是达到0.491。后虽逐步回落，但基尼系数至今仍在0.46以上。而北京大学中国社会科学调查中心发布的《中国民生发展报告2014》称，1995年我国财产的基尼系数为0.45，2002年为0.55，2012年我国家庭净财产的基尼系数达到0.73，顶端1%的家庭占有全国1/3以上的财产，底端25%的家庭拥有的财产总量仅在1%左右。这都说明我国收入分配的不平等程度已经达到一个相当高的水平。高于所有发达国家（如日本基尼系数为0.3到0.35之间）和大多数转轨经济国家（如苏联、东欧国家），甚至高于发展中的亚洲人口大国（如印度、巴基斯坦和印度尼西亚）。

导致我国居民收入不平等的一个重要因素是我国巨大的城乡差距，这也是二元经济和城乡分割的一个必然结果。根据我国学者的研究，我国收入差距的40%左右来自于城乡之间的收入差距。其他国家城乡收入比在1.5以下，很少超过2.0；而在我国，2007—2009年城乡收入比达到3.33。

我国巨大的地区差异也是全国居民收入不平等的一个重要影响因素。与美国、日本经济高速增长时期相比，我国的地区经济差距幅度过大。例如，1880年，美国最富地区（新英格兰地区）的人均收入是最穷地区（东南部地区）人均收入的4.23倍；1920年降为2.40倍。日本最富地区（关东临海地区）的人均收入是最穷地区（东北地区）人均收入的2.66倍，1981年降为1.47倍。在我国，2016年上海市人均国内生产总值是甘肃省人均国内生产总值的4.12倍。

根据我国学者的研究，我国农村居民收入的不平等程度明显高于城市，1995年农民工资性收入的地区间基尼系数为0.54。但是城市居民收入不平等上升更快，近年来已经逐渐逼近农村居民的收入不平等水平。在农村内部，农民人均收入地区差距拉大的主要原因，是各地区农村劳动力从非农产业中获得收入的机会不同。在城镇内部，不同文化程度、不同行业和所有制单位、不同性别劳动者之间的工资性收入差距以及居民个人之间的财产性收入差距的持续扩大，是使城镇居民收入差距的扩大速度超过农民收入差距扩大速度的主要原因。

我国居民收入不平等程度加大具有一定的合理性。例如，城市非国有经济和农村非农产业的较快发展是导致居民收入差距扩大的两个重要因素。西方发达国家在经济高速发展过程中初次分配的时候基尼系数也很高，比如，当时意大利是0.53，美国是0.49，德国是0.5。西方发达国家实施再次分配之后基尼系数是0.3左右。但我们国家的问题是基本上没有二次分配。户籍制度使农民工享受不到城市工人的福利，医疗、养老、退休金收入等方面的待遇。所以，应该加快城乡社会保障的一体化改革，通过二次分配缩小收入差距。

改编自：易纲、张帆，《宏观经济学》，中国人民大学出版社2008年版。

本章要点

（1）在市场经济中，收入分配是由价格机制决定的。劳动、资本和土地要素的价格构成要素所有者的收入。

（2）企业对要素的需求是派生需求，即这种需求来自消费者对最终产品的需求。

（3）要素的需求曲线就是要素的边际产量价值曲线。由于边际生产率递减，要素的需求曲线向右下方倾斜。产品价格、生产技术等因素的变化会导致要素需求曲线的移动。

（4）劳动的价格（工资）由劳动的边际生产率决定；资本的价格（利率）由资本的边际生产率决定；土地价格（地租）由土地的边际生产率决定。当要素需求和要素供给均衡时，每种要素根据其对物品或劳务生产的边际贡献得到收入。

（5）劳动者工作技能的差异、不同年龄、性别、教育以及劳动力的流动成本等因素，会形成互相分割的劳动市场，这可以解释工资的差异。

（6）租金是指供给固定不变的资源的服务价格。经济租金可看成租金概念的推广，它是指要素收入与机会成本的差值。从租金到经济租金的分析，是概念一般化过程。

（7）洛伦兹曲线和基尼系数是衡量收入分配平等程度的有用指标。

重要概念

派生需求　边际产量价值　要素需求曲线　要素供给曲线　工资　利率　租金　准租金　经济租金　洛伦兹曲线　基尼系数

思考与练习

（1）利用下表中的数据回答下列问题。假设产品市场是完全竞争的。

劳动的数量	产品的数量
0	0
1	7
2	13
3	18
4	22
5	25

A. 计算每单位产品价格3元时每单位劳动增量的边际产量价值。

B. 根据表中的数据和每单位产品 3 元的价格，画出劳动的需求曲线。

C. 如果工资率为 15 元/小时，那么劳动的雇佣量为多少？

D. 运用 C 答案，比较企业的总收益与雇佣劳动的总支出。谁获得了二者之间的差额。

(2) 解释为什么利润最大化企业对一种生产要素的使用要达到该要素边际产量值等于其价格那一点，而不是能得到更大边际产量值的较小使用量。

(3) 劳动和土地的供给曲线各是什么形状的？为什么？

(4) 某劳动市场的供求曲线分别为 $D_L = 4\,000 - 50W$，$S_L = 50W$。请问：

A. 均衡工资是多少？

B. 加入政府对工人提供的每单位劳动征税 10 元，则新的均衡工资是多少？

C. 实际上对单位劳动征收的 10 元税由谁支付？

D. 政府征收到的税收总额是多少？

(5) 说明下列每一个事件对电脑制造业劳动市场的影响：

A. 更多的大学生选学计算机专业

B. 电脑企业建立新的工厂

(6) 改革开放以来，外国资本大量流入中国，例如，通用、宝洁、沃尔玛和其他很多外国公司在中国建立了工厂。

A. 用资本市场图来说明这种流入对资本使用量和利率的影响。

B. 用劳动市场图说明资本流入使工资会发生什么变动。

(7) A 企业生产某产品，其单价为 15 元，月产量为 200 单位，产品的平均可变成本为 8 元，平均固定成本为 5 元。试求准租金和经济利润。

(8) 查阅《中国统计年鉴》等资料，按"收入五等分"的数据画出我国的洛伦兹曲线。计算基尼系数，从你的研究中能看出我国居民收入不平等的什么变化？

第八章 市场失灵与政府行为

第五章的分析说明，在完全竞争假设下，单个经济主体的决策将导致资源配置的帕累托最优状态，市场机制像一架精巧的机器自发地协调经济活动并有效率地配置社会资源。但是，完全竞争市场的理想化假设并不符合实际，在现实经济中，市场并非在任何时候都能有效地配置资源。例如，市场不能纠正垄断的低效率；市场不能阻止化工厂污染我们呼吸的空气；市场不能给公民带来安全的"国防"；市场也难以制止和约束欺诈行为。因此，自由的市场机制不一定能够实现供求平衡，市场的"缺陷"会带来效率损失。我们把市场在某种场合不能提供效率产量的情况称为**市场失灵**（market failure）。

本章进一步放松假定，考察引起市场失灵的重要因素：垄断、外部性、公共物品和非对称信息。本章还要说明，政府解决市场失灵的公共政策以及政府干预的有限性。

第一节 垄　　断

本节探讨垄断的低效率以及政府应采取的公共政策。

一、垄断的低效率

（一）带来社会福利损失

可通过比较竞争和垄断的情况说明垄断的低效率。如图 8-1 所示，曲线 D 和 MR 分别为垄断企业的需求曲线和边际收益曲线。为了分析的简便，假定平均成本和边际成本相等且固定不变，由图中的水平线 $AC=MC$ 表示。a 点为竞争企业的长期均衡点，在该点上 $P=MC$，这意味着在 Q_C 的产量上，消费者愿意支付的最高价格刚好等于企业愿意接受的最低价格，因此 Q_C 为效率产量。而垄断企业则根据边际收益等于边际成本的原则决定其利润最大化的产量为 Q_m，在该产量水平上，价格为 P_m。显然，垄断企业的产量 Q_m 小于社会有效率的产量 Q_C，垄断价格 P_m 高于边际成本，这意味着一部分不愿意接受 P_m 的价格、愿意按照高于边际成本的价格购买商品的消费者得不到满足，从社会角度看，这个结果是无效率的。图 8-1 中的 abc 三角形面积就是垄断定价带来的社会福利损失。

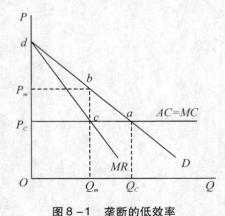

图 8-1　垄断的低效率

（二）损害消费者的利益

垄断还会损害消费者的利益。如图 8-1 所示，在竞争市场，水平的价格线以上，需求曲线以下的三角形面积 dP_Ca 为消费者剩余。而在垄断市场，企业根据边际收益等于边际成本原则决定的利润最大化价格为 P_m，消费者按照 P_m 的价格购买 Q_m 的产量，由于 P_m 高于 P_C，消费者剩余损失了 P_mP_Cab 的面积。其中，P_mP_Ccb 的面积在竞争市场为消费者剩余，在垄断市场则成为企业的利润。

（三）寻租

根据传统经济学理论，垄断尽管会造成低效率，但这种低效率的经济损失从数量上来说相对较小。如图 8-1 所示，垄断企业价格高、产量低带来的社会福利损失仅仅是 abc 的小三角形面积。但后来的经济学家则认为，垄断的经济损失不仅表现在垄断的"结果"，还应考虑到企业为获得和维持垄断的过程而付出的代价。若考虑到后者，垄断的经济损失要远远大于图 8-1 中 abc 的小三角形面积。

回顾上一章介绍的经济租金概念，是指超出要素供给所必须的最低报酬以上的收入。经济学家把经济租金的概念运用到政府对供给的人为限制所导致的超额收入。例如，当政府规定只能有几家企业经营电信业务时，就创造了电信经营牌照的经济租金。类似的，进出口许可证、私家车的限购、电视台特许权等，都创造经济租金。事实上，任何形式的政府管制都会创造经济租金。垄断企业为了得到或维持其垄断权，就必须使用资源，比如公开的游说活动和私下的贿赂行为等。经济学家把企业为获得和维持垄断权而进行的非生产性投资活动称为**寻租**（rent-seeking）。因为垄断企业的利润也可称为租金，通过寻求或维持行业内的垄断地位来寻求或维持业已存在的租金的活动就是寻租，为寻租所花费的成本则称为**寻租成本**。例如，有些地方企业通过各种手段取得当地政府的支持，禁止外地产品进入本地市场，甚至通过非法手段取得某个政府项目的承包权或经营权。又如，许多欠发达国家在全国范围内授予某家企业生产某种产品的特权，而且不允许从国外进口这种产品。在这些情况下，企业都会向官员行贿，以便维持高额利润。对任何一个想获得牌照的企业来说，只要寻租成本小于预期得到的租金，就是值得的投资。但是从社会角度看，寻租是一种浪费，有限资源被用于获得有利的规则，而不是用于生产物品或劳务，这是财富的净损失。所以，经济学家通常反对政府创造行政垄断限制竞争，行政垄断只会鼓励企业把资源用于寻租活动，而不是花在生产更好的产品上。

为了获得和维持垄断地位，企业愿意花费多少钱呢？企业用于获得和维持垄断权的资源的价值就是凭借这种垄断权力所得到的垄断利润。因此，企业用于寻租的资源价值的上限等于所能获得的全部垄断利润，寻租活动所造成的浪费要远远大于低效率所造成的经济损失。

二、对垄断的公共政策

我们已经知道垄断是有问题的，这不仅是因为产量低于效率水平而造成的社会福利损失,还因为垄断赚取的利润是以消费者的损失为代价,这就需要对垄断进行政府干预。政府对垄断的限制主要运用两种公共政策:立法和价格管制。

(一) 反垄断法及其代价

反垄断法是政府控制垄断行为的法律依据。目前世界上的主要国家都有反垄断法,比如美国的反垄断法主要体现为三部法律:1890年《谢尔曼法》、1914年《克莱顿法》以及《联邦贸易委员会法》,反垄断法是对这三部法律的总称。我国的《中华人民共和国反垄断法》也于2007年8月30日经全国人大常务委员会通过,并于2008年8月1日正式实施。

1. 反垄断法的内容

反垄断法的初衷是为了促进竞争,保护消费者的利益。它的基本内容包括以下方面:

第一,政府可阻止大企业通过合并以形成垄断地位。企业合并会带来更高的价格和更低的产出,使消费者的利益受到损害。

第二,禁止高价格和高利润的行为。只要政府有足够的证据认为企业利用垄断地位损害消费者利益,就可依法对垄断企业进行拆分。

第三,禁止价格合谋。如果寡头之间达成合谋,它们就会向消费者索取更高的价格,从而损害消费者的利益,因此反垄断法禁止公司以降低市场竞争性的方式联合行动。

第四,禁止滥用市场支配地位。如进行交易限制(包括搭售)、掠夺性定价等,这种行为会损害消费者利益,或者破坏竞争秩序。

2. 反垄断法的代价

反垄断法的初衷是为了保护消费者的利益,但这些规则的执行会付出较大的代价。

第一,不利于国际竞争。首先,在经济全球化的时代,企业面临着国际市场的激烈竞争,这足以使一国垄断企业保持低价和经济效率,来自竞争对手的压力会激励企业不断研发新产品和更好地服务。例如,没有AMD和英特尔的相互竞争,我们不可能得到CPU快速更新换代的好处;操作系统的市场竞争则激励了微软公司持续的技术创新活动。而反垄断法则有可能削弱本国企业在国际市场的竞争力。其次,在国际市场竞争的背景下,任何试图控制市场的垄断行为都将面临竞争的猛烈冲击,没有一家企业可以持续在市场上主导。例如,理光、佳能以及其他许多公司使施乐公司失去了在复印机市场的垄断地位,富士挑战了柯达在胶卷市场上的主导地位。IBM公司曾被指控在计算机产业实行垄断统治,从1969年起美国联邦政府试图分拆IBM公司以削弱其产业地位,经过长达20多年的诉讼过程,最后政府撤回起诉。原因是在长期诉讼过程中,IBM公司由于诉讼和没有预见到个人计算机市场的巨大商机和潜在利润受到很大削弱。

第二,阻碍企业实现规模经济。垄断企业在生产上具有规模经济的特点,而反垄断法通过分拆大公司、抑制同一产业中不同公司的合并可能起到刺激竞争的作用,但同时也可能抑制了公司利用规模经济的能力,不利于企业降低成本。况且,也并非所有的公司合并都会削弱竞争,有些公司的联合会降低生产成本。比如20世纪90年代美国兴起银行合并风潮,通过联合经营减少了行政人员。因此在美国,如何把握竞争企业合并的标准,成为经济政策中最有争议的问题之一。

第三,不利于促进技术进步。垄断企业的高额利润形成了对创新的激励。例如,对专利的保护使专利拥有者获得市场垄断地位,这就对潜在的研究与开发活动形成了激励。此外,对那些在激烈竞争中将对手逐一杀退而居于垄断地位的企业来说,只要市场存在自由准入,它们就不可能高枕无忧,来自竞争对手的压力会鞭策企业不断通过技术研发推出更好的产品或服务。例如,美国的铁路公司想垄断,但汽车和公路的普及马上打破了这个梦。微软在视窗操作系统市场上占了70%的市场份额,比尔·盖茨仍然觉得微软离破产永远只有18个月。即使像诺基亚这样的手机巨头,由于在创新上被苹果抢了先机,几年内就灰飞烟灭了。在竞争无处不在的现实世界中,那些垄断企业不仅会创新,而且是创新的主体。人类的创造力不会允许任何一个企业具有垄断的力量,企业家的创新使得垄断利润不可能持续存在。

综上所述,即使是垄断企业,只要不是有行政垄断可以依靠,它们每一天都是挣扎在生死存亡的边缘之上,决不敢自以为已经垄断市场,从此安享太平、不思进取,否则,那便是自掘坟墓。因此,在当今世界,政府对自由竞争市场的垄断企业往往采取无为而治的态度。真正的垄断绝不可能来自竞争,但它却可能来自政府。政府强加的准入壁垒,例如准入限制、特许权、特别补贴、国有企业等都是政府创造的行政垄断。行政垄断的利润来自政府管制,而非来自企业的技术创新和品牌创建,因而只会令垄断者养尊处优、宠溺惯坏,失去竞争力。所以,"反垄断法"最该反的垄断,当是行政垄断。

案例分析

福州 IP 电话案

1997 年 3 月,福州马尾区市民陈锥通过下载网络电话软件,以及他自己组装的 586 兼容机与住宅电话通过调制解调器连接在一起设置成网络电话。同年 9 月,陈锥利用网络电话为其弟弟陈彦经营的诚信家用电器商场促销商品,即凡到诚信电器商场购买家用电器可免费利用网络电话与国外的亲友通话五分钟。有些顾客要求提供更长的通话时间,于是陈彦在同年 10 月申请了一部公用电话,将公用电话设置成网络电话,通过电信 163 开始对外经营长途电话业务。同年 12 月 23 日,福州市电信局向福州市公安局马尾分局报案,称陈氏兄弟擅自对外开办国际长途电话业务,违反了长途通信业务和国际通信业务由邮电部门统一经营的规定,严重损害了国家和邮电企业利益,扰乱电信市场秩序,也给国家安全带来了严重威胁,请求立案侦查,依法追究刑事责任。马尾分局于是以刑法中的非法经营罪先后扣押陈氏兄弟用于网络通话的电脑及配件、5 万元人民币,并一度限制其人身自由。陈氏兄弟其后委托律师向福州市马尾区人民法院提起行政诉讼起诉马尾分局,但遭一审驳回。陈氏兄弟后来再次向福州市中级人民法院提起上诉,最终在 1998 年 1 月 20 日获得驳回一审裁定的结果。这就是轰动一时的福州 IP 电话案，当年被誉为"中国网事第一案"。

然而，就在福州中院作出"IP电话不属电信专营"的裁决的第二天，信息产业部电信管理局的有关人士紧急对外明确表态"IP电话确属电信专营"，只是"暂不开办"而已。民间从事IP电话业务均属非法经营，因为根据国务院的授权，能从事电信基本业务的只有中国电信与中国联通，而从事国际通信业务的更只有中国电信一家。当时上海、广东一带其实已经发生过不少类似的案件，涉案金额较大的都以刑法中的非法经营罪予以惩处。由于中国没有实行判例制度，除了最高法院的司法解释以外，任何地方法院的判决都没有绝对权威，所以福州中院的判决一时之间无法影响中国电信垄断了IP电话业务却又不予开办的状况。

从上述对"福州IP电话案"的简单介绍可知，陈氏兄弟并不是特别专业的技术人士，但他们能够经营起IP电话业务，可见技术门槛非常的低，若非政府赋予电信公司以专营权（垄断权），如何能阻止得了外人进入这个市场呢？反过来想，连陈氏兄弟那样的民间人士也能掌握的技术，电信公司怎么可能不懂？福州中院的裁定书里有一句话可谓意味深长："IP电话不会对任何人造成利益上的损失，也不会对国家安全构成威胁。但IP电话对于传统长途电话的威胁则是先进技术对于落后技术的威胁。"事实上，IP电话技术早在1995年已经被研发出来，为什么电信公司迟迟没有采用？以下的数据很能说明问题：当时从中国拨往美国的国际长途电话费是一分钟18.4元，可陈氏兄弟收取的IP电话费最高不过9元！这高达一半有多的差额包含着庞大的垄断租值！

当然，由于"福州IP电话案"轰动全国，引起广泛关注，电信公司承受了巨大的舆论压力，最终在1999年开办了IP电话；也促成了信息产业部与最高人民法院加紧就有关问题进行磋商，重新出台与福州中院相对应的司法解释；为其后长途电话费大幅跳水拉开了序幕，不愧为标志了一个时代转折的里程碑式事件。

资料来源：李俊慧，《经济学讲义（下）》，中信出版社2012年版。

（二）价格管制

对于自然垄断造成的低效率，不需要通过反垄断法来解决。因为在既定的市场容量下，垄断企业生产所有的产量要比由几个小企业来生产的成本更低。比如自来水公司，为了给居民和企业供水，必须铺设水管。如果存在两家公司供应自来水，就需要铺设两条水路，这显然是资源浪费，只有一家自来水公司的市场更有效率。但是自然垄断企业也存在产量低、价格高的低效率。为了同时得到一家企业生产且能够维持低价的好处，政府通常对自来水、电力、天然气以及通信、有线电视等自然垄断企业实行价格管制。

1. 按照边际成本定价

自然垄断之所以缺乏效率，是因为垄断企业的利润最大化价格高于它的边际成本。因此，政府通常要求垄断企业按照边际成本定价。如图8-2所示，在没有价格管制时，垄断企业按照边际收益等于边际成本的原则确定的产量和价格分别为Q_m和P_m。实施按边际成本定价后，价格由P_m下降到P_1，产量由Q_m增加到Q_1，按边际成本定价是有效率的。但是，由于自然垄断企业在生产上具有规模经济特点，它的边际成本总是小于平均成本，如果将价格定在等于边际成本的水平，企业将无法补偿平均成本，这意味着将面临亏损，在长期中无法经营。这使政府管制机构面临难题：如果要求自然垄断企业按边际成本定价，政府对其亏损给予补贴，这不仅会增加财政负担，而且企业的真实成本和补贴数量会由于信息不足难以确定。如果政府不愿补贴，就必须放弃按边际成本定价。显然，这一方案虽然理想，但在现实中却是不可行的。

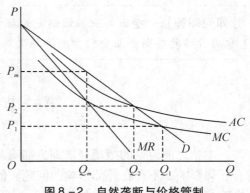

图8-2　自然垄断与价格管制

2．按照平均成本定价

这是为解决企业亏损问题而采取的价格管制方法。这一管制方法要求自然垄断企业的价格等于平均成本。如图8-2所示，在 P_2 的价格水平上，收益刚好可以补偿成本，企业没赚到钱，但这个结果比按边际成本定价要好，企业得到了正常利润。由于价格高于边际成本，因而是无效率的，但由于价格低于垄断价格，无谓的损失减少，产量增加了。按平均成本定价仍然存在问题，首先，信息不足的问题依然存在。政府监管者与企业之间经常会为了将企业的哪些支出计入成本而争执不休。加之企业成本和市场需求会不断地变化，准确确定平均成本非常困难。其次，削弱了企业为降低成本而创新的激励。因为企业一旦降低成本，管制者就会要求企业降低价格。换句话说，企业知道无论平均成本是多少，总是要按照平均成本确定价格，这不仅使企业丧失降低成本的积极性，甚至还产生"虚报成本"的激励。显然，这一方法既没有鼓励降低成本的激励，也没有防止成本上升的惩戒。

3．激励管制

激励管制是为解决按平均成本定价的缺陷而产生的一种管制方式。其做法是政府管制机构基于对企业平均成本的估计，制定一个管制价格，并告诉企业这一价格若干年内不变。如果企业经过努力把其平均成本降低到这一价格之下，其差额（利润）归企业所得；如果企业由于管理不善导致成本上升，企业将承受亏损，因为价格是不变的。激励管制方法使企业获得了降低成本的激励，也使企业在经营不善时受到利润减少或亏损的惩罚。然而，在政府管制机构信息不足的情况下，行业中只有一家企业，怎样估计平均成本水平才算合适，没有一个合理的参照，垄断企业会想方设法使管制者相信自己拥有较高的平均成本，从而获得高价格。因此，信息不足以及与此相关的激励问题是价格管制需要解决的难题。

现实中自然垄断企业也会选择实行价格歧视。例如，自来水公司采取两部定价法，先向客户收取固定的自来水使用的月租费，以取回那无谓的损失，然后再按照边际成本决定的价格收取每吨水的费用，从而实现自来水的效率产量。但是，作为一项公用事业，自来水公司并不总是能够对客户实行价格歧视。所以，自然垄断企业很难提供一个有效率的产量水平。

【即问即答】 垄断企业应该制定的社会合意的价格水平为多少？为什么制定社会合意的价格的垄断企业会蒙受经济损失？

第二节 外部性

本章之前讨论的微观经济理论都隐含着一个假定，即单个经济主体的行为对他人没有任何影响，不存在外部影响的问题。但实际经济中并非如此，买卖双方的决策有时会影响与市场交易无关的"局外人"。为了从经济学角度解释上述现象，本节引入"外部性"的概念，我们将讨论外部性导致的低效率以及如何解决外部性的低效率问题。

一、外部性的含义及分类

外部性（externality），是指一个经济主体的行为造成无关者的损失或收益，而该经济主体并没有因此支付赔偿或获得报酬的情形。需要注意的是，这里讲的对无关者的影响是直接发生的，间接的影响尤其是通过市场机制传导的影响（如市场竞争引起产品价格下降，从而使竞争对手受到损失），不属于我们讨论的外部性范畴。

按照经济主体的行为对无关者造成的损失或者收益，我们把外部性分为负外部性与正外部性。

负外部性（negative externality），是指某个经济主体的行为使他人受损，但并没有对该损害予以补偿。负外部性的例子有很多。例如，某企业把污水排入河流，使下游居民的生活用水、河流景观、河流生态系统的自然平衡等受到严重影响，企业若不对这些损失进行补偿，就形成负外部性；交通事故的肇事双方，因争论过错归属和赔偿细节，造成不必要的交通拥堵，也是一种负外部性。

正外部性（positive externality），是指某个经济主体的行为使他人受益，但并没有对该收益进行收费。正外部性的例子也有很多。例如，你在家里阳台上种了很多花，邻居们看到感觉赏心悦目，但你并没有向他们收费；农民承包荒山植树造林，生态环境的改善使周边居民得到好处，但没有人向农民付费；基础科学研究也有很大的正外部性，与科学家们的贡献相比，他们的收入和他们的贡献可能并不相称。

二、外部性如何影响资源配置

直觉上外部性是一种"不好"的经济现象。例如，在拥挤的收费公路上，每辆车的存在都一定程度地影响了其他车辆的畅顺通行，带来负外部性，使车主行路的总成本大于其实际付费，这样的激励扭曲很可能导致社会福利损失。下面我们借助基本的供给需求工具，解释外部性问题对资源配置的影响。

（一）负外部性对资源配置的影响

以硫酸市场为例。如图8-3所示，横轴代表硫酸的产量，纵轴代表硫酸的价格、成本和收益。需求曲线是边际私人收益曲线，即 $D=MB$，它表示买方多购买一单位硫酸所增加的收益，或者购买者愿意支付的最高价格。MPC 线代表生产硫酸的边际私人成本。**边际私人成本**，是直接由一种物品或劳务的生产者承担的边际成本。因此，MPC 曲线表示硫酸厂每增加一单位产量由企业直接承担的边际成本。硫酸的生产过程中存在负外部性，即硫酸厂排放废气污染了空气，这会影响到周边居民的健康，给他人带来成本。这个成本企业没有承担，因而称为**边际外部成本**（MEC）。当把边际外部成本加到边际私人成本上时，我们得出了硫酸生产的边际社会成本。**边际社会成本**是指企业自己承担的边际私人成本和加给其他人的边际外部成本之和。图 8-3 中的 MSC 曲线为边际社会成本曲线。边际私人成本曲线和边际社会成本曲线可以是平行的，假定边际外部成本不随产量而变化的情况下。这里我们假设产量越大，边际外部成本递增，边际社会成本曲线从原点出发，位于边际私人成本曲线之上。

在不存在外部性的竞争市场，硫酸的最优产量应该定在哪里？应该定在边际私人收益曲线和边际私人成本曲线的交点处（A 点），此时硫酸的最优产量为 Q_1。如果产量低于这个水平，企业的边际收益大于边际成本，应该增加产量；如果产量超过这个水平，企业的边际收益小于边际成本，应该减少产量。只有在边际私人收益等于边际私人成本时才是最优的。

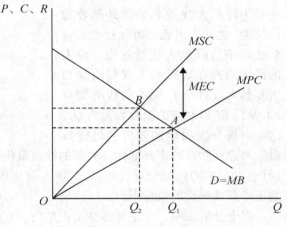

图 8-3 负外部性图示

生产硫酸造成了负外部性。企业的生产不仅给自身带来成本，而且也给局外人带来成本。考虑到负外部性之后，边际社会成本曲线是真实的边际成本。假设收益方面没有外部性，只有私人收益，边际社会收益和边际私人收益是一样的。社会最优产量应该定在哪里？应该定在边际私人（社会）收益曲线和边际社会成本曲线的交点处（B 点），此时硫酸的最优产量为 Q_2。如果产量低于这个点，边际收益大于边际成本，说明产量不足，增加产量能够增进社会总福利；如果产量超过这个点，边际收益小于边际成本，说明产量过高，增加的收益没有付出的成本大，应该减少产量。只有在边际私人（社会）收益等于边际社会成本时，硫酸的产量是最优的，此时社会总福利最大，资源配置是有效率的。从图 8-3 可以看出，企业最优量（Q_1）大于社会最优量（Q_2），这就是负外部性导致的过度生产。

（二）正外部性对资源配置的影响

我们再来看正外部性的情况。以教育为例，在图 8-4 中，横轴代表教育的数量，纵轴代表教育的价格、成本和收益。我们假定教育对社会而言没有负外部性，MC 曲线为教育的边际成本曲线(教育的边际私人成本等于边际社会成本)。教育的收益存在正外部性,也就是说,教育不仅可以增加个人利益,比如获取知识,提升文化水平,拥有更宽广的就业选择面,以及未来潜在的回报——较高的收入与社会地位。而且教育会产生外在利益,即不受教育的人也可以从中得到利益。例如,受教育的人越多,意味着犯罪率的下降;受教育更多的人能够促进技术进步和推广,提高劳动生产率从而增加工资;人们与受过良好教育朋友的交流中愉悦身心等。因此,教育带来的社会收益大于私人收益,二者的差值为边际外部收益,即教育给无关者带来的收益。

如图8-4所示,MPB曲线表示个人支付费用时在每个价格上教育的需求量,它代表**边际私人收益**,即个人从受教育中得到的利益。MSB曲线代表**边际社会收益**曲线,它是**边际私人收益**和**边际外部收益**(MEB)之和。因此,边际社会收益曲线高于边际私人收益曲线。个人的最优选择在边际私人收益曲线与边际私人(社会)成本曲线的交点(A点),该点对应的教育数量为Q_1,这是市场自发决定的教育的最优数量。考虑到教育的正外部性,教育的社会最优数量应该在边际社会收益曲线和边际私人(社会)成本曲线的交点(B点),该点对应的数量大于市场的最优数量。这就是教育的正外部性导致的数量不足。

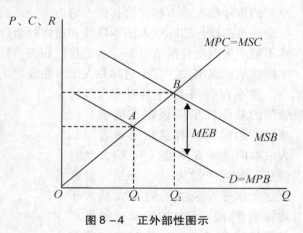

图8-4 正外部性图示

以上分析说明,无论外部性是正是负,它们的存在都会使市场决定的数量偏离社会最优数量,从而导致资源配置的低效率。当外部性存在的时候,所有个体追求自身利益的行为加总之后不一定能实现社会福利的最大化。那么,是否存在一种对策,使市场自身能将均衡数量调整到资源配置的效率水平呢?或者,作为调控者的政府能否给出相应的公共政策实现这一目的呢?以下的分析将解答这些问题。

【即问即答】 正的外部性和负的外部性的差别是什么?举例说明为什么在有外部性时市场结果是无效率的。

三、外部性的解决方法

如上所述,当存在外部性的时候,竞争市场的产量会偏离效率水平。有什么缓解的办法呢?以下从政府的公共政策和私人解决办法两个方面说明如何解决外部性的低效率。

(一) 针对外部性的公共政策

在解决外部性导致的市场失灵问题上,政府解决办法的思路是:通过管制和税收,将外部性内部化,从而把社会成本变成私人成本,把社会收益变成私人收益,此时个人的最优决策就是社会最优决策,外部性问题由此得到解决。

1. 管制

解决负外部性带来低效率问题的一个办法是管制。**管制**是指政府通过规定或禁止某些行为来解决外部性问题。这种干预方式使那些带来负外部性的做法成为一种犯罪行为。例如,政府直接规定钢铁公司的产量,要求企业即使不赚钱也要生产规定的产量,限制其生产能力。类似的情况还有:规定企业可允许的排污量,要求企业采用某项减少排污量的技术,规定卡车只能在夜间进入市区,汽车公司生产的汽车必须达到政府规定的燃油效率标准等。

以管制的方式限制外部性的缺陷是:首先,政府不一定能有效地获得多少产量为社会最优的信息,这可能会导致瞎指挥。政府很可能定下不合理的管制限额,使市场均衡数量偏离社会最优量,造成效率损失;其次,政府为设计良好的管制规则,需要调查研究,确定社会所能承受的各种负外部性程度,详细了解被管制行业使用的技术,为此而耗费的巨大社会资源使管制政策变得不那么合意;最后,企业不能主动寻找其他更廉价的减少污染的方法。例如,即使有更好更廉价的办法,发电厂还得安装"洗刷器"。在这种情况下,安装"洗刷器"的技术就是无效率的。

2. 企业合并

如果一个企业的生产影响到另一个企业,无论是正的还是负的影响,都会使市场量偏离社会最优量。政府可以要求相关行为人通过合并为一个企业,从而使外部性"消失",被"内部化"。因为合并后的企业考虑自身利益,会将产量确定在边际收益等于边际成本的水平。由于此时不存在外部性,故合并后企业的成本与收益正好等于社会的成本与收益,于是资源配置达到最优状态。例如,假设河流上游的化工厂使河流下游的水产养殖场受到损害,政府可要求这两家企业合为一体。合并后的企业在确定排污量时会考虑到其内部的这两种经济活动,如果增加排污量,化工厂的利润增加了,但却会降低养殖场的利润。这时,企业就会考虑一个最优的排污量和养殖数量,使两种经济活动的利润总和最大,从而实现资源的最优利用。可以肯定的是,合并后的企业排污量会小于原来化工厂的排污量。

3. 征税和补贴

因为管制的缺陷,经济学家主张政府可以采用对有负外部性的活动征税和对有正外部性的活动进行补贴的办法解决外部性的低效率。用于纠正负外部性影响而开征的税被称为"**庇古税**"(Pigovian taxes),以纪念最早提出这种税收用法的英国经济学家阿瑟·庇古。

先来看对有负外部性的产品征税。我们知道,负外部性问题的本质是社会成本没有通过价格反映在私人成本中,因而被私人决策所忽略,也就是说,企业支付的成本是被低估的。庇古认为,政府对有负外部性活动的企业征税,其征税额等于该企业带来的外部成本，把负外部性引起的外部成本转给引起负外部性的企业，外部成本成为企业私人成本的一部分，从而使私人成本增加到社会成本的水平，企业的最优产量等于社会的最优产量。

仍以硫酸为例。图8-5中，横轴代表硫酸的产量，纵轴代表硫酸的价格、成本和收益。假设硫酸的收益对社会没有外部性，需求曲线是边际私人收益（社会）曲线，即 $D=MPB=MSB$。供给曲线是边际私人成本曲线（MPC）。如果对硫酸不征税，每天企业的最优产量为 Q_1。

假设政府知道硫酸带来的负外部性的具体程度，对硫酸征收 t 的税，征的税刚好等于边际社会成本和边际私人成本之间的差值，这使外部成本成为企业的私人成本，供给曲线向左方旋转，边际社会成本

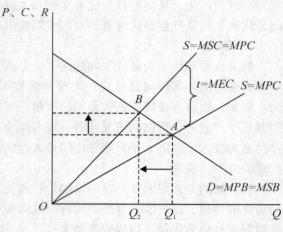

图8-5 对负外部性行为征税

曲线和边际私人成本曲线重叠，新的供给曲线和需求曲线相交时，每天硫酸的产量为 Q_2，此时企业的最优产量就是社会的最优产量。

相对于政府管制，经济学家偏爱征税。他们认为，在减少污染总量方面，税收和管制同样有效。当税率较低时，企业减少污染的成本比较低，污染量轻微减少。当税率提高时，企业减少污染的成本迅速增加，污染量会大幅度减少。当税率足够高时，企业继续生产无利可图，会退出市场，污染量减少为零。所以，通过管制能够达到的污染减少水平，用税收手段也可以达到。但相比较而言，在减少污染方面，税收更有效率。管制通常要求每个企业都等量减少污染，这并非是减少污染的最低成本办法，因为每个企业减少污染的成本不同。比如化工厂减少污染的成本比印染厂低，面对税收，化工厂的反应是大幅度减少污染，以便少交税，而印染厂的反应则是小幅减少污染，多交税。正如市场把物品分配给那些愿意出高价者一样，税收把污染权分配给那些减少污染成本最高的企业。最终，每个企业都以最低成本把污染量控制在政府规定的水平。所以，相比于管制下政府规定每个企业等量减少污染的要求，税收降低了减少污染的成本。

再来看对有正外部性的产品补贴。正外部性的结果是企业产量太少，政府使企业增加产量的办法是给予企业一定的补贴。其补贴额等于该企业带来的外部收益，把正外部性引起的收益转给引起正外部性的企业，使外部收益成为私人收益，从而使私人收益增加到社会收益水平，个体的最优产量也是社会的最优产量。

仍以教育为例。图8-6中，横轴代表教育的数量，纵轴代表教育的价格、成本和收益。需求曲线是边际私人收益曲线，即 $D=MPB$。供给曲线是边际私人（社会）成本曲线。需求曲线和供给曲线的交点 A 点，决定了个人的最优量 Q_1。政府为了增加教育的数量，可以贷款或奖学金的方式给予一定的补贴，补贴额 s 应该等于教育带来的外

部收益。这样，政府把教育引起的外部收益变为私人收益，使教育的边际私人收益增加到边际社会收益的水平。边际社会收益曲线和边际私人（社会）成本曲线的交点 B 点，决定了教育的数量 Q_2，此时个人的最优选择也是社会最优的。

以上说明了政府采取征税和补贴可以使市场主体在做出决策时，考虑到外部成本和外部收益。这样，也就解决了外部性带来的低效率，克服了市场失灵。

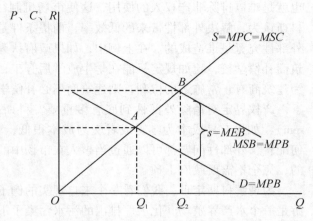

图 8-6 对正外部性行为提供补贴

征税和补贴的方法也有缺陷，这表现在实际操作上的困难。政府要确定理想的征税额和补贴额，必须确切知道外部成本和外部收益，但得到这些信息很难。即使是受外部性影响的一方也不能确切知道自己受到了多大的损害和收益，就算是知道，也不一定会正确地向政府提供，受到负外部性影响的群体常常向政府夸大其受损程度以获得更多的补偿。只要政府不能确切知道外部成本和外部收益，税收和补贴的方案在现实中就很难完全有效。过低的税收会引起更多的污染，补贴太少企业增加产量的激励效应不足。特别是，就税收而言，即使存在边际社会成本等于边际私人成本的一种税收，一旦企业成本降低，边际私人成本曲线会向下移动，而税收不变，产量（污染）就会上升。这就是现实经济中为什么管制仍然较为频繁使用的原因。

【即问即答】 为什么经济学家认为征税是比管制更有效的控制污染措施？

（二）私人解决办法

1. 科斯定理与产权安排

传统经济学认为，政府实施管制、征税或者补贴后，产量就能实现社会最优，外部性引起的低效率就可以避免了。然而，美国经济学家罗纳德·科斯对此提出不同看法。

科斯认为外部性是相互的。例如，某小学旁边建筑工地的噪音干扰了学生，你可以说建筑工地给学生们造成了负的外部性，也可以说是学校给建筑工地造成了负外部性。究竟应该限制谁或向谁征税？进一步，政府知道正的或者负的外部性有多大吗？知道社会的最优水平在哪里吗？事实上政府是没有这方面的信息的。

在科斯看来，外部性问题的核心是**产权**（property right）问题。如果没有界定任何产权，所有行为都有外部性。比如牧区的公共草场，任何人放牧都会给别人造成损害。许多外部性问题的发生都与产权没有得到明晰界定有关，由此产生了所谓的公共领域，也就是难以排除非产权人的使用，这使市场机制往往不能实现资源的合理配置。因此，科斯认为，解决外部性带来的低效率，前提条件是产权必须得到清晰界定，必须弄清楚外部性究竟是谁造成的。在上例中，如果政府认为学生有不听噪音的权利，就会要求建筑商补偿学校，比如规定只能在学生放学后开工，让建筑商承担外部成本。如果政府认为建筑商有正常施工的权利，则建筑商不必补偿学校。

产权界定对消除外部性到底有多重要？科斯提出了著名的**科斯定理**（Coase theorem）：如果交易成本为零，或者交易成本很低，只要产权明确界定，无论最初产权如何配置，外部性问题都可以通过当事人在市场中的谈判来解决，谈判结果一定是有效率的，完全不需要政府干预。

为理解科斯定理，我们看一个来自现实的例子。一条河流的上游有一个化工厂，下游是一个水产养殖场。化工厂排出的污水污染了下游的河水，产生了外部性问题。一般人的想法是化工厂侵害了下游水产养殖场的利益，化工厂应该减少产量进而减少污染，其实未必。不给化工厂向河里排放污水也可以看成养殖场侵犯了化工厂的利益。现在的问题是：利用河流的权利是属于谁的？如果河流的使用权属于养殖场，化工厂不经许可不能排放污水。但是，如果化工厂增加生产增加污染所带来的产量增加（化工厂的边际收益）大于污水排放给养殖场带来的损失（养殖场的边际成本），从社会角度来看，化工厂应该继续增加生产。如果河流的使用权是属于化工厂，它有权随便排放污水。大量的污水排放所带来的边际收益有可能低于养殖场受损的边际成本，化工厂就会减少污染以减少产量。总之，按照科斯定理，只要利用河流的权利有清楚的界定，市场交易会达到边际相等的最优情况。

现在我们来看，在产权明晰的情况下，双方的交易将如何发生。假定政府把河流的使用权界定给水产养殖场。如果化工厂增加生产的边际收益高于养殖场的边际损失，化工厂就会向养殖场支付一个价格，以换取对方允许自己向河里排污，这其实是出价购买（称为"赔偿"）河流的使用权。这时边际收益高于边际成本，化工厂出价只要能弥补养殖场的边际损失，养殖场没有理由不答应；而这个价格只要低于化工厂的边际收益，化工厂也没有理由不肯付这个价。但随着化工厂排污越来越多，在边际产量递减规律的支配之下，其边际收益会下降，而养殖场的边际损失会上升，化工厂愿意支付的价格越来越低，养殖场要求的价格越来越高，最终在边际收益和边际成本相等的时候停下来。也就是说，养殖场不会让化工厂随意排污，其允许的排污量就在养殖场的边际损失与化工厂的边际收益相等处。超过这个点，化工厂的边际收益比要补偿养殖场的费用低，化工厂不会再增加产量。

现在把产权的归属倒过来：假设河流的使用权是属于化工厂的，它有权随意排污，但这会使化工厂的边际收益低于养殖场的边际损失，养殖场会向化工厂要求购买河流的使用权。这时边际收益低于边际成本，只要养殖场支付的价格高于化工厂的边际收益、低于它的边际成本，这交易就能成。随着化工厂减少污水排放，其边际收益在上升，给养殖场带来的边际损失在下降，养殖场愿意支付的价格也下降，化工厂要求的价格则会上升，最终在边际收益和边际成本相等的时候停下来。也就是说，养殖场不会把整条河租下来以阻止化工厂排污，而是租到它的边际损失与化工厂的边际收益相等处为止。超过这个点，养殖场支付的价格高于化工厂的边际收益，养殖场不会再向化工厂支付赔偿。

显然，无论利用河流的权利界定给谁，只要允许市场自由谈判，而且交易成本尽可能地低，交易双方可以通过讨价还价来买卖使用河流的权利。最后的结果，河流使用权总会落在能够带来最大收入的一方，最终的排污量总是控制在化工厂的边际收益与养殖场的边际损失相等处。这个结论就是科斯定理。

科斯定理明确告诉我们，外部性的实质是产权问题。只要产权明晰，无论界定给谁，市场交易各方总是可以达成协议解决外部性问题，其结果是有效率的，每一方的状况都可以变好。所以，政府的重要任务，不是补贴或者征税，而是清楚地界定和保护产权。

2. 交易成本

科斯定理有一个重要的前提，那就是要想达成私人协议，协议的交易成本为零，或者很低。**交易成本**（transaction costs）是指交易双方达成协议所耗费的时间和努力。即在市场交易中人们因参与获取信息、讨价还价、订立和执行契约等活动造成的效率损失。在科斯看来，这些是使用市场进行交易所付出的费用，所以他将之称为交易成本。科斯定理的经济含义是：要达成私人协议，协议的交易成本必须小于外部性成本。如果交易成本太高，双方无法达成协议，外部性导致的无效率结果就可能会出现。

那么，交易成本的大小取决于哪些因素呢？

第一，交易者的数量。一般来说，利益各方人数越多，谈判达成有效率的协议难度越大。因为协调每个人的代价过于高昂。仍以河流使用权为例，化工厂往河里排放废水污染了下游的河水带来负外部性。根据科斯定理，化工厂和养殖场可以达成一个协议，由养殖场对化工厂进行支付，以使其放弃或者减少排污。如果河流下游只有一家养殖场，那么化工厂与养殖场的谈判比较容易；但如果河流下游不仅有许多家养殖场，而且还居住着成千上万的人口，那么谈判的难度非常大，双方要达成有效率的协议几乎是不可能的。

第二，信息不对称。在河流使用权的例子中，化工厂往河里排放废水给下游的养殖场造成影响，减产或者关门会对化工厂造成影响，而影响的大小双方都是不了解的，信息的掌握不充分，这会给谈判带来难度。

3. 运用科斯定理解决外部性的难题

科斯定理的成立有两个条件：一是产权界定是清晰的，二是谈判的交易成本必须小于外部性成本。而这两个条件在现实中是不完全成立的。

首先，产权并非总是可以明确界定。有些公共资源很难明晰地界定产权。比如，洁净的空气是人人都可享受的资源，不能在空气中做个标记，规定某人只能使用某一部分。又如，信息的产权较难保护，因为信息难以排除非产权人的使用，非产权人不用花钱购买就能容易地侵权，所以难以直接交易。此外，由于政治、历史的原因，国家间在争议边界的领土划分上可能长期无法达成共识。

其次，即使产权清晰界定，如果达成协议的交易成本太高，市场交易双方不能达成一致意见，也无法通过市场解决外部性造成的低效率。例如，上游化工厂排放污水，给下游养殖场造成负外部性，这是化工厂对水产养殖场财产权的一种侵害。但如果化工厂和众多水产养殖场的谈判要持续数年经过许多回合，双方要达成有效的协议几乎是不可能的。

由于上述难题，现实中我们很难达到资源配置的最优状态，只能与原来的状态相比有所改善，实现**次优**（second best）状态。科斯定理如同我们已经介绍的帕累托效率标准，是我们理解现实的参照系。在科斯定理不成立的情况下，比如产权界定不清，或者产权界定清楚，但交易成本太高，私人解决无法达成，外部性导致无效率的结果就会出现，这时，政府就会介入。当然，政府干预也是有交易成本的，即使是政府干预，也不应完全放弃市场力量，借助市场力量往往是解决市场失灵的最好办法。

如果科斯定理成立的条件能够满足，那么，是不是政府就不用干预市场了呢？如果我们只关注资源配置的效率，那么，答案是肯定的。但是，应该注意到，产权的初始配置是有收入分配效应的。在河流使用权的例子里，如果政府一开始就规定化工厂有权排污，那么，养殖场就必须付给化工厂一笔钱以保证正常生产。如果化工厂是当地利润大户；而养殖场规模较小，保本经营。那么，这样做的结果虽有效率但看起来并不公平。显然，如果政府不以效率为唯一目标，它要考虑让谁获得资源的使用效益。所以，产权界定对资源配置和收入分配的影响很重要。中国的许多问题都与产权界定有关。例如，城市化进程要求大量农耕地转为非农业土地，土地价值的增值部分应该如何被农民分享，这与农民的土地权利该如何界定有关。

> 【即问即答】 什么是科斯定理？举出一个用私人办法解决外部性问题的例子。为什么对外部性的私人解决方法并不总是可行的？

第三节 公共物品

在现实生活中，有一些产品（比如国防和司法系统）是政府提供的；有一些物品（比如鸡蛋和电脑）主要是由私人提供的；有一些物品（比如学校和医院）既有政府提供的，也有私人提供的。本节考察公共物品，我们的分析将说明，为什么市场不能有效地提供公共物品？为什么由政府提供私人企业生产的物品就会出现低效率？政府应该提供哪些物品和劳务，以及如何提供这些物品和劳务。我们需要从不同物品的区分开始讨论这些问题。

一、不同类型的物品

经济学家通常根据两个特点来对物品进行分类：排他性和竞争性。**排他性**，是指不经产品供给者的同意，人们不能消费该产品。比如馒头，你不付钱，就不能吃馒头，你擅自拿走就损害了我的权利。**竞争性**，是指一个人消费某产品，就减少了其他消费者对该产品的使用量。比如一个馒头如果被某个人吃了，其他人要吃到馒头，馒头店就必须通过增加成本来增加产量。根据这两个特点，可把物品分为四种类型。如图8-7所示。

	竞争性	非竞争性
排他性	私人物品 食品 电脑 拥挤的收费道路	俱乐部物品 手机网络 游泳池 不拥挤的收费道路
非排他性	公有资源 海里的鱼 环境 拥挤的不收费道路	公共物品 国防 节日烟火 不拥挤的不收费道路

图8-7 物品的分类

（一）私人物品

私人物品（private good），是指既有排他性又有竞争性的产品。例如，电脑是私人物品，具有排他性，你不付费，商店不会让你把电脑拿走，你擅自拿走就是损害了店主的权利。电脑也具有竞争性，你使用一台电脑，其他人不能同时使用，其他人要使用的话，电脑生产商必须增加生产。经济中大多数物品和劳务都是私人物品，比如衣服、食品、汽车、房子等。

（二）公共物品

公共物品（public goods），是指具有非排他性和非竞争性的物品。**非排他性**，是指在产品消费中，很难将其他消费者排斥在该产品的消费利益之外。因为无法收费，难以排除非产权人的使用，或者在法律或道德的意义上不能这样做。例如，你在露天球场放电影，没买票的人也可以看。海里的鱼、节日烟火、不收费的道路、清洁的空气和国防也类似。**非竞争性**，是指消费者消费某产品是并不影响其他消费者从该产品中获得利益。也就是说，增加一个消费者不会增加成本，边际使用成本是零。例如，国防保护着我也保护着你；不太拥挤的道路也是如此，我在路上行走不影响你的行走。我们把同时具备非排他性和非竞争性特点的产品称为公共物品。属于公共物品的例子有司法体系、警察、信息、基础科学研究、自然灾害防治等。

公共物品的界定也不是绝对的，它取决于市场环境、管理或技术手段。例如，广播和电视最初都具有公共物品的特征，节目播出后，所有的人都可以收听和观看。但是，先是私人企业通过广告收益在一定程度上解决了收费问题。后来，有线电视和扰乱卫星电视用户信号的技术也减少了非排他性问题。这些都改变了广播电视的公共产品属性。下面的专栏以灯塔为例，说明了如果灯塔的所有者改变管理方式，使灯塔服务可以实现收费，这时，灯塔就不再是公共物品了。

知识拓展

灯塔是公共物品吗

经济学家很早就把灯塔作为公共物品的典型例子。因为灯塔既无排他性又无竞争性。在有灯塔的地方，无法排除任何一艘过往船只利用灯塔避开有暗礁的水域，而且一个船主用灯塔航行并不影响其他船主对灯塔的使用。在既可以享受灯塔带来的好处而又不为这种服务付费时，每个船主都有搭便车的激励。因此私人企业通常不愿提供船主所需要的灯塔。所以，现在大多数灯塔是由政府经营的。

但是，在一些情况下，灯塔也可以接近私人物品。19世纪英国海岸上有一些灯塔是由私人拥有并经营的。当地灯塔的所有者并不向享用这种服务的船主收费。而是向附近港口的所有者收费。如果港口所有者不付费，灯塔所有者就关灯，船只就无法到达这个港口。

灯塔的例子表明，确定一种产品是不是公共物品，必须确定受益者的人数，以及能否把这些受益者排除在享用这些物品之外。当一种物品的受益者多，而且无法排除任何一个受益者对该产品的享用时，这种产品就是公共物品，因为，在这种情况下会存在严重的搭便车问题。对船主来说，灯塔可使许多船主受益，它就是一种公共物品。对港口的所有者来说，他是灯塔的主要受益者，灯塔就更像是一种私人物品。

资料来源：曼昆，《经济学原理》，北京大学出版社1999年版。

（三）公有资源

公有资源（common resource），是指有竞争性但没有排他性的物品。例如，公海里的鱼具有竞争性，当一个人捕到鱼时，留给其他人捕的鱼就少了。但很难排他，谁都可以进入该水域捕鱼。相似的例子还有公共草场、新鲜空气、拥挤的不收费的道路等。

（四）俱乐部物品

俱乐部物品（club goods），是指有排他性但没有竞争性的物品。这类物品往往具有自然垄断的性质。例如，考虑一个城市的有线电视。它具有排他性，你不付费就接受不到电视信号；但有线电视具有非竞争性，因为一旦信号播放以后，1万个用户收看和10万个用户收看是一样的，多一个用户不会增加额外成本。同样的例子还有高速公路、游泳池、电影院、高尔夫球场等，可以通过设置门卫达到排他的目的，但是多几个人消费并不会增加成本。这类物品在一定范围内具有非竞争性，通常被称为俱乐部物品。

本节我们考察公共物品。公共物品有狭义和广义之分。狭义的公共物品是指纯公共物品，既有非排他性又有非竞争性。而现实中大量的俱乐部物品和公有资源介于公共物品和私人物品之间，不能归于纯公共物品或纯私人物品，经济学上一般统称为准公共物品。广义的公共物品就包括了纯公共物品和准公共物品。

纯公共物品和具有较大公共成本的准公共物品会引起一般所说的搭便车问题。

> 【即问即答】 科学家的声誉属于上述几类物品中的那一类？城市环境、现场观看世界杯足球赛、凌晨三点的国家统计局网站呢？

二、公共物品的搭便车问题

搭便车（free-rider），是指一个人得到某种物品的收益但避开为此付费的行为。之所以产生搭便车问题，是因为如果一个人是否付费、以及付多少费对他所能消费的物品量没有影响，那么就会刺激这个人不为这种物品支付。换言之，如果一个人不用购买就可以消费某物品，他就绝不会去购买。

私人物品的消费具有竞争性和排他性，不购买就无法消费，所以不存在搭便车问题。但是，公共物品的非排他性和非竞争性特点，使得人们不用购买便可消费，而且一个人的消费并不减少其他人的消费，这给市场经济社会带来了问题，人们一般都不愿主动为公共物品付费，总想让别人生产自己免费消费，所以就存在搭便车问题。

我们以公寓楼道的灯为例说明搭便车问题。假设你在公寓的楼道装了一盏灯，这一物品具有非排他性，你要排除其他住户借光是不可能的。它也有非竞争性，因为一个人享受楼道灯光的方便，并不妨碍其他人对灯光的享受，这就产生了搭便车问题。如果人人都想搭便车，那么，即使楼道的灯给住户们带来的好处大于它的成本，但从私人来看在楼道装灯无利可图（无法收费）。即使私人可以收费，他也不该收费，因为，向享受楼道灯光的人收费，会造成个人成本和社会成本的不一致。夜晚每多一个人途经楼道，就会发生帕累托改进，该人获益而其他人不受损失。所以，为了实现经济效率，所有夜晚愿意使用楼道灯光者，都应该能够使用它，以任何方式阻拦他人在夜晚使用楼道的灯都会造成效率损失。然而，不收费的结果是：没有人愿意在楼道装灯，夜晚楼道漆黑一片，人们行走不安全，从社会来看，这是一种效率损失。相似的例子还有寝室的卫生、村庄的道路等。

那么公共物品的供给应该怎么解决呢？办法是由政府强制提供公共物品。政府提供公共物品的好处，是可通过强制性征税为公共物品的提供筹集资金，资金筹集成本较低。征税实际上使每个纳税者承担了公共物品的成本，从而避免了人们只想消费而不愿付费的情况。

> 【即问即答】 什么是搭便车问题？为什么说搭便车问题引起了政府提供公共物品？自由市场的公共物品量一般是大于还是小于有效率的数量？为什么大多数高速公路边都有垃圾，而在人们院子里却很少见呢？

三、公共物品的供给

（一）公共提供与私人提供

公共物品和私人物品的区分并不意味着一定是公共物品由政府部门提供而私人物品由私人部门提供。现实经济中，私人物品有时也由政府提供，例如，医疗服务和住房就是经常由政府提供的物品。有些国家的医疗服务基本上是由国有医院提供的，中国的情况比较典型。以前，中国的医疗全部是国有的，改革开放后出现了一些私人诊所，但大部分医院仍然是国有的。住房更是典型的私人物品，也有政府提供，比如对低收入者的廉租房，基本上是由政府参与提供的。同样的，公共物品也可能由私人提供。例如，许多大学校园内的教学楼、图书馆、实验室等建筑就是由许多企业家或者校友捐资的。还有私人提供的安保、侦探服务，居民小区的业主通过缴纳物业管理费聘请物业管理公司提供环境卫生和绿化服务，一些富裕起来的人投资于博物馆以及私立小学等。一种产品或服务究竟是应由政府提供还是由私人部门提供，主要考虑以下几个方面的因素。

第一，政府部门提供和私人部门提供的相对成本。一种产品或服务的提供可能因为提供者的不同而产生不同的成本。一般来说，私人部门通常有激励降低成本，因此，从社会效率的角度看，由私人部门提供更有效率。20 世纪 80 年代以来，西方国家出现了国有企业私有化的浪潮，私有化不仅涉及一般工业部门，还包括航空航天、电气、军事工业、银行等敏感部门。比较典型的是英国铁路部门的私有化。美国政府也把大量的国有发电厂和航空公司出售给私人经营。法国政府计划把 65 家国有金融公司、银行、工业企业私有化。在中国，国有企业通过上市、国有股减持、出售给私人等方式被私有化，促进了企业之间的竞争，提高了经济增长的活力。

第二，产品或服务提供的范围。产品或服务是公共提供还是私人提供，还取决于产品或服务提供的范围。一般来说，提供的范围越大，越有利于政府以税收的方式筹集资金，从而使更多的消费者共同分担公共物品的成本，政府提供优势较大。而提供的范围越小，难以让更多人来分担成本，由私人提供就更为可行。例如，一个国家的国防力量服务于全社会，因此，国防都是由政府提供的，其成本由全体纳税人承担。居民小区的保安服务于小区居民，安保成本通常由小区内的业主分担。私人雇佣保安只能自己独享，这是私人物品，由私人部门提供更为有效。

第三，考虑公平分配。有些产品或服务的消费与人们的公平分配观念有较强的联系。比如说一个社会的低收入者居住条件恶劣，或者看不起病，孩子上不起学，人们就会认为非常不公平。因此，虽然住房、医疗和教育由私人部门提供更有效率，但是从社会公平的角度考虑，政府仍然要提供廉租房、最低医疗保障和义务教育给低收入群体。经济学家认为，这实际上是向社会提供一种非常重要的公共物品，即收入和消费的均等。

（二）公共物品的私人生产

公共产品的提供是指谁为其付费，不涉及组织生产。一种物品由政府提供并不等于政府组织生产，公共物品可由政府组织生产，也可由私人部门生产，政府部门购买。这是因为，相对于私人生产而言，政府生产公共物品至少存在两点明显的缺陷：第一，政府机构及官员缺乏追求利润的动机。他们没有激励降低公共物品的成本。第二，公共物品的生产往往被政府部门垄断，而私人生产可能引起多家企业之间的竞争，从而促使企业降低成本。所以，大多数经济学家认为，应该尽量引入私人部门去生产那些由公共部门提供的物品。只要能够解决好搭便车问题，私人部门也愿意生产公共物品。

事实上很多公共物品都是由私人部门生产，而由政府部门买单的。例如，在中国，最大的私人培训机构新东方很多年前开展烹饪教育，失业者到新东方接受培训，费用由政府承担。一些城市的政府部门聘请专业的居家养老服务团队，开展居家养老免费上门服务，服务项目包括按摩保健、理发修甲、小家电维修、家政等，项目通过政府买单，帮助特殊困难老人解决生活护理等问题。一些城市公共交通服务，往往由私人承包公交车的运营。在美国，有更多的公共服务采取私人部门生产的方式，包括一部分消防、图书馆，甚至一些监狱。

公共物品由私人提供并组织生产有以下几种可能性。

第一，可以通过设计收费进行排他的公共物品。比如高速公路，理论上说应该免费，因为公路建成之后，其使用的边际成本几乎为零。但是，免费的高速公路没人愿意建，如果把它设计为具有一定排他性、不缴费不能使用的产品，私人企业就会有积极性修建高速公路。与之相关的问题是收费年限。收费的目的是弥补建设成本（和适当利润），如果建设成本已经收回，原则上不应再收费。但对一些拥堵且消费者对价格敏感的道路，收费起到调节交通流量的作用。

第二，公共物品对少数人有巨大效用，这些人就有积极性提供该产品。比如乡村的道路，一般村民不会主动修路，但是富人愿意修建，因为他们能从修路中获得极大的边际效益。富人有较多的生意伙伴和朋友，如果他把村里破烂不堪的道路修好了，富人在社会交往中更有面子，也会有更多的人登门拜访，可能会带来更多的商机和利益。所以，富人有积极性把路修好。在现代社会中，这也是一种非常重要的公共物品的提供方式。

第三，具有较大外部效应的公共物品。例如，教育具有较大的正外部性。很多国家都有政府投资的公立学校，但这并非意味着把私人资本排除在教育市场之外。如果允许私立学校和公立学校并存，相互之间展开竞争，私立学校有激励录取那些低收入家庭的好学生，以提高本校学生的平均质量，这既可提高教育资源的效率，也能够促进公平。学校质量提高了，就能够向那些高收入家庭收取更高的学费，形成类似高收入者补贴低收入者的机制，其结果会大大提高低收入家庭子女获得优质教育资源的机会，从而提高教育资源的配置效率。公立学校通常是为一般大众提供低价甚至免费的教育，以提高居民福利。类似地，医疗卫生保健市场也是公私并存，或者公立医院的医疗服务一部分由政府提供，一部分向医疗者收费，采取政府和市场混合提供方式，既可以保障居民的基本医疗需要，又可以避免病床过分拥挤和药品的浪费。

【即问即答】 可不可以由政府部门和私人部门共同生产同一种产品，并在市场上相互竞争？这样做有什么好处？

参考资料

私人承包的美国监狱

在美国，并非所有的监狱都是公立的，有些是由私人经营的。1998年，全美只有5家私人监狱关押着2 000名囚犯；现在，美国的私人监狱已经增长到100家，关押囚犯数量达到12.8万人，占了联邦监狱和州监狱囚犯数目的8%。根据世界私人监狱联盟（Association of private correctional & treatment organizations）数据，除了美国这个主要的市场外，全世界有17个运营私人监狱的企业，分布于英国、日本、南非和澳大利亚。私人公司的介入，有助于提高监狱行政体系的效率。比如，私人监狱运营企业CCA（Corrections Corporation of America）新建一所监狱平均花费5 000万美元，公营监狱则平均要花费6 700万美元。CCA的建筑费用比公营监狱少25%。CCA的平均运营成本也要比州政府的监狱低20%。1994年，CCA在纽约股票市场上市。2011年，CCA实现收入17.3亿美元，纯利润1.6亿美元。在过去的10年里，CCA的年收入平均每年增长将近8 000万美元。《福布斯》杂志在2007年将它评选为400家"美国最优秀大公司"之一。

资料来源：张维迎，《经济学原理》，西北大学出版社2015年版。

第四节 非对称信息

本节把非对称信息引入经济学分析中，说明如同垄断和外部性，非对称信息也会导致市场失灵，因而需要政府干预纠正市场失灵。

一、非对称信息的概念

非对称信息是与对称信息相对应的概念。**对称信息**是指每个人都知道的信息，并且每个人知道的都一样的信息。**非对称信息**（information asymmetry），是指在交易中一方知道而另一方不知道的信息。也就是说，一些人比另一些人掌握更多的信息，相对来说处于信息更完全的状态。俗话说"买的不如卖的精"，并不是说买方比卖方的智商低，而是因为买方对出售商品的了解通常不如卖方，也就是掌握的信息较少，买卖双方处在信息不对称的状态。比如我向你推销一部旧空调机，这部旧空调机的款式、是否可以遥控是对称信息，因为在这些事情上我不可能撒谎，你可以一目了然地看到。但是，旧空调机的质量我知道，你不知道，这就是非对称信息。在经济学里，非对称信息又称为**不完全信息**，而对称信息则称为**完全信息**。

如果以交易本身作为一个时间点，看非对称信息发生在交易之前还是交易之后，我们可以把非对称信息分为两类：事前的非对称信息和事后的非对称信息。在交易还没有发生之前就已经存在的非对称信息，称为**事前的非对称信息**。例如，你买的奶粉质量既定，是否含有对人体不利的成分，生产者知道，你不知道；某种玉石的成色和品质卖家知道，大多数购买者均为外行；雇主在雇用新员工的时候，员工的能力和道德水平怎么样，员工知道，雇主不知道。这些就是事前的非对称信息。**事后的非对称信息**，是指在交易之后才发生的非对称信息。例如，购买火灾险的业主是否对房屋的安全有足够的重视，业主知道，保险公司不知道；领取失业救济金的人（可看成购买了失业保险）是否急于寻找工作，失业救济金领取者知道，政府不知道；病人交了医疗费，医生是否尽到责任，医生知道，患者没法弄清楚。这些都是交易后难以观察的行为，称为事后的非对称信息。

因为事前信息通常指客观存在状态的信息，所以事前的非对称信息也可称为"**隐藏信息**"（hidden information）。例如，购买健康保险的投保人是否具有家族遗传病史，二手汽车是否有严重缺陷，房地产商完工的新房是否存在面积上的缩水，这些都是交易之前产品质量客观状态的信息，卖家知道，买家不知道，称为隐藏信息。与隐藏信息相对应的概念称为"**隐藏行动**"（hidden action），是指别人难以观察到的行为，可用来表示事后的非对称信息，因为事后信息通常涉及当事人采取的某种行为。例如，在办公室上网的员工是在搜索客户信息还是在为自己炒股票，由于企业管理者很难实现对员工的全天候监督，由此产生的员工在工作中偷懒或开小差的可能性，就是隐藏行动。再如，政府要求公务员廉洁奉公，但是在没有有效制度监督的情况下，公务员受贿就会成为很容易得逞的隐藏行动，这会使他们中的许多人在巨大私利的诱惑下走上犯罪道路。

在存在隐藏信息和隐藏行动的情况下，由于市场交易双方存在信息不对称，拥有信息优势的一方，就可能为获得更有利的交易条件，故意隐瞒某些对自己不利的信息，甚至制造虚假信息误导他人，这会损害正常的市场交易。当人们对信息欺诈的担心严重影响交易活动时，市场机制的作用就会丧失，市场配置资源的功能也失灵了。经济学研究信息不对称对市场效率的影响有两个重要的理论：逆向选择和道德风险。**逆向选择**（adverse selection）理论研究在交易发生之前，由于买卖双方掌握的信息不对称带来的潜在交易价值无法实现的现象。**道德风险**（moral hazard）理论则研究在交易发生之后，由于拥有信息优势的一方"行动"的不可观察，从而导致对方利益受损的可能性。本节我们重点分析事前的非对称信息导致的逆向选择，对于事后的非对称信息导致的道德风险不作正式的分析。

【即问即答】 你大学毕业后去公司面试，对方不知道你的工作能力如何，也不清楚你是想在公司长期发展还是仅把它当个跳板而已。如果公司录用了你，老板也不太清楚你上班时间是否一心两用。以上情况哪些属于隐藏信息，哪些属于隐藏行动？

二、非对称信息导致的市场失灵

以下我们通过三个有代表性的例子，来分析事前的非对称信息对市场效率的影响。事前的非对称信息往往导致所谓的逆向选择。逆向选择，是指在买卖双方信息不对称的情况下，差的商品总是将好的商品驱逐出市场的情形，即"劣胜优汰"。以下例子可说明逆向选择如何导致市场失灵。

（一）旧车市场中的逆向选择

车主把开了很多年的旧车拿到市场上去卖，旧车是否有质量隐患，卖车的人可能知道的更多，买车的人知道的很少甚至不知道。经济学家认为，由于存在非对称信息，旧车市场可能出现的问题是：好车可能卖不出去，坏车反倒卖出去了。下面，我们以经典的旧车市场模型为例，来解释信息不对称导致逆向选择的内在逻辑。

假定某旧车市场有 200 辆旧车，其中好车和坏车各占 50%。再假定买卖双方信息对称，买方和卖方都知道哪辆车是好车，哪辆车是坏车。好车的车主要在较高价格上才愿意出售，买主也愿意为好车支付更高的价钱。当市场供求相等时，好车会在较高的价位上成交，比如 10 万元；坏车会在较低价位上成交，比如 5 万元。好车坏车各出售 100 辆，旧车市场供求平衡，市场一定是有效率的。

但实际上，买卖双方对旧车质量的信息是不对称的。旧车质量状况是卖主的私人信息，买主不了解，他们只知道好车和坏车各占 50%，每个买主买到好车的可能性是 50%。因此，在购买时，买主只能把所有的车看成是"中等"质量的，只愿意给出一个 7.5 万元（$10 \times 0.5 + 5 \times 0.5$）的折中价格。显然，好车不会按 7.5 万元卖掉，而 100 辆坏车可以卖掉。如果买主知道 7.5 万元的价格买不到好车，他们就会把每一辆旧车都看作坏车，只愿出最低的价格（5 万元）购买旧车。在价格如此低时，任何好车的车主都不愿把自己的车拿到市场出售，最终旧车市场上只有质量最差的旧车。这种坏车把好车驱逐出市场的情况就是逆向选择。它说明由于信息不对称，处于信息劣势的买方会不断调低对旧车平均质量的预期，出价也随之下降。如此恶性循环，最终整个市场萎缩，只剩下坏车，导致没有买家前来问津，无法达到帕累托效率，也就是对双方有利的事情做不成。

【即问即答】 一个不了解二手车市场的消费者会为一辆二手车支付多高的价格？谁会愿意按照这位买主所期望的价格来出售二手车？

（二）保险市场中的逆向选择

保险市场是个典型的信息不对称市场。保险市场中的信息不对称是双向的，对于保险人和投保人（被保险人）都存在。这里只分析投保人对保险人的信息不对称，说明保险市场的逆向选择。

以健康保险为例。我们知道，疾病发生的概率与每个人的年龄、健康状况、职业、生活习惯等因素有关。每个潜在投保人的健康状况都是隐藏信息，保险公司无从获知和观察到。当然保险公司可依据投保人的某种明显标识进行分类，比如按年龄分组，越年轻的投保人所获得的保险费率就越低，随着年龄的增大，保险费率会逐步上升。迟至某个年龄阶段才投保的人会被要求先去做健康体检，保险公司根据体检结果确定保险费率。但这仍然不能使保险公司清楚地知道每个投保人的情况，因为同一组的人健康状况也会有很大的差别。有些人年龄虽然较大，但家族寿命比较长，或者很注意健康饮食和有规律的生活，身体很健康；也有的人虽然年轻，但体弱多病，或有家族病史，或天生喜欢以比较危险的生活方式生活等。所以，即使保险公司坚持在签订保险合同前投保人要做医疗检查，由于保险公司通过一次体检所掌握的信息非常有限，投保人对自己的健康状况还是要比保险公司知道得多。而且，由于涉及风险的个人信息意味着投保人要支付不同的保费，从自身利益考虑投保人倾向于隐瞒对自己不利的信息，或者提供对自己有利的虚假信息，从而使保险公司无法辨别信息的真伪，保险双方存在信息差别是难以避免的。

保险公司基于自己所掌握的信息，并不能准确判断投保人的风险程度，因而难以在有效区分投保人风险类型的基础上实行差别费率。在推出健康保险时，只能根据危险发生的平均概率（平均风险水平）厘定保单费率。保费率相同，低风险者会认为不公平，可能退出或不参加保险，而那些高风险的投保人才有强烈的参加保险的倾向。于是，保险公司的赔付率将会高于他们按照平均概率计收的保单费率，只好进一步提高保费来避免亏损。但如果这样做，又会有一些事故发生概率较低的投保人退出保险，这使剩下的投保人发生事故的平均概率又进一步上升，这又会迫使保险公司进一步提高保费，结果是又有一些相对健康的人退出保险。如此不断下去，最终结果是高风险者把低风险者"驱逐"出保险市场，保险公司因为居高不下的赔付率而陷入困境。这就是保险市场的逆向选择，保险公司希望聚集更多的低风险者，但低风险者却是投保意愿最低的人群，给保险市场留下大量高风险的投保人，保险人和低风险投保人的目标是相反、互逆的。

上述分析可以解释，为什么市场上的保险险种，与完全信息情况下可以存在的相比要少得多。这是因为，信息不对称影响到保险市场的形成，使人们需要的一些险种难以存在。

（三）信贷市场中的逆向选择

银行通常都愿意贷款给经营状况良好、拥有高质量项目（低风险）的企业。但实际上最需要银行贷款的却是那些经营状况不佳、拥有低质量项目（高风险）的企业，往往这类高风险企业因缺少自有资金，主动跑去找银行借钱。如果信息是对称的，银行能够区分借款人的类别，高质量的项目可以得到贷款，低质量的项目不能得到贷款，这对社会来说是有效率的。

但实际上银行很难准确了解贷款人的风险状况，由于信息不对称，银行不知道贷款项目的风险情况，只知道贷款者有高质量项目也有低质量项目。因此，只能对高质量项目和低质量项目的贷款人收取相同的利率。如果他们以低利率向每一个企业提供贷款，银行就会面临贷款的超额需求，僧多粥少。如果银行希望提高利率来达到供求平衡，就可能出现逆向选择问题。那些高质量项目的贷款人会退出市场，因为那些处于借或不借决策边际的人，一般是最稳定的高质量项目投资人，如果利率提高，会迫使高质量项目退出贷款申请，而大量高风险的低质量项目却会留在市场上，结果大多数贷款可能出现拖欠，银行将面临经济亏损。这就是信贷市场的逆向选择导致的效率损失。

以上几个例子说明：由于存在非对称信息，不是所有的好产品都能卖出去，不是所有的风险都能得到保险，不是所有的好项目都能得到融资。这就是经济学所说的非对称信息导致的市场失灵。

三、解决非对称信息问题的市场机制

非对称信息导致了市场失灵。但是看一下现实市场，好车比坏车好卖，卖不出去的车通常是坏车；的确不是所有的好项目都能得到贷款，但是大多数的好项目能够获得贷款；的确不是所有的保险险种都存在，但是市场上像健康保险这些大多数人都需要的险种有很多。非对称信息普遍存在，为什么市场没有消失呢？这是因为，市场在不断产生信息不对称的同时，也会自发形成解决非对称信息问题的机制。非对称信息导致效率损失，意味着存在潜在的盈利机会，追逐自身利益的理性人一定会想办法解决这一问题，抓住盈利机会。市场形成的解决非对称信息问题的机制可分为四种类型。

（一）缺乏信息的一方获取信息的方式

对于那些想购买高质量产品，或者想获得高质量客户的一方来说，市场失灵对他们是不利的，他们有获取信息的积极性。那么，通过什么方式来获取呢？

一种方式是直接获取信息。例如，想购买旧车的人可向懂行的朋友咨询，或者请专业人士对汽车进行检验或试驾；在确定健康险费率时，保险公司可运用成熟的保险技术对风险进行分类和测算，根据每个投保人的特点，包括年龄、职业、生活习惯等一系列指标，精确计算每个人的保险费率；银行在决定是否发放贷款之前，可派信贷员调查贷款人的资信状况，或者运用大数据技术对企业的贷款项目进行风险评估等。

另一种方式是间接获取信息，就是想办法让拥有信息的一方说实话。例如，保险公司可通过设计不同类型的保险合同，将不同风险的投保人区分开，从而规避投保人的逆向选择。常见的做法是保险公司提供部分保险和全额保险让投保人自己选择，选择部分保险者发生事故得到的赔付少（缴的保费低）；选择全额保险发生事故得到的赔付多（缴的保费高）。最后的结果一定是高风险者选择全额保险，具有低风险者选择部分保险，从而识别出谁是高风险者，谁是低风险者。

以上是通过机制设计解决非对称信息导致"逆向选择"的例子。非对称信息导致

的另一个问题是"**道德风险**",是指拥有私人信息的一方以损害缺乏私人信息的一方为代价而获得自己的利益。这在保险业中最为常见。当保险合约订立之后,由于保险公司不了解投保人的真实情况,投保人有可能风险意识降低,甚至诈保、骗保,也往往造成保险公司因为居高不下的赔付率而陷入困境。解决道德风险问题的理论称为"委托－代理理论",即设计激励约束机制使交易双方利益一致,避免一方利用信息优势损害另一方的利益。例如,保险公司激励投保人的一种做法是限额赔偿。保险公司制定1 000元扣除额政策,一旦发生汽车意外事故,保险公司只赔偿维修成本中超出1 000元的部分。限额赔偿减轻道德风险问题的内在机理是:让投保人承担一部分维修成本,使他们增强防范意识。因为若出现大的碰撞事故,生命安全更重要,小的事故损失则是要完全自己承担的,这就激励投保人小心开车。如果是全额赔付,车主就可能没有这个积极性了。对于企业而言,股东可考虑在企业内部建立激励机制来控制经理的道德风险行为。常见的做法是通过实行"股票期权",将经理的报酬与企业经营业绩挂钩,从而激励经理的行为符合股东利益。还有,老板怎样设计工资制度激励和约束员工,政府怎样设计一个制度来激励和约束政府官员等,都是运用委托－代理理论控制道德风险的问题,本节不做重点分析。

(二) 拥有信息的一方传递信息的方式

对于拥有较多信息的一方来说,如果他们的产品是高质量的,因信息不对称而卖不出去,他们也有积极性想办法提供信息,使买方了解其产品质量。他们的信息提供方式也有两种:直接的方式和间接的方式。

直接的方式,是指面对面向潜在的买者解释。例如,现场咨询或者电话咨询,或者提供说明书,使人们了解产品质量。近年来,我国一些城市医院牙科或私人牙科诊所举办种植牙现场咨询会,一对一为缺牙患者免费义诊答疑,或者举办种植牙手术现场直播活动,请缺牙患者到场观看直播,这些都是直接提供信息的方式。还有请买者试吃、试用了解产品质量,比如二手车卖主允许买者试驾,看看车的性能怎样;或者提供车的定期维修保养记录,这就是发出这辆车长期中受到良好维护的信号,让买方增加对旧车质量的信心。通过直接提供信息,可使潜在的购买者得到更多的产品信息,从而对产品质量做出准确的判断。

间接的方式,是指不和买者直接交流,而是主要靠信号传递的方式,使买者了解其产品质量是好的。**信号传递**,是指拥有信息优势的一方以某种可观察行为向处于信息劣势的一方传递自己的真实信息,从而减少和消除信息不对称的影响。高质量产品更有激励发送信号,因为高质量产品的卖方非常希望买方能够了解产品质量,发送信号在经济上也是划算的。

以二手车的交易为例。假设一辆二手车对卖者的价值是20万元,对于潜在的买者是30万元。高质量车和低质量车的区别在于故障概率:高质量车有10%的概率出现故障,低质量车有50%的概率出现故障。无论哪种车,故障修理费都是10万元,高质量车的10万元故障保险预期成本为1万元,车主如果以24万元的价格卖车,还可赚3万元;而低质量车也可以卖24万元,但要付出5万元的预期维修成本,这就不划算了。

所以，只有高质量车才愿意做出免费保修的承诺，高质量车最有可能因信息不对称而卖不出，因此卖方最有积极性向买方传递产品质量优良的信号。低质量车做出保修承诺是不划算的，会导致亏本，所以，低质量车没有积极性提供免费保修。

广告也是企业传递产品质量的信号，广告向消费者提供价格、质量、新产品、零售店位置等信息，可以改善市场信息不对称的程度，有利于消费者选择满意的物品。考虑一个新品种速溶咖啡的广告：无论产品质量如何，每年成功的销售能获利500万元，但要付出600万元的广告费，谁愿意支付这个广告费？一定是提供高质量咖啡的企业，因为消费者品尝后会回购，只要这种购买延续两年，企业会赚1 000万元，扣除600万元的广告开支后还有400万元的净利润。而低质量产品的企业就不愿意做广告，因为今年付出600万元广告费，消费者品尝后不再购买，企业就会亏损100万元。所以，广告费也是企业向消费者传递一种信号：我愿意花巨额资金做广告，因为我有实力，对产品质量有信心。上例中，如果广告费用只有300万元，则低质量产品也会做广告（赚200万元）。所以，广告的内容不重要，重要的是让消费者知道广告的昂贵，花钱足够多这本身就是传递产品质量的一个信号，低质量产品是不敢这么做广告的，这是为什么消费者不理会那种随便刷在墙上的廉价广告的原因。

信号传递机制在生活中广泛存在。在信贷市场，银行利用第三方掌握的企业生产经营的数据，以及电脑化的信用记录、工作时间长短、住房所有权、婚姻状况、年龄等来区分低风险和高风险的借款者。在劳动力市场，文凭、工作经历、获奖情况都是有利于求职者的信号。虽然，高学历不等于能力强，低学历也不意味着能力低，但是，在很多情况下，文凭的确有助于减少劳动力市场上信息不对称的影响，尽管它不是精确的信号，但它是一个有意义的信号。在经理市场上，一个职业经理的履历就是一种信号，他曾经为哪家公司工作，其工作业绩如何，直接影响着他能否被聘用，以及被聘用后的收入。相似地，有过实习经历的毕业生容易受到企业的青睐，因为实习是毕业生具有一定工作经验的证明。名校毕业生常常获得更好的工作机会，因为从名校毕业本身就是一种能力的证明，这些都是劳动力市场上常见的信号传递机制。此外，企业向消费者赠送产品、展示样品、做广告、赠质量保证书、防伪标记、标准认证等，也是常见的信号传递方式。

（三）专业信息提供商

这是作为第三方的信息提供商，专门从事搜集、加工、甄别买卖双方信息的专业性机构。这类机构存在于旧车市场、房屋市场、艺术品市场、证券市场等这类买者无法直接观察产品质量，或产品鉴定专业知识要求较高的市场。此外还包括保险中介、咨询机构、会计师事务所、信用评估机构、消费者协会、信用卡公司、新闻媒体等。这个第三方的专业信息提供商是靠信息的搜集、加工和甄别，减少信息不对称，撮合买方与卖方，从中赚取信息收入。例如，你如果不放心某人的二手车，可去二手车经销店，由这个经销店对二手车做出鉴定，便可获得卖者的私人信息。卖者为卖出二手车也会主动提供私人信息，以减少鉴定汽车的收费。有第三方对各种质量不同二手车的鉴定，买者可以放心地论质付价。市场竞争通常使第三方既不能欺骗卖者又不能欺骗买者，如果专业知识不精鉴定不出二手汽车的真实质量状况，或是职业道德差欺骗买卖任何一方，这个第三方就会被淘汰出局。

参考资料

阿里巴巴的支付宝

第三方平台是电子商务的重要机制。我们在网上交易时信息是最不对称的，在实体店买东西时至少能看一下，如看一下衣服是否有掉线，照明器材插上电源是否工作，网上交易甚至连这样的机会都没有，只能看图片下订单。所以，买者会担心花钱之后买的是假冒伪劣产品，卖者担心货到之后买家不付钱。如果不能解决这个问题，网络交易、电子商务就不可能有效运行。阿里巴巴发明的支付宝就是为解决这个问题。阿里巴巴最初是和招商银行签订一个协议，客户的钱都放到招商银行的账上，就是这样一个协议创造了支付宝。支付宝同时解决了两个方面的问题：第一，卖家不敢卖假东西，因为买家收到货验货之后，卖家才能拿到钱；第二，买家不能赖账，因为钱已经在支付宝账上，一旦验货通过，就会转到卖家账上。拿了货不退货，又不付钱，是不可能的。因此。支付宝作为第三方机制解决了交易双方的信息不对称问题。

资料来源：张维迎，《经济学原理》，西北大学出版社2015年版。

（四）建立声誉机制

声誉是消费者对企业产品的良好评价。它是靠企业过去的产品质量逐渐树立起来，在信息不对称的情况下，消费者通常根据以往经验和口碑做出判断，声誉给买者提供了产品质量信息。企业可以通过建立**声誉机制**，吸引渴望高质量产品的买方，如果你有一个不骗人的名声，你卖什么别人都相信，才能够赚到钱。声誉机制的本质是企业愿意为了长远利益而放弃眼前利益的诱惑。在市场经济中，企业要想在长期和他人合作，必须要拒绝机会主义的诱惑，不为短期利益以次充好、坑蒙诈骗。因为企业以次充好以后，人们就会知道，下次就不会再买。利用信息不对称欺骗他人，害人又害己，是非理性的。理性的人一定很注重自己的名声，因为这是他的利益所在。

哪些企业愿意建立良好的声誉呢？

首先，是生产和销售最终产品的大企业。在这类场合，买卖双方不是一次性博弈，而是重复博弈，企业会发现为高质量产品建立声誉能够吸引更多买者，所以，只有大企业才会通过建立品牌在市场上积累声誉。这可以解释为什么大型超市或专卖店比"一锤子买卖"能够吸引更多买者。连锁店为什么能胜过单体店？比如麦当劳在全球有几万家分店，任何一家分店提供低质量产品都会给所有分店带来声誉损失，所以各个分店都实行标准化生产和服务，以保证提供高质量的产品。

其次，企业一定要有所有者。企业有所有者才会为自己更长远的利益，考虑建立一个好名声。也才知道在市场经济中，为他人创造价值，是实现自己利益的最好手段。反观没有所有者的企业，则不会有人关心企业的声誉。所以，有效的产权保护（包括商标、品牌等无形资产）对声誉机制有效运行是必要的。

四、政府管制

大多数经济学家认为，市场一般不能完全自行解决逆向选择问题，由信息不对称导致的市场失灵通常需要政府实施强制性措施以在一定程度上维持市场机制的有效性。这被称为政府管制，即政府对企业行为的法律和政策约束。

（一）政府管制的方式

政府解决非对称信息导致的市场失灵，可以采取以下方式：第一，强制性保险。为防止低风险者不愿投保，很多国家的政府对医疗保险、养老保险、汽车保险、交通安全保险等险种规定强制保险。从理论上说，政府要求每一个人都参加保险，就相当于排除一部分投保人退出市场的可能，这样再按照可预见的、总人口的平均风险概率规定保费，每个人的境况都会改善。高风险的人境况改善是因为他们交纳的保险费比他们实际面临的风险概率更低；而低风险的人也能够买到比"逆向选择"情况下更为"便宜"的保险，境况也比以前有利。美国很多州的汽车保险也是强制性的，每个开车的人在领取驾驶执照之前，必须至少参加最低限额的责任保险，从而避免了保费太高而不少低风险者不愿购买导致的逆向选择。第二，市场准入限制。比如未经政府审批不能开办医院、律师事务所、会计师事务所等。第三，质量管制。比如食品药品达不到质量标准不能上市；举行各种评比，评比出谁好谁坏；组织各种检查、年审。第四，上市公司强制性的信息披露，以消除资本市场上会计信息的不对称等。

（二）政府失灵

虽然政府干预被认为是解决逆向选择的手段，但是经验观察告诉我们，"应该做什么"和"实际做了什么"的矛盾也存在于政府干预经济活动中。现实中我们会发现，政府改善市场的行为失败甚至使情况变得更差，政府干预越多，逆向选择愈加严重。这是因为，政府不是万能的，政府干预机制存在着内在的缺陷，政府也可能失灵（government failure）。也就是说，政府为克服市场失灵所采取的立法、行政管理以及各种经济政策手段，在实施过程中往往会出现各种事与愿违的结果，最终导致政府管制的低效率和社会福利损失。

政府能有效解决市场失灵的逻辑有以下几个隐含的假设：第一，政府有完全的信息，即政府无所不知，不存在信息不对称。第二，政府是最大化社会公众利益的。政府官员具有良好的公共利益意识，会自觉地为社会提供公共服务。第三，政府说话是算数的，言必行，行必果。第四，政府有足够的智慧实现资源的有效配置。但以上假设都不成立。

首先，相对于企业而言，政府的特殊地位的确使其具有信息优势。但是，现实经济生活复杂且难以预料，政府也很难掌握完全的信息，企业作为被监管者拥有的许多信息，监管者并不知道，政府"犯错"的情况并不少见，信息不对称对于政府同样存在，认为市场没有能力识别信息，而政府有能力识别信息，这个假设是不成立的。

其次，政府并不必然是最大化社会公众利益的。政府是由政府官员组成的，他们和普通人一样，也有自己的利益，比如职位、权利、物质待遇、声誉和名望等。当政府干预市场时，面对以"租金"形式出现的经济利益，政府官员极可能被诱惑而采取不利于公众利益的行为。因此，政府应该追求的目标与政府实际追求的目标可能并不一致，当政府官员的个人利益目标和他们应该追求的公共利益目标相矛盾时，他们有可能追求个人利益最大化，而不管这些个人利益是否符合公共利益。

再次，我们常常假设政府说话是算数的，但是实际上，这一假设也不成立。因为政府是众多利益团体的"共同代理人"，经常会受到来自各方面的压力。比如工商界的商会、协会、工会、环境保护组织、消费者协会、和平组织、行政垄断等，他们要求政府的政策与立法对其有利，尽管这些政策或许对国家整体并不是有利的。面对利益集团的游说，政府往往存在机会主义的行为。例如，我国电信、石油、银行等行政垄断企业就是供给方形成的利益团体，它们凭借垄断权力，排除和限制竞争，严重损害了市场秩序和消费者利益，老百姓极为不满。2008年，我国政府出台了反垄断法，试图保护竞争，维护消费者的利益。但由于行政垄断是由政府设立市场进入门槛形成的，垄断企业能够对立法施加有力的影响。以至于政府制定的反垄断法明文规定，对国有经济占控制地位的关系国民经济命脉和国家安全的行业以及依法实行专卖的行业，其垄断行为不会受到法律的限制和打击，甚至还会受到保护。

最后，认为政府有足够的智慧通过制定公共政策，实现资源有效配置的假设也不成立。现实中政府的公共决策都有局限性。政府有限决策的原因主要有两个：一是在少数人做出影响多数人利益的决策时，不管这少数人是选举产生还是其他方式指定的，他们在决策时会自觉不自觉地倾向于自己所代表的阶层或集团的偏好和利益。政府的倾向性立场以及政策选择使得政府利益或偏好与社会利益可能不完全一致，从而导致政府行为偏离资源有效配置的结果。二是政府官员自身在知识、经验和能力上的局限性也决定了政府的智慧是有限的，以有限的智慧调节和影响社会经济，难免会对经济形势做出错误的判断和决策，进而引起资源的误配置。

由于上述几个原因，以政府管制矫正市场失灵，其结果未必完全有效。不仅如此，过度的政府管制还会造成市场秩序的混乱，导致企业不重视自己声誉的情况。具体表现在三个方面：①政府管制的越多，市场的不确定性会增大，企业对未来的情况难以预测，只能追求短期利益，忽视产品质量，品牌意识淡漠，做一锤子买卖。②政府管制创造垄断。垄断企业被人为地置于政府行政权力的保护之下，没有竞争压力，也就没有创新技术或创建品牌和的动力，声誉机制也就不起作用了。③政府管制带来了寻租机会，从而引起腐败。既然政府官员掌握着能给企业带来垄断利润的市场进入牌照，企业自然会"搞公关"，巴结讨好有权发放牌照的政府官员，以换取市场进入资格，对企业来说，贿赂管制者比贿赂投资者和客户更划算、更方便。

本章讨论了在市场失灵的情况下，政府的作用及局限性。需要强调的是，由于

"政府失灵"的存在,即使在需要政府干预的场合,也不应该完全放弃市场的力量。这不仅因为政府借助市场的作用解决外部性问题更为有效,而且市场也会自发形成某些解决问题的机制。政府有优势也有劣势,如同企业一样,也应当合理界定其活动范围。很多经验研究证据表明,政府的过度管制甚至会带来更加糟糕的结果。

案例分析

医药和食品管制导致严重的官员腐败

医药和食品两个领域。被认为是信息不对称非常严重的领域,自然也是政府管制最多的两个领域。但严格的政府管制不仅没有提升中国的食品安全和药品安全,反而使这两个领域成为官员腐败的重灾区。

2014年10月31日,最高检察院反贪污贿赂总局局长徐进辉宣布:2014年年初以来,监察机关依法立案查办了一批国家发改委工作人员利用职权受贿犯罪案件,目前共查办11案11人,发改委价格司原领导班子多数涉嫌职务犯罪。价格司涉嫌职务犯罪官员的情况如下:曹××,执掌价格司达7年多,曾主导了房价调控、油价调整、药价调整、阶梯电价等多项事务。刘××,原价格司副司长,分管电价和医药价格,2014年5月接替曹××升任司长。周××,长期担任价格司副司长,并分管医药价格。郭××,曾任原价格司医药处处长,后任价格司副巡视员。李××,原为电力价格处处长,后提升为副司长。5人中4人都曾经分管过医药价格。3人曾经分管过电价,这说明了一个问题,这4人犯罪一与医药有关,二与价格有关。

2015年3月12日,最高人民法院、最高人民检察院在工作报告中公布了一组与食品安全公职人员犯罪相关的证据:2014年共审结危害食品药品安全犯罪案件1.1万件,在食品药品生产流通和监管执法等领域查办职务犯罪人员2 286人,《新京报》记者梳理7年来一系列重大食品安全事件,事件背后都有监管不力的影子,造成监管不力的一个重要因素直指行业监管人员渎职与腐败,在个别地区甚至出现了执法人员充当违法企业保护伞的现象。记者统计显示,7年来,食品安全事件涉案公职人员数量呈现逐年上升趋势。

资料来源:张维迎,《经济学原理》,西北大学出版社2015年版。

本章要点

(1)完全竞争市场的理想化假设并不符合实际,市场在某种场合不能提供有效率产量的情况称为市场失灵。

(2)政府对垄断的限制主要运用两种公共政策:反垄断法使垄断企业更有竞争性,管制垄断企业收取的价格。

（3）外部性导致个人收益和个人成本不同于社会收益和社会成本，因此自由市场无法达到效率产量，政府管制和税收（补贴）被认为是矫正市场失灵的手段。

（4）科斯定理认为，如果交易成本足够低，只要产权界定是清楚的，市场交易可以解决外部性问题，其效果优于政府干预；如果交易成本高，产权配置给谁就是重要的。

（5）公共物品具有非排他性和非竞争性。由于不能对使用公共物品的人收费，所以人们存在"搭便车"的激励，从而导致公共物品的供给不足。

（6）公共物品可以由政府提供，也可由私人部门提供。由政府提供的公共物品也可由私人部门生产，这样做有利于提高生产效率。

（7）信息不对称是指交易中一方知道另一方不知道的信息。交易之前存在的非对称信息被称为事前的非对称信息，交易之后出现的非对称信息被称为事后的非对称信息。事前的非对称信息导致逆向选择，事后的非对称信息导致道德风险。

（8）非对称信息导致市场失灵。但市场在不断产生非对称信息的同时，也会自发形成某些解决问题的机制，声誉机制就是解决非对称信息的最重要机制。

（9）市场一般不能完全解决逆向选择问题，由非对称信息导致的市场失灵通常需要政府干预，以维持市场机制的有效性。但政府也应合理界定其活动范围，过度管制不仅无效率，还会损害市场的声誉机制。

重要概念

市场失灵　垄断企业　外部性　科斯定理　交易成本　公共物品　私人物品　公有资源　俱乐部产品　非竞争性　非排他性　搭便车　非对称信息　逆向选择　道德风险　信号传递　声誉机制　政府失灵

思考与练习

（1）如果政府规定自然垄断企业必须把价格定的等于边际成本，会带来哪两个问题？

（2）什么是外部性？什么是正的外部性？什么是负的外部性？为什么说外部性会降低市场效率？

（3）为什么经济学家对征收污染税的偏好大于管制？

（4）列出不用政府干预也可以解决外部性问题的一些方法。

（5）政府提供免费教育，至少价格（学费）要大大低于成本。哪种理论支持这种政策？

（6）科斯定理的内容是什么？举例说明科斯定理在现实中的应用。

（7）根据科斯定理，交易成本对于能否实现外部性内在化存在什么影响？例如，某个养牛场的牛损害了邻近农场的农作物，每年给农场带来的损失是 3 000 元。如果谈判的成本是每一方承担 500 元或 3 000 元费用，界定产权对该问题的解决有什么影响？

（8）公共物品、私人物品、公有资源、俱乐部物品分别指什么？它们之间有什么异同？

(9) 教育、警察保护、乡村道路、城市街道、保障房分别属于哪类物品？

(10) 公共物品涉及外部性。与公共物品相关的外部性通常是正的还是负的？举例回答。市场提供的公共物品数量大于还是小于有效率的数量？

(11) 有人说公共物品必须由政府提供，你是否支持这种观点？为什么？

(12) 下表是某地对教育的需求表。由于教育会引起外部收益，所以教育的边际社会收益大于边际私人收益。

某地对教育的需求表

学生数量	边际私人收益（元）	边际私人成本（元）	边际社会收益（元）
100	500	200	800
200	400	250	700
300	300	300	600
400	200	350	500
500	100	400	400
600	0	450	300

A. 根据表中的资料作出图形。

B. 如果教育市场没有调节，均衡的价格和数量是多少？

C. 该地区有效率的学生数量是多少？

(13) 什么是逆向选择？逆向选择可能会使一些市场消失，为什么会存在这种可能？

(14) 什么叫信号传递？你是否能举出现实中以信号传递克服非对称信息的例子。

(15) 现实中的企业是如何通过声誉来克服非对称信息问题的？在哪些企业中，声誉更为重要？

第九章　宏观经济学导论

从本章开始我们进入对宏观经济学的学习。回顾第一章，经济学分为两个分支：微观经济学和宏观经济学。微观经济学研究家庭和企业的经济行为，关注的焦点是资源的合理配置问题；而宏观经济学研究国民经济的整体运行状况，它关注的焦点是资源的利用问题。我们在新闻媒体上经常看到的 GDP、通货膨胀、失业率、消费、投资、货币政策、财政政策等名词，都是宏观经济学研究的范畴，它们与整体经济的运行相关。在本章中，我们先介绍宏观经济学研究的主要问题。然后解释经济学家和决策者用来监测整体经济状况的一些重要指标，了解这些经济统计指标是理解以后各章对宏观经济运行分析的必要条件。

第一节　宏观经济学问题及其长期和短期的划分

一、主要的宏观经济问题

宏观经济学是从整体上研究经济活动的经济学分支，因而涉及经济学中一些最重要的问题。具体来说，宏观经济学研究三大问题：失业、通货膨胀和经济增长。

失业是宏观经济学研究的第一大问题。宏观经济学本身就是因解决失业问题的需要才产生的。20 世纪 30 年代大萧条最大的特点就是大失业。在大萧条中，美国的失业率由 1929 年的 5.5% 上升到 1934 年的 22%，这意味着有 1/4 的工人失去工作。凯恩斯（John Maynard Keynes）面对严重的失业问题，苦思冥想，认为总需求是决定国民收入的经济变量，进而提出解决失业问题的新思路，被称为凯恩斯革命，由此产生了宏观经济学。大萧条的 70 年以后，失业也成为困扰中国的问题。国有企业改革释放出大量下岗工人；农村存在大量过剩劳动力，其中一部分随着城市化进程大量涌进城市；伴随着大学扩招而产生的大学生就业问题日益突出；等等。失业问题越来越与我们每一个人息息相关。为什么会产生失业问题？哪些因素决定了失业水平？如何解决失业问题？这些都是宏观经济学要研究的问题。

通货膨胀或物价的持续上涨，是困扰宏观经济的又一大问题。它给消费者、贷款者和整个社会造成了巨大的成本。在 20 世纪 70 年代，美国曾经历了两位数的通货膨胀。最糟糕的是，20 世纪 70 年代的美国，通货膨胀和失业同时存在，这被称为滞胀。而改革开放以来的中国，在 1987—1989 年和 1993—1994 年经历了两次最为严重的通货膨胀，1988 年和 1994 年的通货膨胀率分别为 18% 和 24%。为什么会发生通货膨胀？通货膨胀的社会成本是什么？通货膨胀率和失业率是什么关系？怎样治理通货膨胀？是宏观经济学面临的研究课题。

经济增长是宏观经济学研究的另一个重要问题。每代人都希望他们的生活比上一代人生活得更好，而经济增长率的持续提高是生活水平提高的保证。日本在19世纪后期是一个经济不发达的国家，但在1890—1990年期间，日本经济保持了3%的年平均增长率，成为经济超级大国。中国自20世纪70年代末以来，经济保持了平均9.5%的增长速度。高速增长的结果，中国的人均国民收入从1978年的381元（226美元）上升到2019年的10 276美元，国民的平均生活水平有了较大提高。经济的高速增长也产生了一系列问题，如收入分配差距过大，环境全面恶化等。那么，是什么因素导致中国的高速经济增长？这种增长势头是否还能持续？如何衡量经济增长的速度和成本？如何实现最优的经济增长？这些都是宏观经济学要回答的问题。

二、宏观经济学中的短期与长期

微观经济学分析有一个短期和长期的区分。与此类似，宏观经济学同样涉及短期和长期的划分。区别宏观经济的短期和长期，关键看当供求关系发生变动时，价格（包括工资）是否实现了比较充分的调节。

宏观经济的短期，是指价格不能随着供求关系变动而得到充分的调整，即价格的变动慢于供求关系的变动，存在迟滞性，宏观经济学家将此称为"价格黏性"。比如，报纸的价格一旦确定，就不会天天根据销售情况变化，频繁改变价格报社和读者嫌麻烦，也就是说成本太高。短期内由于价格黏性，当经济环境发生某种外生性变动时，通过价格机制调节不能实现市场出清，经济会出现失业或通货膨胀，因而需要通过政府的政策干预来矫正市场的非均衡状态。这一分析结论是建立在价格不能充分调整的假定基础上，因而属于宏观经济学的短期问题，需要运用短期分析方法去研究。

宏观经济的长期，是指价格能够根据供求关系的变动得到充分的调整。比如，短期内企业考虑调整报纸价格的成本会暂不调价。但是，在几年之内，企业还是会根据销售情况和成本调整价格。所以，从长期来看，价格具有伸缩性，经济靠价格机制调节就能自发实现宏观经济均衡。长期在时间上不一定是个整数，而是看价格是否能够得到充分调整。宏观经济学涉及许多长期问题。比如，研究长期经济增长，必然涉及资本、劳动、自然资源、技术的变化这样一些长期问题，还有诸如货币、物价、失业率等宏观经济现象，也需要从长期的视角进行分析。

凯恩斯之前的古典经济学派否定政府干预经济的必要性，他们强调市场机制的作用，认为价格和工资具有伸缩性，当经济出现失衡时，价格机制的调整会迅速恢复充分就业的均衡状态。20世纪30年代凯恩斯全新的宏观经济学体系对长期忽视宏观经济短期问题的古典学派发起革命性冲击。凯恩斯理论着眼于短期因素，对一国经济短期决定机制提供了系统的理论解释，但同时也存在着对宏观经济长期问题的忽略。20世纪70年代西方国家经济滞涨问题凸显，经济学家开始重新审视古典学派经济理论的合理性价值，宏观经济学领域中的长期问题得到越来越多的关注，出现了结合长期和短期分析的视角整合凯恩斯理论和新古典理论的趋势，并且这一趋势在教科书的内容安排中体现出来。如今，结合短期和长期兼容宏观经济学派的理论分歧已成为当代宏观经济学研究的特点。

三、短期波动与长期增长

从短期和长期的视角观察，宏观经济学围绕着总产出的"短期波动"和"长期增长"而展开。第一个视角是假定"短期"内一国的潜在生产能力不变，研究实际产出围绕潜在产出的波动，是过高还是过低，这是经济的短期波动问题。第二个视角是从"长期"来看，一个国家的潜在生产能力是由什么因素决定的，为什么有些国家变得富裕，有些国家依然贫穷？穷国如何能够促进经济快速增长？这些都是宏观经济的长期增长问题。

首先是经济的短期波动问题。从一个较长的时间看，各国经济总体上都呈现出持续增长的态势，人们的生活水平不断提高。但这个增长过程是不平稳的，有些年份增长率高，有些年份增长率低，有些年份甚至是负增长，甚至出现20世纪30年代西方国家的经济大萧条和2008—2009年全球性金融危机。中国自1978年改革开放以来整体经济增长速度很快，1978—2018年的40年间，平均增长率达到9.5%。但GDP增长率有波动，根据国家统计局的数据，1984年中国的GDP增长率达15.2%，但在1990年的GDP增长率只有3.9%。经济短期波动常常伴随着价格水平和就业水平的波动。通常来说，经济下降时企业减产甚至倒闭，大量工人被解雇，一部分机器设备处于闲置状态，通货膨胀率下降而失业率上升；反之，经济上升时，市场需求旺盛，通货膨胀率上升而失业率下降。经济的繁荣与衰退若轮番交替直接关系到经济与社会的稳定发展。那么，为什么会出现大萧条？什么原因导致了经济的短期波动？导致经济波动的根源是什么？政府如何控制失业和通货膨胀？这些都是宏观经济学短期的问题。短期经济波动分析在宏观经济学中占有重要地位，宏观经济学的成功就在于对经济波动的原因做出合理解释，从而为政府制定相应的经济政策提供了理论依据和经验支持。

其次是长期经济增长问题。为什么有的国家富有，有的国家贫穷？决定经济增长的根本动力是什么？如何维持中国经济长期的快速增长？这些都是宏观经济学关注的问题。研究经济的长期增长须忽略经济运行中的波动现象，重点讨论那些影响一个国家潜在生产能力的因素，比如资本、劳动、自然资源、技术怎样改变一国的潜在生产能力。如果说短期波动分析是研究眼前的经济运行如何实现均衡的话，那么，长期经济增长则研究如何在均衡的道路上实现经济的持续增长，即实现均衡的长期化、动态化。

本章是宏观经济学学习的开始。在后续章节中，我们将首先解释宏观经济的短期波动，说明由于种种原因，经济的短期运行会偏离长期趋势，因此需要政府干预。这些内容占据宏观经济学的较多篇幅。最后一章则把研究重心转移到"长期增长"的问题上来，解释长期经济增长趋势及其决定因素。

第二节　国内生产总值及其衡量

一国经济中每年生产着成千上万种产品和劳务。如何衡量经济中的总产出呢？如何比较中国和美国的产出呢？如果粮食减产5%，电脑增产8%，整个经济的产出增加了还是减少了？我们需要一个单一的指标来衡量经济中的总产出。国内生产总值就是这样的一个指标。本节将对这一指标的概念、核算方式，以及一些相关问题进行介绍。

一、国内生产总值的概念

国内生产总值（gross domestic product，GDP），是指一定时期一国之内生产的所有最终产品和劳务的市场价值总和。这一定义包括以下几个方面的规定。

（一）GDP 是流量而不是存量，通常以年度或季度为单位度量

GDP 的计算期是一年或一个季度。也就是说，GDP 衡量一国在一年或一个季度中生产的物品与劳务的价值。所以，GDP 是一个流量，而不是一个存量。所谓**流量**（flow），指的是一定时期发生的量。例如，从打开的水龙头流到洗脸盆中的水是流量。我们在一个月里买的书和我们在一个月里赚到的收入也是流量。**存量**（stock）则是在某一时点上存在的量。洗脸盆中的水是存量。你书架上的书和你储蓄账户上的货币量也是存量。GDP 是一个时间概念，它只计算当年经济中新增加的财富量，而不包括已有的商品交易。例如，某人花了 300 万元买了一套去年建造的住房，这 300 万元不能计入当年的 GDP，因为这住房是过去就建好的，其价值不是现在产生的。

> 【即问即答】 老王花了 150 万元买了一套已有 10 年历史的住房。同时，他还要向房地产中介支付 8 万元的佣金。这笔交易对 GDP 的贡献是多少？

（二）GDP 按国土原则计算

GDP 以领土为统计范围。强调无论资本和劳动等生产要素是属于本国，还是外国，只要是在本国领土上生产的产品和劳务都计入 GDP。当一个中国人暂时在美国工作时，他的产出是美国 GDP 的一部分。当一个美国人在印度拥有一个工厂时，这个工厂的产出计入印度的 GDP。因此，GDP 是一个地域概念，只要产品是在一国国内生产的，无论生产者的国籍如何，都应该计入该国的 GDP 之中。

（三）GDP 统计的是最终产品的价值，不包括中间产品的价值

以肉食加工厂生产火腿肠为例，整个生产过程包括：养猪、屠宰生猪、制成火腿肠。在这一过程中生产了三种主要产品——生猪、猪肉和火腿肠，其中，只有火腿肠能到消费者手中，火腿肠是最终产品。所以，**最终产品**是指最终消费和使用的产品；**中间产品**则是指用来生产其他产品的投入品，如上例中的生猪和猪肉。GDP 只计算最终产品的价值。因为中间产品的价值已经包括在最终产品的价值中了，如果再加一遍，就会重复计算。例如，肉食加工厂从屠宰公司购买 100 元的猪肉，将其制成了价值 200 元的火腿肠，超市以 300 元的价格卖出。那么在计算 GDP 时，只能将最后的 300 元计入，而之前的 100 元和 200 元都不能计入。

计算最终产品的优点是可以避免重复计算，可以避免由于经济结构不同带来的数据的不可比性。最终产品不仅包括有形的产品，还包括无形的劳务。例如，教育、卫生、金融、旅游、家政服务等，都是以劳务形态存在的最终产品。过去计划经济国家认为只有创造的物质产品才有价值，这种观点是不对的。无论是物质形态的产品，还是劳务形态的产品，都有价值，都应该计入 GDP。

> 【即问即答】　理发师为你理一次发收 25 元。同时，理发师从中拿出 5 元给助手以作为其扫地洗毛巾等杂务工作的报酬。你每理一次发，理发师和他的助手对 GDP 的总贡献是多少？

（四）GDP 统计的是当年生产的产品

GDP 是个生产概念，统计的是当年"所生产的"最终产品价值。这要注意两点。

第一，是所生产的而不是所销售的产品。例如，某房地产公司盖了价值 1 000 亿元的住房，但只卖出了价值 600 亿元的住房，计入 GDP 1 000 亿元，未卖出的 400 亿元住房被视为房地产商买下，构成企业**非意愿存货**（involuntary inventory），即企业不愿意的存货，用 $\triangle IU$ 代表。如果 $\triangle IU > 0$，表示企业处于产品积压状态。如果该房地产公司的产值 1 000 亿元，却销售了价值 1 400 亿元的住房，那么，这时计入 GDP 的是 1 000 亿元，非意愿存货减少了 400 亿元（$\triangle IU = -400$ 亿元）。$\triangle IU < 0$，表示企业处于产品脱销状态。

第二，"所生产的"还表明：把与生产无关的，既不提供物品，也不提供劳务的市场交换所带来的价值排除在 GDP 的计算之外。例如，出售股票、债券的收益，是金融所有权的转让，本质上是收入的转移。

（五）GDP 按市场价值计算

统计一个经济的产出增长了多少，可通过加总所有最终产品的市场价值来计算。产品的市场价值可用最终产品的单位价格乘以产量获得。假设一个经济只生产汽车和粮食，已知汽车的价格每辆为 5 万元，粮食的价格每吨为 0.2 万元，那么这个经济的 GDP 为：（1 000 辆汽车×5 万元/辆）+（1 000 吨粮食×0.2 万元/吨）= 5 200 万元。计算市场价值表明最终产品要经过市场交换。它的优点是在流通环节，统计便利，计量方便。

用市场价值衡量 GDP 也有缺陷。

首先，有漏损，不经过交换的经济活动不能被计入 GDP。比如，家庭主妇的劳动很重要，它可以增加家庭成员的福利。但由于家庭主妇的劳动没有在市场上出售，也就没有获得报酬，因而无法计入 GDP，而保姆的劳动经过市场交换，则可以计入 GDP。

其次，"地下经济"，包括非公开的、秘密的市场交换躲开了官方统计，也没有计入 GDP。比如走私活动、毒品交易、赌博等。

也有一些不在市场出售的物品和劳务被计入 GDP 中。比如自有房屋的租金、公务员的服务、义务教育等。这部分产品和劳务没有市场价格，但可以通过估算近似的度量。比如，一个人居住自己的房屋可视为向自己购买了服务，发生了劳务价值的增加。通常按照把这套房子租给别人可能产生的租金来估算自有房屋的租金，并计入 GDP。同样，政府服务不在市场上进行交易无法计算其价值，可以根据政府服务的成本，即按照公务员的工资近似的估算其价值。相似地，为了把义务教育纳入 GDP，可以用教师和管理者的薪金、教科书和其他与教学相关的物品的成本近似衡量。

【即问即答】　生产一斤馒头或生产一斤火腿，哪一个对 GDP 的贡献更大？为什么？

二、国内生产总值的核算

GDP 有三种常用的核算方法，即"支出法""收入法"和"生产法"。

（一）支出法

核算 GDP 的第一种方法，是计算一定时期内整个社会购买最终产品的总支出。在现实中，购买最终产品的有四大主体：家庭、企业、政府和国外。与这四类最终用户相对应的是四类支出行为：消费、投资、政府购买和净出口。将一个经济社会一定时期内的上述四项加总就是用支出法核算的 GDP。

消费支出（consumption，C），是指家庭对各种最终产品的购买支出。它可细分为三类：**耐用消费品**（使用期限在 1 年以上），如汽车和电脑等。居民购买新建住宅的支出不是耐用消费品，它被视为投资的一部分。**非耐用消费品**（使用期限在 1 年以内），如巧克力和爆米花等。**劳务产品**，如旅游、电影、法律、金融和教育等。通常一个国家经济越发达，市场化程度越高，第三产业占比重越高，劳务支出在消费支出中占的比重越大。这也表明第三产业的发达程度是衡量经济发达程度的一个指标。绝大多数国家的统计资料都显示"消费支出"占 GDP 的比重在 60% 左右，是总支出的重要组成部分。

投资支出（investment，I），是指企业对资本品和房产的购买。它包括固定资产投资和存货投资。**固定资产投资**又可分为两类：一是商业固定资产投资，是指企业对机器设备、厂房、商业用房等耐用资本品的购买。例如，上海大众汽车公司购买 1 000 台联想生产的个人电脑，或者南方航空公司购买了一架波音飞机（这类资本品不是最终产品，但由于它们在生产过程中不会很快消耗，因而也不是中间产品。出于计算 GDP 的考虑，经济学家将这类资本品视为最终产品）。二是居民固定资产投资，是指居民对新住房的购买支出。把用于新住房的支出划归为家庭投资而不是消费是出于习惯。**存货投资**是指企业已经生产出来但未销售的产品存量的增量（或减量）。也可分为两类：一是意愿存货，是企业为避免产品脱销有意识增加的库存。二是非意愿存货投资。如前所述，它是企业生产出来未卖出的库存，可视为企业购买的产品。引入存货投资的概念很重要，把卖不出去的产品视为企业买下来，是企业的一项支出，才保证了总产出等于总支出，也才能够用支出法计算 GDP。需要注意的是，在各国统计中，投资仅仅包括私人投资。在我国的统计中，投资包括国有经济的投资。

理解投资支出，还应当注意两个问题：一是宏观经济学意义上的投资支出是指对物质资本的购买支出，不包括对金融资本（例如股票、债券）、土地及二手房的购买，因为这些购买只是产权的转移，并未使社会资产有任何增加。二是投资包括净投资和重置投资两部分。重置投资是为更换磨损、报废的机器设备及厂房而发生的投资，净投资是总投资减去重置投资后的部分。

政府购买支出（government purchases，G），是指政府对最终产品和劳务的购买支出。例如，政府提供国防设施、向公务员支付薪金、设立法院、开办学校、修建体育馆、修筑高速公路、环境保护等方面的支出。当政府为一位小学教师支付工资时，这份工资是政府购买支出的一部分。但是，当政府向一个失业者支付失业保险金时，这部分支出被称为**转移支付**（TR），它是政府向家庭或企业的现金转移，并没有物品和劳务的交换发生，没有增加经济中物品和劳务的产出。所以，转移支付不同于政府购买，不能计入 GDP 之中。

表 9-1 2004 年美国 GDP 的支出构成　　　　　　　　　　（单位：亿美元）

GDP 各支出构成数量		总量	总量中的百分比（%）
消费		82 143	70
耐用品	9 878		
非耐用品	23 683		
服务	48 582		
投资		19 281	16
企业固定资产投资	11 988		
居民投资	6 738		
存货投资	554		
政府购买者支出		22 159	19
净出口		-6 240	-5
出口	11 738		
进口	17 978		
合计：国内生产总值		117 343	100

资料来源：美国经济分析局（http://www.bea.gov）。

净出口（net exports，NX），是出口和进口之间的差额。出口是本国生产出售给他国的物品或劳务。进口是从他国购买的物品或劳务。出口减进口等于净出口，它体现了国外对本国产品和劳务的需求。之所以要减去进口，是因为进口的物品和劳务已包括在消费、投资和政府购买中，但它们并不代表对国内产出的支出。例如，李先生买了一瓶

100元的法国红酒,这个交易增加了100元的消费支出,因为购买红酒是消费支出的一部分,它还减少了100元的净出口,因为红酒是进口的。因此,当国内的家庭、企业或政府购买了国外物品和劳务时,这种购买减少了净出口,但由于它还增加了消费、投资或政府购买,所以并不影响GDP。

把上述四个项目相加,便可得到宏观经济学中非常重要的"国民经济恒等式":

$$Y = C + I + G + NX$$

式中,Y代表GDP。任何时候等式的两边都相等,因此被称为恒等式。

表9-2 2011年中国总支出的构成 (单位:亿元)

支出法国内生产总值	465 731.30
最终消费	228 561.00
居民消费	164 945.00
农村居民	37 394.60
城镇居民	127 550.60
政府消费	63 616.10
资本形成总额	225 006.00
固定资本形成总额	213 043.10
存货增加	11 963.50
货物和服务净出口	12 163.30

资料来源:《中国统计年鉴2012》,中国统计出版社2012年版。

表9-2是2011年中国总支出的构成情况。可以看出,在我国的统计实践中,支出法核算GDP包括最终消费、资本形成总额及货物和服务净出口三部分。

支出法GDP=最终消费+资本形成总额+货物和服务净出口

式中,政府购买支出项目被分摊到"**最终消费**"和"**资本形成总额**"这两个项目中。也就是说,"最终消费"包括居民消费和政府消费。"资本形成总额"是指投资,包括固定资本和存货两部分。因此,GDP被分解为消费、投资和净出口三项。

表9-3 按照支出法计算的中国国内生产总值（2009—2013年）

年份	支出法GDP（亿元）	最终消费支出（亿元）	资本形成总额（亿元）	货物和服务净出口（亿元）	最终消费率（消费率）（%）	资本形成率（投资率）（%）
2009	348 775.1	169 274.8	164 463.2	15 037.0	48.5	47.2
2010	403 816.5	194 115.0	193 603.9	15 097.6	48.2	48.1
2011	472 619.2	232 111.5	228 344.3	12 163.3	49.1	48.3
2012	529 399.2	261 993.6	252 773.2	14 632.4	49.5	47.4
2013	586 673.0	292 165.6	280 356.1	14 151.3	49.8	47.8

资料来源：《中国统计年鉴2014》，表格中的数据按照当年物价计算。

表9-3显示，在我国支出法计算的GDP中，消费所占比例一直在50%以下，这在世界范围内是偏低的，即使和我国的历史水平相比也很低。尤其是考虑到这里的消费还包括相当数量的政府消费，我国居民的消费在GDP中所占的比例更低。这与政府部门为保证GDP增长，把大量资金用于投资有关。投资过度增加，是可能挤出消费的，这会损害居民的福利。这种"高投资、低消费"的增长方式令人担忧。

【即问即答】 列举四种支出类型的具体例子。哪种支出行为在中国GDP中占据最大份额？

（二）收入法

核算GDP的第二种方法是收入法。企业生产出物品和劳务后，一旦售出，从中获得的收入要分配到各生产要素所有者手中，收入法核算GDP就是把一个国家或地区一定时期内所有要素所有者的收入加总。为了说明收入法，我们把整个社会主体分为两类：

第一类——私人部门，包括居民和企业。私人部门的收入体现为个人可支配收入（用Yd代表）。个人可支配收入包括劳动收入和资本收入。**劳动收入**是指劳动者因提供劳动而获得的收入，包括工资、薪金、福利津贴以及自我雇佣的收入。按税前值计算，劳动收入大约占GDP的2/3。**资本收入**是指资本所有者的收入。包括企业主赚取的利润、资本折旧补偿或者出租土地、房屋、机器设备等实物资产时所取得的租金、债券持有人获得的利息，以及版权和专利所有人得到的版税或专利许可费，都属于资本收入范围。按税前值计算，资本收入大约占GDP的1/3。个人可支配收入的去向为两部分：消费和储蓄（用S代表），所以，$Yd = C + S$。

第二类——公共部门，即政府。公共部门的收入体现为**政府收入**，即税收（用T代表）。政府收入是指政府因提供良好的市场环境（如法制环境、公共物品、市场监管和行业引导等）而向企业和个人征税的方式取得的收入。如果把市场环境因素也视为一种"生产要素"，那么，政府的税收收入也是要素收入。

那么，收入法计算 GDP 可否等于个人可支配收入 + 政府收入？如果这样计量，政府收入中的转移支付部分会被重复计算。转移支付来源于税收，会以补贴等形式转化为个人可支配收入，政府收入应是扣除转移支付之后的净税收。所以，收入法核算 GDP 的公式为：

$$Y(GDP) = Yd + (T - TR)$$

在我国目前的统计实践中，用"收入法"核算 GDP 的公式为：

$$\text{收入法 GDP} = \text{劳动者报酬} + \text{固定资产折旧} + \text{生产税净额} + \text{营业盈余}$$

上式中，**劳动者报酬**包括工资、奖金和津贴、公费医疗和医疗卫生费、交通补贴和单位支付的社会保险费。个体经济所有者的劳动报酬和经营利润不易区分，都当作劳动报酬处理。**固定资产折旧**和**营业盈余**是资本收入。**生产税净额**是生产税减去生产补贴后的差额。生产税是政府对企业生产、销售和从事经营活动，以及因从事生产活动使用某些生产要素所征收的税费及其他费用。在我国，这部分税大部分是对生产者征收的，它相当于我国的间接税。生产补贴是政府对企业单方面的收入转移，包括政策亏损补贴、粮食价格补贴、外贸企业出口退税等。生产税净额是政府的净税收。

（三）生产法

核算 GDP 的第三种方法是生产法，也叫增值法，是把生产过程中每一个环节的增加值加总来计算 GDP。大多数产品生产是分阶段进行的。以火腿肠为例，首先是养猪，然后屠宰公司宰杀生猪，肉食加工厂再把猪肉加工成火腿肠，最后由超市销售。这其中每一个步骤都会产生增加值，加总全社会各生产环节的增加值即可得到 GDP。比如生猪价格为 200 元，猪肉价格为 250 元，火腿肠的出厂价为 350 元，超市的销售价为 500 元。用生产法计算的 GDP 为 500 元（= 200 + 50 + 100 + 150 = 500 元）。全社会各生产环节的增加值刚好等于经济中所有行业生产的最终产品的价值总和。生产法计算 GDP 的优点：一是避免重复计算，避免遗漏，因为生产法将 GDP 视为所有企业对商品价值贡献的加总；二是有时难以区分中间产品与最终产品时，可准确统计 GDP。

（四）三种核算方法的比较

以上三种方法核算的结果从理论上讲是一致的。因为一个经济社会用其生产要素生产出产品，由企业出售给消费者，消费者的全部支出刚好等于企业的全部收入。因此，总产出 = 总支出 = 总收入。如图 9 – 1 所示，这是一个循环流向图。它描述了一个简单经济中家庭和企业之间的全部交易。流程图的上方是产品市场，所有的价值从这里产生；流程图的下方是要素市场，所有市场上产生的价值通过分配，以工资、利润、利息的收入形式回到经济参与者手里。从产出到支出再到收入，无论怎么看，经济循环中流量的大小是不变的。同样的，无论用哪种方法计算 GDP，理论上都应该是一样的。

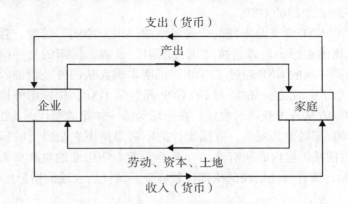

图 9 – 1　简单的循环流向图

从图 9 – 1 中可得出两点结论：第一，一个经济的总收入必然等于总支出。因为在一个公平交易的市场上，对每一笔交易来说，买者支出的货币必定等于卖者收入的货币，否则交易不会实现。第二，一个经济的总产出必然等于总支出。企业未卖出的产品称为非意愿存货，视为企业自己买下来。仍以火腿肠的生产为例：养猪场养猪，得到价值 200 元的生猪，并将其卖给屠宰公司。屠宰公司宰杀生猪，得到价值 250 元的猪肉，并将其卖给肉食加工厂。肉食加工厂用猪肉制成了 350 元的火腿肠，并将其卖给超市。超市最终以 500 元的价格卖出了这些火腿肠。在这个过程中，生猪、猪肉都是中间产品，只有超市的火腿肠是最终产品。根据支出法，GDP 就是消费者购买火腿肠的总价值 500 元。如果用收入法，那么 GDP 就是养猪场、屠宰公司、肉食加工厂、超市这几个环节要素所有者所得到收入总和，也就是 200 + 50 + 100 + 150 = 500 元。而如果采用生产法，在这四个生产阶段，增加值分别为 200 元、50 元、100 元、150 元，将各阶段的增加值加总就是 GDP，即 200 + 50 + 100 + 150 = 500 元。显然，这三种方法计算出的 GDP 是相同的。当然，由于存在统计误差，实际结果难免有出入。一般把支出法作为 GDP 统计的基本方法。

三、与 GDP 相关的总量指标

在国民收入核算中，还有几个和 GDP 相关的总量指标：**国民生产总值**（gross national product，GNP）；**国内生产净值**（net domestic product，NDP）；**国民收入**（national income，NI）；**个人收入**（personal income，PI）；**个人可支配收入**（disposable personal income，DPI）。下面解释这些概念以及它们之间的相互关联。

（一）国民生产总值（GNP）

国民生产总值，是指一国国民在一定时期内所生产的最终产品和劳务的市场价值。也就是说，GNP 是由一国常住居民所生产的产出，无论其地理位置在何处。例如，当一个中国人暂时在美国工作时，他的产出是美国 GDP 的一部分，但不是美国 GNP 的一部分，而是计入中国的 GNP。当一个美国人在中国拥有一个工厂时，他的收入计入中国的 GDP，但不计入中国的 GNP。

因此，GDP 和 GNP 含义是不同的。前者是按"国土原则"计算，强调的是一国领土范围内生产出来的东西；后者是按"国民原则"计算，强调的是一国常住居民生产的总产出量。如果一国的 GNP 超过了 GDP，说明本国人从国外获得的收入超过了外国人从本国获得的收入；反之，如果一国的 GDP 超过了 GNP，则说明外国人从本国获得的收入超过了本国人从外国获得的收入。在全球经济一体化的当代，各国经济更多地融合，这使计算 GNP 变得更为复杂，数据统计的不可靠使得它很难反映国民经济的运行状况。而 GDP 包括某国境内的所有产出，而不必考虑使用谁的生产要素。现在国际社会通用 GDP 指标，统计常住居民的指标比较麻烦，统计所在地的指标比较简便。

【即问即答】 我国的 GDP 和 GNP，哪个指标大？你希望哪个指标大，为什么？

（二）国内生产净值（NDP）

国内生产净值是指扣除了折旧后一国居民的总收入。它是 GDP 减去折旧后的余额。

$$NDP = GDP - 折旧$$

折旧是企业厂房和设备的磨损或损耗，比如化工厂的管道被腐蚀。它是经济活动的成本，减去折旧后的 NDP 反映了一定时期生产活动的最终成果。

（三）国民收入（NI）

广义的国民收入泛指 GDP、GNP 等经济活动总量。宏观经济学中"国民收入决定"指广义国民收入。这里讨论的是狭义国民收入概念，是指一国要素所有者得到的全部收入，即工资、利息、租金和利润的总和。

$$NI = NDP - 企业间接税 + 政府对企业的补贴$$

企业间接税不是居民提供生产要素的收入，要减去，加上政府对企业的补贴。国民收入中仍然包括各种所得税，它们是要素所有者从其报酬中拿出来用于公共支出的收入。

（四）个人收入（PI）

个人收入是指个人从各种来源得到的收入总和。其计算公式为：

$PI = NI$ – 未分配利润 – 公司所得税 – 净社会保险金支付 + 政府给个人的转移支付 + 国债利息收入

从国民收入到个人收入还要做若干调整：减去未分配利润，这部分利润没有分配给股东，应从 NI 减去。同理，公司所得税个人也没有得到，也要减去。再减去净社会保险金支付，即加上政府向个人的社会保险金支付，减去个人向政府缴纳的社会保险金。加上政府对居民的转移支付，如福利补贴、困难家庭补助等。此外，还要加上居民得到的国债利息收入。这样我们就得到个人收入。

（五）个人可支配收入（DPI）

个人收入不能全部由个人支配。在扣除个人所得税以后，才成为个人可支配收入。个人可支配收入的去向为两部分：即消费和储蓄（S）。

$$DPI = PI - 个人所得税$$

四、名义 GDP 与实际 GDP

如前所述，GDP 是用市场价格计算的。如果一个国家的 GDP 增加了，可能有两种原因，一是经济中生产了更多的物品和劳务，二是价格水平上升了。由产量的增加所引起的 GDP 的变动是真实的，而由价格水平上升所引起的 GDP 的变动是虚假的。为了使 GDP 的变动能够准确反映产量的变动情况，从而使不同年份的 GDP 比较能够反映出生产的实际变动情况，经济学家把 GDP 区分为名义 GDP 和实际 GDP。

名义 GDP（nominal GDP），是指按当年价格计算的最终产品的市场价值。**实际 GDP**（real GDP）则是用某一年的价格作为不变价格计算的最终产品的市场价值。计算实际 GDP，首先确定某一年为基年，以基年的价格为不变价格，用不变价格乘以当年产品数量就可获得实际 GDP。实际 GDP 反映了经济中产量的实际变动。

为了说明名义 GDP 和实际 GDP 计算方法的区别，我们来看一个简单经济的例子（见表 9–4）。

表 9–4　名义 GDP 和实际 GDP 的区别

物品	2015 年（基年）		2018 年	
	价格（元）	产量（斤）	价格（元）	产量（斤）
白菜	2	100	3	150
萝卜	3	150	4	200

假定一个经济只生产白菜和萝卜，表 9–4 显示了在 2015 年和 2018 年这两种物品的产量和价格。根据表中的数据，我们可以计算出这个经济的名义 GDP 和实际 GDP，

并可说明它们之间的相互关系。

我们把表 9-4 中白菜和萝卜的数量乘以各自当年的价格，计算出名义 GDP：

2015 年　（每斤白菜 2 元 × 100 斤白菜）+（每斤萝卜 3 元 × 150 斤萝卜）
　　　　 = 650 元

2018 年　（每斤白菜 3 元 × 150 斤白菜）+（每斤萝卜 4 元 × 200 斤萝卜）
　　　　 = 1 250 元

可见，从 2015 年到 2018 年，名义 GDP 增加了。增长的幅度为 92%［(1250 - 650)/650 = 0.92］。增长的原因部分是由于白菜和萝卜的产量增加了，部分是由于白菜和萝卜的价格上升了。

为了得到不受价格变动影响的产量增长指标，我们需要计算实际 GDP。以 2015 年为基年，用基年不变价格计算各年的 GDP。

2015 年　（每斤白菜 2 元 × 100 斤白菜）+（每斤萝卜 3 元 × 150 斤萝卜）
　　　　 = 650 元

2018 年　（每斤白菜 2 元 × 150 斤白菜）+（每斤萝卜 3 元 × 200 斤萝卜）
　　　　 = 900 元

由于 2015 年为基年，基年的价格就是当年价格，所以计算出的实际 GDP 与名义 GDP 是相等的。用基年价格乘以 2018 年的产量，实际 GDP 由 650 元增加到 900 元，这是因为白菜和萝卜的产量增加了。实际 GDP 的增长幅度为 38%［(900 - 650)/650 = 0.38］，远低于名义 GDP 的增长率。

区分名义 GDP 和实际 GDP 的目的，是把价格变动因素的影响剔除出去。实际 GDP 建立在基年价格的基础上，其发生变动的原因只能是产量的变动。所以，实际 GDP 可以准确衡量一国的经济增长情况。

【即问即答】　名义与实际 GDP 的定义。哪一个是更好的生产率的衡量指标？为什么？

知识拓展

计算经济增长率

世界各国通常用实际 GDP 计算经济增长率。经济增长率是从一年到下一年所生产的物品和劳务量变动的百分比。可用以下公式计算经济增长率：

$$经济增长率 = \frac{今年的实际 GDP - 去年的实际 GDP}{去年的实际 GDP} \times 100\%$$

例如，美国 1998 年的实际 GDP 是 75 520 亿美元，1997 年实际 GDP 是 72 700 亿美元。因此，美国 1998 年的经济增长率是：

$$经济增长率 = \frac{75\,520\ 美元 - 72\,700\ 美元}{72\,700\ 美元} \times 100\% = 3.9\%/年$$

实际 GDP 虽然不能完美地衡量人们的经济福利，但它与人们的生活质量确实密切相关。所以我们可用该指标衡量一个经济的福利水平。也可以此进行经济福利的国际比较。并且，我们还可以根据实际 GDP 的变动确定经济所处的经济周期阶段的情况。通常当实际 GDP 增长时，经济处于扩张阶段；当实际 GDP 下降时，经济处于衰退中。实际 GDP 变动和总产量以及经济福利变动的方向大概是相同的

资料来源：迈克尔·帕金，《经济学》，北京大学出版社 2003 年版。

知识拓展

两种国民收入核算体系

历史上有过两种国民收入核算体系：一种是适用于市场经济国家的国民经济核算体系（SNA）；另一种是苏联、东欧使用的适用于中央计划经济的物质产品平衡体系（MPS）。这两种国民统计体系都用于反映国民经济活动水平，但它们的区别主要表现在三个方面：

首先，理论基础不同。SNA 平衡体系的理论基础是西方主流经济学，尤其是以瓦尔拉斯的一般均衡理论、边际生产力理论和凯恩斯理论为基础。MPS 平衡体系则主要以马克思劳动价值论和再生产理论为基础。

其次，统计范围不同。SNA 体系统计所有部门的产品和劳务。而 MPS 体系仅仅反映所谓五大物质生产部门，即工业、农业、建筑、运输邮电和商业的经济活动，不包括金融保险、科技文教、信息咨询等非物质生产部门活动，因而忽略了整个第三产业部门的经济活动。

最后，统计口径不同。SNA 体系中的 GDP 指标统计一个国家在一定时期生产的最终产品和劳务的价值。但 MPS 体系中的社会总产值、工农业总产值等指标把中间产品的价值也计算在内，因此存在重复统计的问题。

我国在 20 世纪 50 年代建立了计划经济体系，国民经济核算采用了 MPS 平衡体系。改革开放以后，随着市场化改革的推进，以及第三产业的迅速发展，我国在继续开展 MPS 核算的同时，于 1985 年开始 SNA 体系的国内生产总值核算。经过了一个时期的 SNA 与 MPS 并存的阶段，从 1993 年起，我国政府统计部门逐渐放弃 MPS 体系，转而采用了 SNA 体系。

资料来源：卢锋，《经济学原理（中国版）》，北京大学出版社 2002 年版；易纲、张帆，《宏观经济学》，中国人民大学出版社 2008 年版。

知识拓展

人均 GDP

GDP 可反映一国经济的综合实力,而人均 GDP 则有助于了解一国的富裕程度与生活水平。人均 GDP 是把年总产值与分享这一产出的人数联系起来,它是指平均每个人拥有的 GDP。可用一个国家核算期内(通常是一年)的 GDP 除以常住人口(或户籍人口)数,得到人均 GDP。即:

$$某年人均 GDP = \frac{某年 GDP}{某年人口数}$$

2019 年,我国的 GDP 总量超过 99 万亿元人民币,约合 14.36 万亿美元,稳居世界第二位。但由于我国人口基数庞大,人均 GDP 为 10 276 美元,在人均 GDP 世界排名的 72 名左右。

五、GDP 指标的局限性

在宏观经济研究中,GDP 是最为常用且重要的指标。比较不同国家之间的经济发展水平,常常是看这些国家的 GDP、人均 GDP 的大小。GDP 还是反映一国贫富状况和人们生活质量的重要指标,通常富国与穷国人均 GDP 差异极大,人均 GDP 较高的国家,人们可以得到更好的医疗保健,孩子们能够受到更好的教育,人们不用过多地为一日三餐操劳,这有利于提升国民的文化素养,使人们有能力过上更有意义的生活。但是,我们也要看到,GDP 并非一个完美的指标,主要表现在以下方面:

第一,存在低估。由于 GDP 强调"市场价值总和",所以无市场价格的非市场交易活动被排除在外。地下经济活动也无法计入。

第二,只计算最终产品的市场价值,而没有考虑该产品生产的社会成本。例如,乱砍滥伐树木可以增加 GDP,过度放牧也可以增加 GDP,排放到空气和水中的污染物越多,GDP 就越高。GDP 只计算产量的增长,却忽略了伴随产量增加而带来的环境恶化、土壤沙化、空气和水严重污染等巨大的社会成本。这是一个典型的只计算收益,而忽略成本的核算体系。

第三,不能衡量人们的福利状况。例如,汽车增产会增加 GDP,但 GDP 无法计算交通堵塞占用了人们多少生命;加班加点的工作能增加 GDP,但闲暇减少引起的福利损失也许抵消了生产更多物品和劳务所带来的福利;城市的扩张与发展以空间、树木、生活宁静的减少为代价;还有能使 GDP 增长的赌场、监狱、离婚诉讼等,都可能使社会福利水平下降。

第四，不能衡量实际国民财富。例如，洪水泛滥破坏了堤坝、房屋和道路，GDP不仅不会因此而下降，反而因灾后重建家园得到快速增加；城市不断修路修桥盖大楼，由于质量规划等原因，没多久就要推倒拆除重建或翻修；马路"拉链"每次豁开，挖坑填。这些都会增加 GDP，但是国家的总财富并没有随之增加。

由于 GDP 指标的上述缺陷，一些经济学家和联合国都提出对 GDP 的统计项目进行调整，既衡量生产带来的好处，也衡量生产带来的坏处。

知识拓展

幸福指数挑战 GDP

2006 年，一个由诺贝尔经济学奖得主领导的小组，计划设立一个指标来衡量人的幸福感。使它与国内生产总值（GDP）一样成为一个国家发展水平的衡量指标。

"幸福经济"现在还没有纳入经济学教科书，但是随着收入上升与幸福感之间的联系不复存在，它已逐渐得到重视。准确衡量幸福感的标准可能在企业和政府中得到广泛应用。

近十几年来，以国内生产总值来衡量发达国家的经济产出显著增长，但人们却没觉得比以往幸福多少。如果国内生产总值和幸福感之间不再有联系的话，为什么政府政策还要致力于让国内生产总值处于上升轨迹？这也是经济学家们越来越多地把注意力放在幸福问题上的部分原因、

幸福问题曾是心理学的独有领地。目前要解决的一个问题是建立全面的生活质量指标。

2009 年，北京也开展了幸福指数研究，推出一套幸福指标体系，并将其纳入和谐社会指标评价体系中，将"幸福感"作为衡量北京社会和谐与否的一个重要指标。"市民对生活境遇、工作境遇等的满意度都可能成为幸福指数。"幸福感的调查从个人收入、工作、居住条件、人际关系以及综合评价等五个方面观察居民对自己生活的满意程度。

资料来源：张延，《宏观经济学》，中国发展出版社 2010 年版。

第三节 通 货 膨 胀

1985 年，刚参加工作的本科毕业生平均月工资为 68 元。而 2017 年参加工作的大多数本科生月工资能拿到 5000 元以上。哪个时期本科毕业生的生活水平更高？这个问题的答案并不显而易见。因为我国的物价水平从 1985 年到 2018 年经历了较大幅度的上

升,这种物价总水平的上升称为通货膨胀。通货膨胀是各国普遍存在的现象。2018年中国官方公布的通货膨胀率不到3%时,俄罗斯的通货膨胀率为4.3%,阿根廷的通货膨胀率为47%,委内瑞拉的通货膨胀率为1 370 000%。为什么会发生通货膨胀?怎么衡量通货膨胀水平?通货膨胀给社会带来的成本是什么?下面解释这些问题。

一、什么是通货膨胀

人们通常会把通货膨胀与某种物品或劳务的价格上升联系起来。但是,当机票价格上涨的时候,经济未必会经历着通货膨胀。**通货膨胀**(inflation),是指物价水平的持续上升。不论这种上升是由什么原因导致的。物价水平是指平均价格水平,它不是哪一种物品的价格,而是所有物品和劳务价格总额的加权平均数。如果猪肉的价格上升了,而其他的一些物品和劳务的价格略有下降,平均价格水平保持不变,经济中就没有发生通货膨胀。这种情况只是相对价格发生改变,即相对于其他物品和劳务而言,猪肉变得更贵了(这实际上是在提醒养猪场增加其产出)。相反,如果猪肉的相对价格上升了,其他物品和劳务的价格都以相似的百分比上升,那么,经济中就存在通货膨胀。

但是,物价水平暂时性或一次性上升也不是通货膨胀。例如,某些偶发性因素可能使价格水平上升了3%,如果此后价格水平不再继续上升,那么,也不能称为发生了通货膨胀。通货膨胀是指价格水平的持续上涨。价格水平上升持续多久才能称为通货膨胀呢?有的经济学家说3年,有的则认为半年或者10个月。

既然物价水平是指平均价格水平,而价格是用货币定义的,所以经济学家认为,通货膨胀的发生与货币的过度供给有关。例如,某国家有100单位的物品,政府发行了100单位的货币协助100单位物品的交易。用100单位货币购买100单位物品,平均每单位物品的价格是100/100=1。这样,面值为1元的货币,能买到1单位物品,也可以说,1单位物品的价值可用1元的货币度量。但是,如果政府多印了100单位货币,也就是说,现在这个国家有200单位货币。人们用200单位货币去购买100单位的物品,平均每单位物品的价格是200/10=2,物价水平上升了,这就是通货膨胀。所以,通货膨胀是一种货币现象,当货币数量的增长与物品数量的增长脱了节,会导致物价水平上涨。比如,1单位物品的价值用货币来量度变成2元,反过来说,就是1元货币的价值(货币购买力)已经下降为1/2单位物品。因此,货币的价值要稳定,货币数量一定要严格地根据物品数量的变动来变动。如果物品增加了10%,如从原来的100单位增加到110单位。这时货币就可以随之从100单位增加到110单位,货币增加得比物品多,多出的部分会导致通货膨胀;货币增加得比物品的少,不够的部分则会导致**通货紧缩**(deflation),即一定时期内大多数物品和劳务价格水平下降的情况。总之,想要一个国家物价水平稳定,既无通货膨胀,也无通货紧缩,必须要让货币增长率紧跟着物品增长率的变动走。

二、通货膨胀的衡量

在宏观经济学中,有两个重要的价格指数常被用来衡量物价总水平。

(一) 消费价格指数

消费价格指数 (consumer price index, CPI),是指消费者购买物品和劳务的总费用的衡量指标。消费者购买的物品和劳务包括食物、衣服、住房、燃料、交通、教育、医疗等类别,所以消费价格指数可以衡量一个国家消费者生活成本的变动情况。

下面解释 CPI 的计算。

第一,选择基年、固定"篮子"并确定权数。如果我们想把 2019 年居民的生活费用和 2015 年相比,那么,可把 2015 年作为基年,即其他各年与之比较的基准。我国的基年以前每 5 年变动一次,与"五年规划"保持相同周期。比如从 2011 年起计算的 CPI 都是以 2010 年为基年的。确定了基年,然后确定基年消费者所消费的一篮子物品和劳务。各国在统计实践中通常选择那些消费量大的有代表性的消费品和规格品作为比较对象,这被形象地称为固定篮子。不仅要确定品种,而且要确定权数,即确定哪些物价对消费者是最重要的。如果大多数消费者购买的猪肉比牛肉多,那么,猪肉的价格就比牛肉的价格重要,在衡量生活费用时就要加大猪肉的权数。

第二,找出价格。基年一篮子物品和劳务的价格水平为基准价格,比较以后各年与基年消费者生活费用的变动情况,还要找出每个时点上篮子里每种物品和劳务的价格。通常国家统计局每个月都会派人调查以确定篮子里物品和劳务的现期价格。

第三,计算这一篮子物品和劳务的费用。即用价格数据计算不同时期购买一篮子物品和劳务的费用。表 9-5 显示了对 2015 年和 2016 年购买同一篮子物品的费用计算。2016 年的费用支出大于 2015 年,这反映了价格变动的影响。

第四,计算指数。把基年一篮子物品和劳务的价格作为其他各年与之比较的基准,用一篮子物品和劳务的当年费用除以同一篮子物品和劳务的基年费用,然后再用这个比率乘以 100,所得出的数字就是消费价格指数。计算公式为:

$$CPI = \frac{当年一篮子物品和劳务的费用}{基年一篮子物品和劳务的费用} \times 100$$

表 9-5 计算 CPI:一个简化的例子

基年篮子	2015 年(基年)			2016 年	
	数量	价格	支出	价格	支出
大米	20 斤	3.5 元	70 元	5 元	100 元
猪肉	6 斤	15 元	90 元	18 元	108 元
总支出			160 元		208 元

上表中,2015 年是基年,这一年篮子里大米和猪肉的费用是 160 元,计算 2016 年的 CPI,可用该年篮子里物品的费用 208 元除以 160 元,再乘上 100。2016 年的 CPI 为

130。即：

$$2016 \text{ 年 CPI} = \frac{208}{160} \times 100 = 130$$

2015 年的 CPI 为 100（基年的 CPI 总是等于 100），2016 年的 CPI 为 130。这表明，2016 年维持与 2015 年相同的生活水平，消费者的生活费用提高了。

我们通常在媒体上看到的月度 CPI 数据是同比涨幅，那是与上年同月的 CPI 相比较而计算出来的增加率。如 2018 年 9 月 CPI 同比上涨 3.1%，那是与 2017 年 9 月份的 CPI 相比较而计算出来的。与之相对的另一个数据是环比增加率，则是与上一个月（8 月份）的 CPI 相比较而计算出来的。计算同比而不是环比增加率，有利于消除季节性因素。如中国在 1、2 月份有春节这个消费大节日，会推高物价水平，导致接下来一个月的 CPI 环比增加率较低。

知识拓展

房价应该计入 CPI 吗

随着近年来房价的不断攀升，不少人认为应该将房价计入 CPI，以更为准确地刻画居民生活成本的变化。那么，房价究竟是否应该被计入 CPI 呢？

一种观点认为不应该，其理由是不符合国际惯例。根据联合国制定的《1993 年国民经济核算体系》，房地产属于固定资产的投资品，而不是耐用消费品。由于 CPI 的统计口径必须与国民经济核算体系中的消费分类保持一致，不可能在国民经济核算中把购买房地产算作投资，但在 CPI 中却看作消费，这会造成统计上的混乱。

而另一种观点则正好相反，认为将房价计入 CPI 是更加符合中国实际的。持这种观点的专家认为，在西方各国，购买一手房的居民比例比较低，而租用住房的居民比例则较高，因此不把房价计入 CPI 对于刻画居民消费状况的变化并无影响。但中国的情况则正好相反，有 80% 的居民购买了自有住房，且有相当一部分居民是贷款买房。在这种情况下，如果不将房价计入 CPI，就不能正确地反映居民的生活成本变动。

资料来源：张维迎，《经济学原理》，西北大学出版社 2015 年版。

（二）GDP 平减指数

消费价格指数是把基年一篮子物品和劳务的消费量作为权数计算的。该指数有一个问题，当篮子里物品或劳务的价格或数量发生变动时，在消费价格指数中不能得到反映。例如，禽流感使得一国的鸡都不能吃了，鸡的销售量接近于零，剩下的一两只鸡上涨到天价，由于消费价格指数是按固定的一篮子商品计算的，鸡价上涨会使得消费价格指数大幅度上升，但消费者实际上无鸡可买，所以 CPI 上涨没有反映真实的消费支出。

GDP 平减指数（GDP deflator）可以避免上述问题，它可定义为名义 GDP 和实际 GDP 的比值。由于名义 GDP 是按现期价格计算的现期产出，而实际 GDP 是按基年价格计算的现期产出，所以 GDP 平减指数反映了相对于基年价格，现期价格水平发生了怎样的变化。GDP 平减指数的计算如下：

$$\text{GDP 平减指数} = \frac{\text{名义 GDP}}{\text{实际 GDP}} \times 100$$

现在回到表 9-4 的数字例子。在 2015 年，用当年价格计算的名义 GDP 为 650 元，用基年不变价格计算的实际 GDP 也是 650 元，因此 GDP 平减指数是 100（基年的 GDP 平减指数总是 100）。在 2018 年，名义 GDP 为 1250 元，实际 GDP 为 900 元，因此，GDP 平减指数是 139。

GDP 平减指数与消费价格指数都是反映价格水平变动的指标，它们的变动趋势是一致的，但因为存在以下三个差别这两个指标的统计数字有时会不一致。

第一，GDP 平减指数反映所有最终产品和劳务价格的变化，而消费价格指数只反映居民购买的消费品和劳务价格的变化。例如，沈阳飞机制造公司生产并出售给空军的一架战斗机价格上升了，这架飞机是 GDP 的一部分，但不是消费者篮子里的物品。因此，用 GDP 平减指数表示的价格水平上升了，但消费价格指数没有上升。

第二，GDP 平减指数只反映国内产品价格的变化，进口品价格的变化不被 GDP 平减指数考虑。而消费价格指数则需要反映部分进口品价格的变化。

第三，两种指数价格加权的方式不同。GDP 平减指数是以一个变动的篮子为基础计算的价格变化，而消费价格指数则是以一个固定的篮子为计算基础的。

> 【即问即答】 假如磨面机的价格上升了，对消费价格指数影响大还是对 GDP 平减指数影响大，为什么？

（三）计算通货膨胀率

计算价格指数的主要目的是衡量通货膨胀的严重程度，世界各国计算通货膨胀率的基础数据是 CPI。用 CPI 衡量通货膨胀严重程度很有用，可作为工资水平调整的依据，也可用于确定养老保险金的调整。

宏观经济学把价格水平的持续上涨称为通货膨胀，通货膨胀的严重程度可用**通货膨胀率**（Inflation rate）来衡量。通货膨胀率，是指从一个时期到另一个时期价格水平变动的百分比。计算两个年度之间通货膨胀率的公式为：

$$\text{通货膨胀率} = \frac{(\text{现期 CPI} - \text{基期 CPI})}{\text{基期 CPI}} \times 100\%$$

在表9-5的数字例子中，2015年的CPI为100，2016年的CPI为130。因此，2016年的通货膨胀率为：

$$通货膨胀率 = \frac{(130-100)}{100} \times 100\% = 30\%$$

如果从第一年到第二年，价格水平上升了，这意味着人们收入的一部分被通货膨胀吞噬了，没有形成真正的购买力。同时，也表明从第一年到第二年，工资增长率应该不低于通货膨胀率，否则通货膨胀会使人们在这期间的福利状况变得更坏，而不是更好。

还可用GDP平减指数计算通货膨胀率。由于CPI和GDP平减指数的统计范围不同，所以用这两种价格指数计算出的通货膨胀率不太一致。但在大多数情况下，这两个衡量指标是相似的。

三、基于通货膨胀的调整

CPI不仅能够用于衡量生活费用的变动，而且还可以用于调整经济数据以消除通货膨胀的影响。比如，我们可以用CPI把人们现期名义收入转变为实际收入，从而可比较不同时期人们的生活水平；也可以用CPI把实际收入转变为现期名义收入，以防止通货膨胀削弱人们的购买能力。前者被经济学家称为名义量的缩减化过程，后者则被称为指数化过程。此外，我们还可以根据通货膨胀校正利率，进而可计算出投资的实际回报率。

（一）名义量的缩减化过程

CPI的一个重要作用是对名义收入进行调整，以消除通货膨胀的影响。例如，假设居住城市的某普通家庭2010年的收入为10万元，2017年的收入为12万元，这是否意味着2017年该家庭的经济状况比2010年好？

如果比较不同时期人们的名义收入，我们会对这个问题做出肯定的答复。毕竟，在这7年期间，该家庭的收入提高了20%。但是，这一期间价格水平也上涨了。甚至有可能上涨的速度比收入的提高还要快。假设消费品和劳务的价格在这期间上涨了25%。由于家庭的收入只提高了20%，我们可以断定，虽然名义收入提高了，但用其货币工资的购买力衡量，该家庭的生活水平下降了。

通过计算2010年和2017年的实际收入，我们可以准确比较这个家庭不同年份的购买力。把名义收入变为实际收入的方法是：用名义收入除以相应的价格指数，这一计算过程称为名义量的缩减。如表9-6所示，2010—2017年，该家庭的实际收入下降了4 000元。下降幅度占其2010年名义收入的4%。在这个例子中，生活水平下降的原因在于，该家庭的收入只是名义上的提高，并没有与通货膨胀保持同步。

表 9-6 2010—2017 年家庭实际收入的比较

年份	名义家庭收入（元）	CPI	实际家庭收入 = 名义家庭收入/CPI
2010	100 000	1.00	100 000 元/1.00 = 100 000 元
2017	120 000	1.25	120 000 元/1.25 = 96 000 元

还可以用名义量除以价格指数求得实际收入的方法，对其他的名义量（如养老保险金、政府的教育经费支出等等）进行比较，以消除通货膨胀的影响。运用这种方法的原理是，只要你知道在某种物品上所花费的费用和该物品的价格，就可以计算出你所购买的该物品数量。同样，我们用家庭的名义收入除以价格指数，可以得出所购买的物品和劳务的实际数量，这一实际数量就是经过通货膨胀调整后的量。

【即问即答】 为什么比较不同年份的名义工资时，对它们进行基于通货膨胀的调整十分重要？消除通货膨胀影响的基本方法是什么？

参考资料

不同时期本科毕业生的收入

让我们回到本节一开始的例子。与今天大多数普通本科生毕业后 5 000 元的月工资相比，1985 年月工资为 68 元的本科生毕业生收入是高还是低呢？

回答这个问题，我们需要把本科生的名义收入转变为实际收入。根据中国统计年鉴的数据，以 1978 年为基年，这一年的 CPI 为 1，则 1985 年的 CPI 为 1.095，而 2017 年的 CPI 为 6.375。将 1985 年本科生的月薪除以 1.095，求出的结果约为 62 元。这是 1985 年本科毕业生用"1978 年人民币"衡量的月薪水平。也就是说，为了在 1985 年获得与 1978 年相同的购买能力，本科毕业生需要有 62 元的月薪。将 2017 年本科毕业生的月工资 5 000 元除以 6.375，得到 2017 年本科毕业生用"1978 年人民币"衡量的月薪约为 784 元。显然，经过通货膨胀调整之后，2017 年与 1985 年本科生的月薪数字变得很接近。但即使用实际收入衡量，2017 年本科毕业生的月收入仍然是 1985 年本科毕业生的 12.6 倍。

（二）维持购买能力的指数化

我们还可以用 CPI 把实际收入转变为名义收入，以防止通货膨胀削弱人们的购买能力。例如，假定 2015 年政府向退休者支付 3 000 元的养老保险金。为使这些养老保险金领取者的购买能力不因通货膨胀而下降，从而使他们能够维持原来的生活水平，在 2018 年，政府应该把每月支付的养老保险金设定在什么水平上呢？这要考虑

2015—2018年的通货膨胀率。假设这一期间CPI上升了20%，那么，为使养老保险金领取者的购买能力与通货膨胀"保持同步"，2018年的养老保险金应调整为3 000 + 0.2 × 3 000 = 3 600元，比2015年提高20%。

使名义收入与价格指数同步变动以防止通货膨胀降低购买能力的过程，被称为指数化。美国法律就对救济金的自动校正做出规定，在政府不采取任何措施的前提下，每年救济金的增加速度会与CPI上升的百分比完全一致。美国企业和工会之间的一些劳动合同也有类似的指数化规定，即当CPI上升时，工人的工资按照合约条款自动地增加。

（三）根据通货膨胀率校正利率

假设A国和B国相邻。A国的通货膨胀率为零，预期在未来时间也会为零。B国的通货膨胀率为10%，预期在未来时间也会维持在10%、A国银行存款年利率为2%，而在B国则为10%。存款人在哪个国家可以得到更高的回报呢？

如果直接比较银行存款的年利率，B国银行存款的回报更高。但考虑到通货膨胀的影响，我们会看到，A国的条件比B国更加优惠。我们可以比较一下两个国家一年以后存款实际购买力的变化。在A国，某存款人在1月1日把100元货币存入银行，到12月31日100元存款会变为102元。因A国没有通货膨胀，A国存款人的购买力增加了2元。而在B国，年初存入银行100元，到年末存款将变为110元，回报率为10%。但在这一年物价水平也上升了10%，这等于B国存款人的购买力没有增加。所以，A国存款人的待遇更好一些。

经济学把银行支付的利率称为名义利率。把根据通货膨胀率校正后的利率称为实际利率。名义利率、实际利率和通货膨胀的关系可用以下公式表示：

$$实际利率 = 名义利率 - 通货膨胀率$$

上例中，A国的实际利率为2%（= 2% − 0%）。B国的实际利率为0%（= 10% − 10%）。实际利率反映了随着时间的变动我们银行存款购买力的变动情况。

四、通货膨胀的影响

人们通常认为，通货膨胀之所以不好，是因为它降低了货币购买力，使人们的实际工资下降了。发生通货膨胀后，短期内，在劳动合同没有到期，合同内的名义工资水平不能调整时，工人的实际工资确实降低了。但是，实际工资是由劳动的边际贡献决定的，而不是由通货膨胀率决定的。因此，当劳动合同到期时，工人会要求企业增加工资。长期看，工资水平和物价水平会同步上涨，工人的实际工资并未减少。那么，为什么通货膨胀是坏事呢？经济学家认为它主要会造成以下几方面的影响。

（一）扭曲相对价格

通货膨胀是用价格水平（平均价格）衡量的，个别价格的上升或下降，不会改变平均价格。例如，若牛肉价格下降，猪肉价格上升就不会使肉类的平均价格上升。在这种情况下，只是发生了**相对价格**（relative price）的变动，即猪肉的相对价格上升，意味着相对于其他肉类而言，猪肉变得更贵了。在市场经济中，物品和劳务的相对价格经常变化，这是市场向买卖双方传递信息的方式，因为相对价格的变化反映了消费者偏好的变化、要素供给的变化、以及生产技术的变化（从而生产成本），市场经济正是通过相对价格的变化来配置稀缺资源。比如猪肉的相对价格上升提醒养猪场增加其产出，减少其他生产或休闲活动。

但是，当发生了通货膨胀时，由于不是所有产品和要素的价格同时以同样比例上升。因此，一开始的时候，企业很难判断价格上涨代表真实的需求增加，还是通货膨胀导致所有物品或劳务涨价的结果，从而会做出错误的决策。例如，当通货膨胀导致猪肉价格上升时，养猪场会误以为是人们对猪肉的需求增加了，就会增加生产，并吸引更多的生产要素流向养猪行业。事实上，猪肉的真实需求并没有增加，因为猪肉的相对价格并没有真正发生变化，是因为是所有的产品价格都上升了。但等到养猪场明白这一点已为时已晚，生产能力已形成但无法实现预期的价值，这就是资源的误配置。通货膨胀干扰了相对价格的信息传递功能，市场不能把资源配置到好的用途中。

（二）导致财富的掠夺性再分配

当通货膨胀出乎意料地发生后，这会带来财富的掠夺性再分配。主要表现在以下方面：

首先，通货膨胀导致财富在先得货币者和后得货币者之间的再分配。如前所述，通货膨胀是由货币的过度增发引起的，但增发的货币不是同时、同比例分配给所有的人，而是比如第一个月到了 1 000 个人手里，第二个月才会到 10 000 个人手里，直到最后所有增发货币分布于整个社会。那么，那些最早拿到增发货币的人具有了时间上的优势，他们可以当前的价格购买商品和劳务。随着新增货币逐渐向整个经济体系扩散，那些较晚拿到增发货币的人必须支付较高的价格才能购买同样的商品和劳务。也就是说，离增发货币越近的人越占便宜，离增发货币越晚的人吃亏越大。通过简单的通货膨胀，会使一个原本公平的社会变成财富分化的社会。

其次，通货膨胀导致财富从债权人向债务人的再分配。通常人们签订债务契约是根据当时的通货膨胀率确定名义利率，当通货膨胀发生时，债务契约无法更改，借款的实际利率低于名义利率，债务人受益，债权人将面临损失。例如，王先生向李先生借了 10 000 元，年利率为 10%，一年后偿还本金和利息总共 11 000 元，如果一年间物价上升了 15%，虽然王先生偿还的本金和利息名义上还是每年 11 000 元，但此时的 11 000 元的真实购买力还不如一年前的 10 000 元，李先生作为债权人受到损失，通货膨胀把债权人的财富转移到债务人手里。同样道理，通货膨胀对政府有利，对公众不利。因为政府发行国债向公众借钱，是最大的债务人，较高的通货膨胀率减轻了政府还本付息的负担，把公众的财富转移到政府手里。这可以解释为什么一些国家超发货币，主动实行高通货膨胀的政策。

再次，通货膨胀导致固定收入者向非固定收入者的再分配。领取固定工资的人、领取固定养老金者、领取固定救济金的居民、获取固定租金收入者，都会承担通货膨胀的损失。因为通货膨胀发生时，他们的收入不能及时得到调整，这会降低实际收入，导致实际生活水平下降。实行浮动收入，如工资和养老金支付的指数化（与价格指数挂钩），实行浮动利率都有助于减少通货膨胀的再分配效应。

【即问即答】　如果通货膨胀比预期的低，谁受益——债务人还是债权人？并解释之。

（三）通货膨胀会加剧经济的波动

当超发的货币流入市场时，信贷资金的利率会下降，这会刺激企业增加投资，导致经济的虚假繁荣。大量企业贷款被投资于各种项目，支付给工人和要素所有者，推动价格水平的上涨。但经济的真实需求并没有增加，总有一天企业会发现产品卖不出去，已投资的项目不能收回成本，银行贷款还不上，资金开始短缺，工厂倒闭，失业增加。经济进入衰退。

案例分析

津巴布韦的恶性通货膨胀

在21世纪最初的10年间，津巴布韦这个国家经历了历史上最严重的一次通货膨胀。巨大的政府预算赤字引起创造大量货币，并引起高通货膨胀。恶性通货膨胀在2009年4月结束，这时津巴布韦中央银行停止印制津巴布韦元，而且该国开始使用美元和南非兰特这类外国通货作为交换媒介。

有关津巴布韦通货膨胀有多高的各种估计差别很大，但中央银行发行的货币量证明问题相当严重。在恶性通货膨胀开始之前，津巴布韦元的价值比美元略高一点，因此，纸币的面额与在美国见到的情况类似。例如，一个人的钱包里带10元左右。但是，在2008年1月，几年的高通货膨胀之后，津巴布韦储备银行发行了面值1 000万津巴布韦元的纸币，这相当于4美元。但即使这样还不够大。一年后，中央银行宣布它将发行面值100亿津巴布韦元的钞票，这只值3美元。

随着物价上升和中央银行发行越来越多更大面值的货币，过去的小面额货币已经变得几乎一文不值，如同厕纸。

资料来源：曼昆，《经济学原理》，北京大学出版社2012年版。

第四节 失 业 率

在经济社会中,失业率也是人们关心的一个宏观经济指标。失业率是度量劳动力市场状况的敏感性指标。当失业率较高时,人们可能会丢掉工作,寻找新的工作也很困难。伴随高失业率的是工资收入下降和穷人的增加。本节介绍失业率的衡量及失业率变动的经济影响。

一、如何衡量失业

按照各国劳动就业统计的惯例,一个经济的总人口可分为两部分:劳动年龄人口和非劳动年龄人口。**劳动年龄人口**通常是指16岁至退休年龄之间的人口(美国是16—64岁,中国男性16—60岁,女性16—55岁)。劳动年龄人口又可分为劳动力人口和非劳动力人口。**劳动力**(labor force)是劳动年龄人口中正在工作以及没有工作正在寻找工作的人。非劳动力则是没有寻找工作愿望的人,如学生、退休者和不愿工作者等。劳动力人口包括就业者和失业者。**就业者**是指正在工作的人,包括受雇于企业或政府的人和自我雇佣者;**失业者**是指正在寻找工作的人。

图9-2显示了总人口的划分。

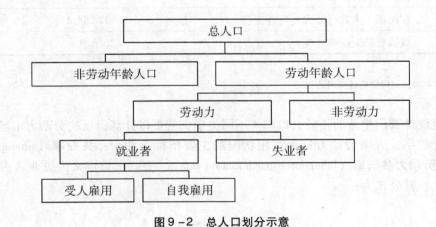

图9-2 总人口划分示意

资料来源:陆铭,《劳动经济学——当代经济体制的视角》,复旦大学出版社2002年版。

知识拓展

我国反映劳动力市场供求状况的主要指标

目前我国的统计实践中反映劳动力市场供求状况的主要指标有三个，即经济活动人口、就业人员和在岗职工。**经济活动人口**被定义为 16 岁以上，有劳动能力，参加或要求参加社会经济活动的人口，包括就业人员和失业人员。**就业人员**是指 16 周岁以上从事一定社会劳动并取得劳动报酬或经营收入的人员，包括全部职工、再就业的离退休人员、私营和个体从业人员、乡镇企业从业人员、农村从业人员、其他从业人员（如民办教师、宗教职业者、现役军人等）。**在岗职工**指在国有经济、城镇集体经济、联营经济、股份制经济、外商和港澳台投资经济、其他经济单位及其附属机构工作并领取工资的人员，不包括私营企业的就业人员和个体劳动者、返聘的离退休人员、民办教师以及在国有经济单位工作的外方人员和港澳台人员。

表 9-7 2017 年我国劳动力市场供求状况

项目	2017 年
经济活动人口（万人）	80 686.0
就业人员合计（万人）	76 420
在岗职工人数（万人）	22 288.4
城镇登记失业率（%）	3.9

资料来源：国家统计局网站。

一旦统计部门把劳动年龄人口归入不同类别，就可以计算出反映劳动力市场状况的各种统计数字。表明劳动力资源利用状况的主要指标有两个：**失业率**（unemployment rate）和**劳动力参与率**（labor force participation rate）。失业率被定义为失业者占劳动力的百分比。其公式为：

$$失业率 = \frac{失业人数}{劳动力} \times 100\%$$

劳动力参与率则被定义为劳动年龄人口中劳动力所占的比例。它反映了劳动年龄人口中选择参与劳动市场的人口的比率。其公式为：

$$劳动参与率 = \frac{劳动力}{劳动年龄人口} \times 100\%$$

根据美国劳动统计局资料，2009 年美国的劳动年龄人口为 2.359 亿人，其中就业人口 1.399 亿人，失业人口 0.143 亿人。劳动力为：

$$劳动力 = 1.399 + 0.143 = 1.542 \text{ 亿人}$$

失业率为：

$$失业率 = \frac{0.143}{1.542} \times 100\% = 9.3\%$$

劳动力参与率为：

$$劳动参与率 = \frac{1.542}{2.359} \times 100\% = 65.4\%$$

数据表明，在 2009 年，美国有接近 2/3 的劳动年龄人口参与了劳动市场，这些劳动市场参与者中有 9.3% 的人没有工作。

失业率必须与劳动参与率联系起来，才能观察到整个社会的就业－失业状况。例如，上年劳动年龄人口 1 000 万，就业者 700 万，失业者 150 万，失业率为 17.64%，劳动参与率为 85%。今年劳动年龄人口不变，仍为 1 000 万，就业者 750 万，失业者 158 万，失业率为 17.4%，劳动参与率为 90.8%。比较可以看出，今年失业者人数增加了，但失业率却下降了，这是由于劳动力数量的增加多于失业者的增加所致。

事实上，能够提供一个具有国际可比性的失业率数据是件很困难的事情。主要原因是各国统计数字的方法不同。国际上通用的是用抽样调查的方法获得数据，也有一些国家利用领取失业救济金的人数获得数据，还有的利用官方就业数据和劳动力数据推算失业数据。我国在长期的失业统计实践中，没有采用国际上通用的调查数据，而是采用了"城镇登记"的数据。也就是说，我国统计部门对外公布的是"城镇登记失业率"，它是用城镇登记失业人数除以城镇从业人数与城镇登记失业人数之和求得。这一失业统计方法存在着严重缺陷：①失业人口的统计范围仅包括城镇而没有包括农村，即失业统计体系没有覆盖经济整体。农村户籍劳动力的失业状况没有被考虑，比如大量失去工作的"农民工"不被统计在失业人口中（农村户籍人口是作为"实现就业"来统计的）。这是城乡二元经济状况引起的失业率的误差。②没有考虑隐性失业。我国的隐性失业包括产能过剩的国企职工、农村剩余劳动力和"慢就业"的大学毕业生，这是一个庞大的失业人口。③已经失业但未到社会保险经办机构登记的人员也会被失业统计所遗漏。由于以上原因，现有的失业统计方法大大低估了经济中真实的失业状况，因此，我国失业人口的统计方法亟待调整。

【即问即答】 判断正误并解释：经济中较高的劳动力参与率意味着较低的失业率。

二、失业率与 GDP 的关系

经济学家认为,失业率和实际 GDP 增长率之间存在着一种负相关关系:当失业率上升时,意味着参加工作的人少了,不仅使一部分劳动力资源被浪费,而且劳动力之外的其他资源也不能得到充分利用,实际 GDP 会下降。美国经济学家阿瑟·奥肯(Arthur Okun)曾根据美国的统计数据估计了失业率的变动率与实际 GDP 增长率变动率之间的经验关系,得到了如下结论:

$$实际 GDP 变动率 = 3\% - 2 \times 失业率的变动率$$

即失业率每上升 1 个百分点,则实际 GDP 将相对于潜在 GDP(保持价格相对稳定情况下,一国经济所生产的最大产值)下降 2 个百分点。反过来说,当实际 GDP 增长相对于潜在 GDP 每下降 1 个百分点,失业率上升 0.5 个百分点。失业率的变动是实际 GDP 增长率的一半,或者说,实际 GDP 增长率的变动是失业率变动的两倍。这条经验法则以其发现者为名,称之为**奥肯定理**(Okun's law)。

根据上述公式,失业率不变,实际 GDP 增长率等于潜在 GDP 增长率(3%)。

$$实际 GDP 变动率 = 3\% - 2 \times 0 = 3\%$$

当失业率上升,实际 GDP 增长率的下降是失业率上升的 2 倍。例如,失业率由 8% 下降至 6%,预期实际 GDP 相对于潜在 GDP 将增长 4 个百分点。

$$实际 GDP 变动率 = 3\% - 2 \times (6\% - 8\%) = 7\%$$

当失业率下降,实际 GDP 增长率的上升是失业率下降的两倍。例如,失业率由 6% 上升至 8%,预期实际 GDP 相对于潜在 GDP 将下降 4 个百分点。

$$实际 GDP 变动率 = 3\% - 2 \times (8\% - 6\%) = -1\%$$

奥肯定理的重要结论是:为防止失业率上升,实际 GDP 增长必须与潜在 GDP 增长同样快,如果想要使失业率下降,实际 GDP 增长必须快于潜在 GDP 增长。

需要注意的是,奥肯所提出经济增长与失业率之间的具体数量关系只是对美国经济所做的描述,而且是特定一段历史时期的描述,不仅其他国家未必与之相同,而且今日美国的经济也未必仍然依照原有轨迹继续运行。因此,奥肯定理的意义在于揭示了经济增长与失业增长之间的关系,而不在于所提供的具体数值。

中国的经济增长率与失业率之间存在什么关系呢?这取决于如何计算中国的失业率。由于城镇登记失业率存在缺陷,用实际 GDP 增长率和官方公布的失业率之间的关系描述中国的奥肯定理显然也是有缺陷的。因此,要准确估计中国的奥肯定理,必须修正失业率统计数据。我国经济学家对于估算中国的奥肯定理也做出不少尝试。例如，周长才（2002）在修正了隐性失业后发现，在 1993—1999 年，中国的失业率每下降 1 个百分点，会使经济增长率提高 3.7 个百分点。邹沛江（2013）在修正了二元经济状况引起的失业率误差后估算，中国的失业率每下降 1 个百分点，会使实际 GDP 提高 1.98 个百分点。

本章要点

（1）宏观经济学研究三大问题：失业、通货膨胀和经济增长。

（2）区分宏观经济的短期和长期，关键看当供求关系发生变动时，价格（包括工资）是否实现了比较充分的调节。

（3）国内生产总值（GDP）是一定时期一国之内生产的所有最终产品和劳务的市场价值。用现期价格计算的 GDP 称为名义 GDP。用不变价格计算的 GDP 称为实际 GDP。

（4）用支出法计算 GDP，GDP 可以表示为：$GDP = C + I + G + NX$。式中，C 为消费，I 为投资，G 为政府购买，NX 为净出口。

（5）用收入法计算 GDP，GDP 可以表示为：GDP = 个人可支配收入 + 政府净税收。

（6）用生产法计算 GDP，GDP 是各行业增加值之和。

（7）经过调整后，从 GDP 可换算出一串概念，包括国民生产总值、国内生产净值、国民收入、个人收入、个人可支配收入。

（8）价格指数是衡量任何一个时期和基期相比，价格水平的相对变化的指标。常用的价格指数是消费价格指数和 GDP 平减指数。

（9）通货膨胀是一种货币现象，它是指物价水平的持续上涨。通货膨胀扭曲相对价格导致资源的误配置、带来财富的掠夺性再分配，而且加剧经济的波动。

（10）劳动年龄人口分为劳动力和非劳动力。劳动力包括就业者和失业者。失业人口与劳动力人口的比率称为失业率，劳动力人口与劳动年龄人口的比率称为劳动力参与率。这两个比率反映了劳动力资源的利用状况。失业率和实际 GDP 增长率之间的负相关关系称为"奥肯定理"。

重要概念

宏观经济学　国内生产总值　国民生产总值　国民收入　个人收入　个人可支配收入　名义 GDP　实际 GDP　消费物价指数　GDP 平减指数　通货膨胀率　劳动年龄人口　劳动力　就业者　失业者　失业率　劳动力参与率　奥肯定理

思考与练习

（1）下列购买活动中哪些应该列入 GDP，哪些现行统计没有列入但应该列入：

A. 奇瑞汽车公司自制发动机并安装在奇瑞轿车上。

B. 奇瑞公司向某内燃机厂购买发动机准备安装在奇瑞轿车上。

C. 你购买了海尔的股票。

D. 你在旧货市场上买了一件瓷器。
E. 警察加班得到加班费。
F. 你太累了，没有上班，在家睡觉，感觉很好。
G. 很多人随地吐痰。

(2) 农民种小麦，卖给面粉厂，收入1元。面粉厂把小麦磨成面粉，卖给面包店，收入3元。馒头店蒸成馒头，卖给小贩，收入5元。小贩卖给工人，收入6元。工人把馒头吃了。每个人的增加值是多少？如果这个经济在一个月中只进行了这几项活动，这个月的GDP是多少？

(3) 在2011年，某个经济生产100个盒饭，每个售价为5元。在2012年，这个经济生产200个盒饭，每个售价为7元。计算每年的名义GDP、实际GDP和物价指数（2011年为基年）。从一年到下一年这三个统计数字的百分比分别提高了多少？

(4) 张三的擦鞋店去年为1 000双皮鞋上油，今年服务总量为1 200双。去年他对每次服务的收费为3元，今年服务价格上升为4元。如果把去年作为基年，试分别计算张三在这两年对名义GDP和实际GDP的贡献值。如果你要衡量过去一年张三生产率的变化，采用哪种度量指标会更好？为什么？

(5) 下列各项交易对中国GDP会产生怎样的影响？
A. 政府向公务员支付10亿元薪金。
B. 政府增加10亿元的社会福利支出。
C. 南航购买美国波音飞机部件，向其支付10亿元。
D. 政府支付国债利息10亿元。
E. 政府从沙特阿拉伯购买10亿元的石油。

(6) 分析下列交易对中国GDP以及四类支出的影响。
A. 你爸爸买了一辆国产轿车。
B. 你爸爸买了一辆德国奔驰轿车。
C. 你爸爸所在的出租汽车公司购买了一辆从美国进口的新车。
D. 你爸爸所在的出租汽车公司购买了一辆国产新车。
E. 公安厅给你爸爸配备了一辆国产新车。

(7) 甲乙两国只有建筑业一项经济活动，建筑业只进行旧房重建活动。甲国的房子质量好，每年只有5座房子需要推倒重建。乙国的房子质量差，每年有10座房子需要推倒重建。假设每座房子建好后价值一样，房子1年内即可建好，哪国的GDP更高？这种情况合理吗？为什么？

(8) 假设某年中国GDP为26 638亿元，国外净要素收入为-86亿元，折旧为GDP的5%，间接税为3 495亿元，政府对企业的补贴为987亿元，企业自留利润为700亿元，个人国债利息收入为4 868亿元；个人所得税税率为8%。计算GNP、NDP、NI、PI与DPI。

(9) 下面是一个生产小麦和电脑的经济体2010年和2015年的资料。

	2010 年	2015 年
小麦数量（斤）	10 000	12 000
小麦价格（元/斤）	1	2
电脑数量（台）	100	200
电脑价格（元/台）	10 000	5 000

A. 假定电脑全部用于消费，把 2010 年作为基年，计算名义 GDP、实际 GDP、GDP 平减指数和消费价格指数。

B. GDP 平减指数和 CPI 的结果有何不同？为什么？

C. 如果你写一份建议，将国家对下岗工人的生活费补贴和价格指数挂钩，应该使用哪个指数？为什么？

（10）在基年 2015 年，消费者篮子里有下列物品：20 只鸡，每只 20 元；15 斤猪肉，每斤 15 元；10 斤鸡蛋，每斤 5 元。2016 年，由于养鸡场供给不足，鸡的价格上涨到每只 30 元。同年猪肉的价格变为每斤 16，而鸡蛋的价格没有变化。计算 2015—2016 年"食品费用"指数的变化。

（11）下面是 1929—1933 年美国 CPI 的数据，请计算 1929—1930 年、1930—1931 年、1931—1932 年、1932—1933 年的通货膨胀率。

年份	居民消费价格指数	上年 = 100
1929	17.1	
1930	16.7	
1931	15.2	
1932	13.7	
1933	13.0	

（12）2001 年广州市最低工资为 450 元，2011 年 3 月最低工资提高到 1 300 元。如果对 2001 年和 2011 年的实际最低工资进行比较，会得出怎样的结果？2001 年 CPI 为 100，2011 年 CPI 为 105.4。

（13）1993 年的 CPI 为 114.7，广州市某小学的入读赞助费为 7 000 元。2011 年，该小学的赞助费提高至 40 000 元，2011 年的 CPI 为 105.4。赞助费上升的百分比是多少？

（14）假设某一经济只有张三和李四俩人。张三种小麦，李四种大米，他们消费等量的大米和小麦。在 2010 年，小麦的价格是 1 元，大米的价格是 3 元。假设 2013 年小麦的价格为 2 元，大米的价格为 4 元。通货膨胀是多少？张三的状况变好了，变坏了还是不受价格变动的影响？李四呢？

（15）下表是美国 2008 年 1 月劳动统计局统计的美国黑人失业数据。计算美国黑人的劳动力人数，劳动年龄人口人数、失业率和劳动力参与率。

(单位：百万人)

就业者	16.090
失业者	1.623
非劳动力人口	9.927

第十章 短期经济波动

短期经济波动是宏观经济学关注的两大主题之一。在现实中，经济并不总是沿着一个趋势稳定地增长，而是会沿着趋势上下波动。在大多数年份，物品和劳务都增加了，这种增长使人们享有更高的生活水平。但是，在有些年份，并没有出现这种正常增长。企业发现无法把它们生产的所有物品和劳务都卖出去，因此，它们削减生产，解雇工人。这种现象就是经济波动。什么因素引起了经济活动的短期波动呢？政府如何使用公共政策减轻经济波动的严重性呢？本章将用总需求－总供给模型来对经济波动进行分析。

第一节 关于经济波动的两个事实

在使用总需求－总供给模型探讨经济波动的原因和相关对策之前，我们先来介绍经济波动的几个重要特征。

一、经济波动是难以预测的

经济中的波动通常被称为**经济周期**。当一国的经济增长率明显低于正常水平，这被称为经济衰退，经济出现了问题，大多数企业销售和利润下降，工人失业。与经济衰退相对立的是经济扩张，此时经济增长率明显高于正常水平，大多数企业的利润增长。经济活动总是在衰退和扩张的交替中进行的，经济的这种周而复始的波动被称为经济周期。

经济周期这个概念容易引起误解，似乎经济波动是一种有规律可循的现象。实际上经济波动无规律也无法预测。由一次衰退到另一次衰退可以相隔几个月，也可能是好几年，人们知道下一个衰退肯定会出现，但不知道什么时候会出现。例如，美国经济在1980年和1982年均出现衰退，但此后的1983年到1990年的7年中都没有出现衰退。由于经济波动的发生无规律可循，经济学家们很难对未发生的经济波动做出较为准确地预测。到目前为止，经济学家们所能做的，更多的是对发生过的经济波动做出解释。

二、大多数宏观经济变量同时波动

衡量总体经济状况的基本指标是实际GDP，所以，实际GDP的波动是用于监测短期经济波动的主要变量。但事实上，当经济波动发生时，经济中的一些主要变量都会同时发生变动。其中，一些变量会随着经济的高涨而升高，随着经济的低迷而降低，比如总消费、总投资、商品零售总额、通货膨胀率等。而另一些变量则刚好相反，比如失业率。在文献中，一般会称前一类变量是"顺周期变量"，后一类变量是"逆周期变量"。顺周期就是与实际GDP同方向变动。当实际GDP上升时，这些指标上升；当实际GDP

下降时，这些指标也下降。顺周期有超前、同步和滞后三种情况。逆周期就是与实际 GDP 反方向变动。当实际 GDP 上升时，这些指标下降；当实际 GDP 下降时，这些指标上升。波动是经济的总体现象，所以会反映在许多宏观经济数据的变化中。

第二节　分析经济波动的基本框架：总需求－总供给模型

宏观经济的短期波动主要表现在两个变量上：第一个变量是实际 GDP，它被用来衡量经济中物品和劳务的总产出。第二个变量是价格总水平，它可用 CPI 或者 GDP 平减指数来表示。而能够同时反映总产出和价格总水平变动的经济模型称为总需求－总供给模型，该模型是主流经济学解释经济波动的基本框架。

图 10-1 为总需求－总供给模型。图中横轴 Y 表示经济中物品和劳务的总产量，纵轴 P 表示价格水平。**总需求曲线**（aggregate demand curve）表示对应于每一价格水平，全社会（包括个人、企业、政府和外国客户）愿意购买的物品与劳务的总量。**总供给曲线**（aggregate supply curve）则表示对应于每一价格水平，企业愿意提供的物品和劳务的总量。将总需求曲线和总供给曲线结合起来，用以分析经济中总产量和价格水平之间关系的图形，就是总需求－总供给模型。根据这个模型，我们可以很直观地说明经济波动的原因及后果。

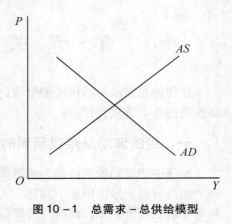

图 10-1　总需求－总供给模型

知识拓展

总需求－总供给模型与需求－供给模型

读者或许会认为宏观经济学中的总需求－总供给模型不过是微观经济学中需求－供给模型的翻版，其实这两个模型是完全不同的。尽管这两个模型有很多的类似之处，但却有本质的不同。在需求－供给模型中，我们考虑的是某一个具体的市场，纵轴表示的是商品的相对价格水平，横轴表示产量；而在总需求－总供给模型中，我们考虑的是一个经济的整体，纵轴表示的是商品的总价格水平，横轴表示经济中的总产量。这意味着，在微观经济学中，如果单一产品的价格上升时，较高的价格会引起生产要素从其他市场的流入，从而增加该产品的供给量。但如果经济中出现普遍的需求增加，生产要素又都已充分利用，总产出无法增加，只能引起价格总水平的上升。我们在后面马上会说明，在总需求－总供给模型中，长期总供给曲线是一条垂直的曲线，表示总产出与价格水平无关。

改编自:张维迎,《经济学原理》,西北大学出版社2015年版。

第三节 总需求曲线

总需求曲线表现的是价格水平和人们对所有物品和劳务的需求总量的关系。如图10-1所示,总需求曲线向右下方倾斜,表示经济中的总需求与价格水平是负相关的。这意味着,当其他条件不变时,随着经济中价格水平的下降,物品和劳务的总需求量会增加,反之,价格水平的上升会减少物品和劳务的总需求量。

一、为什么总需求曲线向右下方倾斜

为什么价格水平的变动引起总需求的反向变动?在说明这一问题之前,先回顾第九章的内容,我们曾指出一个经济的 GDP(用 Y 表示)是消费(C)、投资(I)、政府购买(G)和净出口(NX)之和,即:$Y = C + I + G + NX$。如果我们假设政府购买是由政府政策决定的,那么 Y 和价格水平 P 之间的关系,就取决于消费(C)、投资(I)和净出口(NX)这三个部分和价格水平的关系。下面我们将要说明,这三个因素都是和价格水平 P 负相关的,因此,Y 也就和 P 负相关,这就导致总需求曲线向右下方倾斜,如图10-2所示。

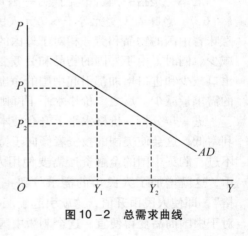

图10-2 总需求曲线

(一)价格水平的财富效应

可以用财富效应来解释消费与价格水平之间的关系。考虑你钱包和银行账户里的钱:这些钱的面值是固定的,1元就是1元,100元就是100元,这不会变。但是这些钱的真实价值,或者说购买力却总在改变。如果一只雪糕的价格是1元,那么,1元就值1个雪糕。如果一个雪糕的价格上涨到2元,那么,1元就值0.5个雪糕。也就是说,当价格水平上涨时,你所拥有的货币的真实价值下降了,这会减少你的实际财富以及你的购买力。

价格水平的变动对货币购买力的影响被称为"**财富效应**",这是总需求曲线向右下方倾斜的第一个原因:价格水平的上升会降低消费者持有货币的真实价值,减少其实际财富,而实际财富的减少使他们变穷了,从而减少消费支出,减少对物品和劳务的需求量。相反,价格水平的下降提高了消费者持有货币的真实价值,增加其实际财富,消费

者更富有，会刺激他们增加消费支出，增加对物品和劳务的需求量。价格水平的变动通过影响人们的实际财富引起消费的逆向变动。

（二）价格水平的利率效应

价格水平的变动通过影响利率水平也会引起投资的反向变动。价格水平上升，消费者去超市买东西需要支付更多的货币。用于购买商品和劳务的货币需求量增加，居民用于储蓄的货币数量就会减少，进而银行可用于贷款的资金也就减少，在借贷需求不变的条件下，这会使借贷的成本，即利率上升。利率反过来又会影响到投资支出。由于高利率使借款变得昂贵，这会抑制企业的投资支出，家庭也会减少对新住房的购买，因此，高利率减少了物品和劳务的需求量。相反，价格水平下降降低了利率，鼓励更多的投资支出，从而增加了物品与劳务的需求量。这就是价格水平的**利率效应**。

（三）价格水平的汇率效应

汇率，是指一国货币兑换另一国货币的比率。比如，如果美元对人民币的汇率是 1∶6.7，意味着 1 美元等于 6.7 元人民币。给定汇率水平，如果中国的价格水平上升，意味着中国的物品和劳务相对于外国的物品和劳务变得昂贵，这会使物品和劳务的出口减少。同时，由于外国的物品和劳务变得便宜了，这引起中国物品和劳务的进口增加。出口减少和进口增加都引起中国的净出口减少。这样，价格水平上升引起了物品和劳务的需求量减少。反之，价格水平下降则会引起物品和劳务的需求量增加。

进一步分析，价格水平上升会使本国利率上升。比如，如果中国的利率高，美国的利率低，这会使美国的投资者倾向于持有更多中国的金融资产，从而获得更多的收益。不过，购买中国的金融资产需要使用人民币，故他们需要先把手中的美元兑换为人民币，这就增加了人民币的需求。和一般商品一样，人民币需求的增加会提高其"价格"，即使人民币升值，这就引起了汇率的变动。人民币购买的美元多了，美国商品相对于中国商品变得便宜，这会刺激中国的进口，抑制出口，减少了净出口，从而减少了物品和劳务的需求量。反之，中国价格水平的下降会导致人民币贬值，这种贬值会使中国的出口增加进口减少，从而增加了物品和劳务的需求量。这就是价格水平变动的**汇率效应**。

二、总需求曲线的移动

总需求曲线向右下方倾斜表明价格水平下降增加了物品与劳务的需求量。但是，价格水平之外的其他许多因素也会影响物品和劳务的需求量。当这些因素中任何一个发生变动时，都将使每一价格水平时物品与劳务的需求量发生变动，总需求曲线的位置就会发生移动。

（一）消费变动引起的总需求曲线移动

现实中影响消费的因素很多，比如人们的偏好或者对未来的预期发生了变化，那么，在价格水平不变的情况下，消费也可能发生变化。设想股市的高涨使人们富有了，人们的消费热情也会被极大地调动起来，由于在任何一种既定的价格水平下消费增加了，总需求曲线向右移动。相反，如果我们预期未来的老龄化问题会很严重，并且担心养老保险金不足以支撑退休后的生活，那么我们会减少现期消费，而增加储蓄，这会导致总需求曲线向左移动。如图10－3所示。

在价格水平既定的条件下，任何一个能够改变消费支出的事件都会引起总需求曲线的移动。比如税收政策，当政府减税时，就会鼓励人们增加消费支出，此时总需求曲线向右移动；当政府增税时，人们会减少消费支出，此时总需求曲线向左移动。

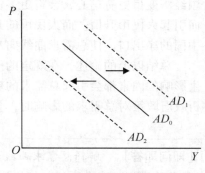

图10－3　总需求曲线的移动

（二）投资变动引起的总需求曲线移动

价格水平既定，任何一个能够改变投资支出的事件也都会使总需求曲线移动。例如，计算机技术的进步会使许多企业愿意投资于新产品的生产，由于在价格水平既定时企业的投资增加了，总需求曲线向右移动。再如，预期利润率的下降会使企业减少投资支出，从而使总需求曲线向左移动。

政府的税收政策也会通过投资影响总需求。例如，政府对投资给以税收优惠，则企业在利率既定时增加自己的投资支出，从而使总需求曲线向右移动。反之，如果政府增加了企业的税收，这会抑制企业的投资支出，总需求曲线向左移动。

政府的货币政策也会影响投资和总需求。下一章我们将会详细解释，货币供给量的增加会降低利率，减少借贷成本，刺激企业增加投资支出，总需求曲线向右移动。反之，货币供给量的减少会提高利率，增加借贷成本，抑制企业投资支出，总需求曲线向左移动。

（三）政府购买变动引起的总需求曲线移动

使总需求曲线移动的最直接的方式是改变政府购买支出。例如，政府决定增加在全国范围内的交通基础建设投资，由于在价格水平既定时物品和劳务的需求量增加了，总需求曲线会向右移动。反之，假设政府决定大规模裁军，由于在价格水平既定时物品和劳务的需求量减少了，总需求曲线会向左移动。

（四）净出口变动引起的总需求曲线移动

在价格水平既定时，任何一个能够改变净出口的事件也会使总需求曲线移动。例如，我国加入WTO（世界贸易组织）后，净出口实现了大幅度的提升，这极大地增加了我国的总需求，推动我国的总需求曲线向右移动。又如，1997年东南亚国家发生金融危机，许多亚洲国家和地区的货币大幅度贬值，由于中国出口商品结构和东南亚国家和地区类似，导致我国的净出口大幅度下降，使得我国的总需求曲线向左移动。

国际投资者在各国之间的套利也会引起净出口的变动。例如，假设国际投资者对中国经济变得更有信心，会将更多资产转移到中国，使得外汇市场人民币的需求增加，进而引起人民币升值。而人民币的升值使中国产品相对于外国产品变得昂贵，这就抑制了中国的净出口，使总需求曲线向左移动。

总结以上的论述，在既定的价格水平下，所有对消费、投资、政府购买及净出口产生影响的因素都会引起总需求的变动，进而使总需求曲线发生移动。在下一章中我们分析政府政策对总需求的影响时，会对此有进一步的认识。

> 【即问即答】 解释总需求曲线向右下方倾斜的三个原因。举出一个会使总需求曲线移动的事例，这个事例如何使该曲线移动？

第四节 总供给曲线

总供给曲线表现的是企业生产并销售的物品和劳务的总量和价格水平的关系。由于总供给量和价格水平的关系在长期和短期不同，总供给曲线分为长期总供给曲线和短期总供给曲线。在长期中，总供给曲线是垂直的；在短期中，总供给曲线向右上方倾斜。

一、长期总供给曲线

（一）长期总供给曲线是垂线

在长期，价格水平和工资具有充分的伸缩性，它们的充分调整可以保证劳动和其他生产要素被充分利用。因此，在长期，总产量取决于劳动和其他生产要素（例如资本）的数量，以及使用这些生产要素进行生产的技术和企业家精神。如果我们考虑的是长期问题，那么我们就不必关注价格水平的影响，只需要看经济中的生产要素和技术，进而判断这个经济体的生产潜力。由于价格水平不影响长期总供给，所以长期总供给曲线是一条垂线，它表明长期中，物品和劳务的供给量取决于劳动、资本、自然资源和技术，无论价格水平如何变动，都不会对经济的生产潜力产生影响。如图10-4所示。

长期总供给曲线的位置所对应的产出水平（Y_f），也被称为充分就业的产出水平，或失业率为自然失业率（经济在正常情况下的失业率）的产出水平，它是指经济社会的资源充分利用所能达到的最大产量，是长期中经济所趋向的产量水平。

长期总供给曲线的经济含义是：由于价格具有完全伸缩性，长期中生产能力总是能够达到或接近充分利用。政府采用增加总需求的政策只会导致价格水平上升，而不会影响产出，因为产出是由全社会可以利用的生产要素的水平决定的。如图10-5所示。

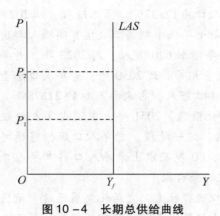
图10-4 长期总供给曲线

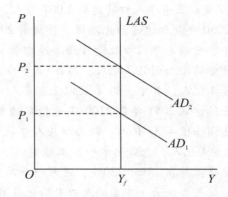
图10-5 长期总供给曲线的政策含义

（二）长期总供给曲线的移动

经济中任何影响充分就业产出的因素变动都会使长期总供给曲线移动。由于充分就业的产出水平取决于劳动、资本、自然资源和技术，这四个因素的变动是长期总供给曲线移动的原因。

1. 劳动变动引起的长期总供给曲线移动

劳动力供给的变动会引起长期总供给曲线的移动。例如，人口出生率的下降是当前我国经济面临的一大挑战，这将加快我国人口老龄化的到来，经济中可供使用的劳动力数量迅速减少，这将会减少物品和劳务的供给量，使长期总供给曲线向左移动。又如，为了应对老龄化的挑战，一些经济学家建议放宽退休年龄，如果这项政策能够得到妥善实施，那么，就会增加经济中的劳动供给量，这会使长期总供给曲线向右移动。

长期总供给曲线的位置还取决于自然失业率。如果政府大幅提高最低工资，那么，就会有更多的工人失业，自然失业率会上升，经济中的物品和劳务的供给量减少，长期总供给曲线向左移动。反之，如果政府重视对失业工人的再就业培训，这可缩短失业者寻找新工作的时间，自然失业率会下降，长期总供给曲线向右移动。

参考资料

老龄化的挑战

在未来一段时间内，老龄化可能对中国经济的发展产生重大影响。

根据全国老龄办与2006年2月发布的《中国人口老龄化发展趋势预测研究报告》，中国已于1999年进入老龄社会，是较早进入老龄社会的发展中国家之一。从2001年到2100年，中国的人口老龄化可以分为三个阶段。第一阶段，从2001年到2020年是快速老龄化阶段。这一阶段，中国将平均每年新增596万老年人口，年均增长速度达到3.28%。到2020年，老年人口将达到2.48亿人，老龄化水平将达到17.17%，其中，

80岁及以上老年人口将达到3 067万人，占老年人口的12.37%。第二阶段，从2021年到2050年是加速老龄化阶段。伴随着20世纪六七十年代中期第二次生育高峰人群进入老年，中国老年人口数量开始加速增长，平均每年增加620万人。到2023年，老年人口数量将增加到2.7亿人，与0—4岁少儿人口数量相等。到2050年，老年人口总量将超过4亿人，其中，80岁及以上老年人口将达9 448万人，占老年人口的21.78%。第三阶段，从2051年到2100年是稳定的重度老龄化阶段。2051年，中国老年人口规模将达到峰值4.37亿人，约为少儿人口数量的2倍。这一阶段，老年人口规模将稳定在3亿～4亿人，老龄化水平基本稳定在31%左右，80岁及以上老年人口占老年人口的比重将保持在25%～30%，进入一个高度老龄化的平台期。

该报告认为，中国的人口老龄化具有老年人口规模巨大、老龄化发展迅速、地区发展不平衡、城乡倒置显著、女性老年人口数量多于男性、老龄化超前于现代化等六个主要特征。中国人口老龄化趋势可以概括为四点：人口老龄化将伴随21世纪始终；2030年到2050年是中国人口老龄化最严峻的时期，人口总抚养比将最终超过50%，有利于发展经济的低抚养比的"人口黄金时期"将于2033年结束；重度人口老龄化和高龄化将日益突出；中国将面临人口老龄化和人口总量过多的双重压力。

资料来源：参见全国老龄工作委员会办公室2006年的《中国人口老龄化发展趋势预测研究报告》。

2. 资本变动引起的长期总供给曲线移动

经济中资本存量的增加会提高生产率，从而增加了物品和劳务的供给量，导致长期总供给曲线向右移动。反之，经济中资本存量的减少降低了生产率，从而减少了物品和劳务的供给量，会使长期总供给曲线向左移动。

需要注意的是，无论是机器、厂房这些物质资本的增加，还是教育和培训这类人力资本的增加，都将提高物品和劳务的生产能力，使长期总供给曲线向右移动。例如，高等职业教育的发展会提升劳动者的文化素质和工作技能，这对总供给的增加有重要影响。

3. 自然资源变动引起的长期总供给曲线移动

土地、矿藏、气候等自然资源也会影响物品和劳务的产量。例如，新油田的发现使长期总供给曲线向右移动；干旱缺雨使农业减产，导致长期总供给曲线向左移动。

在许多国家，重要的自然资源是通过进口获得的。因此，国际市场上自然资源供给的变化也会使这些国家的长期总供给曲线移动。例如，20世纪70年代初石油输出国组织大幅度提高石油价格，使得当时依赖于中东国家石油资源的美国和欧洲一些国家的总供给受到很大的负面影响。

4. 技术进步引起的长期总供给曲线移动

技术进步对生产能力的影响是显而易见的。例如，互联网技术的进步大大降低了人们信息传递的成本，提高了人们的协作效率，使得人们在既定的资源条件下生产出更多的物品和劳务，从而使长期总供给曲线向右移动。

开放国际贸易和提高资源配置效率也有提高生产率的作用。国际贸易可使一个国家专门从事生产率更高的行业，从而使长期总供给曲线向右移动。资源配置效率与经济体制的选择有关。在计划经济时期,由于激励问题没有得到解决,人们没有生产积极性,经济没有活力。而在实现了由计划经济向市场经济的转型之后,人们能够得到创新所带来的物质利益,产出得到大幅提升,使得长期总供给曲线向右移动。

综上所述,长期总供给曲线反映的是经济中物品和劳务的生产潜力,所有使生产要素和生产率变动的因素都会影响经济中物品和劳务的供给量,从而引起长期总供给曲线的移动。

二、短期总供给曲线

(一) 短期总供给曲线向右上方倾斜

在短期经济中,总供给曲线和长期不同。在长期中,价格水平不影响经济提供物品和劳务的能力,长期总供给曲线是垂线。与此相反,短期中价格水平则会影响经济的产量。具体来说,经济中价格水平上升会增加物品和劳务的总供给量,而价格水平下降则会减少物品和劳务的总供给量。所以,短期总供给曲线向右上方倾斜。如图10-6所示。

那么,是什么因素引起价格水平与总供给之间的同向变动关系呢?宏观经济学家提出了三种理论解释短期总供给曲线向右上方倾斜的原因,这就是黏性工资理论、黏性价格理论和错觉理论。

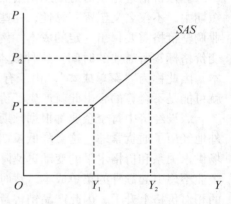

图10-6 向右上方倾斜的短期总供给曲线

1. 黏性工资理论

黏性工资理论是对短期总供给曲线向右上方倾斜的最简单的解释。该理论认为,工资在短期内是"黏性的":因为工人和企业签订了固定名义工资的长期合同。长期合同对工人和企业都有利,可以降低双方的谈判成本。所以,追求利益最大化的企业和工人都愿意通过谈判签订为期几年的长期合同,预先规定劳资双方的未来行为,结果排除了适应条件变化而迅速调整名义工资的可能性,导致名义工资调整缓慢。

我们可以举一个例子理解黏性工资理论。假设在1年前,某企业预期现在的价格水平是100,并根据这个预期和工人签订了每月5 000元的工资合同。但实际上,现在的价格水平上升到105。由于价格水平高于预期,企业从每单位产品销售中得到的收入比预期高出5%,但是生产这些产品的劳动成本仍然是每月5 000元,这对企业有利,企业的反应是增加工人的雇用量,并增加产品的供给量。随着时间的推移,劳动合同会到期,在签订新的合同时工人会要求提高名义工资补偿更高的价格水平带来的实际工资损失。但在这段时期,由于工资不能随着价格水平迅速调整,企业抓住这个赚取更多利润的机会增加就业和生产,物品与劳务的供给量会高于长期水平。

同样的逻辑在相反的方向也是一样的。假设现在的价格水平只有95,那么,企业从每单位产品销售中得到的收入比预期低了5%，由于雇用劳动的成本不变，这对企业不利，企业的反应是减少工人的雇用量，并减少产品的供给量。最终在签订新的劳动合同时企业会下调名义工资，但在这段时期，由于工资黏性，就业和生产会低于长期水平。

简而言之，根据黏性工资理论，工人的名义工资是劳资双方根据预期价格水平确定的。当实际的价格水平和预期发生背离时，名义工资不能立即得到调整。工资的这种黏性使企业在实际价格水平高于预期时生产较多的产量，而在实际价格水平低于预期时生产较少的产量。这导致了短期总供给曲线向右上方倾斜。

2. 黏性价格理论

黏性价格理论是对短期总供给曲线向右上方倾斜的第二种解释。经济学家认为，在短期中，不仅名义工资有黏性，一些物品与劳务的价格的调整也是缓慢的。这是因为企业调整价格需要付出一定的成本。例如，企业重新印刷和分发价格目录的成本，以及改变价格标签所需要的时间。这种成本类似于餐馆在改变餐饮价格时需要重印菜单的成本，因此称为"**菜单成本**"。由于有"菜单成本"的存在，企业对价格进行的适时调整就可能是不合算的，由此就产生了价格黏性。

假设经济中每个企业都根据预期的价格水平制定了其产品价格。但是，如果经济意外地经历了通货紧缩，这会降低长期中的价格水平。虽然一些企业根据物品和劳务的市场供求关系和价格水平的变动迅速降低了自己生产的物品和劳务的价格，但还是有一些企业不想引起额外的菜单成本，暂时不调整价格。从市场的角度看，显然这些企业产品的相对价格上升了，因此产品销售量会减少，这会使企业减少生产和就业，造成供给量的减少。换句话说，由于并不是所有企业价格都根据价格水平的变动而迅速调整，未预期到的价格水平下降使一些企业价格高于合意水平，这会抑制企业的销售，并引起企业减少它所生产的物品与劳务的数量。

同样的道理，如果经济出现了意外的通货膨胀，这会使实际的价格水平高于预期，一些企业会迅速提高其产品价格，而另一部分企业不会对价格进行及时调整。这些企业产品的相对价格就降低了，低价格会吸引顾客，产品销售量增加，企业会增加产量。因此，在企业暂不调整价格的期间内，价格水平和产量之间存在同向变动关系，在图形上表现为短期总供给曲线向右上方倾斜。

3. 错觉理论

对短期总供给曲线向右上方倾斜的第三种解释是错觉理论。根据这种理论，价格水平的变动会在短期内误导企业对自己出售产品的市场状况的判断。由于这种短期错觉的存在，企业会对价格水平的变动做出反应，从而引起短期总供给曲线向右上方倾斜。

假设价格水平低于人们的预期水平，企业会误认为其产品的相对价格下降了。例如，当养鸡场发现鸡蛋价格下降了，他们不太会立即关注整个价格水平的变动情况，而是错误地认为与经济中其他产品价格相比，他们的产品价格下降了，其反应是少养鸡，减少鸡蛋的供给量。同样，工人先注意到的是他们的名义工资下降了，其反应是减少劳动供给量，这也会导致经济中总供给的下降。反之，如果价格水平高于预期水平，企业也会误以为自己产品的相对价格上升了，并做出增加生产的反应，导致经济中总供给的增加。所以，价格水平与短期总供给同方向变动，表现为短期总供给曲线向右上方倾斜。

综上所述：黏性工资、黏性价格，以及对相对价格的错觉，都可能会导致短期总供给曲线向右上方倾斜。所有这三个理论都表明，当实际价格水平背离人们预期的价格水平时，短期供给量就会背离长期供给量。需要强调的是，以上三种理论假设都只在短期内才起作用，黏性工资、黏性价格以及错觉都不会持久存在。在长期中，随着人们预期的价格水平与实际价格水平调整为一致，名义工资和价格会得到调整，不再有黏性，对相对价格的错觉也会得到纠正，就业和生产会调整到长期水平。这时的供给曲线将不再向右上方倾斜，而是会重新变成一条垂线。

（二）短期总供给曲线的移动

前面在介绍长期总供给曲线时，我们曾指出劳动、资本、自然资源和技术进步都会引起长期总供给曲线的移动。所有这些使长期总供给曲线移动的因素也会引起短期总供给曲线的移动。例如，当技术进步提高了生产率时，这个经济的总产量增加了，无论长期总供给曲线和短期总供给曲线都向右移动。当严重的自然灾害减少了经济中的资本存量，经济中的总产量减少了，因而长期总供给曲线和短期总供给曲线都向左移动。

除了以上因素外，还有两个因素只影响短期总供给，不会影响长期总供给，这就是人们对价格水平的预期与原材料价格的变动。首先，人们对价格水平的预期会影响短期总供给曲线。例如，当人们预期价格水平较高时，他们倾向于把名义工资确定的高一些。在实际价格水平低于预期价格水平的情况下，高工资增加了生产成本，企业会减少物品与劳务的供给量。短期总供给曲线向左移动。反之，当人们预期价格水平较低时，他们会倾向于达成一个低水平名义工资的合同。在实际价格水平高于预期价格水平的情况下，低工资降低了生产成本，企业会增加物品与劳务的供给量，短期总供给曲线向右移动。其次，原材料价格的变动也会影响短期总供给。在短期中，如果原材料价格上升，企业成本增加，从而在每一既定的价格水平下，企业会减少物品与劳务的供给量，短期总供给曲线向左移动。反之，如果原材料价格下降，企业成本下降，企业会增加物品与劳务的供给量，短期总供给曲线向右移动。引起原材料价格变动的原因往往是外部冲击。例如，20世纪70年代的石油危机引起石油价格上升，企业成本增加，短期总供给曲线向左移动，表示在价格水平不变时，短期总供给减少了。

【即问即答】 解释为什么长期总供给曲线是垂线？解释短期总供给曲线向右上方倾斜的三个理论。什么因素既使长期总供给曲线移动又使短期供给曲线移动？什么因素使短期总供给曲线移动而不使长期总供给曲线移动？

第五节 总需求-总供给框架下经济波动的解释

在前面的分析中,我们已经对总需求曲线和总供给曲线进行了较为详细的解释。下面我们以此为工具来对短期经济波动进行解释。

一、宏观经济均衡的决定

在宏观经济中,最重要的是总产出和价格水平。总需求-总供给模型是从总需求和总供给相互作用的角度来说明总产出和价格水平的决定。现在我们将总需求曲线和总供给曲线描绘在同一幅图上,当总需求量和总供给量相等时就实现了宏观经济均衡。宏观经济均衡有长期均衡和短期均衡两种情况。

(一) 长期均衡

图10-7表示宏观经济处于长期均衡状态。均衡产出和价格水平是由总需求曲线和长期总供给曲线的交点决定的,图10-7中的E点就是初始的长期均衡点。在这一点上,产量处于充分就业水平。由于经济总是处于短期均衡,因此短期总供给曲线也通过这一点,表示预期价格水平已经调整到了长期均衡。也就是说,当经济处于长期均衡时,预期价格水平必定等于实际价格水平,从而总需求曲线、短期总供给曲线和长期总供给曲线的交点重合。经济中既无通货紧缩,又无通货膨胀,是宏观经济的理想状态。

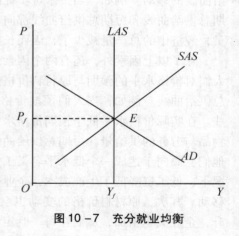

图10-7 充分就业均衡

(二) 短期均衡

宏观经济的长期均衡不是必然的常态。当经济中的某种原因引起总需求曲线或短期供给曲线的移动时,就会发生短期均衡对长期均衡的偏离,此时总需求与短期总供给相等,与长期总供给并不相等。也就是说,短期均衡在总需求曲线与短期供给曲线的交点,长期总供给曲线则不通过总需求曲线与短期供给曲线的交点,此时产出偏离了充分就业的产出水平。宏观经济的短期均衡有两种情况。

图10-8表示小于充分就业均衡的情况。长期总供给曲线在总需求曲线和短期总供给曲线交点的右边,此时均衡产出小于充分就业的产出水平,这表明经济中的生产资源没有得到充分利用,经济处于衰退状态。

图10-9为大于充分就业的均衡。长期总供给曲线在总需求曲线和短期总供给曲线交点的左边,此时均衡产出大于充分就业产出水平,这表明经济中的生产资源存在过度的利用,比如工人加班加点、生产设备的过度消耗等。超充分就业均衡对宏观经济来说

也不是一件好事。这是因为，一方面，经济过热会刺激总需求，容易导致通货膨胀；另一方面，资源的过度消耗会影响企业生产的正常运行，不利于经济的长期增长。

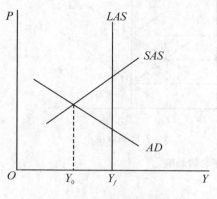

图 10-8　小于充分就业均衡　　　　　图 10-9　大于充分就业均衡

二、短期经济波动分析

短期均衡不是宏观经济的理想状态。现在我们用总需求－总供给的分析框架，说明经济为什么会偏离充分就业均衡，以及经济如何从短期均衡调整到充分就业的均衡状态。

（一）总需求曲线的移动

短期经济波动的一个原因是发生了"**需求冲击**"。需求冲击是指在每一产出水平上使总需求曲线发生移动的外生事件。即经济中来自总需求方面的不确定性和风险因素。比如政局不稳、股票市场崩溃、国外爆发战争引起悲观情绪等。这类事件会减少总需求，使总需求曲线向左移动，产量减少，价格下降，经济衰退，被称为负向的需求冲击。正向的需求冲击则会使总需求增加，引起总需求曲线向右移动，产量增加，价格上升，经济繁荣。比如消费者和企业家"信心"的提升、世界经济扩张引起本国出口增加，或者货币供给量增加等事件，都是正向的需求冲击。我们以负向的需求冲击为例解释总需求曲线的移动。

1. 短期效应

图 10-10（a）的 A 点表示经济起初处于长期均衡。假设由于国际金融危机的波及，很多企业因接不到订单减产甚至倒闭，许多人失去工作或对未来失去信心而削减了消费开支，这些对经济有什么影响呢？它减少了物品与劳务的总需求。也就是说，既定的价格水平下个人和企业愿意购买的物品与劳务都减少了。如图 10-10（a）所示，总需求曲线从 AD_1 向左移动到 AD_2。这时，总需求曲线与短期总供给曲线的新交点 B 决定了短期均衡，产量从 Y_1 减少到 Y_2，价格水平从 P_1 下降到 P_2。产量下降表明经济处于衰退之中，虽然该图没有反映出来，企业对低水平的生产和销售的反应是减少就业。

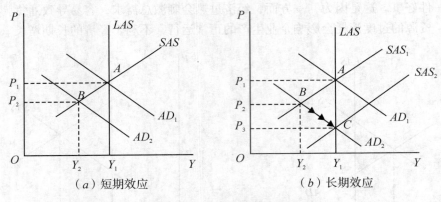

图 10-10　总需求变动的影响

2. 长期效应

经济不会永远处于充分就业的产出水平之下，总有一些力量会迫使实际产出回到充分就业水平。随着时间的推移，人们会发现实际价格水平低于预期，于是会把对价格水平的预期降下来，企业在和工人签订新合同时，会降低名义工资水平（工人也会接受较低的名义工资，因为物价水平降低了），这会降低劳动成本，刺激企业雇用更多的工人，并扩大生产，短期总供给曲线会向右移动。如图 10-10（b）所示，由于工资调整是一个逐渐的过程，在没有其他外部因素干预的情况下，短期均衡回到长期均衡是一个缓慢的过程。这表现为短期总供给曲线 SAS_1 沿着总需求曲线从 B 点逐步地向右移动。最后，工资水平下降到与价格水平同样的百分比，总需求曲线 AD_2 与短期总供给曲线 SAS_2 在长期总供给曲线上相交于 C 点，短期均衡回到了长期均衡，产量回到了充分就业的水平，但价格水平由 P_2 进一步降低到 P_3。尽管经济衰退减少了总需求，但价格水平的下降足以抵消总需求曲线移动的影响。因此，在长期中，总需求曲线的移动影响价格水平，但不会影响产量，换句话说，总需求曲线移动的长期效应是名义变动（价格水平低了）而不是实际变动（产量相同）。

正向需求冲击对总需求的影响与上述情况类似，但方向相反。严重的正向需求冲击使总需求曲线向右移动，实际产出高于充分就业水平，失业率低于正常水平，价格水平上升，经济过热。随着时间的推移，人们对价格水平的预期上升，改变了工资、价格和错觉，短期总供给曲线向左移动，实际产出缓慢地回到充分就业水平，但价格水平上升了。

以上对总需求曲线移动的分析可以使我们认识到，在现实中，很多需求冲击在短期内会使产量下降。但在长期，经济会自我纠正，产量会恢复到长期均衡水平。在这个过程中，并不需要政府的介入。

3. 政府的需求管理政策

当面对需求冲击的影响时，政府应该做什么呢？可以有两种选择：一是无所作为，由市场机制的自发调节使经济回到长期均衡。如前所述，由于工资、价格黏性和错觉，经济从短期均衡回到长期均衡是一个缓慢的过程，若是等待价格向下的压力带来经济恢复,需要经历一个长期的低产量和低就业的痛苦过程。二是政府实施需求管理政策。**需求管理政策**是指政府试图通过影响总需求降低短期经济波动程度的政策活动。在经济进入衰退的情况下,政府可以采取增加总需求的政策,使总需求曲线右移,回到原来的位置。比如政府增加购买支出,或减税,或中央银行增加货币供给量,这都会抵消总需求曲线的最初移动,使图 10-10 (b) 中的总需求曲线由 AD_2 回到 AD_1,并使经济回到 A 点。如果政策是成功的,可缩短低产量低就业这段痛苦时期的长度,其严重性也会降低。

参考资料

总需求的重大变动:2008 年下半年中国的通货紧缩

自 2008 年 8 月份,中国经济出现骤然减速。季度 GDP 增长率逐季下降,第一季度为 10.6%,第一到第三季度为 9.9%,2008 年全年 GDP 增长率为 9%。这个增幅比上一年下降了 4 个百分点。而居民消费价格总水平自 2008 年 6 月起连续下降,2009 年 2 月同比下降 1.6%,这是 CPI 6 年来首度出现负增长。2008 年全年 GDP 增长 9%,与 2007 年 13% 的增幅相比,大幅下滑 4 个百分点,由中国社科院发布的 2008 年全国城镇调查失业率为 9.6%。在这一时期,许多国家也经历了类似的产量和价格水平的下滑。

经济学家对此次经济下行起因的解释集中在总需求的大幅减少上。是什么引起了总需求的紧缩呢?比较一致的意见是美国金融危机引发的全球性经济衰退的外部冲击的影响。在中国经济增长的外需依存度提升的背景下,世界性经济衰退给我国总需求带来的冲击不可低估。2008 年 11 月中国出口同比负增长 2.2%,为 2001 年 6 月以来的首次。还有一些经济学家提出总需求的减少与我国经济发展中的结构失衡、体制机制问题和政策失误有关。由于分配格局失衡,我国消费占总需求的比重多年持续下降,近年只有 50% 左右。而居民消费仅为 36%,可能属世界最低之列。企业生产能力严重过剩,尤其是重工业和房地产业积累了过量的生产能力,这与资源过度流入重工业、机械制造和房地产投资,而对于医疗、卫生、教育、环保等领域的投入过低有关。事实证明,结构过度趋重在经济上行时会带来一定程度的扩张,而在下行阶段庞大的生产能力会凸现严重过剩,从而对经济带来较大冲击。也有经济学家提出导致总需求减少的其他理由。例如,受国际金融危机和宏观调控的影响,房地产市场和股市泡沫迅速破灭,价格急速下跌,导致居民消费和投资的下降,也加剧了宏观经济困境。可能的情况是,在经济下行时,所有这些因素共同发生作用紧缩了总需求。

资料来源:根据相关资料整理。

参考资料
美国2008—2009年的经济衰退

2008年和2009年,美国经历了一次严重的需求冲击。这次经济衰退为何会发生呢?究其原因,主要有三方面:一是美联储长期的低利率政策。为了应对2000年前后开始的网络泡沫破灭,2001年1月至2003年6月,美联储13次下调联邦基金利率,该利率从6.5%降至1%的历史最低水平,而且在1%的水平停留了1年之久。低利率使美国的住房市场十分火爆,一些金融机构甚至降低标准,使得很多有高度拖欠风险的次级借款者也得到购房贷款,通过抵押贷款买房便宜了,却也引起住房价格上升。二是美国政府不当的房地产金融政策。从20世纪末开始,在货币政策宽松、资产证券化和金融衍生产品创新速度加快的背景下,为实现"居者有其屋"的美梦,美国房利美和房地美两家公司的隐性担保规模迅速膨胀,其直接持有和担保的按揭贷款和以按揭贷款作抵押的证券由1990年的7 400亿美元爆炸式地增长到2007年年底的4.9万亿美元。在迅速发展业务的过程中,"两房"忽视了资产质量,这成为金融危机发生的温床。三是金融衍生品的滥用,拉长了金融交易的链条,助长了投机。"两房"通过购买商业银行和房贷公司流动性差的贷款,通过资产证券化将其转换为债券在市场上发售,吸引投资银行等金融机构来购买,而投资银行利用"精湛"的金融工程技术,再将其进行分割、打包、组合并出售,购买这些抵押贷款证券的金融机构并没有充分评估这些证券的风险。上述这些因素共同推高住房需求及住房价格,1995年到2006年间,美国的住房价格翻了一番。

但是,住房高价格并不能持续。从2006年到2009年,美国的住房价格下降了30%左右。这在两个方面导致了总需求的减少。一是抵押贷款的违约率大幅度上升以及住房被收回。在房价下降时,许多房东开始拖欠贷款,银行开始将抵押品出售来对付拖欠。房地产市场泡沫破灭,住房支出大幅度减少。二是拥有住房抵押贷款证券的金融机构蒙受了巨大亏损。这些公司通过大量借款来购买高风险的抵押贷款是赌房价将会上升,结果赌输了,它们发现自己处于或接近于破产的边缘,已没有资金用于贷款,甚至信誉好的客户也贷不到款用于投资支出,这些都导致总需求大幅度收缩。2007年第四季度到2009年第二季度间,美国的实际GDP下降了近4%,失业率从2007年5月的4.4%上升到2009年10月的10.1%。

改编自:曼昆,《经济学原理》,北京大学出版社2012年版。

(二)总供给曲线的移动

短期经济波动的另一个原因是发生了"**供给冲击**"。供给冲击是指在每一产出水平上使短期总供给曲线发生移动的外生事件。比如自然灾害摧毁一些农作物,使生产食品的成本上升,或者中东的一场战争中断了原油运输,使生产石油产品的成本上升。负向的供给冲击会使总供给曲线左移,价格水平上升,产量减少。而正向的供给冲击(如原油价格下降或技术创新等)会使短期总供给曲线右移,价格水平下降,产量增加。以下我们以负向的供给冲击为例解释总供给曲线的移动。

1. 短期效应

如图 10-11 (a) 所示,某经济起初处于长期均衡 A 点。假设世界石油价格上升。较高的石油价格增加了企业的生产成本。这对经济有什么影响呢?在任何一种既定价格水平时,企业的供给量减少了。短期总供给曲线由 SAS_1 向左移动到 SAS_2,并和总需求曲线相交于点 B。这时,经济中的产量由 Y_1 减少到 Y_2,价格水平由 P_1 上升到 P_2,经济衰退和通货膨胀同时发生,这被称为**滞胀**(stagflation)。

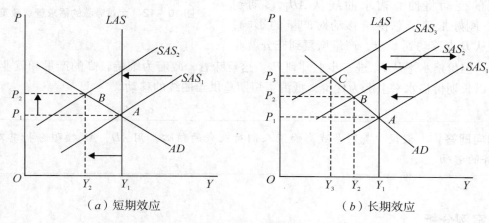

图 10-11 供给冲击

2. 长期效应

经济不会长期处在滞胀状态。如图 10-11 (b) 所示,随着时间的推移,一方面,根据黏性工资理论,企业和工人最初对价格水平上升的反应是提高对价格水平的预期,劳资双方在签订新合同时会根据物价提高名义工资,这会使企业的工资成本进一步上升,短期总供给曲线进一步向左移动(由 SAS_2 移动到 SAS_3),这使滞胀问题进一步加剧。高价格引起高工资,高工资又引起更高的价格,这一现象被称为工资-价格螺旋式上升。但是,当达到某一点(如 C 点)时,这种工资-价格螺旋式上升会放慢。低产量低就业会降低工人讨价还价的能力,从而压低工人的工资。另一方面,石油价格的上升会促使人们采取节能措施和寻找替代能源,以减少对石油的依赖。比如可以用节油车替代耗油量大的车,或者用核能、太阳能替代石油,这会导致石油价格最终趋于下降。名义工资和石油价格的下降都会降低成本,企业生产物品和劳务开始变得有利可图,短期总供给曲线会向右移动,由 SAS_3 回到最初的 SAS_1,经过缓慢调整,经济又重新回到初始的均衡点 A,此时产量又回到 Y_1,价格水平又恢复到 P_1。

3. 政府的需求管理政策

面临供给冲击引起的滞涨，政府应该怎么办呢？也有两种选择：一是静观其变，等待市场机制的自发调节使经济回到正常状态。但是，这个过程相当漫长，由于工资黏性、价格黏性和错觉，等待价格向下的压力带来经济恢复，需要经历一个长期的痛苦过程。二是政府采用需求管理政策。比如实施财政政策与货币政策通过移动总需求曲线来抵消短期总供给曲线左移的影响。如图 10 - 12 所示，面对滞涨，政策的变动将使总需求曲线从 AD_1 移动到 AD_2，刚好抵消了总供给移动对产量的影响，经济从 B 点移动到 C 点，产量恢复到充分就业水平，但价格水平从 P_2 进一步上升到 P_3。这意味着，政府为维持较高的产量和就业水平，以长期价格水平上涨为代价，抵消了短期总供给曲线的移动。

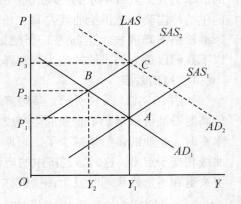

图 10 - 12　面对滞涨的需求管理政策

【即问即答】　假设中美贸易战影响了人们对未来的信心，用 AD - AS 模型分析其对经济的影响。

案例分析

石油危机对经济的影响

最有名的供给冲击是"石油危机"。由于石油是生产许多物品与劳务的关键投入，而且世界大部分石油来自沙特、科威特和其他中东国家。一旦这些主要产油国发生重大政治经济事件，世界石油价格上升，整个世界经济的状况都会受到影响。到目前为止，总共发生过三次"石油危机"，每一次都给世界经济带来了巨大的负面影响。

第一次"石油危机"发生于 1973 年。当年 10 月，第四次中东战争爆发，为打击以色列及其支持者，石油输出国组织（OPEC）的阿拉伯成员国当年 12 月收回石油标价权，并将石油价格从每桶 3.011 美元提高到 10.651 美元，使油价猛然上涨了两倍多。这增加了汽油、轮胎和许多其他产品的生产成本，对发达国家的经济造成了严重冲击。很多企业发现在任何一个既定的价格水平下生产无利可图，短期总供给曲线向左移动，总供给减少，引起滞胀，持续三年的石油危机使很多国家都经历了通货膨胀和衰退。美国的通货膨胀率几十年来第一次超过了 10%，工业生产下降了 14% 以上，失业率也从 1973 年的 4.9 上升到 1975 年的 8.5%。

第二次"石油危机"发生于 1978 年。当时，世界第二大石油出口国伊朗的政局动荡。亲美派巴列维国王下台，引发了第二次石油危机。此时又爆发了两伊战争，全球石油产量从每天的580万桶骤降到100万桶以下。随着产量的剧减，油价在1979年开始暴涨，从每桶13美元猛增至1980年的34美元，引发了西方经济的全面衰退。美国的通货膨胀率又上升到10%以上，失业率从1979年的6%左右在几年之后上升到10%左右。

第三次"石油危机"发生于1990年。因攻占科威特，伊拉克受到国际经济制裁，使得伊拉克的原油供应中断，国际油价因而急升至42美元的高点。美国、英国经济加速陷入衰退，全球GDP增长率在1991年跌破2%。国际能源机构启动了紧急计划，每天将250万桶的储备原油投放市场，以沙特为首的OPEC也迅速增加产量，很快稳定了世界石油价格。

世界石油市场也发生过使总供给曲线向右移动的正向供给冲击。1986年石油输出国组织的成员爆发了争执，成员国违背限制石油生产的协议，世界石油市场的价格下降了一半左右。石油价格的下降减少了企业的成本，企业现在发现在任何一个既定的价格水平下生产变得有利可图，短期总供给曲线向右移动。当时的美国经济就经历了滞胀的反面，产量迅速增长，失业减少，通货膨胀率达到了多年以来的最低水平。

近年来，世界石油价格的变动不再成为引起经济波动的主要因素。一个重要原因是技术进步降低了经济对石油的依赖程度。生产一单位实际GDP所需的石油量自20世纪70年代的石油危机以来已下降了40%左右。这使今天石油价格的变动对经济的影响变小了。

改编自：张维迎，《经济学原理》，西北大学出版社2015年版。

本章介绍了宏观经济学关注的一大主题——短期经济波动。为此我们引入了总需求－总供给的分析框架，并用此框架解释了各种风险和不确定因素可能产生的短期和长期影响，以及政府如何对经济波动作出反应。下一章中，我们继续用这一框架分析政府的各类经济政策及其效果。

本章要点

（1）经济不是平稳增长的，短期会经历很多的波动。这些波动无规律且难以预测。一旦经济波动发生，大多数宏观经济变量同时变动。在这些变量中，GDP、投资、消费、净出口、价格水平等是顺周期的，而失业率是逆周期的。

（2）经济学家用总需求—总供给模型解释短期经济波动。总需求曲线表示经济中物品和劳务的需求量与价格水平之间的逆向关系。由于财富效应、利率效应和汇率效应，总需求曲线是向右下方倾斜的。总供给曲线表示价格水平和物品与劳务的供给量之间的关系。长期总供给曲线是垂线，表示在长期中，物品与劳务的供给量取决于劳动、资本、自然资源和技术水平，但不取决于价格水平。短期总供给曲线则是向右上方倾斜的，它可以由黏性工资理论、黏性价格理论和错觉理论来解释。

（3）经济波动的一个原因是：当发生需求冲击时，总需求曲线会发生移动，从而影响短期产量和价格。随着时间的推移，当预期价格水平的变动引起工资、价格和错觉进行调整时，短期总供给曲线会发生移动，总需求的变动最终只会影响价格水平，而不会影响产量。

（4）经济波动的另一个原因是：当发生供给冲击时，短期总供给曲线会发生移动，从而影响短期产量和价格。随着时间的推移，当预期价格水平的变动引起工资、价格和错觉进行调整时，短期总供给曲线会移动到原来的位置，整个经济会回到初始的均衡状态。

（5）在总需求-总供给的框架下，我们可以对经济中很多经济冲击的影响作出解释。

重要概念

经济波动　总需求曲线　财富效应　利率效应　汇率效应　总供给曲线　长期总供给曲线　短期总供给曲线　黏性工资理论　黏性价格理论　错觉理论　滞胀

思考与练习

（1）为什么总需求曲线向右下方倾斜？为什么长期总供给曲线是垂线？为什么短期总供给曲线是向右上方倾斜的？

（2）什么因素会引起总需求曲线移动？什么因素会引起长期总供给曲线移动？什么因素会引起短期总供给曲线的移动？这些因素对经济短期和长期均衡分别会产生什么影响？

（3）什么因素引起总需求曲线向左移动？用 $AD-AS$ 模型来探讨这种移动的短期影响和长期影响。

（4）什么因素引起短期总供给曲线向左移动？用 $AD-AS$ 模型来探讨这种移动的短期影响和长期影响。

（5）是总需求增加、短期总供给增加还是长期总供给增加引起了通货膨胀？

（6）用总需求-总供给模型分析2008年国际金融危机对中国经济的短期和长期影响。

（7）如果政府决定大幅度地提高能源价格，试分析在总需求曲线不变的情况下，对经济中的产量和价格水平的影响。

（8）请解释，下列事件会导致总需求、总供给中哪条曲线的移动，抑或不会使任何一条曲线移动？并用图形说明这些事件对产量和价格水平的影响。

A. 家庭决定把大部分收入储蓄起来。
B. 四川的橘园受到冷空气的袭击。
C. 2002年为生育高峰年。

（9）试解释为什么以下说法是错的。

A. 总需求曲线向右下方倾斜是因为它是个别物品需求曲线的水平相加。
B. 长期总供给曲线垂直是因为经济力量并不影响长期总供给。
C. 如果企业每天调整自己的价格，那么，短期总供给曲线就是水平的。
D. 只要经济进入一次衰退，它的长期总供给曲线就向左移动。

第十一章 宏观经济政策分析

上一章我们介绍了总需求-总供给模型，并用该模型分析了经济波动的原因。现在，我们将继续用这一框架分析宏观经济政策的影响。政府的宏观经济政策主要分为货币政策和财政政策，本章将说明这两种政策如何影响总需求曲线的移动，以及政策的作用效果。

第一节 宏观经济政策的目标

在分析宏观经济政策之前，我们先介绍宏观经济政策的目标。一般认为，宏观经济政策的主要目标有三个：充分就业、物价稳定和经济增长。

一、充分就业

充分就业，是指所有愿意接受现行工资的人都能找到工作的就业状态。经济学家用劳动要素的充分就业表示所有的经济资源都得到了充分利用，因为测量其他各种资源是否充分就业比较困难，所以经济学家通常用失业率高低作为衡量充分就业与否的尺度。需要注意的是，充分就业并不是失业率等于零，这是不可能的，在充分就业的状态下仍然存在摩擦性失业和自愿失业。**摩擦性失业**是指劳动力市场供求信息不完全以及劳动力在异地之间流动的成本引起的失业。由于找工作的人与工作岗位之间存在信息不对称，或者劳动力流动成本的障碍，摩擦性失业是不可避免的。**自愿失业**是指不愿意接受现行的工资水平而形成的失业。与自愿失业相对应的是"**非自愿失业**"，它是愿意接受现行工资但仍找不到工作的失业。如果消除了"非自愿失业"，失业仅限于摩擦性失业和自愿失业，那么就实现了充分就业。实现充分就业时的失业率称为**自然失业率**（Natural unemployment rate），即经济在正常情况下的失业率。这种失业是"自然的"，不是因为它是适当的，而是因为它不受经济政策的影响。也就是说，政府的宏观经济政策不可能将实际失业率降低到自然失业率之下，而是使失业率与自然失业率相等。经济学家在自然失业率的衡量和估计上多有分歧，各国在具体执行时对标准的掌握也是灵活的。1978年，美国《充分就业和平衡增长法》规定，不超过4%的失业率为充分就业。

二、物价稳定

物价稳定，是指价格总水平的稳定。经济学家用价格指数表达一般价格水平的变化。在现代信用货币流通条件下，物价总体上呈现向上的趋势，尽管通货紧缩在有些年份也会成为世界性现象。因为通货膨胀对资源配置、财富分配和稳定预期会产生负面影响，各国通常都把"反通货膨胀"和"稳定物价水平"等同起来，将防止通货膨胀，把物价水平控制在一定范围之内确立为宏观经济政策的目标。需要注意的是，物价稳定并不是通货膨胀率为零,而是指价格指数的相对稳定,即短期内不出现价格水平的显著波动。物价水平波动范围的确定,取决于具体的政治经济环境以及社会公众对物价水平变动的容忍程度。一般认为,物价上涨率控制在2%~4%,就基本上算实现了物价水平的稳定。在具体的执行中,各国的要求不尽相同。

三、经济增长

经济增长,是指在一个特定时期内一个国家人均产出或人均收入水平的持续增加,通常用实际GDP的年增长率来衡量。世界各国由于发展阶段不同,在增长率的选择上往往存在差异,与发达国家相比,大多数发展中国家更加倾向于高的增长率。经济增长目标有两方面的意义:一是维持经济增长率的稳定,使其保持在潜在的增长率水平;二是保持经济持续增长的能力。第九章曾提到经济增长率的持续提高是生活水平提高的保证,因此经济增长速度的下降就意味着国民生活水平的恶化。为了防止这种现象的发生,政府有必要用政策矫正各种负向冲击的影响,保持经济的持续、稳定增长。

为了实现上述政策目标,政府可以采用货币政策和财政政策对宏观经济进行调控。以下将具体介绍这两类政策的作用。

第二节 货币政策

货币政策(monetary policy),是指中央银行为实现特定的经济目标而采取的控制货币供给量影响总需求的措施的总称。在分析政府如何运用货币政策影响经济之前,我们需要了解一个国家的货币种类、一国的银行体系和货币创造过程。

一、货币的种类

在经济学中,**货币**(money)是指人们普遍接受的交易媒介。我们钱包里的现金可以用来买东西,还债,人们都愿意接受,显然它符合货币的定义。股票或债券不是货币,如果不把它们变成现金,我们不能用这些财富形式购买物品和劳务。只有货币在物品和劳务的交换中是人们乐于接受的财富形式。因为货币是最具有流动性的资产。**流动性**(liquidity),是指一种资产变为交换媒介的方便程度。如果某项资产很容易变为可流通货币并且无须承担损失,这项资产的流动性就是高的。如果某项资产难以迅速变现,或者需要为此付出较大的成本,这项资产的流动性就是低的。由于货币是经济中的交换媒介,所以它的流动性最强,而股票和债券变现要付出较小的代价,若是出售一所住房或一件古董就要付出更多的时间和努力,所以这些资产形式的流动性较小。一种资产是否被看作货币主要取决于其流动性的大小。

根据流动性的强弱,经济学家把流通中的货币划分为M0、M1和M2,这是几个最常用的货币种类。M0是指流通中的现金,包括纸币和硬币。这部分货币本身就是流动性,是经济中最广泛接受的交易媒介。M1指的是M0和活期存款(支票存款和信用卡存款)的总和。活期存款几乎和现金一样,可以方便地支付,其交易成本也很低,所以 M1 通常被用来衡量经济中的现实购买力。M2 是 M1 和准货币（包括储蓄存款、定期存款和其他存款，这些存款账户的余额不能开支票）的总和。由于准货币不构成对市场的直接压力，M2 常被用来衡量经济中的潜在购买力。

以上几种货币关键的区别在于其"流动性"，也就是转化为可流通货币的便利程度。其中，M0 直接可用于交易，其本身就是流动性，M1 可以很容易地转化为流通货币，M2 转化为流通货币的难度大一些。如上所述，这些不同的货币种类可以提供不同的宏观经济信息。

在宏观经济学中，通常用现金和活期存款代表货币供给的实际状况。但实际上，不同货币之间的关系是不稳定的。自 20 世纪 70 年代以来，一些新方法的出现使准货币和活期存款的差别缩小了。例如银行的自动转移服务，人们开支票使用活期存款时，银行会自动把储蓄账户的存款转到活期存款账户，储户的定期存款也可在提前通知的条件下转为活期存款。此外，货币市场共同基金的储户通常也可以根据他们的余额开支票。究竟哪一种货币更能代表货币供给，是一个经验问题，对于货币政策的制定具有重要意义。

知识拓展

余额宝类产品属于哪类货币

余额宝是由天弘增利宝货币基金与阿里巴巴合作推出的一款互联网货币基金产品。自 2013 年 6 月 3 日正式推出服务以来，余额宝受到了广泛的社会关注度与大众认可。推出余额宝产品的初衷是使阿里巴巴的支付宝中的沉淀资金得到充分利用。在没有余额宝前，投资者（阿里巴巴或淘宝用户）可以将资金存入自己的支付宝账户中。但是由于准备金限制，阿里巴巴不能将支付宝中的全部资金用于投资，因此积聚下大量的沉淀资金。同时，投资者将资金存入支付宝中是没有利息的，这对投资者而言也是一种损失。因此，为了发挥沉淀资金的投资潜力，阿里巴巴与天弘基金合作，推出了余额宝产品。投资者可以选择将资金存入余额宝中，每天获得一定的收益。而当需要进行网络支付时，用户可以随时用支付宝中的资金进行支付。并且用户可以在余额宝、支付宝之间进行无障碍转账。相对于传统的理财产品，余额宝具有流动性较强、收益较高等特点，因此一经推出就获得了市场的青睐。2018 年上半年余额宝基金的总量达到 18 602 亿元。在余额宝获得巨大成功后，各大金融机构也纷纷推出了类似的产品。这些新产品为缺乏投资渠道的普通居民提供了一种新的投资方式，在用户口中，这些产品被亲切地称为"宝宝们"。

对于宏观经济学家们来说，"宝宝们"的出现给他们带来了很多新的理论问题，其中之一就是将这些产品归为哪一类货币。从本质上讲，"宝宝们"是货币基金类的产品，在欧美，它被划归 M3 的类别。但是，和一般的货币基金不同，"宝宝们"中的货币可以非常方便地被转化为流通货币（例如余额宝中的货币可以无成本地转到支付宝中进行支付），因此有不少学者认为应该将其划归为 M2，甚至是 M1。到目前为止，学者们对余额宝类产品的种类划分尚未达成普遍的共识。

转引自：张维迎，《经济学原理》，西北大学出版社 2015 年版。

二、银行体系与货币创造

理解政府如何运用货币政策影响经济，还需要了解一国银行体系的构成。

（一）银行体系

在现代经济中，一国银行体系运作涉及三个角色，即中央银行、商业银行和公众。

1. 中央银行

中央银行（central bank）是政府的银行，是代表政府管理金融的机构。虽然也被称为银行，但是并不经营银行业务，不以盈利为目标，是一个超脱于一般银行之外的金融管理机构。负责监管银行体系，调节经济中的货币供给量。许多国家都有自己的中央银行。比如，美国的联邦储备银行、英格兰银行、日本银行和欧洲中央银行。

中央银行的主要职能是：

第一，发行的银行。中央银行垄断本国的货币发行权，它可以通过调节货币供给量来影响经济，这就是中央银行的货币政策。中央银行是货币政策的制定者和实施者。

第二，银行的银行。中央银行既是商业银行的监管者，也为商业银行提供服务。中央银行集中保管商业银行缴存的准备金，办理各商业银行在全国范围内的结算业务，在商业银行资金短缺时，中央银行充当最后的贷款人，以垫款或贴现的方式对各银行提供贷款，以避免银行破产所引起的金融风波。

第三，政府的银行。中央银行为政府提供金融服务。这包括代理国库，经办政府的财政预算收支，代理政府发行公债，管理国家的黄金和外汇，办理政府金融事务。作为最高的金融管理机构，中央银行代表政府制定各种金融法规，执行对商业银行的监督管理。

2. 商业银行

商业银行（commercial bank）是一国银行体系的主体。与其他企业一样，商业银行的经营以盈利为目的。它主要经营货币业务，包括负债业务、资产业务和中间业务。负债业务是指银行吸收的存款，包括活期存款、定期存款和储蓄存款。我国商业银行的资产业务有两项：一是发放贷款，包括公司融资，个人房地产抵押贷款，消费贷款和其他贷款。二是投资有价证券，商业银行可以购买国债、企业债券其他债券，以取得利息收入。银行需要现金时，这些资产可迅速出售并兑换为现金。出售国债没有什么损失风险，但资产利率较低。出售政府长期债券和其他债券时，因为价格会有波动，因此风险较大，但利率较高。中间业务是指代客结算、票据贴现、理财、信息咨询等并从中收取手续费的业务。

3. 公众

公众（public）是指家庭、企事业单位和机关团体等。从银行体系运作的角度看，公众如何安排自己的钱财具有重要的意义，因为这一安排决定了公众愿意持有多少现金通货，另外有多少钱财作为存款存入银行。而一个经济的现金加活期存款就构成了货币供给。用 C 表示现金，D 表示活期存款，经济中的货币供给量 M 的构成为：

$$M = C + D$$

正是由于货币供给包括活期存款，所以，在货币供给的形成中，以上所介绍的银行体系的三个主体扮演了重要的角色。

（二）货币的创造

流通中的货币从哪里来？印钞厂印出来的是小部分，大部分货币是商业银行在中央银行政策信号的诱导下，通过银行业务无中生有"变"出来的。以下我们将解释银行体系创造货币的机制。

1. 中央银行对基础货币的控制

货币供给过程的第一步是中央银行投放基础货币。**基础货币**（monetary base，MB），是指流通中的现金与存款准备金的总和。这是整个商业银行体系创造存款货币的基础，所有形式的货币都是由基础货币创造出来的，其中的奥妙则在于部分准备金制度。

存款准备金（deposit reserve），是指商业银行在中央银行的存款，这是商业银行为保证客户提取存款和资金清算而必须准备的现金。由于银行每天有客户前来提取现金，每天也会有人前来存款，每天客户提取的现金只占存款的一部分。因此，银行没有必要将所有的存款都作为准备金来应对客户的提款要求，这就是部分准备金制度的来由。

存款准备金包括法定存款准备金和超额存款准备金。**法定存款准备金**（reserve requirement，RR），是指中央银行规定商业银行必须持有的最低数量的准备金。法定准备金占存款总额的比例就是**法定准备金比率**（rd）。此外，银行可以持有高于法定准备金的准备金，这称为**超额存款准备金**（extra reserve），超额准备金率由银行自己决定。

现在假定中央银行从公众手里购买了100亿元国债，这意味着增加了100亿元的基础货币的投放。如果国债是面向公众出售的，公众手中持有的现金增加了100亿元；如果国债是面向商业银行等金融机构出售的，则商业银行的超额准备金多了100亿元（法定准备金是商业银行不能自由动用的）。下面来看这在商业银行体系和公众中会产生什么影响。

2. 商业银行创造货币的过程

为了说明商业银行的存贷款行为如何实现存款货币的创造，我们假定：①没有现金从银行体系中流失。即公众或把现金存入银行，或者拿去购物，当商场收到这些现金后又会存入它们的银行账户。②商业银行不得持有超额存款准备金。在上述假设下，只要中央银行所要求的存款准备金比率小于100%，商业银行系统就可以进行货币创造。

假设公众把出售国债得到的 100 亿元现金存入 A 银行。A 银行的账面上就多了 100 亿元的存款。假定中央银行规定的法定存款准备金比率为 10%，那么 A 银行把 10 亿元用作存款准备金，余下的 90 亿元全部用来发放贷款。这样，在 A 银行发放贷款前，货币供给是公众在 A 银行的 100 亿元存款。但当 A 银行发放贷款以后，货币供给为 100 亿元 + 90 亿元 = 190 亿元。显然，当银行保留部分准备金时，银行创造了货币。

货币创造并没有到此为止。公众在取得 90 亿元贷款后会做什么呢？个人取得贷款可能会用来买房、买车或者用于支付大学学费，不管用来做什么，这笔钱花出去，会变成别人（房地产商、汽车公司或某所大学）的收入；企业取得了贷款，可能会给工人发工资、购买原材料和机器设备等。这笔钱支付出去，会变成个人和其他企业的收入。在没有现金漏出的情况下，新增加收入的公众又会把 90 亿元再存入比如 B 银行的账户。同样地，B 银行把其中的 10% 留作法定存款准备金，又会把余下的 81 亿元贷给企业和个人。这个过程会一直进行下去，公众最初在 A 银行存入的 100 亿元经过辗转放贷，最后在经济中创造出多少货币呢？我们把各银行增加的存款总量相加：

初始存款	100 亿元
A 银行	90 亿元（= 0.9 × 100 亿元）
B 银行	81 亿元（= 0.9 × 90 亿元）
C 银行	72.9 亿元（= 0.9 × 81 亿元）
⋮	⋮

如此类推。把这些数字排列起来，你会发现这是一个无穷等比递减数列：100，90，81……，每一个值是前一个值的 90%。根据无穷等比递减数列的求和公式，可知整个银行体系的活期存款增加总额为：

$$= 100 + 100(1 - 10\%) + 100(1 - 10\%)^2 + 100(1 - 10\%)^3 + \cdots$$
$$= 100/10\%$$
$$= 1000 （亿元）$$

也就是说，中央银行起初增加了基础货币（MB）的投放量，通过一轮存贷款业务周转又新增加了一部分 $MB(1-rd)$，以后每一轮都以等比增加，最后就是一个等比数列的求和的运算：

$$M = MB + MB(1-rd) + MB(1-rd)^2 + MB(1-rd)^3 + \cdots = MB/rd$$

3. 简单的货币乘数

以上分析表明，银行并没有创造出无限的货币量。中央银行投放 100 亿元的基础货币，在法定准备金比率为 10% 的情况下，100 亿元的基础货币投放产生了 1 000 亿元的货币量，货币总量的增加是基础货币的 10 倍。基础货币变动与货币总量之间的关系就是**货币乘数**（money multiplier）。如果基础货币的总存量为 MB，市场上所有银行的法定存款准备金比率为 rd，那么，市场上货币总供给量 M 为：

$$M = MB/rd$$

等式两边除以 MB，得：

$$M/MB = 1/rd$$

货币乘数为：

$$km = 1/rd$$

货币乘数用来表示每 1 元基础货币增加所引起的货币量增加的倍数。由上式可知，这一乘数是存款准备金比率的倒数，它反映了银行体系创造货币的能力。

货币乘数的大小取决于法定存款准备金率，如果中央银行规定法定准备金率为 0.2，那么，货币乘数就为 5，也就是说，中央银行增加 1 单位的基础货币投放就会使货币供给总量增加 5 个单位。如果法定存款准备金比率为 0.1，那么货币乘数为 10，这意味着 1 元基础货币投放将增加 10 元的货币量。因此，法定存款准备金率越高，货币乘数越小。因为准备金是对存款的一种漏出，准备金率越高，存款漏出越多，可用于贷放的存款余额就越少，银行的货币创造能力就越小。反之亦然。

已知货币乘数，我们可以知道中央银行对基础货币的调节控制，会通过货币乘数的作用对货币供给产生的放大影响。例如，当货币乘数为 5 时，如果中央银行希望增加 1 000 亿元的货币量，它只需增加 200 亿元（1 000/5 = 200）基础货币投放就能达到目的。

> 【即问即答】 假设银行体系存款准备金为 1000 亿元，法定存款准备金率为 10%，银行没有超额准备金，家庭也不持有通货。货币乘数是多少？货币供给量是多少？

三、货币政策工具

中央银行增加基础货币投放，并不一定需要印刷钞票投放市场，通过调整商业银行的存款准备金便可达到目的。中央银行调节货币供给量的方法有三种：公开市场操作、调整法定存款准备金比率，以及调整再贴现率。

（一）公开市场操作

公开市场操作（open market operation），是指中央银行在公开市场以买卖有价证券的方式放出或回收货币的行为。这是中央银行吞吐基础货币，调节货币供给量的主要政策工具。如果中央银行在国债市场从公众手里买入100亿元的国债，那么，就向市场投放了100亿元的基础货币。这会增加银行体系的准备金，刺激商业银行增加贷款，在银行创造货币机制作用下货币供给量会成倍增加。相反，如果中央银行在国债市场向公众卖出100亿元的国债，那么，就相当于从市场收回了100亿元的基础货币，在乘数的作用下，货币供给量会数倍的减少。

公开市场操作是最常用的货币政策工具。其优点是：①主动性。中央银行可充分控制操作规模，有相当大的主动权。②灵活性。中央银行多买少卖，多卖少买都可以，对货币供给量可以进行不同幅度的调整，具有较大的弹性。③时效性。当中央银行发出买入或卖出的意向时交易立即可以执行。并且可以经常、连续地操作，必要时还可以逆向操作，由买入转为卖出，该项政策工具的使用不会对整个金融市场造成太大的波动。美联储90%的货币吞吐就是通过公开市场操作进行的。

公开市场操作充分发挥作用需要具备三个条件：①中央银行应具有强大的、足以干预和控制整个金融市场的金融实力。②有一个发达的、完善的和全国性的金融市场，证券种类齐全，并具有一定的规模。③有其他货币政策工具的配合。缺少这些条件，公开市场操作的效果会打折扣。

【即问即答】　什么是公开市场操作？这一货币政策工具有哪些优点？中央银行在证券市场买入国债，货币供给量会发生什么变动？

（二）调整法定存款准备金率

法定存款准备金率（legal reserve requirements），是指中央银行规定的商业银行必须持有的最低数量的准备金。如果没有中央银行的管制，商业银行出于获利动机会保持较低的准备金比率，这会增加金融风险。因此，中央银行要求商业银行必须按照一个法定比率留存准备金。由于这个存款准备金率是直接决定货币乘数的重要因素，所以中央银行可以把它作为一个货币政策工具用于调节货币供给量。

法定准存款备金比率影响货币供给量的机理是：法定存款准备金率的变化会影响货币乘数，进而改变流通中的货币供给量。例如，假如法定准存款备金率为0.1，货币乘数为10。若中央银行认为需要减少货币供给量，把法定存款准备金率提高到0.12，此时的货币乘数为8.33，这意味着银行必须持有更多的准备金，存入银行的每1元钱可以贷出的少了，从而货币供给量减少；反之，若中央银行降低法定存款准备金率，货币乘数变大，一定的基础货币所支持的信贷规模增加，货币供给量会增加。

各国中央银行很少通过调整法定存款准备金率影响货币供给量。其主要原因是：首先，法定存款准备金率调整的效果十分猛烈，微小的调整会引起货币供给量的巨大波动，因此不适合作为日常的货币政策操作工具加以运用；其次，频繁地改变法定存款准备金率会严重干扰商业银行正常的财务计划和管理，从而使银行无所适从。因此，法定存款准备金率只是一个辅助的操作手段，它的作用在于形成一个稳定的、可预测的准备金需求量。

表11-1 2010年以来我国法定存款准备金率的变化状况

公布时间	生效时间	大型金融机构		小型金融机构	
		调整前	调整后	调整前	调整后
2010.01.12	2010.01.18	15.50%	16.00%	13.50%	13.50%
2010.02.12	2010.02.25	16.00%	16.50%	13.50%	13.50%
2010.05.02	2010.05.10	16.50%	17.00%	13.50%	13.50%
2010.11.09	2010.11.16	17.00%	17.50%	13.50%	14.00%
2010.11.19	2010.11.29	17.50%	18.00%	14.00%	14.50%
2010.12.10	2010.12.20	18.00%	18.50%	14.50%	15.00%
2010.01.14	2011.01.20	18.50%	19.00%	15.00%	15.50%
2010.02.18	2011.02.24	19.00%	19.50%	15.50%	16.00%
2011.03.18	2011.03.25	19.50%	20.00%	16.00%	16.50%
2011.04.17	2011.04.21	20.00%	20.50%	16.50%	17.00%
2011.05.12	2011.05.18	20.50%	21.00%	17.00%	17.50%
2011.06.14	2011.06.20	21.00%	21.50%	17.50%	18.00%
2011.11.30	2011.12.05	21.50%	21.00%	18.00%	17.50%
2012.02.18	2012.02.24	21.00%	20.50%	17.50%	17.00%
2012.05.12	2012.05.18	20.50%	20.00%	17.00%	16.50%
2015.02.04	2015.02.05	20.00%	19.50%	16.50%	16.00%

资料来源：中国人民银行网站。

（三）调整再贴现率

再贴现率（rediscount rate），是指商业银行向中央银行贴现贷款时的预扣利率。例如，假定商业银行手里有100万元的商业票据，1年后才到期。如果商业银行需要现金，可以用这笔商业票据作为抵押向中央银行借款。如果中央银行规定这份票据可以获得90万元的贷款，那么再贴现率就是10%。再贴现率的调整会影响商业银行的资金成本。如果中央银行降低再贴现率，商业银行的借款成本降低，这会鼓励商业银行增加向中央银行的贴现贷款，从而增加中央银行的基础货币投放，在货币乘数不变时，市场上的货币供给量增加。反之，如果中央银行提高再贴现率，商业银行的借款成本提高，便会减少向中央银行的贴现贷款，从而减少中央银行的基础货币投放，导致市场上的货币供给量减少。

调整再贴现率的缺点是实行起来比较被动。中央银行要坐在那里等着商业银行来借钱。而商业银行缺钱可以出售其持有的有价证券，或者去向同行借。除非整个银行体系的资金都很紧张，或者是这家银行本身出了问题，违约的信用风险大增，银行才会去向中央银行借钱。没有商业银行的再贴现需求，中央银行就无法增加货币供给；有了商业银行的再贴现需求，中央银行几乎无法减少货币供给。这使中央银行调整货币供给量的目标不能实现。因此，再贴现率不是主要的货币政策工具，它只是辅助性的政策工具。

知识拓展

其他的货币供给量的调节手段

除了公开市场操作、法定存款准备金率和再贴现率外，中央银行还有一些其他调节货币供给量的政策手段。

一种是调整准备金利率。在较早时期，中央银行对商业银行存在中央银行的准备金是不支付利息的，但现在，中央银行对准备金也支付利息（当然利率远低于市场贷款利率。一般来说，如果中央银行为准备金支付更高的利率，那么银行就会有积极性把更多的存款留作准备金。

另一种是常备借贷便利（standing lending facility，SLF）。这是给特定的商业银行或者大公司设立的一种贷款，中央银行可以通过这种贷款直接增加货币供给量。以前，只有欧美等国的银行提供 SLF，但从 2013 年起，中国人民银行也开始提供 SLF。

此外，中国人民银行还可以对基准利率进行调整，借此来调节货币供给。基准利率是金融市场上具有普遍参照作用的利率，其他利率水平或金融资产价格均可根据这一基准利率水平来确定。表 11-2 给出了 2010 年以来我国基准利率的调整状况。由该表可知，在 2010 年时，为了应对国际金融危机的冲击，央行制定的基准利率是相对较低的。在此之后，央行为了应对前期刺激政策带来的通货膨胀压力，不断提高基准利率。而从 2012 年 6 月起，经济下行的压力增大，因此央行再次降低基准利率，以期增加货币供给，刺激经济。

表 11-2 2010 年以来我国基准利率的变化状况

调整时间	6 个月	1 年	1～3 年	3～5 年	5 年以上
2010.10.20	5.10%	5.56%	5.60%	5.96%	6.14%
2010.12.26	5.35%	5.81%	5.85%	6.22%	6.40%
2011.02.09	5.60%	6.06%	6.10%	6.45%	6.60%
2011.04.06	5.85%	6.31%	6.40%	6.65%	6.80%
2011.07.07	6.10%	6.56%	6.65%	6.90%	7.05%
2012.06.08	5.85%	6.31%	6.40%	6.65%	6.80%

续表 11-2

调整时间	6 个月	1 年	1～3 年	3～5 年	5 年以上
2012.07.06	5.60%	6.00%	6.15%	6.40%	6.55%
2014.11.12	5.60%	5.60%	6.00%	6.00%	6.15%
2015.03.01	5.35%	5.35%	5.75%	5.75%	5.90%

资料来源：中国人民银行网站；张维迎，《经济学原理》，西北大学出版社 2015 年版。

四、货币供给、货币需求与货币均衡

货币的价格是利率。和一般商品的价格由该商品的供给和需求决定一样，利率是由货币的供给和需求决定的。在这里，我们运用凯恩斯的**流动性偏好理论**（liquidity preference theory）解释均衡利率的决定。由于分析的是短期问题，价格水平不变，实际利率和名义利率相等，根据凯恩斯的观点，是货币供给和货币需求共同决定了经济中的利率水平。

（一）均衡利率的决定

先考虑货币供给。在前面的分析中，我们解释了中央银行如何通过操作货币政策的基本工具，通过商业银行的存贷款业务决定经济中的货币供给量。比如，当中央银行在公开市场操作中卖出政府债券，这会减少商业银行的存款准备金，在货币乘数的作用下，货币供给量会数倍地减少；反之，当中央银行在公开市场操作中买入政府债券，这会增加商业银行的存款准备金，在货币乘数的作用下，货币供给量会数倍地增加。因此，货币供给量是由中央银行控制的政策变量。在"利率-货币量"的坐标系中，货币供给曲线是一条垂直线。

再来考虑货币需求。**货币需求**是指人们愿意以货币形式持有的财富量。根据流动性偏好理论，人们之所以愿意持有货币而不存入银行获取利息，是因为货币是流动性最大的资产，持有货币可以很方便地购买物品和劳务。以货币形式持有财富需要承担一定的成本，这就是因持有货币而放弃的利息收入，这种利息损失就是持有货币的机会成本。利息的高低取决于利率，利率越低，人们持有货币的机会成本就越小，对货币的需求也就越大；反之，利率越高，人们持有货币的机会成本越大，对货币的需求也就越小。因此，在"利率-货币量"的坐标系中，货币需求曲线是一条向右下方倾斜的曲线。

在图 11-1 中，横轴 M 表示货币量，纵轴

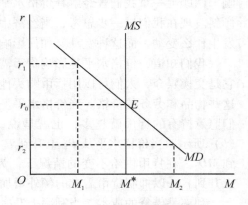

图 11-1　货币供给和货币需求

r 表示利率。MS 为货币供给曲线,该曲线为一条垂线,表示货币供给量由中央银行决定,与利率变动无关。MD 为货币需求曲线,该曲线向右下方倾斜,表示货币需求量与利率呈反方向变动关系。货币供给曲线和货币需求曲线的交点 E 决定了均衡利率水平r_0。如果利率(r_1)高于均衡利率,那么市场上的货币需求量(M_1)小于中央银行决定的货币供给量($M^※$),此时市场利率会面临下降的压力,货币需求量将沿着 MD 曲线向右下方移动,一直持续到市场利率下降至均衡利率时停止;而如果利率(r_2)低于均衡利率,那么市场上的货币需求量(M_2)大于中央银行决定的货币供给量($M^※$),此时市场利率会面临上升的压力,货币需求曲线将沿着 MD 向左上方移动,一直持续到市场利率上升至均衡利率为止。当市场利率恰好等于均衡利率(r_0)时,市场上的货币需求量刚好等于中央银行决定的货币供给量,此时货币市场达到了均衡。

(二)货币供给变动的影响

现在我们分析货币政策对均衡利率的影响。如图 11-2 所示,假设货币市场最初是均衡的,如果中央银行在公开市场买入国债、降低法定存款准备金比率或者降低再贴现率,增加经济中的货币供给量,那么,货币供给曲线 MS_1 向右移动到 MS_2,均衡点从 E_1 移动到 E_2,均衡利率从 r_1 下降到 r_2。反之,如果中央银行在公开市场卖出国债、提高法定存款准备金比率或者提高再贴现率,减少经济中的货币供给量,那么,货币供给曲线就会向左移动,此时货币市场的均衡利率将会上升。

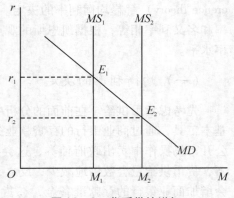

图 11-2 货币供给增加

五、重新解释总需求曲线向右下方倾斜

在用流动性偏好理论解释了均衡利率之后,现在我们考虑这一理论对总需求的影响。回顾上一章我们曾经解释价格水平的变动如何通过利率效应使总需求曲线向右下方倾斜。现在我们进一步思考,当经济中的价格水平上升时,这会使货币市场的均衡利率发生什么变动,而这种变动又如何影响物品和劳务的总需求呢?

我们知道,价格水平是影响货币需求的一个重要因素。人们之所以需要货币是因为它是交换媒介,人们可以用货币购买他们所需要的物品和劳务,需要多少货币则取决于这些物品和劳务的价格。当价格水平上升时,购买物品或劳务所需要的货币就越多,人们愿意持有的货币就越多,也就是说,价格水平上升增加了货币需求量。如图 11-3(b)所示,当价格水平从 P_1 上升到 P_2,图 11-3(a)中的货币需求曲线从 MD_1 右移到 MD_2。在货币供给不变的情况下,为了使货币供给与货币需求平衡,利率必定从 r_1 上升到 r_2,以抑制货币需求的额外增加。

利率是借贷的成本,当利率上升时,企业的投资成本上升,居民对住宅的购买也会减少,这导致经济中的投资水平下降。如图 11-3 所示,当价格水平从 P_1 上升到 P_2

时，由于货币需求从 MD_1 增加到 MD_2，利率从 r_1 上升到 r_2，总需求则从 Y_1 减少为 Y_2。

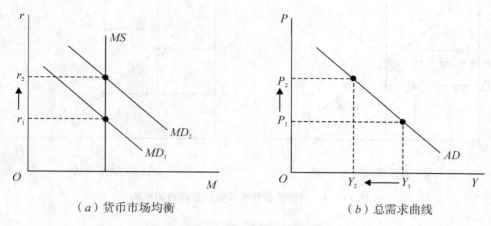

（a）货币市场均衡　　　　　　　（b）总需求曲线

图 11-3　货币市场均衡与总需求曲线

可以把价格水平的变动通过利率效应对总需求的影响概括为三个步骤：价格水平上升增加了货币需求，货币需求的增加引起利率的上升，利率上升减少了总需求。同样的逻辑也在相反的方向发挥作用：价格水平下降减少了货币需求，货币需求的减少引起利率的下降，利率下降增加了总需求。因此，和我们前面对向右下方倾斜的总需求的解释一样，价格水平和总需求之间存在反向变动关系。

六、货币政策对总需求的影响

在用流动性偏好理论重新解释总需求量如何随着价格水平的变动而变动后，我们进一步分析当价格水平不变时，总需求曲线位置的移动。使总需求曲线移动的一个重要因素是政策变量，这里我们说明短期中政府怎么运用货币政策来调节经济。

先来看如何用货币政策防止衰退的威胁。如图 11-4（a）所示，考虑在初始时，经济处于长期均衡状态。长期总供给曲线 LAS、短期总供给曲线 SAS 和总需求曲线 AD_1 相交于一点，该点决定了均衡价格水平 P_1 和均衡产出 Y_1。这时，如果经济遇到了负向的需求冲击，导致总需求曲线 AD_1 向左移动到 AD_2 的位置，均衡产出 Y_1 减少到 Y_2，价格水平也下降到 P_2，经济陷入了萧条。

为了抵御负面需求冲击的影响，政府可以采用扩张性货币政策对负向需求冲击进行对冲。例如，通过公开市场操作购买政府债券、降低法定存款准备金率或降低再贴现率等方法，增加经济中的货币供给量。如图 11-4（b）所示，货币供给的增加使货币供给曲线从 MS_1 向右移动到 MS_2，由于货币需求曲线不变，为了使货币供给与货币需求平衡，利率从 r_1 下降到 r_2。利率是借款的成本，利率下降会刺激投资需求的增加。如图 11-4（a）所示，在利率效应的作用下，总需求曲线由 AD_2 重新移动到 AD_1 的位置，经济重新回到长期均衡水平。

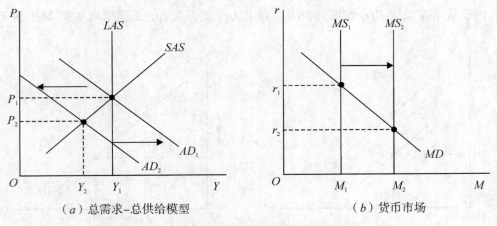

（a）总需求-总供给模型　　　　　　　（b）货币市场

图 11-4　用扩张性货币政策防止衰退的威胁

再来看如何用货币政策阻止经济过热。如图 11-5（a）所示，长期总供给曲线 LAS、短期总供给曲线 SAS 和总需求曲线 AD_1 相交于一点，此时的均衡产出和价格水平分别为 P_1 和 Y_1。这时，如果经济遇到了正向的需求冲击，导致总需求曲线 AD_1 向右移动到 AD_2 的位置，均衡产出由 Y_1 增加到 Y_2，价格水平也上升到了 P_2，经济面临过热，通货膨胀的压力加大。

为了控制经济过热，政府可以采用紧缩性的货币政策应对需求的正向冲击。例如，通过在公开市场卖出政府债券、提高法定存款准备金率或提高再贴现率等方法，减少经济中的货币供给量。如图 11-5（b）所示，货币供给的减少使货币供给曲线从 MS_1 向左移动到 MS_2，由于货币需求曲线不变，为了使货币供给与货币需求平衡，利率从 r_1 上升到 r_2。较高的利率增加了借款成本，从而抑制了投资需求，如图 11-5（a）所示，这使总需求曲线由 AD_2 重新移回到 AD_1 的位置，经济又回到长期均衡水平。

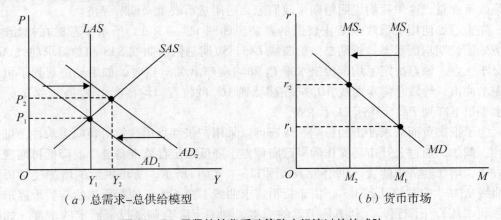

（a）总需求-总供给模型　　　　　　　（b）货币市场

图 11-5　用紧缩性货币政策防止经济过热的威胁

七、相机抉择的货币政策

当经济遇到外生冲击时,中央银行可运用不同类型的货币政策来进行对冲,以达到"熨平"经济周期,稳定经济的目的。这被称为**相机抉择的货币政策**,即中央银行依据对经济情势的判断,为达成既定的货币政策目标而采取的权衡性措施。一般来说,当经济衰退时,总需求不足,失业率上升,为刺激总需求,中央银行可采用扩张性货币政策,即通过买进政府债券、降低贴现率和法定准备率,增加货币供给量,降低利率,刺激总需求,特别是刺激投资需求,消除经济衰退和失业。反之,当经济过热时,总需求膨胀,为抑制总需求,中央银行可采用紧缩性货币政策,即通过卖出政府债券,提高贴现率和准备率,减少货币供给量,提高利率,抑制总需求,消除通货膨胀。

可用以下事例来说明相机抉择的货币政策。比如,1987 年 10 月 19 日,美国股市暴跌,道琼斯指数一天内下跌 500 点,当时美联储放弃了长期对货币政策的控制,转而为市场提供足够的资金,避免了一场更大的危机。再看美国 20 世纪 90 年代的情况。克林顿政府执政初期,美国经济处在衰退中。为刺激经济,美联储采用了扩张性货币政策,降低利率,增加货币供给量,这对刺激投资和消费的增长起到显著作用。20 世纪 90 年代末期,美国经济又出现了过热的迹象,美联储又提高利率,以防止可能出现的通货膨胀加剧。进入 21 世纪后,美国经济有衰退的迹象,美联储又降低利息率。美联储正是交替地运用扩张性和紧缩性货币政策来调节经济,使经济处在低通货膨胀的持续增长中。中国在 2008 年下半年以来,由于美国金融危机的影响,经济明显下滑,政府将一年前确定的"从紧"的货币政策改为"适度宽松"的货币政策,连续下调金融机构的存贷款基准利率和法定存款准备金比率。对抑制经济下滑起到一定的作用。

第三节 财 政 政 策

现在我们介绍政府如何运用财政政策影响经济。**财政政策**(ficical policy),是指通过改变政府购买支出和税收来调节总需求,进而影响国民收入的政策。政府购买的变动称为政府支出政策;税收是政府收入的主要来源,税收变动称为政府收入政策。短期中,它们会对商品和劳务的总需求产生影响。

一、政府购买

政府购买(government purchases,G),是指政府对物品和劳务的购买支出。例如,政府修高铁、建水坝、修筑高速公路等公共工程的支出,政府对军需品、科技、教育、环保等公共物品的投入,以及政府机构建立、维持和运营的费用等等。政府购买是最常用的财政政策工具。因为政府购买是总需求的一部分,对总需求水平有直接的影响。

(一) 政府购买的变动

当政府改变对物品和劳务的购买时,它会直接使总需求曲线的位置发生移动。例如,假设广州市政府投资1 000亿元修建地铁,这项支出会增加对相关供货商的产品需求,这意味着,在既定价格水平下总需求增加了,总需求曲线会向右移动。

那么,政府1 000亿元的投资会使总需求曲线移动多少呢? 是正好移动1 000亿元吗? 情况不是这样,有两种宏观经济效应使总需求曲线移动的幅度不同于政府购买的变动:第一种效应是乘数效应,这种效应会使总需求曲线的移动大于1 000亿元;第二种效应是挤出效应,这种效应会使总需求曲线的移动小于1 000亿元。下面我们分别介绍这两种效应。

(二) 乘数效应

当政府投资1 000亿元修建地铁后,该项支出会产生一系列影响。最直接的是增加了相关供货商的就业量和利润,这会使工人和企业主的收入增加,增加的收入被用于增加消费和储蓄,用于消费品的支出又会增加经济中许多其他企业产品的需求,这些企业会雇用更多工人,并获得更高的利润,更高的收入和利润又会进一步增加消费支出……如此反复,较高的需求引起较高的收入,较高的收入又引起较高的需求,把所有的这些效应加在一起,1 000亿元政府投资增加所带来的总需求增加会远远大于1 000亿元。这被称为**乘数效应**(multiplier effect),即政府购买支出增加所引起的总需求增加的连锁反应。

图11-6说明了乘数效应。如图所示,政府购买增加1 000亿元最初使总需求曲线从 AD_1 移动到 AD_2,但这个过程并没有停止,收入的增加使消费者增加自己的支出,总需求曲线还会进一步向右移动,直到移动到 AD_3 的位置。这里,从 AD_1 到 AD_2 之间的距离是政府购买支出增加的直接效应,而 AD_1 到 AD_3 之间的距离则是政府购买支出的总效应。显然,后者远远超过前者,两者之间相差的倍数就是"**乘数**"。

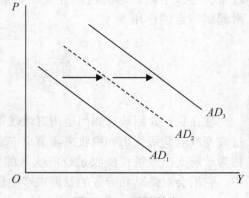

图11-6 乘数效应

那么,政府购买的乘数效应究竟有多大呢? 这主要取决于**边际消费倾向**(marginal propensity to consume,MPC)。所谓边际消费倾向,指的是消费增量和收入增量之间的比值。也就是说,当收入增加1个单位,所引起的消费的增量。例如,假设边际消费倾向为3/4,这意味着经济中每个人的收入增加1元后,会将其中的0.75元用于消费,剩余的0.25元用于储蓄。相似的,当政府增加1 000亿元修建地铁的投入后,这会转化为企业所有者和工人的收入,在MPC为3/4的情况下,人们会将其中的750亿元(=3/4×1 000亿元)用于消费支出,这又增加了生产消费品的企业的工人和所有者的收入，其中又会有 $(3/4)^2 \times 1\,000$ 亿元用于增加消费支出。这种反馈效应会一直持续下去。

为了得出政府购买增加对总需求的总影响，我们把所有这些效应进行如下相加：

政府购买增加 = 1 000 亿元
第一轮消费增加 = $MPC \times 1\,000$ 亿元
第二轮消费增加 = $MPC^2 \times 1\,000$ 亿元
第三轮消费增加 = $MPC^3 \times 1\,000$ 亿元
……

总需求增加 = $(1 + MPC + MPC^2 + MPC^3 + \cdots) \times 1\,000$ 亿元

在这里，"……"代表一个类似项的无穷数量。因此，我们可以把乘数写为：

$$乘数 = 1 + MPC + MPC^2 + MPC^3 + \cdots$$

为了简化这个乘数方程式，根据无穷级数相加公式，令 x 是一个介于 0 到 1 之间的数

$$1 + x + x^2 + x^3 + \cdots = 1/(1 - x)$$

在我们的例子中，$x = MPC$。因此

$$乘数 = 1/(1 - MPC)$$

在上例中，MPC = 3/4，乘数就是 4（= 1/（1 − 3/4））。也就是说，政府 1 000 亿元的地铁投资共带来 4 000 亿元总需求的增加。

从乘数公式可知，乘数的大小取决于边际消费倾向。当 MPC 为 3/4 时，乘数为 4；当 MPC 为 1/2 时，乘数为 2，边际消费倾向越大，乘数也就越大。这是因为，边际消费倾向变大，意味着更多的收入被转化为消费，从而被投入到收支循环过程中，既定的政府购买所带来的总需求和收入的增量就越大。

（三）挤出效应

乘数效应表明，政府购买增加引起的总需求增加会大于其直接效应。但是，还有另一种效应在相反的方向发生作用。当政府购买增加刺激了总需求时，它也会引起利率上升，这会减少投资支出，进而减少总需求。这被称为**挤出效应**（crowding out effect）。挤出效应，是指政府购买支出增加引起利率上升，从而减少投资所引起总需求减少的趋势。

为了说明为什么会发生挤出效应，我们回到政府投资1 000亿元修地铁的例子。如前所述，政府增加对地铁的投资后，它会引起相关企业的工人和所有者的收入增加（由于乘数效应的存在，其他企业的工人和所有者的收入也增加）。随着收入的增加，人们计划购买更多的物品与劳务，所以愿意更多地以货币形式持有财富。这就是说，政府购买引起的收入增加带来货币需求的增加。如果中央银行没有改变货币供给量，那么货币需求的增加会导致利率上升。随着利率的上升，企业的投资成本增加，从而导致投资减少，总需求曲线向左移动，这就产生了对总需求的"挤出"。

挤出效应如图11-7（a）所示。由于中央银行没有改变货币供给量，垂直的货币供给曲线不变。政府增加地铁投资后，收入水平的提高使货币需求曲线从MD_1向右移动到MD_2，为保持货币市场均衡，利率必然从r_1上升为r_2。再看对应的总需求的变动。如图11-7（b）所示，初始的政府购买增加使总需求曲线从AD_1移动到AD_2，但由此造成的利率上升会挤出投资，这种挤出效应部分抵消了政府购买对总需求的影响，使总需求曲线从AD_2向左移动到AD_3。

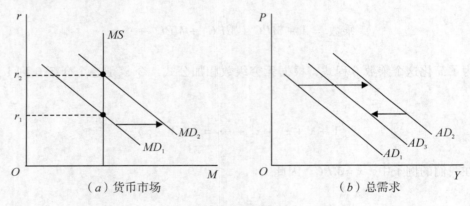

图11-7 挤出效应

政府购买变动对总需求的总效应取决于乘数效应和挤出效应。也就是说，当政府增加1 000亿元的购买时，总需求的增加可以大于1 000亿元或小于1 000亿元，这取决于乘数效应和挤出效应的大小。乘数效应会使总需求曲线的移动大于1 000亿元，挤出效应使总需求曲线向左移动，如果挤出效应比乘数效应大，可导致总需求曲线的移动小于1 000亿元。

【即问即答】 假设政府减少高铁建设支出1000亿元，总需求曲线会如何移动？解释为什么这种移动会大于或小于1000亿元。

知识拓展

财政政策的净效应

有些经济学家通过测算财政政策的乘数来考察财政政策的净效应,但不同研究的结论之间有很大的区别。例如,伍德福德(M. Woodford)估计美国的财政乘数在1.5左右,这说明乘数效应要大于挤出效应;但根据巴罗(R. Barro)和雷德里克(C. Redlick)的研究,美国的财政乘数事实上不到1,也就是说乘数效应要小于挤出效应。奥尔巴赫(A. Auerbach)及其同事的一系列研究则表明,财政乘数在不同时期差别很大,萧条时期的财政乘数要远远高于繁荣时期。也就是说,在萧条时期,乘数效应相对较大,而在繁荣时期,挤出效应较为明显。

在国内的研究中,王国静和田国强对中国的财政乘数进行了测算,他们区分了政府消费和政府投资。根据他们的测算,长期的政府消费乘数为0.7904,而长期的政府投资乘数则高达6.1130。这说明,单纯的政府消费产生更多的是挤出效应,而政府投资产生的则更多的是乘数效应。

资料来源:张维迎,《经济学原理》,西北大学出版社2015年版。

知识拓展

挤出效应:政府支出代替私人支出不值

财政政策的挤出效应是指政府购买支出增加所引起的私人支出减少,即以政府购买代替了私人支出。这样,扩张性财政政策刺激经济的作用就被减弱。财政政策挤出效应存在的最重要原因就是政府购买增加引起利率上升,而利率上升会引起私人投资与消费减少。

财政政策挤出效应的大小取决于多种因素。在各种资源充分利用的情况下,挤出效应最大,即政府购买的增加等于私人支出的减少,扩张性财政政策对经济没有任何刺激作用。例如,在我国20世纪80年代通货膨胀时期,政府采取的财政政策是紧缩性的,减少政府项目,控制集团购买力等,不如此,就会挤占老百姓的消费和企业的投资。政府购买支出在资源没有充分利用的情况下,挤出效应小。如我国在2008年实施的积极的财政政策就没有挤出效应,因为那时的私人消费和投资不足。看挤出效应的大小,主要看政府购买支出增加后,所引起的利率上升的幅度。利率上升高,则挤出效应大,反之,利率上升低,则挤出效应小。

资料来源:根据相关资料编写。

二、税收政策

除政府购买支出之外,另一个重要的财政政策工具就是税收。当政府减税时,家庭和企业的收入会增加,他们会把收入增量的一部分储蓄起来,另一部分用于消费支出,从而引起总需求的扩张,使总需求曲线向右移动。同样,政府增税会抑制消费支出,使总需求曲线向左移动。由税收变动引起的总需求的变动幅度也会受到乘数效应和挤出效应的影响。

税收乘数是指税收变动所引起的国民收入变动的倍数。政府减税会导致居民消费支出增加,这又会制造新的需求,使生产消费品企业的工人和所有者的收入增加,这又会带来更多的消费支出。这个过程不断重复,就是税收的乘数效应。税收乘数可表示为

$$税收乘数 = MPC/(1 - MPC)$$

税收乘数通常小于政府购买支出乘数。这是因为,收入可分为消费和储蓄,当政府减税使收入增加时,居民消费支出的增加总是小于税收变动。假定边际消费倾向为 0.8,若政府减税 100 亿元,人们的收入增加 100 亿元,其中有 80 亿元用于消费支出,另外的 20 亿元会以储蓄的方式在收入流中漏出,这意味着由减税带来的初始的总需求和收入的增加只有 80 亿元,所以税收乘数小于政府购买乘数。

政府减税带来的总需求和收入的增加也会增加货币需求,在货币供给不变的前提下,这会使利率上升。利率上升增加了贷款成本,会抑制企业的投资支出,从而使总需求和国民收入减少,这就是税收变动的挤出效应。

由税收变动引起的总需求的总效应,取决于乘数效应和挤出效应的大小。由于两种效应同时存在,税收变动带来的净效应也是不确定的。根据乘数效应和挤出效应的大小,总需求曲线的移动可以大于或小于税收的变动。

参考资料

从结构性减税到实质性减税

2018 年 11 月 1 日,习近平总书记主持召开民营企业座谈会并发表重要讲话。提到六大措施发展民营经济,其中包括减轻企业税费负担,即推进增值税等实质性减税。

"实质性减税"含义深刻。这让我们想起 2008 年 12 月初召开的中央经济工作会议中提出的"结构性减税"概念。结构性减税就是"有增有减,结构性调整"的一种税制改革方案,强调有选择的减税,是为了达到特定目标而针对特定群体、特定税种来削减税负水平。结构性减税强调税制结构内部的优化,有增有减的税负调整,意味着税收的基数和总量基本不变。而"实质性减税"则是只减不增,税收的增长,以经济规模为基础。该政策立足于支持实体经济发展,降低企业成本,激发市场活力。

具体来说，实质性减税有以下内容：一是降低个税。自2018年10月1日起，个税减税政策已经率先实施，工资薪金起征点提至5 000元，并适用新的税率。而从2019年1月1日起个税改革已全面实施，老百姓能在子女教育、继续教育、大病医疗、普通住房贷款利息、住房租金、赡养老人等6项享受专项附加扣除。二是增值税减税。增值税原适用16%税率的，税率调整为13%；原适用10%税率的，税率调整为9%。此外，纳税人购进农产品，原适用10%扣除率的，扣除率调整为9%。纳税人购进用于生产或者委托加工13%税率货物的农产品，按照10%的扣除率计算进项税额。增值税下调后，同步下调出口退税率。原适用16%税率且出口退税率为16%的出口货物劳务，出口退税率调整为13%；原适用10%税率且出口退税率为10%的出口货物、跨境应税行为，出口退税率调整为9%。适用13%税率的境外旅客购物离境退税物品，退税率为11%；适用9%税率的境外旅客购物离境退税物品，退税率为8%。三是实行减加计抵减，试行留抵退税制度。自2019年4月1日至2021年12月31日，允许生产、生活性服务业纳税人按照当期可抵扣进项税额加计10%，抵减应纳税额。自2019年4月1日起，试行增值税期末留抵税额退税制度，以减轻企业资金压力。

可以肯定，此次的实质性减税将在生产制造端降低企业的税收成本、增加利润、拉动消费需求和激发市场活力方面产生深远影响，但其具体效力还有待时间的考验。

资料来源：根据政府相关文件整理。

一般认为，相对于政府购买的增加，减税是刺激经济的更好方法。这是因为，政府购买经常会被投放到不符合国民福利，或者是低效率的领域。例如，各级官员为增加政绩，大搞"形象工程""政绩工程"，劳民伤财，不问效率；地方政府对基础设施的重复建设；"豆腐渣"工程造成的巨额损失和浪费等都是典型的例子。相对而言，通过减税将收入直接返还到居民和企业手里，这会增加消费和投资，从而刺激更多的产量和收入的增加。

需要说明的是，减税究竟能否产生效果，很大程度上取决于政府是否用发行债券的方式来弥补减税造成的财政收入的减少。如果政府实施减税，并改由发行国债融资，那么只要政府的赤字不削减，新的融资渠道没有被开拓，这样的减税就很难会有效果。这是因为，人们会预期政府在将来会以增税的方式偿付国债本息，因而自行储蓄以预防这种可能的增税，政府借债只是推迟了居民纳税。这样，经济中的消费、投资和产出就不会增加，减税就不会产生效果。这在经济学上被称为"**巴罗-李嘉图等价定理**"（Barro-Ricardo equivalence theorem）。

三、相机抉择的财政政策

购买支出和税收政策的作用不是经常性的，而是政府审时度势，根据经济运转的情况见机行事，随时采取其认为是最优的政策选择，以消除失业和通货膨胀，实现经济稳定，这被称为**相机抉择的财政政策**。也就是说，政府可根据一定时期的宏观经济状况，机动的决定和选择不同类型的财政政策，干预经济运行，实现政策目标。一般来说，当总需求不足，经济处在衰退状态，政府可采取扩张性财政政策，即通过增加购买支出、减税以刺激总需求的增加，消除经济衰退。反之，当总需求膨胀，经济过热时，政府可采取紧缩性财政政策，即通过减少购买支出、增税以减少总需求，抑制通货膨胀。

经济学家把相机抉择的财政政策也称为"逆经济风向行事"，即在经济进入衰退时对之进行刺激，使经济不会因严重萧条而引起失业率大幅上升；在经济出现过热倾向时对之进行抑制，使经济不会因过度繁荣而引起通货膨胀，从而实现既无失业又无通货膨胀的稳定增长。例如，1997—1999年，亚洲金融危机引起中国经济衰退，中国政府及时改变了"九五"计划确定的"从紧"的宏观调控政策，转而采取了一系列扩张性的政策，其中包括政府增加对基础建设领域的重点投资等政策，成功地遏制了经济衰退的负面影响。又如，1964年美国经济停滞，肯尼迪政府采取了减税的政策，个人所得税率从20%～91%降到14%～65%；公司所得税从52%降到47%。此外还采取了投资减税优惠和加速折旧。这些措施对经济起到了有力的刺激作用，促进了20世纪60年代美国经济的繁荣。到20世纪60年代后期，由于多年的扩张性财政政策，美国经济过热，通货膨胀加剧。为抑制经济膨胀，1968年，美国总统约翰逊又实行了增税的政策，即对个人所得税加征了1年期10%的附加额。由于附加税只有1年，消费者明白税收变动是暂时的，没有显著改变消费支出。这次紧缩性的财政政策是失败的。

第四节　关于宏观经济政策的争论

关于宏观经济政策，理论界一直存在着争论。争论较多的是两个话题：一是政府是否要通过货币政策和财政政策干预经济；二是政府应如何在不同的政策目标之间做出权衡。本节将依次讨论这两个问题。

一、政府要不要通过宏观经济政策干预经济

在政府要不要采用宏观经济政策来稳定经济的问题上，经济学家之间存在着很大争议。

（一）支持政策调控的观点

凯恩斯主义者认为，我们所处的经济中存在太多的不确定因素和风险因素带来的外部冲击（金融危机、自然灾害、战争等），这些冲击会导致经济失衡，短期内由于工资和价格由于各种原因（工资合同未到期、调价成本）不能迅速调整到市场出清状态，这会使失业率上升，产量下降，通货膨胀率提高。虽然工资和价格经过长期的市场自发调整后，经济会逐渐由短期均衡恢复到长期均衡，但这需要一个很长的过程，经济要忍受漫长的衰退或通货膨胀的痛苦。凯恩斯曾经说过，当大海中的船遇到急风暴浪时，船上的人应设法拯救船的覆灭。虽然大海终究会风平浪静，但"在长期中，我们都会死掉"。所以，与其在短期中忍受冲击带来的痛苦，坐等经济的长期调整，不如政府采取宏观经济政策，逆经济风向而动，调节总需求，尽快恢复经济。因此，货币政策和财政政策是必要的和有效的。

（二）反对政策调控的观点

反对政府采用宏观经济政策稳定经济的主要观点是，货币政策和财政政策对经济的影响有相当长的"**时滞**"，这会使政策的效力大打折扣。政策"时滞"是指一项政策从决策到对经济发生影响的时间间隔。这种时滞包括**内部时滞**和**外部时滞**。内部时滞是指经济中发生不稳定到决策者制定政策的时间，包括认识时滞（确认冲击的时间）、决策时滞（制定政策的时间）和行动时滞（政策付诸实施的时间）。外部时滞则是从政策实施到政策发生作用的时间。一般来说，财政政策的出台要经过充分的论证，这个过程可能会持续几个月，甚至更长时间。但一旦出台，会很快见效。例如，增加购买支出或减税对总需求都有即时的作用。因此财政政策的内部时滞较长，外部时滞较短。相比之下，货币政策的内部时滞较短。因为货币政策由中央银行决定，无需政府有关部门论证，决策较快，但其出台后见效则较为缓慢。这是因为货币政策通过调整利率，利率又通过影响投资而发挥作用。由于很多投资计划是企业提前制定的，因而投资决策对利率变动的反应有个时间间隔。进一步的，由投资变动引起的产量变动也存在一个时间间隔，通常投资变动引起企业存货变动，这种存货变动引起企业的生产调整，进而引起产量变动。一般来说，在成熟的市场经济国家，货币政策变动对产量发生较大影响需要 6 个月，而这些作用可持续两年。因此，货币政策的内部时滞较短，外部时滞较长。由于财政政策和货币政策都存在较长的时滞，当政策被实施并且起作用时，衰退或者繁荣的最佳调节时机可能已经过去，甚至经济已进入相反的周期，原来抑制经济波动的政策可能会完全背离稳定经济的初衷，使得宏观经济更加不稳定。这是政策批评者不赞成政府政策干预经济的主要理由。

财政政策和货币政策之所以存在时滞问题，很重要的原因是很难对经济做出准确预测。如果决策者可以提前一年准确地预期到经济状况，并且前瞻性地做出政策决策，即使政策存在时滞效应，也仍然可以起到稳定经济的作用。但是，衰退和经济过热的发生往往无规律可循，实际上决策者很少知道经济风向怎么刮，最好的决策者也只能在衰退和经济过热发生时对经济变动做出反应。

（三）自动稳定器

如上所述，宏观经济政策具有较长的时滞效应，这会使政策效力大受影响。能否找到一种不存在时滞效应，在政府政策尚未出台前，能够起到抑制经济波动的方法呢？事实上在经济学家设计的经济制度中就包含着这种方法，这就是**自动稳定器**（automatic stabilizers），它是指在经济波动时，决策者不用采取任何有意的行动也会影响总需求的财政政策变动。主要的自动稳定器有以下两种。

1. **税收的自动变化**

税收是最重要的自动稳定器。当经济进入衰退时，由于收入减少，税收也会自动减少，因为税收与经济状况密切相关，个人所得税取决于家庭收入，公司所得税取决于企业利润。由于工资和企业利润在衰退时都减少，所以政府的税收收入会自动减少。这种自动减少增加了总需求，从而降低了经济波动的程度。例如，当你的收入减少时，即使税率未变，你向政府缴纳的税款会减少。假定扣除免税额之后，你的应纳税收入为10 000元，在税率为10%时，你需要交税1 000元，剩下可支配收入9 000元。现在发生了经济衰退，你的应纳税收入减少到8 000元，减少了2 000元，但是你的可支配收入并没有减少那么多，因为现在你交的税少了。即使税率仍然为10%，你需要交税800元，你的可支配收入为7 200元，仅仅减少了1 800元。又如，在实行累进所得税的情况下，假定经济衰退使你的收入减少了，你的收入会自动进入较低的税率档次，你要缴纳的税额也少了，这使得可支配收入减少的幅度少于国民收入减少的幅度，从而抑制消费和投资的减少，延缓总需求的下降趋势，减轻了经济衰退的程度。相反，当经济繁荣时，由于你的收入增加，你的收入自动进入较高的税率档次，你交的税也多了。这使得可支配收入上升的幅度小于国民收入上升的幅度，从而抑制消费和投资的增加，减缓总需求的过度增长，这有助于减轻由需求过旺而引起的通货膨胀。

2. 转移支付的自动变化

转移支付也起到自动稳定器的作用。通常政府的转移支付有固定的发放标准。当经济衰退时，由于失业人数和需要其他补助的人数增加，转移支付会自动增加，这会使人们可支配收入的下降幅度小于国民收入下降的幅度，从而在总需求不足时延缓了消费支出和总需求的下降趋势，减轻了经济衰退的程度。相反，当经济繁荣时，失业人数和需要其他补助的人数减少，转移支付会自动减少，这使人们的可支配收入上升幅度小于国民收入上升的幅度，从而在总需求过旺时抑制了消费支出和总需求的过度增长，这有利于减轻通货膨胀的程度。

应当说明的是，自动稳定器对经济的调节作用是有限的，它只能减轻衰退和通货膨胀的程度，并不能改变衰退和通货膨胀的总趋势。但是，没有这些自动稳定器，经济的波动也许会更大。特别是，它可以在财政政策的效应尚未充分发生时，起到稳定经济的作用。因此，尽管自动稳定器不能替代财政政策，但它是决策者不可缺少的能够自动配合财政政策作用的政策机制。

二、政府在不同政策目标之间的权衡

通货膨胀和失业是政府密切关注的两个宏观经济状况。政府在制定宏观经济政策时，不可能同时解决所有问题，一项政策不可能同时达成所有政策目标、因此，政府必须在多个政策目标，例如通货膨胀率和失业率之间进行权衡取舍。在说明这种权衡之前，我们先来解释菲利普斯曲线，它反映了通货膨胀和失业之间的关系。

（一）菲利普斯曲线的提出

1. 原始菲利普斯曲线

最早研究通货膨胀和失业之间相互关系的是英国经济学家威廉·菲利普斯（Alban William Phillips）。1958年，他通过对英国1861—1957年间的经验统计资料，发现了失业率和货币工资变动率之间存在着交替关系，即当失业率较低时，货币工资增长率较高；在失业率较高时，货币工资增长率较低，甚至是负数。把这种关系描绘在图形上，得出了一条用来表示失业率和货币工资变动率之间交替关系的曲线，这就是以他本人名字命名的**菲利普斯曲线**（Phillips curve）。如图 11－8 所示。横轴代表失业率，纵轴代表货币工资变动率。原始菲利普斯曲线为一条向右下方倾斜的曲线，表明当失业率较低时，意味着对劳动的需求增加，在劳动供给相对稳定的情况下，势必引起劳动的价格——货币工资增长率提高；反之，失业率较高时，意味着对劳动需求较少，货币工资增长率下降。工资增长率与失业率之间存在取舍关系。原始菲利普斯曲线表示在其他条件不变的情况下，失业率与货币工资变动率的反方向变动关系。

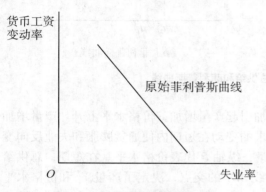

图 11－8　原始菲利普斯曲线　　　　　　图 11－9　现代菲利普斯曲线

2. 现代菲利普斯曲线

假定工资成本构成产品价格的一个固定比例，货币工资变动率可以等同于产品价格的变动率（即通货膨胀率）。美国经济学家 P. 萨缪尔森和罗伯特·索洛正是根据这一假定，将货币工资变动率与失业率之间的交替关系转换成通货膨胀率与失业率之间的交替关系，这就是现代菲利普斯曲线。它表示失业率和通货膨胀率的负相关关系：当经济衰退时，失业率很高，工资与物价水平都较低，从而通货膨胀率较低；而当经济繁荣时，失业率很低，工资与物价水平都较高，从而通货膨胀率较高。萨缪尔森和索洛把失业与通货膨胀之间的交替关系称为菲利普斯曲线。图 11－9 是经过改造后的菲利普斯曲线。横轴 u 代表失业率，纵轴 π 代表通货膨胀率，向右下方倾斜的 PC 曲线即为现代菲利普斯曲线。图 11－9 中的 A 点为高失业和低通货膨胀的组合，B 点为低失业高通货膨胀的组合，萨缪尔森和索洛想通过菲利普斯曲线表示，决策者可能会偏好低通货膨胀和低失业，但这是不可能的，决策者面临着通货膨胀和失业之间的权衡取舍，菲利普斯曲线说明了政府政策的权衡取舍。

（二）菲利普斯曲线的推导

我们可以借助上一章介绍的总需求－总供给模型来推导短期菲利普斯曲线，从中可以看到菲利普斯曲线上的"失业－通货膨胀"组合是由总需求的变化引起的。

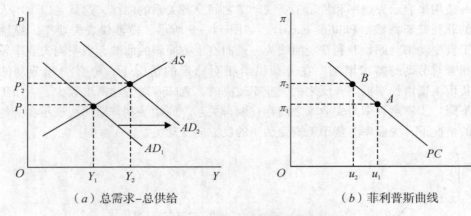

(a) 总需求-总供给　　(b) 菲利普斯曲线

图 11-10　总需求-总供给和菲利普斯曲线

上一章中我们知道，短期中总需求的增加引起产量增加，价格水平上升。产量增加意味着就业增加，失业率下降。因此，总需求的变动在短期内使通货膨胀和失业反向变动。如图 11-10（a）所示，横轴 Y 代表产量，纵轴 P 代表价格水平。在短期，总供给曲线 AS 向右上方倾斜，AS 曲线和总需求曲线 AD_1 的交点，决定了产量 Y_1 和价格水平 P_1，可以看到，在总需求较低的情况下，产量低（Y_1），价格水平也低（P_1）。再看图 11-10（b），横轴 u 代表失业率，纵轴 π 代表通货膨胀率。总需求较低时，经济在 A 点，失业率高（u_1），而通货膨胀率低（π_1）。如果中央银行突然采取增加货币供给量的办法来扩大总需求，如图 11-10（a）所示，总需求曲线 AD_1 向右移动到 AD_2，产量由 Y_1 增加到 Y_2，价格水平也从 P_1 上升到 P_2。在技术水平既定时，更高的产量和更低的失业率是对应的。如图 11-10（b）所示，由于总需求增加，企业要生产更多的物品和劳务，需要增加工人，经济由 A 点沿着菲利普斯曲线移动到 B 点，失业率由 u_1 下降到 u_2，通货膨胀率则由 π_1 上升到 π_2。因此我们就得到了一条向右下方倾斜的菲利普斯曲线。

（三）菲利普斯曲线的政策含义

菲利普斯曲线的中心思想是：在其他条件不变的情况下，通货膨胀率越低，失业率越高，通货膨胀率与失业率之间存在着反方向变动关系。这是可以得到解释的：当通货膨胀率较高时，往往总需求水平比较高，商品都能卖得出去，失业率较低；当失业率上升时，人们的收入下降，不愿花钱买东西，总需求下降，企业不敢提高价格，通货膨胀率较低。

菲利普斯曲线揭示的通货膨胀与失业之间的交替关系，为政府的政策权衡提供了依据。政府可以通过牺牲一个目标来换取另一个目标的实现，也就是说，决策者可以根据自己的偏好，选择任何一个位于这一曲线上的通货膨胀率和失业率的组合。如图 11-11 所示，横轴 u 代表失业率，纵轴 π 代表通货膨胀率。假设一个经济所能承受的最高失业率和最高通货膨胀率均为 4%，那么位于阴影部分的菲利普斯曲线就代表了政府可以选择的策略组合。如果政府担心失业率太高，并不在意通货膨胀，它可以采取扩张性经济政策，增加总需求，使经济沿着菲利普斯曲线向左上方移动，以通货膨胀率上升为代价，使失业率降下来。反之，如果政府不害怕失业率上升，而是担心通货膨胀的话，则可以采取紧缩性的经济政策，减少总需求，使经济沿着菲利普斯曲线向右下方移动，以失业率的上升为代价，降低通货膨胀率。政府的政策选择没有单纯意义上的"最优"，只有"次劣"，政策的权衡取舍往往是两害相权取其轻。

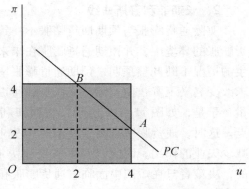

图 11-11 菲利普斯曲线表示政府可以选择的策略组合

（四）附加预期的菲利普斯曲线

菲利普斯曲线给出的经验关系是否稳定有效呢？随着时间的推移，它会发生怎样的移动呢？美国经济学家弗里德曼和费尔普斯认为，菲利普斯曲线分析有一个严重缺陷，即忽略了**"预期通货膨胀"**对工资变动的影响。也就是说，人们通常会根据观测到的现在的通货膨胀来形成对通货膨胀的预期，并且根据预期通货膨胀率调整名义工资水平。引入"预期"的因素后，弗里德曼和费尔普斯提出短期和长期菲利浦斯曲线。

1. 短期菲利普斯曲线

弗里德曼和费尔普斯认为，在短期内，企业和居民对未来通货膨胀的预期是给定的，人们在制定工资和价格水平时，都会将其考虑在内。如图 11-12 所示，假定在初始时经济处于长期均衡点 A，4% 的失业率为自然失业率，实际通货膨胀率和预期通货膨胀率均为 5%，因此存在一条过 A 点的菲利普斯曲线 SPC_1。如果中央银行增加货币供给量，总需求扩张，从而通货膨胀率上升到 10%。由于这种上升是未预期到的，工人的名义工资不变，实际工资下降，企业成本降低，产量增加，表现为 A 点沿着 SPC_1 曲线移动到

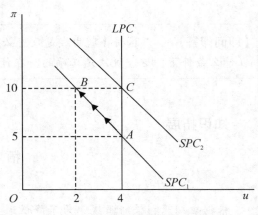

图 11-12 短期菲利普斯曲线和长期菲利普斯曲线

B 点，失业率下降至 2%，失业率低于自然失业率，实际通货膨胀高于预期通货膨胀。因此，弗里德曼和费尔普斯认为，短期内，由于实际通货膨胀与预期通货膨胀不一致，通货膨胀和失业之间存在交替关系。短期，是指从预期到需要根据实际通货膨胀做出调整预期的时间。**短期菲利普斯曲线**（short-Phillips curve），是指预期通货膨胀率保持不变，表示通货膨胀与失业之间交替关系的曲线。

2. 长期菲利普斯曲线

实际通货膨胀与预期通货膨胀不一致的情况不会持续下去。如果工人生活在持续通货膨胀的环境中，并预期通货膨胀在未来会像过去一样持续下去时，人们会根据实际发生的情况不断调整预期，预期通货膨胀率和实际通货膨胀率迟早会一致，这时工人会要求改变名义工资，使实际工资恢复到通货膨胀以前的水平，这使企业减少雇用工人的数量，于是，如图 11-12 所示，短期菲利普斯曲线会向右移至 SPC_2，经济最终达到 C 点。这时，通货膨胀率高于 A 点，但失业水平和 A 点相同，较高的通货膨胀没有起到减少失业的作用。因此，弗里德曼和费尔普斯认为，经济对自然失业率的偏离是暂时的，决策者只在短期中面临着通货膨胀和失业之间的权衡取舍。长期中，随着预期通货膨胀的调整，短期菲利普斯曲线会发生移动，经济最终会回到长期均衡点。如图 11-12 所示，在长期均衡的 A、C 点上，实际通货膨胀率等于预期，失业率为自然失业率，由长期均衡点 A、C 等构成的长期菲利普斯曲线是一条垂线。它表明长期内无论通货膨胀率如何变动，失业率总是固定在自然失业率的水平上。所以，**长期菲利普斯曲线**（long-run Phillips curve）表示在预期通货膨胀可以调整到与实际通货膨胀相等时通货膨胀与失业率的关系。

短期菲利普斯曲线上通货膨胀率与失业率的不同组合为决策者提供了政策选择的空间，这就是宏观经济政策的短期有效性。但是垂直的长期菲利普斯曲线也告诉我们，这种取舍只能是短期的，由于长期内通货膨胀与失业之间不存在交替关系。所以高通货膨胀并不能带来高就业，刺激总需求的政策只会带来更高的通货膨胀，而不能降低失业率，这就是宏观经济政策的长期无效性。

> 【即问即答】 "菲利普斯曲线是政府必须选择买多少通货膨胀和多少失业的菜单"。在什么条件下，这一说法是正确的？在什么条件下，这个说法是错误的？

知识拓展

牺 牲 率

根据短期菲利普斯曲线，为了降低通货膨胀，需要采取紧缩的货币政策和财政政策，抑制不断增长的总需求。但是，如果政策没有被完全预期到，要使经济中的通货膨胀率下降一个百分点，那么就必须同时忍受失业率上升一定的百分点。更高的失业率和更低的产量是对应的，这种为了降低通货膨胀率而忍受的高失业和低产量，是控制通货膨胀的一种代价，这在统计学上称为**牺牲率**（sacrifice rate）。牺牲率，是指通货膨胀减少 1% 的过程中每年国内生产总值减少的百分比。用公式表示：牺牲率 = GDP 下降百分比 ÷ 通胀下降百分点数。例如，假设通货膨胀率下降了 2 个百分点，而 GDP 下降了 3 个百分点，则牺牲率 = 3% ÷ 2% = 1.5%。

美国的牺牲率一般估算为5%，这意味着每降低1%的通货膨胀率每年需要牺牲5%的产量。20世纪70年代滞胀困扰美国时，保罗·沃尔克被卡特任命为美联储主席。沃尔克上台后把自己的中心任务定为反通货膨胀。1980年美国的通货膨胀率接近10%，为了把通货膨胀率降低到4%，这意味着，如果立即降低通货膨胀率6个百分点，就要牺牲30%的年产量。如果把这个代价分摊到5年中，那么产量在这五年中平均比正常水平低6%，五年牺牲的产量总计达到30%。

那么，降低通货膨胀的代价有多大呢？经济学家认为这取决于人们调整其通货膨胀预期的速度。如果预期是缓慢调整的，那么如前所述，宏观经济政策会使通货膨胀和失业的组合沿着短期菲利普斯曲线移动，因此短期内降低通货膨胀率是有成本的。但是，如果人们对通货膨胀的预期很快能够调整到和实际一致的水平，经济会很快达到低通货膨胀，而无须付出高失业和低产量的代价。事实上，沃尔克把1980年10%的通货膨胀率降低至1984年的4%，国内生产总值的减少总计低于30%，其原因在于沃尔克坚定不移的反通货膨胀决心使人们对通货膨胀的预期降低，短期菲利普斯曲线向下移动，从而降低了反通货膨胀的代价。但代价仍然是有的，美国这一时期经历了自20世纪30年代以来最严重的衰退，失业率达到10%。牺牲率证明了短期菲利普斯曲线的存在，也说明了维持物价稳定的重要性。

资料来源：根据相关资料编写。

本章对宏观经济政策进行了介绍。在说明宏观经济目标的基础上，我们解释了短期内货币政策和财政政策如何改变总需求，以及经济中的产量和就业。最后，我们还介绍了经济学家对宏观经济政策的相关争议。在本章中，我们只是分别介绍了货币政策和财政政策的作用，但是在实际中政府总是把财政政策与货币政策配合使用，以加强政策效果。关于政策组合的方式以及所能达到的效果，需要用到IS-LM模型来进行说明，这已经超出了本书的范围，想要了解的读者可以参考中级宏观经济学教科书。

本章要点

（1）主要的宏观经济政策目标有三个：充分就业、物价稳定和经济增长。实现这些目标的政策工具主要有两类：货币政策和财政政策。

（2）货币政策是指中央银行通过改变经济中的货币供给量和利率水平影响总需求的措施。中央银行调节货币供给量的方法主要有三种：公开市场操作、调整法定存款准备金比率，以及调整再贴现率。给定货币需求不变，货币供给量的增加降低了均衡利率，较低的利率刺激投资增加，总需求曲线向右移动。相反，货币供给量的减少提高了均衡利率，使总需求曲线向左移动。

（3）财政政策是指政府通过改变购买支出和税收来影响总需求的措施。政府购买支出增加或减税使总需求曲线向右移动，政府购买支出减少或增税使总需求曲线向右移动。当政府改变购买支出和税收时，所引起的总需求变动可能大于或者小于财政变动。乘数效应会扩大财政政策对总需求的影响，挤出效应会减小财政政策对总需求的影响，财政政策的最终效果取决于两种效应的相对大小。

（4）经济学家对政府是否应对经济进行宏观调控存在很大争议。支持者认为宏观经济政策可通过影响家庭的消费和企业的投资使总需求变动，进而稳定经济运行；而反对者则认为，货币政策和财政政策发生作用都有相当长的时滞，这可能使政府的政策调控完全背离稳定经济的初衷。

（5）政府在实施宏观经济政策调控经济时可能会面临多个目标，因此它要在多个目标之间权衡。短期菲利普斯曲线给出了通货膨胀率与失业率的交替关系，它为决策者提供了政策权衡取舍的重要依据。但是长期看，不存在这种交替关系。较高的通货膨胀率并不能带来高就业，增加总需求的政策只会带来更高的通货膨胀，而不能降低失业率。

重要概念

货币政策　基础货币　流动性偏好理论　货币乘数　公开市场操作　法定存款准备金率　再贴现率　货币需求　货币供给　财政政策　乘数效应　挤出效应　自动稳定器　菲利普斯曲线

思考与练习

（1）政府的宏观经济政策调控目标有哪些？工具又有哪些？

（2）解释下面每一种行为会如何影响货币供给、货币需求和利率。

A. 中央银行在公开市场操作中购买债券。

B. 信用卡支付的普及减少了人们持有的现金。

C. 中央银行降低了法定存款准备金率。

D. 悲观主义情绪减少了企业投资，进而减少了总需求。

（3）假设某储户在银行存入 1 000 元的活期存款，法定存款准备金率为 0.1，没有超额存款准备金。

A. 货币乘数是多少？货币供给是多少？

B. 如果准备金率为 0.2，法定存款准备金会有什么变动，货币供给会有什么变动？

（4）政府支出 20 亿元购买电脑，解释为什么总需求的增加会大于 20 亿元，为什么总需求的增加会小于 20 亿元。

（5）已知充分就业的国民收入是 10 000 亿元，实际的国民收入是 9 800 亿元，边际消费倾向是 0.8，在增加 100 亿元的投资后，经济将发生什么变化？

（6）如果边际消费倾向是 0.5，那么政府购买增加 100 亿元带来的直接效应有多大？间接效应有多大？政府购买乘数有多大？

（7）假定不存在挤出效应，边际消费倾向等于 0.8，其他条件不变，如果某个国家要增加 100 亿美元的总需求，该国政府应该增加多少政府支出，或者应该减少多少税收？

（8）假设政府减税 200 亿元，没有挤出效应，而且边际消费倾向是 0.6。

A. 减税对总需求的最初影响是多少？

B. 这种最初影响之后的额外影响是多少？减税对总需求的总影响是多少？

C. 与政府购买支出增加200亿元的总影响相比，减税200亿元的总影响有什么不同？为什么？

（9）什么是自动稳定器？试举例说明。

（10）假设经济处于衰退中，如果中央银行想稳定总需求，它应该怎么做？如果中央银行无所作为，政府为了稳定总需求应该做什么？

（11）说明下列情况对短期菲利普斯曲线和长期菲利普斯曲线的影响。给出你答案的理论依据。

A. 自然失业率上升。

B. 进口石油价格下降。

C. 政府购买支出增加。

D. 预期通货膨胀下降。

（12）如果现在经济处于长期菲利普斯曲线上通货膨胀率为5%的地方，此时预期的物价上涨率也是5%，如果中央银行减少货币供给量，经济中的失业率和通货膨胀率将如何变动？

第十二章 经 济 增 长

宏观经济学的两大核心问题是波动与增长。前两章的内容研究宏观经济波动问题,说明为什么经济时而迅速扩张极其繁荣,时而急剧收缩出现衰退,导致宏观经济波动的根源是什么?本章研究宏观经济增长问题,说明如何在均衡的道路上实现经济的持续增长。在本章中,我们将根据实际 GDP 的国际数据了解世界各国生活水平和经济增长的差别,探讨经济增长的根源,说明一国的经济增长是由劳动生产率决定的,并考虑决定一国生产率的因素,以及一国实现经济增长应采取的政策。

第一节 经济增长概述

一、经济增长的基本概念

经济增长(economic growth),是指一国实际产量的增长。它与经济波动中产量的恢复性增长不同,经济增长是指在一个较长的时间跨度上,一个国家实际 GDP 的持续增加,其实质是潜在产出的增加或经济系统生产能力的增长。衡量经济增长一般使用实际 GDP,由于它消除了价格变动因素,因而能够真实地反映一个国家的经济活动水平。实际 GDP 既可以表示为经济的实际总产出,也可以表示为人均实际产出。**人均实际 GDP** 能够衡量一定时期一个国家的普通居民可获得的产品和劳务数量。第九章告诉我们,实际 GDP 并不是度量经济福利的完美指标,但它毕竟与很多重要的相关变量,例如平均寿命、儿童健康和文化教育存在较强的正相关性。由于目前尚无其他更合适的指标可选择,所以经济学家把人均实际 GDP 作为衡量一国国民生活富裕程度的重要指标。

需要说明是,经济增长与"**经济发展**"(economic development)是两个不同的概念。经济增长是一个财富增长的"量"的概念,而经济发展衡量的是一个国家以经济增长为基础的政治、社会、文化的综合发展,因而是一个含义复杂的"质"的概念。就两者的关系而言,一方面,经济增长是经济发展的必要条件,只有在财富持续增长的基础上,才有可能使国家走向现代文明;另一方面,仅有经济增长并非一定会带来经济发展,经济发展不仅包括经济增长,还包括改善国民福利、推进社会进步等更为宽泛的内容。如果没有一定的制度条件和政策协调,经济增长本身并不一定带来经济发展。

在经济学学科体系中,发展经济学是专门研究经济发展的学科。它关注一个国家在经济发展过程中,经济增长、历史背景、社会结构和制度结构等因素如何相互影响,相互作用,以及经济发展得失成败的原因分析和政策评价。因此,对经济发展的研究视角更为广泛,更倾向于政策导向。而宏观经济学着重研究经济增长。研究国民收入的长期增长趋势,即分析均衡的长期化、动态化。当然,单纯的高增长率不能代表经济发展的最优状态,这是可持续发展理论日益受到重视的原因。

二、经济增长的特征事实

在讨论长期经济增长问题之前,我们先来观察世界上一些国家经济增长水平的数据。表 12-1 显示了 13 个国家经济增长率的差别,表的第三栏和第四栏列出了一个世纪前和 2008 年的人均实际 GDP 的数据,从中可以看到经济增长的几个特征事实。

表 12-1 一些国家的经济增长情况

国家	时期(年)	期初人均实际 GDP(美元)	期末人均实际 GDP(美元)	年增长率(%)
日本	1890—2008	1 504	35 220	2.71
巴西	1900—2008	779	10 070	2.40
墨西哥	1900—2008	1 150	14 270	2.35
德国	1870—2008	2 184	35 940	2.05
加拿大	1870—2008	2 375	36 220	1.99
中国	1900—2008	716	6 020	1.99
美国	1870—2008	4 007	4 6970	1.80
阿根廷	1900—2008	2 293	14 020	1.69
英国	1870—2008	4 808	36 130	1.47
印度	1900—2008	675	2 960	1.38
印度尼西亚	1900—2008	891	3 830	1.36
巴基斯坦	1900—2008	737	2 700	1.21
孟加拉国	1900—2008	623	1 440	0.78

说明:实际 GDP 按 2008 年的美元衡量。

资料来源:曼昆,《经济学原理》,北京大学出版社 2012 年版。

经济增长的第一个特征事实是:世界各国之间的生活水平差别很大。美国以人均收入 46 970 美元名列榜首,孟加拉国的人均收入仅为 1 440 美元,仅为美国数字的 3% 左右。美国的人均收入为孟加拉国的 30 倍左右。收入的差异决定了人们物质生活水平的不同,这对人的福利有着重要的意义。实际收入在国家间的差异与营养、教育程度、婴儿死亡率、预期寿命,以及其他福利指数的差异密切相关。与宏观经济短期波动带来的各种可能后果相比,长期增长的福利后果更为重要。

经济增长的第二个特征事实是:各国之间的经济增长率差别很大。如表 12-1 所示,美国的人均实际 GDP 1870—2008 年增长了 11 倍以上。而日本的增长更为惊人。1890 年日本并不是一个富国,日本人的平均收入只比墨西哥略高一些,而且远远落后于阿根廷。但是,经过一个世纪特别是 1960 年到 1990 年期间年 5% 的高速增长,日本从原本较贫穷的农业化社会成为高度工业化的经济大国,人均收入是墨西哥和阿根廷的两倍多，和德国、加拿大和英国的水平相当，其国民所拥有的平均生活水平令生活在1890年的人们无法想象。表12-1的最下端是孟加拉国，在过去的一个世纪中它的年增长率不到1%，孟加拉国普通居民仍然过着和他们曾祖父母一样贫苦的生活。

经济增长的第三个特征事实是：经济增长具有累积效应。一个经济现实的增长水平与历史增长绩效存在联系，今天的国际差异是历史时期增长水平差异的结果。表12-1最后一栏是过去一个世纪不同国家人均实际GDP的平均增长率，乍看之下你会觉得各国的增长率没有太大区别，增长较快的国家年均增长速度只有2%以上，比低收入国家只高出1~2个百分点。这1~2个百分点的增长率差别看起来不算太大，但是经过长期的累积作用，导致终点时期经济财富的巨大差异。表12-1显示美国的人均实际GDP每年仅增长1.8%，这意味着，如果人均实际GDP从4007美元开始，138年期间每年平均增长1.8%，那么就是46 970美元，人均收入是原来的11倍。表12-1中日本的年增长率2.71%，人均GDP是118年前的23倍。

其他的例子更为惊人。假如印度人均实际GDP能够以其"二战"后平均年增长率1.3%增长下去，在美国人均GDP水平是印度14倍的情况下，印度的人均实际收入得花大约200年才能达到美国的水平。如果印度达到3%的增长率，这一过程所需的时间不到100年（约90年），而如果印度达到了日本的平均增长率5.5%，所花时间将会减少到只需50年。如果印度达到了中国的平均增长率8%，那么，所花的时间将会减少到只需35年。所以，提高经济的长期增长率至关重要。

经济增长率间的微小差别会造成巨大的长期影响可用复利率的作用原理来解释。复利不同于只对初始存款支付利息的单利，它不仅要对初始存款支付利息，还要对之前积累的所有利息支付利息。以 w 表示期初存款，利率为1%，一年之后本利和为 $w(1+1\%)$，两年后本利和为 $w(1+1\%)^2$，70年后本利和为 $w(1+1\%)^{70}$，$(1+1\%)^{70}$约等于2，即年利率为1%，70年后本利和翻一番。所以存款价值的巨大增长来自利息的复合累计。这个类比告诉我们，即使人均收入只有相对较小的增长率，但经过较长的时间，相对较小的增长率差别最终会导致生活水平上的巨大差异。

知识拓展

"失之毫厘，差之千里"——长期增长的"70规则"

由于经济增长率对经济水平影响具有俗话所说的"驴打滚"式复利作用，因而一个很小的增长率差别在长期对不同国家经济发展水平会产生巨大影响。美国经济学家曼昆教授用"70规则"来说明这种影响。某个变量年增长率为X%，则该变量在70/X年内翻一番，因而称作"70规则"。从这一规则看，如果甲国经济增长率为1%，它的GDP翻一番需要70年，乙国经济增长率为3%，翻一番时间仅为70/3或23年。也就是说，即便甲乙两国人均收入起点水平大体相同，2个百分点增长率差别在100年后会导致3~4倍的巨大收入差别。复利式增长可能会在较长时期导致极为惊人的结果。以至于伟大的物理学家爱因斯坦把复利计算称为"所有历史时期的最伟大的数学发现"

用这一规则对我国未来经济增长前景做一个简单推算，能够得到有趣的结果。我国改革开放以后人均收入年增长率为5%～6%，如果能够在长期保持5%年增长率，将能取得极为惊人的成绩。用"70规则"计算，年均增长5%的变量将在大约14年内翻一番，在100年间翻7番以上。也就是说，以5%增长率递增变量的数量值在100年后将是目前水平的128倍。给定2000年我国人均800美元左右GDP水平，如果人均GDP能够保持5%增长率，一个世纪后能够达到102 000美元水平。即便年增长率在4%，结果也能达到42 000美元，这一结果超过了现今世界上最富有国家的水平。

当然，这只是简单的计算。"70规则"是一回事，一国实际增长成绩是另一回事。需要指出，一国在100年长期内持续保持5%人均收入高速增长，是极为困难的。然而，综合考虑我国发展阶段和现实条件，很多经济学家相信，如果各种政策得当，我国有可能在未来30～40年内保持较高增长水平。假定在未来40年间保持人均GDP年均5%增长率，则可以在21世纪中期达到12 000～13 000美元的人均GDP，实现赶上现在中等发达国家人均GDP水平的目标。

资料来源：卢锋，《经济学原理》（中国版），北京大学出版社2002年版。

需要说明的是，一国的人均实际GDP增长率不能保证每年相同，表12-1中各国的增长率没有考虑围绕长期趋势的短期波动，这些数据是在较长时期内人均实际GDP的平均增长率。实际上哪个国家的经济都是在一些年份增长较快而另一些年份增长较慢，有些年份甚至会下降。20世纪30年代大萧条时期美国的人均实际GDP是负增长，到60年代，美国的实际GDP平均每年增加4.1%，然而在70年代，经济增长率降为年增加2.8%。1982年的大衰退，使实际GDP的增长降到了平均每年2.5%。相似的例子还有，1960—1980年，新加坡、中国香港、韩国和日本取得了年均6%以上的高速增长。但到了1980—2000年，大多数发展中国家都放慢了增长速度。而此时中国的年均增长率达到9%，成为世界经济舞台上的一颗新星。中国经济的迅速增长，使得在1960年，中国的人均GDP只是美国的1/20，但到1998年已经是美国的1/8了。从2011年起，中国的经济增速开始显著下降，2011年至2018年间，中国的年均经济增速仅为7.4%。

以上有关世界各国经济增长的事实使得我们必须要回答，为什么一些国家如此富裕，而另一些国家那么贫穷，是什么因素促成经济的不断增长？我们将在两个方面研究经济增长问题。首先，考察一定时期的人均国民收入水平是由哪些因素决定。其次，怎样的政府政策能够帮助提高经济增长率和长期生活水平。

【即问即答】 中国人均实际GDP增长率约为多少？说出增长较快的一个国家的名字和增长较慢的一个国家的名字。

第二节 经济增长的来源

一、劳动生产率的作用

一国的生活水平取决于它生产物品与劳务的能力,这种能力取决于**劳动生产率**(labor productivity)。虽然世界各国的经济增长状况各不相同,但经济增长均来源于劳动生产率的提升。劳动生产率是指每单位劳动投入所生产的物品和劳务的数量。可用实际GDP(Y)除以劳动数量(L)计算,即:

$$劳动生产率 = Y/L$$

回想一下,一个经济的实际GDP是人们购买物品和劳务的总支出或经济中所有人赚到的总收入,也就是说,一个经济的收入就是该经济的总产出,因此,劳动生产率的高低体现了人均产出水平。

从人均产出的表达式中,我们可以很直观地看到,当一个国家工人的劳动生产率很高,那么它的人均产出水平也会很高。假设张三做衣服是一把好手,他每天做出的衣服越多,他的收入就越高,他就能生活得很好。如果他掌握了剪裁和缝纫的更好方法和技术,他的生产率就提高了,这使他的生活状况更好,甚至可以减少每天的工作时间,更多的享受闲暇。所以,劳动生产率的增长是生活水平提高的关键因素。推而广之,一个国家只有生产出大量的物品和劳务,人们才能享有更高的生活水平。美国人生活比孟加拉国人好,是因为美国工人的生产率比孟加拉国工人高。日本人的生活水平比阿根廷人高,是因为日本工人生产率提高的更迅速。也就是说,人们生产得越多,可以消费的就越多,一个国家的生活水平取决于其生产物品和劳务的能力,如果劳动生产率快速增长,那么生活水平也会提高很快。

因此,要解释世界各国经济增长和生活水平的巨大差异,我们必须弄清楚劳动生产率提高的原因,弄清楚是什么因素决定了劳动生产率及其增长率?

【即问即答】 为什么经济学家将劳动生产率视为决定长期生活水平的关键因素?

二、决定劳动生产率的因素

一个国家的劳动生产率是如何决定的?回答这个问题,可以考虑中国自1979年以来,有许多因素决定劳动生产率的水平。例如,鼓励国内企业增加投资和引进外资,引进并自主创新生产技术,企业有了更先进的机器设备和生产线,九年制义务教育的普及以及高等教育和职业技术教育的发展提高了劳动者的知识和技术水平等。我们把改革开放以来决定中国劳动生产率提高的因素总结为人力资本、物质资本、自然资源和技术知识。下面我们分析每一种因素对产出的影响。

（一）人力资本

人力资本（human capital），是指劳动者通过教育、培训和经验而获得的知识与技能。它包括一个人一生当中从儿童时期的早期教育、小学、中学、大学和在工作中所接受的职业培训所积累的知识和技能。人力资本是一种生产出来的生产要素，需要投入时间、精力和金钱才能获得。例如，一位秘书要学会使用电脑进行文字处理的技能，可能要在休息日参加培训班的学习。参加培训班要付出学费、学习时间等形式的投入。培训结束后获得了结业证书，这是她人力资本增加的体现，她的工资将会增加。因此，我们可以把学生看成是"工人"，他们付出成本，生产出将用于未来生产的人力资本。

人力资本可以提高一国生产物品和劳务的能力。劳动者所拥有的知识和技能的不同表现为他们劳动素质的差异，这可以解释劳动者工作效率的差异。一般来说，拥有较多人力资本的工人具有较高的工作效率。例如，一个熟练使用电脑进行文字处理的秘书在一定时间内打出的字数肯定比不会使用文字处理程序的秘书多。一个接受过职业培训的熟练缝纫工每小时的产量肯定高于新工人。因此，持续的教育进步和技能培训可以提高一国的人均人力资本（H/L）。如果普通工人有更多的人力资本，劳动生产率会更高，就是说，人均人力资本（H/L）的增加会导致人均产出（H/Y）的增加。中国在改革开放前，由于"文革"十年对正规知识教育的冲击，耽误了一代人知识和教育的培养，劳动者素质不高，科学技术人才匮乏，经济增长率也较低。而在恢复高考到 2019 年，高等教育毛入学率已经达到 51.6%，进入国际公认的大众化教育发展阶段，职业技术教育和在职培训也有了显著增长。劳动力平均受教育年限迅速增加，这是中国同时期劳动生产率大幅提升的一个重要原因。

案例分析

联邦德国和日本为何能从"二战"的废墟中成功复苏

在第二次世界大战中，德国和日本的城市建筑与工业基础遭受了大面积的破坏，战后一段时期内两国陷入贫困之中。然而不出 30 年，它们不仅完成了战后重建工作而且成为世界上的工业和经济强国。促使联邦德国和日本的经济复苏归因于很多因素，其中包括美国在马歇尔计划下对欧洲的大量援助和美军占领日本期间对日本的扶持。然而，大多数经济学家认为，高水平的人力资本在两个国家的发展中起了至关重要的作用。

第二次世界大战末期，德国人接受了非常良好的教育，其中涌现出一大批资深的科学家与工程师。德国还推出了一个广泛的实习系统，目的是为没有经验的工人提供在职培训。这使得德国拥有熟练的产业劳动力。另外，来自民主德国与受苏联控制的其他欧洲国家的大量熟练工人的流入，也使联邦德国受益匪浅。早在 1949 年，人力资本的集中就使拥有高度发达的技术与生产力的德国制造业得到了大幅度扩张。而到了1960年，联邦德国已成为高品质产品的主要出口国，其公民享有欧洲最高的生活水平。

日本在第二次世界大战中遭受了比德国更大的经济损失，它同样也是凭借有技能并受过教育的劳动力开始战后重建的。此外，进驻日本的美国军队对日本的教育系统进行了改革，并鼓励所有日本人接受良好的教育。不仅如此，日本人比德国人更注重在职培训，并把它当作终身就业体制的一部分。在这种体制下，日本企业希望员工在其整个职业生涯里都只效力于同一家公司，这样他们就会在职工培训方面进行大量投资。而这种对人力资本进行投资的回报，则表现为平均劳动生产率的稳步上升，特别是在制造业，这一点表现得尤为明显。到20世纪80年代，日本制造的商品已经挤入世界最高级商品的范围，而其工人也跻身于最优技术工人的行列。

资料来源：罗伯特·弗兰克、本·伯南克，《宏观经济学原理》，李明志译，清华大学出版社2007年版。

> 【即问即答】 什么是人力资本？为什么从经济角度看它是重要的？新的人力资本是如何创造出来的？

（二）物质资本

一个人拥有知识和技能并不能完全决定他的劳动生产率，因为一个工人，即使是工科博士，如果没有机器设备、没有计算机，什么都生产不出来。因此，劳动生产率的另一个基本决定因素是**物质资本**（physical capital）。物质资本，是指用于生产物品和劳务的设备和建筑物存量。常识告诉我们，机器设备是人的肢体的延伸，借助于它们能够提高工人的劳动生产率。例如，广州市地铁3号线全长36.33千米，若没有工具完全依赖劳动是无法完成的，借助于简单凿岩机、小型矿车等简单的手工工具需要工人们辛苦劳作20年以上的时间，但是采用包括盾构机在内的现代隧道施工工具，克服了世界上罕见的上软下硬，有"地下石林"之称的地质难题，仅用了5年时间就完成了任务。因此，工具、专业化设备等资本条件，能够极大地提高一个社会的生产率。当工人装备有大量现代物质资本（K）存量时，工人在单位时间内的产量即生产率就会提高。就是说，人均物质资本（K/L）的增加导致人均产出（Y/L）的增加。进入21世纪，一个普通美国工人所配备的资本装备已超过10万美元。这种巨大的资本积累是较高生产率的源泉。

物质资本的重要特征是，它是一种生产出来的生产要素。也就是说，资本是生产过程的投入，也是过去生产过程的产出。地铁工人使用盾构机施工，而盾构机本身是制造盾构机的企业以前的产出，盾构机的制造者又用其它设备来制造盾构机。因此，资本是用于生产各种物品和劳务，包括更多资本的生产要素。资本存量的增加是投资的结果，而生产更多的资本品，就要牺牲许多当前消费以增加储蓄。凡是经济快速增长的国家，一般都曾在新的资本品上进行过大量的投资；在大多数经济高速发展的国家，用于净资本（新增资本减去资本折旧）形成的资金都占到产出的10%～20%。

（三）自然资源

自然资源（natural resources），是指自然界提供的用于生产物品与劳务的投入。如土地、森林、水资源、石油、天然气和矿产资源等。自然资源分为可再生资源与不可再生资源两类。比如，树木是可再生资源，当砍倒一棵树以后，可以在原处再栽上一棵树。而石油是不可再生资源，因为石油是自然界几千万年的历史中形成的，只有有限的供给，一旦石油供给枯竭，我们不可能再创造出新石油。

在其他条件相同的情况下，一个国家有更多的自然资源（N）便可以生产出更多的产出（Y），人均自然资源（N/L）的增加会导致人均产出（Y/L）的增加。一些国家很富裕是因为它们拥有丰富的自然资源。例如，加拿大和挪威就是凭借其丰富的资源，在农业、林业和渔业方面获得高产而发展起来的；科威特和沙特阿拉伯之所以富有，是因为这些国家地下幸运的蕴藏了大量的石油资源；美国早期的经济发展，很大程度上得益于其辽阔的疆域和广袤的良田。

虽然自然资源很重要，但它们不是一国在生产物品和劳务方面具有高生产率的必要条件。一个国家并不需要有大量的自然资源才能使自己富裕，自然资源匮乏的国家也可以创造出很高的生产率并享受富裕的生活水平。例如，日本是一个自然资源极为缺乏的国家，但日本通过国际贸易，进口它所需要的自然资源，利用先进技术加工成工业制成品后再向自然资源丰富的国家和地区出口，从而成为世界上最富裕的国家之一。再如中国香港、新加坡等，其面积和资源与俄罗斯无法相比，却成为经济发展水平比俄罗斯高的富裕地区和国家。

知识拓展

自然资源会限制经济的增长吗

在20世纪70年代以来，关于人口的增长和生活水平的提高是否有极限的问题始终存在着争论。一些评论学家认为，随着人口的增长，食物生产会受到资源的限制。自然资源是有限的，当水、石油、矿藏这类不可再生资源的供给耗尽之后，经济增长将会停止。人们的生活水平也将随之而下降。

尽管这些观点看来言之成理，但大多数经济学家并不担心自然资源会成为经济增长的限制。他们认为，技术进步会避免自然资源成为经济增长的限制。例如，人们可以开发出耗油更少的汽车，建造有更好隔热设备的新住房，使用在采油过程中浪费较少的新型石油钻机等，这些都有利于节约能源。此外，资源回收可使一些不可再生性资源得到重复利用。可替代燃料的开发，例如用乙醇代替石油，使我们可以用可再生性资源代替不可再生性资源。

更重要的是，技术进步可以使一些曾经至关重要的自然资源变得不太必要。例如，一百多年前人们使用的容器都用铜和锡制造，曾有人担心铜和锡用完后怎么办。但是技术进步使人们今天可以用塑料取代铜和锡作为制造容器的材料，而电话通信则可使用砂子生产的光导纤维来传输，技术进步使一些曾经至关重要的自然资源变得不那么必要了。

虽然人类的发展中会出现很多问题，但人们也能解决这些问题。技术进步使人们保持资源能力的增长总是快于它们供给的减少。世界市场上大多数自然资源的价格依然是稳定甚至下降的。现实也表明，时至今日世界并没有陷入自然资源的短缺。这使我们有理由相信，技术进步将使自然资源不会成为经济增长的限制。

资料来源：根据相关资料编写。

（四）技术知识

技术知识（technological knowledge），是指社会对生产物品与劳务的最好方法的了解。技术知识体现在生产率的提高上，表现为同样的生产投入能提供更多的产品。20世纪80年代初期，我国农村水稻的亩产量为300公斤左右，而现在的优良杂交水稻品种已将水稻的亩产量提高到1 000公斤以上。这一优良水稻品种被推广以后，每年增产的稻谷可以多养活7 000万人。这意味着由于农业技术进步，少量的劳动和土地就可以生产出足以养活整个国家的粮食，这对改善我国长期面临的食物供给压力具有重要意义。

技术知识并不仅意味着更快的计算机，更清晰的电视，或更小的手机，它意味着能提高生产率的一切高级知识，这些知识可以使社会从已有的资源中得到更多的产出，其具体形式可以有多种。例如，亨利·福特创建的汽车装配线，使一辆汽车的生产时间从12小时下降到93分钟，其他汽车制造商很快模仿这种技术，使汽车成为一种大众产品。这类技术被称为公共知识，即当一家企业使用这种技术后，其他企业就都了解了这种技术。另一种技术知识是只有发明者才能够拥有的。例如，只有微软公司掌握windows操作系统的生产技术。还有一种技术知识在一定时期内由一家企业或个人拥有。比如，当某家制药公司发明了一种新药，国家专利局授予该公司暂时独家生产这种药物的权利，当专利期满，其他公司也可以生产这种药品。所有这些技术知识形式都能够使社会从已有的资源中得到更多的产出。

当一个部门发生了技术知识的进步之后，生产率的提高不仅局限于这个部门，还会推动其他部门的发展。例如，互联网技术知识促进了零售业的变革，这使企业借助于计算机和互联网技术，利用现代快速交通工具和冷藏技术，把产品销售到世界各地。有了广阔的销售市场，农民可以选择最合适的土地和土壤条件进行专业化生产，工厂也可以使用成本最低的原材料大规模的生产最有效率的产品。当一个经济所有的生产部门都能够从事最有效率的生产活动时，全社会的生产率会得到全面的提高。

参考资料

克鲁格曼的预言

1994年，美国经济学家克鲁格曼在《外交》杂志上撰文，指出东南亚国家的高速经济增长是没有牢固基础的"纸老虎"，迟早要崩溃。历史不幸被克鲁格曼言中，1997年东南亚金融危机的爆发引起这个地区的严重经济衰退。

克鲁格曼之所以认为东南亚国家的经济增长是"纸老虎"，是因为这些国家的经济增长是由劳动与资本的大量增加带动的，缺乏技术进步。而技术进步在经济增长中的中心地位，早已为当今世界各国的经济学家所公认。克鲁格曼认为，东南亚经济增长中技术进步的作用不明显，没有起到应有的中心作用。这些国家和地区缺乏科技创新能力，仅仅依靠投入实现增长，到一定程度就会引起劳动和资本的边际生产率递减，增长必然放慢，甚至衰退。克鲁格曼甚至认为，即使像日本这样的经济大国，由于其主要技术仍然是引进的，缺乏原创性，即使没有各种复杂因素引发的金融危机，其经济的增长也迟早要出问题。

尽管经济学家对东南亚金融危机的发生众说纷纭，但有一点已为所有的人所接受：没有技术进步就没有持久而稳定的经济增长。20世纪90年代美国经济连续近十年的稳定增长则从正面证明了这一点。虽然经济学家对个人电脑、互联网对增长的作用还难以作出准确的定量分析，但这些技术进步对美国经济繁荣的贡献是无人否认的。

克鲁格曼的观点固然冷酷，但它能使我们更加清醒地认识到，21世纪将是技术进步更加迅猛的时代，发展中国家只有确立技术进步在经济增长中的中心地位，才能实现经济长期的快速增长。

资料来源：梁小民，《宏观经济学纵横谈》，上海三联书店2002年版。

知识拓展

生产函数

经济学家经常用生产函数来描述生产中所用的投入量与生产的产出量之间的关系。例如，假定 Y 表示产出量，L 表示劳动量，K 表示物质资本量，H 表示人力资本量，N 表示自然资源量，那么我们可以写为：

$$Y = AF(L, K, H, N)$$

式中，$F(\ )$ 是一个表示这些投入如何结合起来以生产产出的函数。A 表示一个可以得到的生产技术的变量。A 随着技术进步而上升，这样一个经济就可以用既定的投入组合生产出更多产量。

许多生产函数具有一种称为规模收益不变的特性。如果生产函数为规模收益不变的，那么所有投入翻一番就会使产出也翻一番。在数学上，对于任何一个正数，可以把生产函数的规模收益不变写为：

$$xY = AF(xL, xK, xH, xN)$$

在这个式子中，所有投入翻一番用 $x = 2$ 来表示。右边表示投入翻一番，左边表示产出翻一番。

规模收益不变的生产函数有一种令人感兴趣的含义。为了说明这种含义，设 $x = 1/L$，则上式变为：

$$Y/L = AF(1, K/L, H/L, N/L)$$

要注意的是，Y/L 是每个工人的产量，它也是生产率的衡量指标。这个公式说明，生产率取决于人均物质资本（K/L）、人均人力资本（H/L）以及人均自然资源（N/L）。生产率还取决于用变量 A 代表的技术状况。因此，这个公式对我们刚刚讨论过的生产率四个决定因素提供了一个数学上的概括。

资料来源：曼昆，《经济学原理》，梁小民、梁砾译，北京大学出版社2012年版。

第三节　促进经济增长的政策

我们已经知道一个国家人们生活的富裕程度取决于它生产物品和劳务的能力，以及劳动生产率取决于人力资本、物质资本、自然资源和技术知识。接下来我们转向公共政策，看看哪些政府政策可以促进生产率的长期增长和提高生活水平。

一、增加储蓄与投资

物质资本存量是生产出来的生产要素，今天的资本是昨天投资的结果，未来的资本存量在一定程度上取决于今天的投资数量。因此，提高生产率的一种方法是把更多的现期资源用于生产投资，通过投资来增加资本存量，进而提高生产率。

由于资源是稀缺的，当把更多的资源用于生产资本就要求把较少资源用于生产现期消费的物品与劳务。这就是说，人们在当期与未来的消费之间存在一种权衡取舍，如果把更多的资源投资于资本，就必须减少消费把更多的现期收入用于储蓄，增加的储蓄就是向物品和劳务的生产提供资金，储蓄决定了资本和产出水平。由资本积累引起的增长不是免费的午餐，它要求社会牺牲现期消费，才能在未来享有更多消费。

所以，鼓励储蓄和投资可增加一国的资本存量。这是政府促进经济增长的一种方法。政府可以利用税收、利率等经济手段鼓励家庭储蓄和企业投资。例如，提高资产折旧率、对新投资的税收减免和对资本收入减税都可以增加物质资本的投资。完善金融市场，也可加速储蓄向投资转化。或者政府可通过公共支出比如修公路、桥梁、机场、排污系统直接影响物质资本的水平。

知识拓展

收益递减和追赶效应

假设一国政府推行鼓励增加国民储蓄的政策，这会使该社会减少用于生产消费品的资源，而把更多的资源用于生产资本品，从而增加了资本存量，引起劳动生产率的提高和更快的经济增长。但是，这种高增长不会长期持续下去。经济学家认为，由于资本要受到收益递减的制约，储蓄率提高引起的高增长只是暂时的。

收益递减（diminishing returns），是指如果劳动力投入与其他要素投入保持不变，那么随着资本存量的增加，每增加一单位资本增加的产量递减。也就是说，当工人已经用大量资本存量生产物品和劳务时，再给他们增加一单位资本所提高的生产率是微小的。图12-1说明了这一点。如图12-1所示，横轴 K/L 代表人均资本，纵轴 Y/L 代表人均产量。在其他决定产量的因素，包括人力资本、自然资源和技术都不变的情况下，随着资本量的增加，曲线越来越平坦表明资本的收益递减。

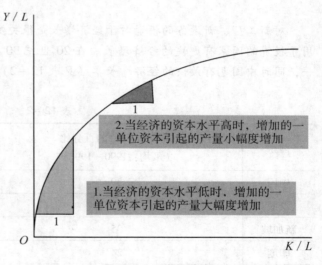

图12-1 收益递减

由于资本收益递减，储蓄率增加所引起的高增长是短期的，因此，经济增长速度放慢。长期中，高储蓄率引起高水平的生产率和收入，但不会引起高增长率。当然达到这种长期需要相当一段时期。根据对经济增长国际数据的研究，提高储蓄率可以在几十年内引起相当高的增长。

资本的收益递减可以解释**追赶效应**（catch up effect），即开始时贫穷的国家倾向于比开始时富裕的国家增长得更快。也就是说，在其他条件相同的情况下，如果一国开始时较穷，它就更容易实现迅速增长，这种初始状况对持续增长的影响被称为追赶效应。

在贫穷国家中,生产者甚至缺乏最原始的工具,因此生产率低。少量的资本投入会大大提高这些工人的生产率。与此相比,富国的生产者已经用大量资本工作,增加的资本投入对生产率只有较小的影响。所以,穷国往往增长得比富国快。

追赶效应的一个例子:从1960年到1990年,美国和韩国用于投资的GDP份额相似,因此你会预期它们有相似的增长表现,但在这一期间,韩国的经济增长率超过6%,而美国只有2%的适度增长。追赶效应可以解释这一事实:1960年,韩国的人均GDP不到美国的1/10,这是因为以前的投资水平低,在人均资本量较少时,韩国的投资增加会带来更大的收益,这使韩国的经济增长更快。

改编自:曼昆,《经济学原理》,梁小民、梁砾译,北京大学出版社2012年版。

参考资料

投资与经济增长比较

对新工厂、新设备的投资对于经济增长是很关键的。一般而言,那些将大量的产出用于投资的国家有更快的经济增长。在20世纪90年代,中国是投资率最高的国家之一,同时中国也有最快的经济增长率(见表12-2)。

表12-2

国家	投资占GDP的百分比 (平均:1990—1996)	GDP增长率 (平均:1990—1997)
中国	39	10.2
泰国	41	7.4
新加坡	35	6.6
印度	24	5.6
美国	17	2.4
英国	16	1.6

资料来源:布拉德利·希勒,《当代经济学(第8版)》,豆建民译,人民邮电出版社2003年版。

二、增加来自国外的投资

为了提高人均资本(K/L),提高生产率和生活水平,政府可以增加来自国外的投资,以增加资本积累和实现长期增长。来自国外的投资主要有两种形式:一是外国直接投资(FDI),即外国实体拥有并经营的资本投资。比如美国宝洁公司在中国投资建一个工厂；二是外国间接投资，也称外国有价证券投资，是指通过在国外发行股票和债券的方式，用外国货币筹资，但由国内居民经营的投资。比如网易公司在纳斯达克上市，通过向外国人卖股票的方式获得资金扩大生产规模，这些投资的一部分收益会流回提供资金的国家。在上述两种情况下，美国人提供了增加中国资本存量所必须的资源，或者说我们是在利用美国人的储蓄为中国人的投资筹资。对那些没有足够的储蓄为投资项目融资的贫困国家而言，来自国外的投资对它们相当有利。

当外国人在一个国家投资建企业的时候，他们的目的是通过投资赚到收益。宝洁公司的工厂增加了中国的资本存量，因此提高了中国的生产率，增加了中国的GDP。但宝洁公司也以利润的形式把赚到的收入带回美国。同样，当一个美国投资者购买中国的B股时，投资者也有权得到中国公司赚到的一部分利润。

吸引外国投资是促进经济增长的一种方法，即使投资的一部分收益要流回外国所有者手中，这种投资也增加了一国的资本存量，这可以提高生产率和工资水平。此外，来自国外的投资也是穷国学习富国开发并运用先进技术的一种方式。所以，对于发展中国家的政府来说，实施提倡和鼓励来自外国投资的政策，取消对外国人拥有国内资本的限制，有利于促进本国的经济增长。

三、投资教育和培训

教育是对人力资本的投资。受过良好教育并拥有熟练技术的工人比那些没有接受培训的工人具有更高的生产率，所以，教育和培训对于经济增长的作用非常重要，在美国每一年学校教育使人的工资增加平均10%左右。在人力资本稀缺的发展中国家，受教育不同的工人之间的工资差距更大。因此，政府可以通过发展教育，增加人力资本投资来提高生产率。很多国家的政府都通过发展公共教育、资助民办教育，对大学补贴或贷款等形式对人力资本投资给予补贴，这是促进长期经济增长的一项重要政策。改革开放以后，中国政府在增加人力资本方面发挥了重要作用，普及初中以下的教育，提高高等教育的毛入学率，扶持民办教育，建立农民工职业技能培训基地等。当然，中国仍然存在劳动力素质不高，教育结构不合理的问题，提高人力资本水平是经济增长面临的紧迫问题。为此，政府应继续增加对教育的投入，改善私人对教育投资的激励机制，调整不同层次教育的结构，加强对在职职工的岗位培训和转换工作的培训，这对于中国产业结构的升级以及实现长期经济增长具有重要意义。

对人力资本的投资也有一个现在与未来的权衡取舍：在学校学习就要牺牲参加工作得到的工资，还要缴纳各种读书的费用。但是，受过较高层次的教育，可能让你找到更好的工作，从而给你带来更高的工资。因此，选择接受教育，牺牲现在的工资可换取以后更高的工资。在很多发展中国家，尽管接受教育的收益很高，但很多孩子甚至没有读完初中就退学了，这只是因为需要他们的劳动养家糊口。

经济学家之所以强调教育对于经济增长的重要性，是因为教育具有正外部性。正的外部性是指某个经济主体的行为增加了他人的福利。例如，生物学家研究的基因组合技术丰富了人类文化知识宝库，所有的生物技术企业都可以利用这一技术，这些研究成果就是教育的外部收益，由此在社会范围内产生的积极作用将会显著大于生物学家从中获得的直接收益。因此，政府以发展公共教育的形式对人力资本投资给予补贴，是促进经济增长的一项重要政策。

发展中国家面临的一个问题是人才外流，许多受过高等教育的人移民到富国。比如中国目前已经是全世界人才外流最严重的国家，这种人才外流减少了人力资本存量，对急需人才的中国无疑是一种巨大损失。如何在政策和制度上营造一个有利于技术创新，有利于财富积累，有利于投资安全的软环境，给知识分子和企业家更多的施展才华机会，以留住精英阶层并吸取国外的人才，值得思考。

案例分析

为何几乎所有国家都提供免费的公共教育

所有的工业化国家都向其公民免费提供中学以下的公共教育，其中大部分国家还对大学以及其他高级院校进行补贴。政府为何会采取这样的政策？

美国人对接受免费公共教育已经习以为常，以至于他们会对这样的问题感到奇怪——在他们的观念里，免费教育是理所当然的。不过，既然政府并没有向所有人（除了贫困者之外）免费提供食物、医疗等基本的产品与服务，为什么它要提供免费教育？而且，对教育服务的供给与需求事实上是可以通过私人市场实现的，并不一定需要政府的协助。关于免费教育或者说教育补贴的一个重要观点认为，个人对教育服务的需求曲线并没有包括教育的所有社会收益。例如，一个民主的政治体系要实现高效运作，很大程度上取决于公民的教育水平——而这一点对教育服务的个体需求者来说几乎不会成为他们接受教育的个人原因。如果从经济角度考虑，我们认为，个人无法实现自身接受教育所带来的全部经济收益。例如，拥有较高人力资本的人会有较高的收入，从而会上交较多的税额，这些资金将用于提供政府服务和救助贫困者。由于所得税的存在，获得人力资本的私人收益要低于社会收益，因而在私人市场上对教育的需求，站在社会的角度来看并不是最优的。同样，受过教育的人比其他人更容易带来技术的进步与发展，从而引起生产率的提高，这会令包括他们自己在内的很多人都受益。提供公共教育的另一个理由是，那些希望对自身人力资本进行投资的贫穷者可能会由于收入低下而无法实现这一愿望。

与许多经济学家一样，诺贝尔经济奖的获得者米尔顿·弗里德曼（Milton Friedman）认为，上述这些理由只能说明政府可以用补贴方式（这种方式被称为教育优惠券）帮助人们从私人市场获得教育服务，并不能得出政府应该直接提供教育的结论。而公共教育的捍卫者认为，为了制定教育标准并保证教育质量，政府有必要对教育进行某些方面的直接控制。

资料来源：罗伯特·弗兰克、本·伯南克，《宏观经济学原理（第三版）》，李明志译，清华大学出版社2007年版。

四、保护产权和法治

政府可以加快经济增长的另一个办法是保护产权,这是关乎市场机制能否正常运行的核心问题。市场通常是组织经济活动的一种好方法,市场经济通过价格机制最有效率地配置资源,而价格机制发生作用的一个重要前提是尊重产权。**产权**是指人们对自己拥有的资源行使权利的能力。试想,如果没有保护产权的制度,谁还会储蓄和投资呢?这就像你如果预计你生产的产品会被人夺走,你就没有动力努力生产产品或劳务。企业只有相信能够从产品的生产和销售中获益,它才有动力生产。所以,法治在市场经济中所起的作用,是政府有能力执行国家法律,强制保护私人产权和履行合同。让投资者确信其投资有保障很重要。在许多不发达国家,由于司法制度不完备,合同很难得到实施,欺诈、腐败往往得不到应有的惩罚。甚至企业为了经营,需要贿赂掌握审批权的政府官员,这些都会减少国内居民的储蓄、投资和建立新的企业,甚至会使大量国内企业向海外转移资产,以及外资企业的撤离,经济的运行便会更加缺乏效率,其结果是一国经济增长率的下降和生活水平的降低。

因此,为了促进经济增长,政府有责任提供一个有利于市场有效运行的制度环境。在所有制度中,最根本的制度是产权制度和商业自由。只有私人产权得到充分保障,人们有较大的经济自由度,创业有更大的空间,投资有更多的机会,人们能够得到创新带来的物质利益,才能激励人们去投资、去创业、去创新,经济才能发展起来。而要维护产权制度,就必须有良好的法治,用宪法和法律保护人们的正当权利,防止对个人权利的无端侵害。一些发展中国家之所以至今仍停滞不前,是因为他们缺少这样的制度环境。

五、促进研究与开发

技术进步是一国长期生活水平提高的主要原因。由于技术知识是公共物品,当一项科学技术被研究发现出来,它增加了社会的知识总量,其他人可以免费分享,而创造者的收益有限。所以,创造新知识的动力不能是私人的经济利益,市场配置于这一活动的资源太少,政府应当在以下方面对新技术的研究和开发给予政策支持。

第一,对基础科学研究给予资助。基础科学研究具有正外部性,研究成果的受益者是社会而不是个人或企业,从事基础研究的动力不是盈利,而是兴趣或出名,应当得到政府的资助。各国对基础科学研究的供给基本上是免费的。自 20 世纪上半叶以来,美国政府对大学在航海、航天、核能、电力、医疗等方面的研究投入十分巨大,成果也比较显著。尤其是美国政府专注太空领域的研究,一直通过空军和国家航空航天局支持空间研究,这使美国成为火箭和航天飞机的主要制造者。现如今,美国所有科研投入中,30% 来自政府,多是支持自然科学、社会科学、人文科学等基础研究。

第二,对企业的研究开发减税或直接资助。大多数应用科学的技术进步来自企业和个人的私人研究。政府可通过税收减免鼓励企业从事研究和新技术开发。例如,中国政府允许高新技术企业享受 15% 的优惠所得税率,降低高新技术企业的增值税税率,允许这类企业固定资产加速折旧等。实际上这些优惠也是通过政府支付一定的研究和开发费用的方法，对企业的研发活动提供必要的激励。此外，由于高科技研发风险较大，政府也可对应用性高科技产品的研究提供资助，以使企业较早掌握和利用新技术，从而赚得高于平均水平的利润。20世纪90年代，美国政府每年从军事研究中拿出300亿美元，投入到诸如机器人、生物技术、光纤通信、全国计算机网络和先进的通信网络等民用技术领域，这使美国在这些技术领域一直保持领先水平。

第三，建立保护发明者权益的专利制度。当一个人或一家企业发明了一种新产品，例如一种新的转基因农作物，可以申请专利保护，当被确认是原创的科技成果，政府授予发明者专利权，即在规定的年限内该发明者可利用对新产品的垄断而盈利，以补偿在创新过程中智力和财富的花费。所以，专利制度给予发明者对其发明的产权，实际上是把他的技术知识从公共物品变为私人物品，从而在一定程度上解决了技术知识这种公共物品的生产和收益不对称的问题，以形成对个人和企业从事研究和开发活动的激励。

六、促进自由贸易

自由贸易可以提高生产率和生活水平。这是因为，一个国家出口的产品通常具有资源优势和成本较低的特点，而进口产品则通常是本国不具有资源优势而且成本较高。一国出口自己的优势产品换回自己的劣势产品，可以提高资源在国际间的配置效率，进而提升资源限制条件下人们的生活水平。这和发明新技术有相似的作用，当一个国家出口纺织品并进口芯片时，该国就如同掌握了把纺织品变成芯片的技术并从中获益。

世界上的穷国大多实施内向型政策来实现经济增长，这些政策企图通过关税和贸易限制避免与其他国家的相互交易来提高国内的生产率和生活水平，其结果一般都不能促进经济增长。比如，阿根廷在20世纪的大多数年份实行内向型政策，贸易保护主义色彩浓厚，结果经济出现许多问题，形成了"低效率—高成本—过度保护"的恶性循环。设想一下，如果广州是一个封闭的城市，不能与城市之外的任何人进行产品交换，那么，广州市必须生产它所需要的一切产品和劳务，这将会极大地增加生产成本，广州人的生活水平立即会下降。这正是改革开放前中国关起门来搞建设的情况，闭关锁国保护本国民族企业免于国际竞争，从而也就失去提高生产效率的动力，经济停滞不前。与此相反，实行外向型政策的国家通常都取得成功，比如1960年以后的韩国、新加坡。这些国家的经济取得成功的原因，在于其政府能够及时调整贸易政策，从进口替代的内向型政策转向出口导向的外向型政策，与世界经济融为一体，扩大了市场规模，引进吸收先进的技术和管理知识，从而为经济起飞打下坚实基础。

【即问即答】 说出在提高劳动生产率这一目标过程中，政府可以采取的三种政策，这些政策有什么缺点吗？

本章要点

（1）经济增长是一个长期概念，其实质是潜在产出的增加或经济系统生产能力的增长。与经济发展不同，经济增长是一个财富增长的"量"的概念。

（2）从长期而言，劳动生产率（单位劳动的产出）是决定经济增长的主要因素。生产率又取决于劳动所得到的物质资本、人力资本、自然资源和技术知识。这些因素的增长特别是技术进步促进长期生活水平的提高

（3）政府政策可以影响经济的增长率：增加储蓄和投资、增加来自国外的投资、投资教育和培训、保护产权和法治、促进研究与开发和促进自由贸易。

重要概念

经济增长　经济发展　劳动生产率　物质资本　人力资本　自然资源　技术知识　收益递减　追赶效应

思考与练习

（1）如果一国 GDP 年均增长率为 5%，那么大约多少年，该国 GDP 翻一番？

（2）有两个国家，富国和穷国。富国的人均 GDP 为 10 000 美元，而穷国的人均 GDP 只有 5 000 美元。富国的人均 GDP 的年增长率为 1%，而穷国的则为 3%，试比较 10 年后两国的人均 GDP。20 年后的情况又会如何？穷国要想赶上富国大概需要多少年时间？

（3）决定经济增长的因素有哪些？你认为这些因素中哪些是最为关键的？

（4）什么是人力资本？对经济增长来说，为什么人力资本是重要的？新的人力资本是怎样创造出来的？

（5）根据学过的知识，举例说明产权不明晰造成了哪些效率损失？

（6）改革开放以来，我国取得了巨大的经济增长成就，结合学过的知识，讨论我国为促进经济增长，都采取了哪些措施？

（7）很多国家都从其他国家进口大量物品与劳务，但本章认为，只有一国本身能生产大量物品与劳务时，它才能享有高生活水平。试分析这两件事情是一致的吗？

参 考 文 献

[1] 高鸿业. 西方经济学 [M]. 7版. 北京：中国人民大学出版社，2019.
[2] 张维迎. 经济学原理 [M]. 西安：西北大学出版社，2015.
[3] 陈钊，陆铭. 微观经济学 [M]. 北京：高等教育出版社，2008.
[4] 李俊慧. 经济学讲义 [M]. 北京：中信出版社，2012.
[5] 卢锋. 经济学原理（中国版）[M]. 北京：北京大学出版社，2002.
[6] 张延. 宏观经济学 [M]. 北京：中国发展出版社，2010.
[7] 袁志刚，樊潇彦. 宏观经济学 [M]. 北京：高等教育出版社，2008.
[8] 易纲，张帆. 宏观经济学 [M]. 北京：中国人民大学出版社，2008.
[9] [美] 格里高利·曼昆. 经济学原理（微观经济学分册，宏观经济分册）[M]. 梁小民，梁砾，译. 北京：北京大学出版社，2012.
[10] [美] 保罗·海恩，等. 经济学的思维方式 [M]. 12版. 史晨，等，译. 北京：世界图书出版公司，2012.
[11] [美] 萨缪尔森，诺德豪斯. 经济学 [M]. 19版. 北京：商务印书馆，2013.
[12] [美] 赫舒拉发，等. 价格理论及其应用：决策、市场与信息 [M]. 李俊慧，周燕，译. 北京：机械工业出版社，2009.
[13] [美] 罗宾·巴德，[英] 迈克尔·帕金. 微观经济学原理 [M]. 7版. 马洪云，莫蕾钰，译. 北京：清华大学出版社，2016.
[14] [美] 罗宾·巴德，[英] 迈克尔·帕金. 宏观经济学原理 [M]. 7版. 檀学燕，译. 北京：清华大学出版社，2016.
[15] [美] 约翰·B.泰勒. 微观经济学 [M]. 5版. 李绍荣，李淑玲，等，译. 北京：中国市场出版社，2006.
[16] [美] 弗兰克，伯南克. 微观经济学原理 [M]. 3版. 李明志，译. 北京：清华大学出版社，2007.
[17] [美] 弗兰克，伯南克. 宏观经济学原理 [M]. 5版. 潘艳丽，吴秀云，等，译. 北京：清华大学出版社，2013.
[18] [美] 布拉德利·希勒. 当代经济学 [M]. 8版. 豆建民，等，译. 北京：人民邮电出版社，2003.